भक्तिकाव्य का समाजदर्शन

भक्तिकाव्य का समाजदर्शन

प्रेमशंकर

वाणी
प्रकाशन

प्रकाशन के उत्कृष्टतम 60 वर्ष

सजिल्द पहला संस्करण : 2004
सजिल्द दूसरा संस्करण : 2007
सजिल्द तीसरा संस्करण : 2023

vaniprakashan.com

वाणी प्रकाशन

4695, 21-ए, दरियागंज, नयी दिल्ली-110 002

फ़ोन : +91 11 23273167, 23275710

शाखाएँ

अशोक राजपथ, पटना-800 004, बिहार

कॉफ़ी हाउस कैम्पस, महात्मा गांधी मार्ग, इलाहाबाद-211 001, उत्तर प्रदेश

महात्मा गांधी अन्तरराष्ट्रीय हिन्दी विश्वविद्यालय, वर्धा-442 001, महाराष्ट्र

36/ए, शेक्सपियर सरणी, रानी बिरला गर्ल्स कॉलेज के पास, कोलकाता-700 017, प. बंगाल

sales@vaniprakashan.in
vaniprakashan@gmail.com

Bhaktikavya Ka Samajdarshan
by Premshankar

ISBN : 978-93-5229-282-0
Criticism

मूल्य : ₹ 695

आर. टेक ऑफ़सेट प्रिंटर्स, दिल्ली-110 032 में मुद्रित

वाणी प्रकाशन का लोगो मक़बूल फ़िदा हुसेन की कूची से

संगिनी शोभा को :

जहँ जहँ बिहँसि सुभावहिं हँसी। तहँ तहँ छिटकि जोति परगसी

अनुक्रम

निवेदनम्

भक्तिकाव्य रचनाशीलता का ऐसा कालजयी स्वर है, जो मध्यकालीन समय से टकराता हुआ उसे अतिक्रमित करता है, एक उच्चतर मानवीय मूल्य-संसार की सदाशयता से परिचालित। उसके कई पक्ष हैं धार्मिक-सांस्कृतिक से लेकर सर्जन-क्षमता तक और लोग उसे अपने-अपने ढंग से देखते-समझते रहे हैं। महान् सर्जन से संवाद किसी भी ऐसे समय की अनिवार्यता होती है, जो तत्काल में निश्शेष नहीं हो जाना चाहता। सीखने न सीखने का प्रश्न दूसरा है, पर इतना तो जाना ही जा सकता है कि कोई रचना शताब्दियाँ पार कर, कैसे हम तक पहुँचती है। वह लोककंठ में वास करती है और तथाकथित बुद्धिजीवी वर्ग को भी ललकारती है। टीका-टिप्पणी करना सरल है, पर सार्थक रचनाशीलता के सही विवेचन के लिए, पूर्वाग्रहरहित दृष्टि की आवश्यकता होती है। कोरा भाववाद और अहंकारी कुतर्क के खतरे स्पष्ट हैं, ऐसी स्थिति में किसी संतुलित दृष्टि की अपेक्षा होती है–राग-विराग से थोड़ा हटकर।

यह निवेदन इसलिए क्योंकि अध्ययन का आरंभ आधुनिक साहित्य से किया था, पर इधर लगभग दो दशकों से समकालीन रचनाशीलता के साथ यात्रा करते हुए, भक्तिकाव्य से संवाद का प्रयत्न भी करता रहा हूँ, और मुझे इससे संतोष मिला। आधुनिक पाठक जब परंपरा के जीवित अंश पर विचार करता है, तो उसके समक्ष वह परिवेश भी होता है, जिसमें उसका निर्माण हुआ था। भक्तिकाव्य भक्तिआंदोलन की पीठिका पर आया, इसलिए यह स्वाभाविक प्रश्न कि वह अपने समय के यथार्थ को कैसे देखता, समझता है और उसकी अभिव्यक्ति के कौन से साधन जुटाता है। दर्शन, शास्त्र, पांडित्य की बौद्धिक परंपरा भक्तिकाव्य के पूर्व मौजूद थी, पर रचना के धरातल पर उससे आगे बढ़ने का महत्त्वपूर्ण प्रश्न भी था। जिस संक्रमणकाल में भक्तिकाव्य नए मार्ग का संधान कर रहा था, उसे पार करने का कार्य उतना सरल न था, प्रायः जितना समझ लिया जाता है। समय से जूझते हुए, आगे की

राह खोजना सार्थक रचना के लिए बड़ी चुनौती है। आधुनिक समय में भी स्थिति यही है, बल्कि जटिलतर, जिसका संकेत निराला, मुक्तिबोध जैसे कवियों ने किया है। भक्तिकाव्य एक ओर लोक को संबोधित करता है, दूसरी ओर बुद्धिजीवी के लिए चुनौती बनकर उपस्थित है, जो कई प्रकार की हैं।

नैमिष क्षेत्र में जन्म, काशी में शिक्षा, लखनऊ-सागर में अध्यापन—इस प्रकार जीवन-वृत्त बना है। भक्तिकाव्य कहीं मेरे अवचेतन में वास करता रहा है, जिसके आरंभिक संस्कार मुझे कर्मठ-ईमानदार माता-पिता से मिले। आदि आचार्य ठाकुर जयदेवसिंह के भक्ति-संगीत ने भी मुझे संस्कारित किया और काशी विश्वविद्यालय में आचार्य पं. केशवप्रसाद मिश्र जैसे गुरु मिले। गुरुवर आचार्य नन्ददुलारे वाजपेयी ने मुझे प्रसाद पर शोधकार्य करने का आदेश दिया और आधुनिक काव्य के साथ, समकालीन सर्जन भी मेरे अध्ययन का विषय बना। पूज्य डॉ. रामप्रसाद त्रिपाठी और आचार्य हजारीप्रसाद द्विवेदी ने कहा : आधुनिक बहुत हो चुका, अब थोड़ा भक्तिकाव्य की ओर भी देखो। मेरे संस्कारों को जैसे किसी ने जगा दिया हो और मैं भक्तिकाव्य की ओर मुड़ा। पर मेरी अपनी कठिनाइयाँ थीं, जिनमें एक यह कि आधुनिक साहित्य का विद्यार्थी इससे समीपी साक्षात्कार करते हुए, उससे मुठभेड़ कैसे करे, जो कार्य स्वयं भक्तकवियों ने मध्यकाल में किया था। तुलसी की याद आई : मति अति नीच ऊँचि रुचि आछी, चहिअ अमिय जग जुरइ न छाछी। कर्म और ईमान मुझे विरासत में मिले हैं, वही जीवनसंघर्ष में मेरे साथी रहे हैं और इन्हीं पर मुझे भरोसा था। एक शोधयोजना के अंतर्गत भक्तिकाव्य के सांस्कृतिक अध्ययन का कार्य आरंभ हुआ। इसे मैंने नया रूप दिया जो कई पुस्तकों में सामने आया। भक्तिचिंतन की भूमिका (वैदिक युग से लेकर भागवत तक), भक्तिकाव्य की भूमिका (ऐतिहासिक-सांस्कृतिक पीठिका), कृष्णकाव्य और सूर, रामकाव्य और तुलसी। फिर समापन अंश आया : 'भक्तिकाव्य की सामाजिक-सांस्कृतिक चेतना' और बाद में 'भक्तिकाव्य का समाजशास्त्र' पुस्तक आई। इन्हें पाठकों का भरपूर स्नेह मिला, कृतज्ञ हूँ।

भक्तिकाव्य पर काम करने के बाद मैं फिर अपनी पुरानी ज़मीन पर लौटा और 'नई कविता की भूमिका' पुस्तक लिखी जो नए काव्य-विवेचन का आरंभिक अंश है। रचना-आलोचना के अंतस्संबंधों पर विचार करते हुए 'सृजन और समीक्षा' पुस्तक आई। पत्र-पत्रिकाओं के माध्यम से समकालीनता से संवाद करता रहा। पर न जाने क्यों भक्तिकाव्य मुझे आंदोलित-उद्वेलित करता रहा और मैंने इसे 'भक्तिकाव्य का समाजशास्त्र' के माध्यम से व्यक्त किया। मेरे भीतर यह प्रश्न भी कि क्या रचना केवल दस्तावेज़ है ? और मैंने विनम्र पाठक के रूप में पाया कि महान् रचनाएँ अपने समय से गहरे स्तर पर टकराती हैं, इस अर्थ में कि उनमें विकल्प का संकेत भी होता है। समय के यथार्थ में वे ऊपर-ऊपर तैरकर नहीं रह जातीं, अंतःस्तल में प्रवेश

करती हैं और कई बार उनमें विवरण-वृत्तांत नहीं होते, पर समय की गहरी पहचान होती है। संभव है मुखर वाचालता उनमें कम हो, पर वे समय-समाज के मूल्यांकन में कहीं अधिक सहायक होती हैं, बनिस्पत उनके जो रोज़नामचा अथवा सूचीपत्र होने का दावा करती हैं। तो समय-समाज की अभिव्यक्ति मात्र नहीं, पर उससे टकराने, मुठभेड़ करने का प्रश्न बराबर मुझे उत्तेजित करता रहा। उससे भी बड़ा प्रश्न मुझ जैसे पाठक के लिए यह कि क्या रचना केवल जूझकर समाप्त हो जाती है ? पलायन वह कर ही नहीं सकती, यदि वह सार्थक होना चाहती है, तो। नहीं तो कलावाद के कितने संस्करण रचना में हैं जो आभिजात्य का स्पर्श करके रह जाते हैं। इस बिंदु पर रचना शब्द अथवा कला-क्रीड़ा नहीं प्रतीत होती, वह एक व्यापक संस्कृति के अंश रूप में दिखाई देती है और सभ्यता के गोचर जगत् से आगे निकलकर, मूल्य-स्तर पर सोच-विचार का ईमानदार प्रयत्न भी है। इस अर्थ में भक्तिकाव्य, जिसकी पीठिका में विराट जनांदोलन—भक्ति आंदोलन है, मुझे एक 'प्रतिसंस्कृति' के रूप में दिखाई देता है—नए मूल्य-संसार की खोज करता। भक्तिकाव्य समय के साक्ष्य के साथ, विकल्प का संकेत भी है, जो सांस्कृतिक चिंता का प्रमाण है।

समाजदर्शन प्रायः समाजशास्त्र से अंतर्भुक्त करके देखा गया है, पर मुझे लगा कि रचना विकल्प की खोज का जो प्रयत्न मूल्य-स्तर पर करती है, उसके लिए समाजदर्शन शब्द का उपयोग किया जा सकता है। इस दृष्टि से यह पुस्तक मेरी पिछली पुस्तक 'भक्तिकाव्य का समाजशास्त्र' का अगला चरण है और इस प्रयत्न में मुझे उन सब विद्वानों से आलोक मिला जो भक्तिकाव्य को वर्तमान समय-संदर्भ में देखते हैं। आचार्य रामचंद्र शुक्ल ने तुलसी के माध्यम से जिस लोकधर्म को रेखांकित किया था, उसे आचार्य हजारीप्रसाद द्विवेदी ने कबीर के माध्यम से नया विस्तार दिया। अकादमिक प्रयासों को छोड़ दें, तो फिर उसे नए ढंग से देखने-समझने की पूरी परंपरा विकसित हुई—डॉ. रामविलास शर्मा, विद्यानिवास मिश्र, नामवर सिंह, वियजदेवनारायण साही, विश्वनाथ त्रिपाठी, रमेशकुन्तल मेघ, मैनेजर पांडे, परमानन्द श्रीवास्तव, शिवकुमार मिश्र से लेकर बिलकुल नई पीढ़ी के वीरेन्द्र मोहन, लक्ष्मीचन्द्र, अरुण मिश्र आदि। इन सबसे मैंने सीखने-समझने का प्रयत्न किया, पर लगा कि कहीं-कहीं समाजशास्त्र अधिक प्रभावी हो गया है, इस दिशा में कुछ और भी सोचा जा सकता है। प्रस्तुत पुस्तक इसी अंतःसंघर्ष का प्रतिफल है और आज भी लगता है कि 'अविगति गति कछु कहत न आवै' की स्थिति बनी हुई है। समाजशास्त्र-समाजदर्शन को भक्तिकाव्य में 'काव्यसत्य' की स्थिति प्राप्त हुई है, जिसका निर्माण कवियों की सजग सांस्कृतिक चेतना से हुआ है।

भक्तिकाव्य मुझे भीतर-भीतर आंदोलित करता रहा और जब मैं भारतीय संस्कृति और साहित्य का प्राध्यापक होकर एकाधिक बार विदेश गया तो मैंने पाया कि वहाँ

के बुद्धिजीवी वर्ग में इसके प्रति रुचि है। इतिहास मेरा प्रिय विषय रहा है और सचाई यह है कि परिस्थितियाँ मुझे साहित्य की ओर न लाई होतीं तो मैं इतिहास का ही पाठक होता। इतिहास-साहित्य की संगति में मेरी आस्था है, और इतिहास-समाज के अध्ययन ने भक्तिकाव्य की समझ में मेरी सहायता की और मैंने जाना कि समाज की अंतर्धाराओं के बिना रचना की पहचान ही अधूरी होगी। समर्थ रचना केवल कला-जगत् का खेल नहीं है, उसकी वैचारिक क्षमताएँ भी होती हैं जिन्हें संवेदन-संसार में विलयित कर, समग्र कलाकृति का रूप दिया जाता है। दर्शन-विचारधारा का प्रासंगिक प्रश्न है और भक्तिकाव्य की पीठिका में वह उपस्थित है, पर दर्शन मूलतः बौद्धिक प्रयत्न है, जबकि रचना संवेदन में सब कुछ समोती चलती है। भक्तिकाव्य आगे बढ़ा और वैष्णवाचार्य अपनी समाज-सुधार दृष्टि के बावजूद थोड़ा पीछे छूट गए। भक्तिकाव्य के सर्वोत्तम ने लोक से प्रेरणा ली और उसे सीधे ही संबोधित किया, चेतावनी से लेकर विनय-भाव तक। श्रव्य काव्य को संबोधन और दृश्य काव्य में कैसे रूपांतरित किया जा सकता है, इसे भक्तिकाव्य ने संभव किया। वैष्णव-चिंतन में मानववाद के संकेत हैं, पर प्रायः वह पंडित वर्ग के लिए है और भक्तिकाव्य ने भक्तिदर्शन को शास्त्रीय सीमाओं से निकालकर, समाजदर्शन का अभिनव प्रयत्न किया—अनुभव पर बल दिया—'मैं कहता आँखिन की देखी, तू कहता कागद की लेखी' का द्वंद्व उसने निपटाया। वह लोक-संपत्ति बना, उसे व्यापक स्वीकृति मिली।

एक जटिल समय में रचना-कर्म कितना कठिन, कितना चुनौती-भरा होता है, इसे ईमानदार रचनाकार जानते हैं। मुक्तिबोध को उद्‌धृत करें तो : 'पिस गया वह भीतरी औ बाहरी दो कठिन पाटों बीच, ऐसी ट्रैजिडी है नीच।' मध्यकाल का सामंती समाज है, जहाँ कई प्रकार की भूलभुलैया हैं, जिसे सभी कवियों ने महसूस किया : किसी ने उसे कलिकाल के रूप में देखा, किसी ने विकृत व्यवस्था के रूप में। पर सब आंतरिक स्तर पर विक्षुब्ध, असंतुष्ट हैं और उसे अपने-अपने ढंग से चुनौती देते हैं—कबीर का विद्रोह, जायसी का प्रेम-भाव, सूर की रागात्मकता, तुलसी का लोकधर्म, मीरा की भावनामयता सब मिलकर असंतोष को व्यक्त करते हुए, समानांतर वैकल्पिक मूल्य-संसार रचते हैं, जिसे उनका समाजदर्शन कहा जा सकता है, जिसमें उनका भक्तिदर्शन अंतर्भुक्त है। 'दोइ कहैं तिनहीं को दोजख, माँगि कै खैबो मसीत को सोइबे' में असंतोष के साथ ललकार का भाव है, जो कवियों को वैकल्पिक मूल्य-जगत् रचने की प्रेरणा देता है। समाजदर्शन के सहारे सजग भक्तकवि अपने समय को चुनौती देने में सक्षम हो सके और कबीर का वसंत ऋतुराज, जायसी का सिंहल द्वीप तथा प्रेमपंथ, सूर का बैकुंठी वृंदावन, तुलसी का रामराज्य, मीरा का गोकुल विकल्प के संकेत हैं। परिणाम का प्रश्न दूसरा है, क्योंकि इसके लिए सामाजिक संगठन की आवश्यकता होती है। व्यक्तित्व की बनावट के अनुसार भक्तकवियों की पथरेखाओं

में पार्थक्य हो सकता है, पर उनका समवेत स्वर एक ही गन्तव्य तक जाना चाहता है—उच्चतर मूल्य-संसार : जाति-पाँति पूछै नहिं कोई, हरि को भजै सो हरि को होई। इस दृष्टि से भक्तिकाव्य अपने समय का समाधान सांस्कृतिक स्तर पर खोजता है, मध्यकालीन शरीरवाद, मिथ्याचार, आडंबर को चुनौती देता हुआ। उसका सर्वाधिक आक्रोश उस सामंतवाद-समर्थित कर्मकांडी पुरोहितवाद के प्रति है, जिससे आचरण की शुद्धता नेपथ्य में चली जाती है। पाथर पूजने से हरि नहीं मिल जाते; अगोचर इन्द्र के स्थान पर, सामने उपस्थित गोवर्धन को श्रद्धा-सुमन अर्पित करो। कबीर-सूर की अवधारणाएँ सतही तौर पर देखने से विरोधी भी प्रतीत हो सकती हैं, पर गंतव्य में अधिक अंतर नहीं है। भक्तिकाव्य ने अपने समय में जातिविहीन सहज प्रेमपंथ की परिकल्पना की, जिसका उदात्त रूप भक्ति है, जहाँ सीधे संवाद स्थापित किया जा सकता है, किसी मध्यस्थ की आवश्यकता नहीं है। बल ज्ञान-विवेक पर है जिससे हम अंधकार से प्रकाश में आते हैं : संतो भाई आई ग्यान की आँधी अथवा रामकृपा भवनिसा सिरानी, जागे फिरि न डसैहौं। ज्ञान-विवेक सर्वोपरि हैं, जिन्हें निष्काम प्रेम से संयोजित कर भक्ति का रूप दिया गया।

सार्थक रचना, जो तीन-चार शताब्दियों तक सक्रिय रही, उसे लेकर वाद-विवाद स्वाभाविक है। पर क्या यह उसकी असंदिग्ध स्वीकृति नहीं कि भक्तिकाव्य वृहत्तर समाज को उद्वेलित-आंदोलित करता है, और लोग उसे अपने ढंग से देखते रहे हैं। मैं अपनी सीमाओं से परिचित हूँ और अपनी लघुता को ध्यान में रखकर मैंने भरसक प्रयत्न किया कि कोई दावा करने की भूल न करूँ। पर विनय भाव से स्वीकारूँ कि भक्तिकाव्य मुझे संवेदनात्मक ज्ञान के धरातल पर गहराई से मथता रहा है और मुझे लगा कि उसके कुछ पक्ष आज भी विचारणीय हैं। रचना अपने समय से बँधी होती है, पर जितना संभव होता है, वह उससे बाहर भी निकलती है और इस दृष्टि से समय की सीमाएँ रचना की भी सीमाएँ बन जाती हैं। भक्तिकाव्य को इस परिप्रेक्ष्य में देखने पर, उसके साथ अधिक न्याय किया जा सकता है और उसके लोकवादी-मानववादी स्वर की सही पहचान हो सकती है। जिसे लोकोत्तर अध्यात्म आदि कहा जाता है, वह वास्तव में मानव-मूल्यों का उच्चतम संसार है, जिसकी परिकल्पना भक्तिकाव्य ने की और दर्शन-विचार-संवेदन के संयोजन से उसे रूपायित किया। कर्मभरे चरित्रों के माध्यम से उसे चरितार्थता दी और मर्यादा पुरुषोत्तम, लीला-पुरुष कृष्ण को वैकल्पिक महानायक के रूप में प्रतिष्ठित किया। सहयोगी पात्र भी संसर्ग से व्यक्तित्व पा जाते हैं। सब कुछ कलाकृति रूप में विन्यस्त हुआ, यह उल्लेखनीय है।

पुस्तक मेरी चेतना में थी क्योंकि यह प्रश्न मुझे बार-बार उद्वेलित करता है कि आखिर रचना की सामाजिक-सांस्कृतिक भूमिका का स्वरूप क्या है ? वह किस रूप में

समय-समाज में हस्तेक्षप करती है और कैसे वह लंबा समय पार कर, हम तक पहुँचती है। इस दृष्टि से भक्तिकाव्य मुझे चुनौती देता है, नई पहचान के लिए आमंत्रित करता है। संयोगवश विश्वविद्यालय अनुदान आयोग परियोजना ने मुझे अवसर दिया कि मैं अपने विचारों को मूर्त रूप दे सकूँ और इस सहायता के लिए धन्यवाद देना चाहूँगा। आभार आचार्य राधावल्लभ त्रिपाठी के प्रति जिनकी सदाशयता मुझे निरंतर मिलती आई है और मैं सक्रिय संस्कृत विभाग से संबद्ध होकर अपना कार्य निश्चिंतता से कर सका। 'गुरुजी' श्री त्रिलोचन शास्त्री को सादर प्रणाम निवेदित है, जिनका सागर-प्रवास हम सबके लिए प्रेरणाप्रद है।

कृतज्ञता-भाव उन सबके प्रति जिनका स्नेह मुझे सहज सुलभ रहा है और जिसके प्रतिदान की सामर्थ्य भी मुझमें नहीं है। मेरे अनेक शुभेच्छु हैं—गुरुजन, इष्टजन से लेकर शिष्य-मित्रों तक—सबका स्मरण करता हूँ। सत्संग से कुछ पा सका, यही मेरी पूँजी है पर मैं अपनी सीमाओं से भी परिचित हूँ। 'धीरज, धर्म, मित्र अरु नारी' मेरे जीवन-पाथेय रहे हैं, इन्हीं के सहारे इतनी यात्रा कर सका। स्वीकार करना चाहूँगा कि संगिनी शोभा के सहयोग से ही कुछ कर पाना संभव हो सका। विल्सन जॉन मेरे अक्षरों को आकार देते हैं, उन्हें धन्यवाद। विनम्र विचार है कि भक्तिकाव्य को खुली दृष्टि से देखने पर उसका जीवंत स्वर आज भी प्रासंगिक है। निराला के तुलसीदास का संकल्प हर समय में रचना की सार्थकता का प्रमाण है : 'करना होगा यह तिमिर पार, देखना सत्य का मिहिर द्वार।'

विश्वविद्यालय परिसर, सागर
स्वतंत्रता दिवस 1999

प्रेमशंकर

कविता और समाजदर्शन

साहित्य और समाज के संबंधों की चर्चा किसी न किसी रूप में पर्याप्त समय से होती रही है, पर जीवन की बढ़ती जटिलताओं के साथ, इस विषय पर अधिक गंभीरता से विचार करने का अनुभव किया गया। प्राचीन काल में जब कविता, नाटक प्रमुख विधाएँ थीं, तब उनके रचयिता को विशिष्ट प्रतिभा-संपन्न, यहाँ तक कि अपौरुषेय अथवा दैवी प्रतिभा का व्यक्ति माना गया। साहित्य-रचना में उस समय धर्म, नीति, दर्शन आदि के दबाव प्रमुख रूप से कार्य करते दिखाई देते हैं। महाकाव्य तथा नाटक में नियति, प्रारब्ध आदि के दैवी विधान हैं जिनसे कथावस्तु संचालित होती है। समय-समाज जिस तीव्र गति से परिवर्तन की प्रक्रिया से गुजर रहे थे, उसमें अवधारणाओं पर पुनर्विचार स्वाभाविक था। रचना में समाज की उपस्थिति का प्रश्न सत्रहवीं शताब्दी में भी उठा था, जैसे जेम्स राइट ने नाटकों के संबंध में इसकी चर्चा की। पर अठारहवीं शती में साहित्य-समाज के अंतस्संबंधों पर विचार की प्रक्रिया को नई गति मिली। यह आग्रह किया गया कि साहित्य और कलाओं के मूल आशय तक पहुँचने के लिए सामाजिक परिवेश का परिज्ञान भी अपेक्षित है। ऐलन स्विंगवुड ने 'सोशियालॉजी ऑफ़ लिटरेचर' में साहित्य के समाजशास्त्र के विकास की चर्चा की है। विको की न्यू साइंस (1725) में वे इसका पूर्वाभास देखते हैं और जे. सी. हर्डर (1744-1803) तथा मदाम द स्ताल (1766-1817) से इसका विधिवत् आरंभ मानते हैं, जहाँ इस विषय को तार्किक आधार मिला।

साहित्य का समाजशास्त्र एक आधुनिक विषय है, और यह प्रश्न भी विचारणीय कि समाजशास्त्र और साहित्य का क्या संबंध है ? साहित्य के समाजशास्त्र की अवधारणा का स्वरूप क्या है ? और फिर यह कि समाजशास्त्र के साथ समाजदर्शन की कोई स्थिति हो सकती है क्या ? यदि है तो उसकी पार्थक्य रेखाएँ क्या होंगी। साहित्य के समाजशास्त्र की चर्चा आधुनिक समय में व्यापक रूप से होती है, इसलिए सर्वप्रथम उस पर विचार करना उपादेय होगा। हर्डर और मदाम द स्ताल में देश

विशेष की जलवायु, भौगोलिक स्थिति, सामाजिक संस्थाओं की समानताएँ हैं, जिनसे साहित्य प्रभावित होता है। साहित्य के समाजशास्त्र के संदर्भ में मदाम द स्ताल के कुछ विचार इस दृष्टि से उल्लेखनीय हैं कि उनसे आगामी चिंतन विकसित हुआ। उन्होंने मध्यवर्ग के उदय को साहित्य में महत्त्व दिया, जो औद्योगिक समाज के साथ नई भूमिकाओं में सक्रिय हुआ। 1789 की फ्रांसीसी क्रांति से निरंकुश सामंती शासन का पतन हुआ, मानवाधिकारों की घोषणा हुई—स्वाधीनता, समानता, बंधुत्व और स्ताल के चिंतन पर उसका प्रभाव स्वाभाविक है। मध्यवर्ग की विशेष स्थिति स्वीकार करते हुए उन्होंने उपन्यास को प्रभावी रचना-माध्यम माना। अरसे तक साहित्य कविता, नाटक केंद्रित रहा है और इन्हीं को साहित्य-विवेचन में प्रधानता मिली। मदाम द स्ताल ने मध्यवर्ग और उपन्यास को जो महत्त्व दिया उसे साहित्य के आगामी समाजशास्त्रीय चिंतन में प्रमुखता मिली, जैसे जॉर्ज लुकाच आदि में । इस प्रकार सामाजिक संस्थाओं से साहित्य के संबंध पर विचार से ने साहित्य के समाजशास्त्र का आरंभ हुआ।

साहित्य का समाजशास्त्र शब्द निर्मित करने का श्रेय आग्युस्त कोंत (1798-1857) को दिया जाता है, पर इसे वैचारिक विकास देने में महत्त्वपूर्ण भूमिका ईमालीत अडोल्फ तेन (1828-93) की है। तेन कई दिशाओं के विचारक थे और 'अंग्रेजी साहित्य का इतिहास' उनका प्रसिद्ध ग्रंथ है। वे इस दृष्टि से विवादास्पद रहे हैं कि आगे चलकर विभिन्न शिविरों में उन्हें संपूर्ण स्वीकृति नहीं मिली, पर कला और साहित्य के विषय में उनके विचार समाजशास्त्रीय दृष्टि से संपन्न हैं। तेन के समय में जो वस्तुपरक, सत्यान्वेषी वैज्ञानिक दृष्टि प्रभावी हो रही थी, उसने उनके चिंतन को रूपायित करने में सहायता की। 'कला का दर्शन' में तेन साहित्य और कला को सामाजिक तथ्य के रूप में देखते हैं और विभिन्न ज्ञानानुशासनों के समन्वित प्रभाव को रचना में स्वीकृति देते हैं। उनका चिंतन धर्म-दर्शन के एकाधिपत्य से आगे बढ़कर, प्रकृति-विज्ञान तक को स्वीकारता है। तेन एक प्रकार से साहित्य की भाववादी अवधारणा को तोड़ते हैं और उसे बौद्धिक आधार देते हैं। साहित्य का मुख्य प्रस्थान है, वह समय-समाज जो उसकी मूल प्रेरणा है। कला और साहित्य को 'सामाजिक उत्पादन' मानते हुए, वे उस तथ्य की पड़ताल का आग्रह करते हैं, जिसे कथ्य रूप में व्यक्त किया जाता है। साहित्य के समाजशास्त्र का उनका बहुचर्चित सिद्धांत प्रजाति, परिवेश तथा युगचेतना से निर्मित है, जिससे रचना का समग्र रूप बनता है। यद्यपि यह भी सही है कि इन तीनों में संगति स्थापित करने में तेन ने कठिनाई का अनुभव किया। उन्होंने साहित्य में मनुष्य की उपस्थिति स्वीकार करते हुए लेखक के व्यक्तित्व को भी महत्त्व दिया, क्योंकि उसका अपना वैशिष्ट्य है जो रचना में सक्रिय होता है, सर्जनात्मक स्तर पर। विद्वानों ने साहित्य के समाजशास्त्र में तेन के इस महत्त्व को स्वीकारा है कि साहित्य को सामाजिक दस्तावेज़ के रूप में देखने में वे अग्रणी

हैं। प्लेखानोव जैसा मार्क्सवादी भी मानता है : 'मार्क्स का कोई भी अनुयायी बिना किसी विवाद के इस सबके साथ सहमत होगा : हाँ, किसी भी दार्शनिक प्रणाली की ही तरह कला की किसी कृति की व्याख्या उसके युग के विचारों तथा आचार-व्यवहार की अवस्था के आधार पर ही की जा सकती है' (इतिहास के अद्वैतवादी दृष्टिकोण का विकास, पृ. 219)। आगे चलकर तेन की दस्तावेज़ वाली अवधारणा को प्रतिबद्धता और सौंदर्यवाद दोनों ने संदेह की दृष्टि से देखा।

साहित्य के समाजशास्त्र की अवधारणा का विकास इस प्रकार हुआ कि रचना इस अर्थ में एक मानवीय उत्पादन है कि उसे अपनी सामग्री समाज से प्राप्त होती है। इस प्रकार साहित्य की जो सामाजिकता निर्मित होती है, वह समाजशास्त्रीय अध्ययन का विषय बनती है। इस क्षेत्र में कई धाराएँ कार्य करती रही हैं और उनके विचार एक-दूसरे से टकराते भी हैं, जैसे मार्क्सवादी और गैर-मार्क्सवादी। आज साहित्य के समाजशास्त्र ने एक महत्त्वपूर्ण स्वतंत्र स्थिति प्राप्त की है, जिसमें कुछ विचारकों की प्रमुख भूमिका है, जिनकी चर्चा उपादेय होगी। साहित्य का समाजशास्त्र बनने में मार्क्सवाद के जो प्रभाव रहे हैं, उन्हें स्वीकारना होगा। कार्ल मार्क्स (1818-83), फ्रेडरिक एंगेल्स (1820-95) ने 1848 में 'कम्युनिस्ट घोषणापत्र' प्रकाशित किया। इसमें विश्व बाज़ार की तलाश में फैलते आधुनिक पूँजीवाद के विषय में कहा गया : 'उत्पादन प्रणाली में निरंतर क्रांतिकारी परिवर्तन, सभी सामाजिक अवस्थाओं में लगातार उथल-पुथल, शाश्वत अनिश्चयता और हलचल—ये चीजें पूँजीवाद युग को पहले के सभी युगों से अलग करती हैं। सभी स्थिर और जड़ीभूत संबंध, जिनके साथ प्राचीन और पूज्य पूर्वाग्रहों तथा मतों की एक पूरी शृंखला होती है, मिटा दिए जाते हैं, और सभी नए बनने वाले संबंध जड़ीभूत होने के पहले ही पुराने पड़ जाते हैं। जो कुछ भी ठोस है वह हवा में उड़ जाता है, जो कुछ पावन है, वह भ्रष्ट हो जाता है, और आख़िरकार मनुष्य संजीदा नज़र से जीवन के वास्तविक हालातों को, मानव-मानव के आपसी संबंधों को देखने के लिए मजबूर हो जाता है' (संकलित रचनाएँ, भाग एक, पृ. 48)। इस प्रकार विकसित पूँजीवादी समाज में संबंधों में जो तीव्र परिवर्तन होते हैं, उनका संकेत यहाँ मिलता है। समाज का भौतिक आधार स्वीकार करते हुए, मार्क्सवाद उसे वर्गों के इतिहास रूप में रखकर देखता है और साहित्य में भी इसकी प्रतिच्छाया देखी जा सकती है।

मार्क्स-एंगेल्स और लेनिन इस अर्थ में साहित्य पर स्वतंत्र रूप से विचार नहीं करते, जिसके लिए साहित्यशास्त्रियों और आचार्यों के नाम लिए जाते हैं। पर सजग सामाजिक विचारक के रूप में साहित्य और कला में उनकी रुचि है और उन्होंने साहित्य-चिंतन को व्यापक स्तर पर प्रभावित किया। मार्क्स-एंगेल्स के विचार 'ऑन लिटरेचर एंड आर्ट' पुस्तक में संकलित हैं। वी. क्रिलाव ने संपादन करते हुए लंबे प्राक्कथन में लिखा है कि 'मार्क्स-एंगेल्स ने इस तथ्य की ओर ध्यान आकृष्ट किया

कि वर्ग विशेष का सामाजिक जीवन और विचार कला में प्रतिबिंबित होते हैं, पर उनकी प्रक्रिया यांत्रिक नहीं होती' (मार्क्स-एंगेल्स : ऑन लिटरेचर एंड आर्ट, प्राक्कथन, पृ. 3)। साहित्य के समाजशास्त्र पर विचार करने के लिए उनके पास इतना समय न था कि वे पूरी व्याप्ति में जाकर, सूक्ष्मता से विवेचन कर सकें। पर दर्शन-विचार के रूप में जो आधारभूत सूत्र इन प्रतिबद्ध विचारकों ने दिए हैं, उन्हें साहित्य के समाजशास्त्र का आरंभिक प्रस्थान माना जाता है। विचारणीय यह कि समर्थक तथा विरोधी दोनों इनसे टकराते रहे हैं और यथार्थवाद-संबंधी चिंतन में इसे विशेष रूप से देखा जा सकता है। लेनिन के प्रसिद्ध लेख 'पार्टी संगठन और पार्टी साहित्य' (1905) का उल्लेख प्रायः किया जाता है कि 'सामाजिक-जनवादी साहित्य को पार्टी-साहित्य होना चाहिए।' 'सर्वहारा संस्कृति' की चर्चा करते हुए वे लूनाचर्स्की का विरोध करते हैं (लेनिन : संस्कृति और सांस्कृतिक क्रांति, पृ. 123)।

यह विचारणीय कि मार्क्सवाद-लेनिनवाद और साहित्य का समाजशास्त्र अथवा समाजदर्शन एक ही आशय ध्वनित नहीं करते। कट्टर मार्क्सवादियों ने तो आरोप लगाया कि समाजशास्त्र पश्चिमी पूँजीवाद के बुर्जुआ विचारों से निःसृत है, जहाँ सांख्यिकी प्रधान है। इसके विपरीत मार्क्सवादी धारणा क्रांतिकारी है जिसमें साहित्य में सामाजिक परिवर्तन की आकांक्षा भी सन्निहित है। लियोन ट्रॉटस्की (साहित्य और क्रांति), जी. वी. प्लेखानोव (कला और सामाजिक जीवन), ए. वी. लूनाचर्स्की आदि ने साहित्य चिंतन को मार्क्सवादी आधार पर विकसित किया। पर साहित्य के समाजशास्त्र के आधुनिक विकास में उनकी भूमिका आंशिक ही स्वीकारी जा सकती है। कारण कई हैं, जिनमें प्रमुख यह कि मार्क्सवाद स्वयं संपूर्ण समाजशास्त्र का दावेदार नहीं है, जैसा प्रयत्न निकोलाई बुखारिन ने किया था : 'ऐतिहासिक भौतिकवाद : लोकप्रिय समाजशास्त्र की एक पाठ्यपुस्तक' (1921), जिसे सामान्यीकरण माना गया।

समाजशास्त्र और साहित्य को लेकर एक से अधिक विचारक-वर्ग आमने-सामने हैं। मार्क्सवाद को समाजशास्त्र बनाने के प्रयत्न का विरोध तो स्वयं मार्क्सवादियों ने भी किया है, ए. ग्राम्शी अथवा जार्ज लूकाच ने। संभवतः मार्क्सवादी कट्टरता से जो रूढ़ियाँ बनीं, विशेषतया स्तालिन-युग में, उसके प्रति एक असहमति का भाव जन्मा। साहित्य में रुचि रखने वाले विद्वानों ने इसे 'कुत्सित समाजशास्त्र' के रूप में देखा और रचना की यांत्रिक प्रक्रिया का विरोध किया। वस्तुगत अध्ययन की अवधारणा अपने रूप में सही है, पर रचनाकार उसे नया रूपाकार भी देता है। ऐलन स्विंगवुड स्वीकारते हैं कि जहाँ तक कथ्य का प्रश्न है साहित्य और समाजशास्त्र दोनों में समानताएँ हैं। लक्ष्य की समानताओं में भी किसी सीमा तक बहुत दूरी नहीं है। पर स्वयं स्विंगवुड यह स्वीकार करते हैं कि समाज की समझ में साहित्य और समाजशास्त्र एक-दूसरे के पूरक होकर भी रचना प्रक्रिया और प्रवृत्ति में भिन्न हैं (द सोशियालॉजी ऑफ़ लिटरेचर, पृ. 95)। समाज के अनेक अनुशासन धर्म, दर्शन,

राजनीति, विचार आदि साहित्य को प्रभावित करते रहे हैं, पर साहित्य का समाजशास्त्र अपेक्षाकृत एक शिथिल शब्द-प्रयोग है। एक दृष्टि यह कि समाज साहित्य में प्रक्षेपित होता है। पर प्रश्न यह कि यदि बिंब-प्रतिबिंब भाव ही है, तो फिर रचनाकार और उसके व्यक्तित्व की भूमिका ही क्या होगी ? यहाँ रचनाकार, उसका परिवेश, विचार, दर्शन, गन्तव्य आदि के प्रश्न उठते हैं।

साहित्य के समाजशास्त्र के विकास में एक भूमिका रचना को उत्पादन से संबद्ध करके देखने की है। रचना यदि 'सामाजिक उत्पादन' है, और समाज कथ्य देता है, मुख्य प्रेरक है, तो वही उसका उपभोक्ता भी है। रचना के रूप में लेखक ने जो सामग्री प्राप्त की है, उसे वह नया रूपाकार देकर उसी समाज को लौटाता भी है। नए समाजशास्त्रियों ने इस संदर्भ में उत्पादन-संबंधी कई प्रश्न उठाए जैसे कि लेखन का बाज़ार सिकुड़ रहा है। लेखक अलगाव की स्थिति में हैं और नवीनतम स्थिति यह कि श्रव्य-दृश्य, मीडिया आदि के दबाव उस पर हावी हैं जिसे 'शब्द का संकट' भी कहा गया है। औद्योगिक समाज बना, मध्यवर्ग में बढ़ोतरी हुई, विश्व बाज़ार का फैलाव हुआ—इन स्थितियों में रचना को उत्पादन रूप में देखने-समझने में भी परिवर्तन आया। ल्यूसिएँ गोल्डमान (1913-1971) की 'साहित्य के समाजशास्त्र की पद्धति' जैसी पुस्तक मरणोपरांत प्रकाशित हुई, पर जीवनकाल में 'अव्यक्त ईश्वर' अथवा 'द हिडेन गॉड' (1956) तथा उपन्यास के समाजशास्त्र की दिशा में उन्होंने महत्त्वपूर्ण स्थापनाएँ कीं। रचना की विश्वदृष्टि का आग्रह करते हुए, गोल्डमान उसे एक समग्र प्रयत्न (टोटैलिटी) के रूप में देखते हैं। उनकी जिज्ञासा है कि समय-समाज रचना में किस प्रकार प्रक्षेपित होते हैं। उनके लिए रचना एक प्रकार की मानसिक संरचना है, जिसमें सामाजिकता की सक्रिय भूमिका होती है। उनकी स्थापना है कि श्रेष्ठ दार्शनिक एवं कलात्मक रचनाएँ विश्वदृष्टि का प्रतिनिधि होती हैं (द ह्यूमन साइंसेज़ एंड फ़िलासफ़ी, पृ. 129)।

साहित्य के समाजशास्त्र की दिशा में कार्य करने वाले अनेक नाम हैं : तेन, लियो लावेंथल, जॉर्ज लूकाच, गोल्डमान, रैमंड विलियम्स, ऐलन स्विंगवुड, टेरी ईगलटन, जॉन रदरफोर्ड आदि। पर साहित्य के समाजशास्त्र के संदर्भ में उल्लेखनीय यह कि इसका विवेचन प्रमुखतः उपन्यास साहित्य को केंद्र में रखकर किया गया। गोल्डमान की प्रसिद्ध पुस्तक 'द हिडेन गॉड' सत्रहवीं शताब्दी के फ्रांसीसी नाटककार रेसिन और दार्शनिक पास्कल को केंद्र में रखकर लिखी गई। पर उनकी पुस्तक 'उपन्यास के समाजशास्त्र की एक दिशा' पूँजीवाद के साथ उपन्यास के विकास को संबद्ध करके देखती है जिसके वे कुछ प्रमुख चरण मानते हैं। इस संबंध में जॉर्ज लूकाच (1885-1971) और ल्यूसिएँ गोल्डमान में वैचारिक समानताओं की तलाश का प्रयत्न भी विद्वानों ने किया है, विशेषतया विश्वदृष्टि को लेकर। लूकाच की पुस्तक 'उपन्यास के सिद्धांत' उनकी आरंभिक कृतियों में है जहाँ वे समग्रता के लिए दान्ते का स्मरण

करते हैं (द थियोरी ऑफ़ द नावेल, पृ. 70)। उपन्यास जैसे प्राचीन महाकाव्य का स्थानापन्न है और वे बाल्ज़ाक, ताल्स्ताय को प्रस्तुत करते हैं। ल्यूसिएँ गोल्डमान की पुस्तक 'टुवर्ड्स द सोशियालॉजी ऑफ़ नावेल' का अंग्रेजी संस्करण 1975 में आया। उपन्यास का समाजशास्त्र विवेचित करते हुए उन्होंने उसे एक महाकाव्यात्मक विधा माना और कहा कि एक अधःपतित संसार में यह प्रामाणिक मूल्यों की ख़ोज का प्रयत्न भी है। गोल्डमान लूकाच का उल्लेख कई बार करते हैं। ऐसा प्रतीत होता है कि उपन्यास को केंद्र में रखकर साहित्य का समाजशास्त्र गढ़ते हुए लेखक कविता के दबाव से पूर्ण मुक्त नहीं है। हेगेल, मार्क्स आदि में भी इसे देखा जा सकता है। ऐलन स्विंगवुड का विचार है कि गोल्डमान में लूकाच के उपन्यास-सिद्धांत का जो समाजशास्त्रीय विकास हुआ, उसमें तेन, प्लेखानोव आदि भी हैं। हिंदी में भी यह टिप्पणी की गई कि कविता के सिद्धांत नए कथा-साहित्य पर आरोपित किए जाते हैं।

प्रश्न यह कि साहित्य का समाजशास्त्र क्या केवल गद्य, विशषतया उपन्यास तक सीमित किया जा सकता है। संभवतः नहीं। डॉ. मैनेजर पाण्डेय ने गोल्डमान की स्थापनाओं पर विचार करते हुए 'गोदान' के साथ 'कामायनी' और 'राम की शक्तिपूजा' को भी सम्मिलित किया है। उनका विचार है कि 'विषय और अंतर्वस्तु के स्तर पर तीनों अलग-अलग हैं। लेकिन तीनों में विश्वदृष्टि के स्तर पर चेतना की संरचना के स्तर पर समानता है। तीनों में पराजय और निराशा की प्रधानता है। यद्यपि राम की शक्तिपूजा के अंत में आशा की एक किरण है लेकिन पूरी रचना में व्याप्त अंधकार और निराशा के आगे वह बहुत महत्त्वपूर्ण नहीं लगती। तीनों में संघर्ष, पराजय और निराशा के माध्यम से जो विश्वदृष्टि उभरती है, वही पाठकों को प्रभावित करती है' (साहित्य के समाजशास्त्र की भूमिका, पृ. 150)। कविता का समाजशास्त्र बनाने के प्रयत्न विरल हुए हैं और मूल नामकरण 'साहित्य का समाजशास्त्र' है, पर मूलतः उसके केंद्र में कथा-साहित्य है। हमारे विषय के संदर्भ में यह प्रश्न प्रासंगिक है कि कविता का समाजशास्त्र रचने की कठिनाइयाँ क्या हैं ? अपनी पुस्तक 'नई कविता की भूमिका' के आरंभ में मैंने कविता के समाजशास्त्र का प्रश्न उठाया है। जीवन-यथार्थ के दबाव साहित्य के समाजशास्त्रीय अध्ययन के केंद्र में हैं और माना गया कि आधुनिक कथा-साहित्य में उसकी व्यापक उपस्थित है। पर क्या यह संभव है कि प्राचीनतम माध्यम—काव्य अपने समय-समाज से पूर्णतया असम्पृक्त रह जाय ? माना कि सृजनात्मक कल्पना की भूमिका कविता में पर्याप्त होती है, पर यथार्थ को पुनःसर्जित करने का यह रचनात्मक प्रयास है। मेरा विचार है कि 'साहित्य जब जीवन-यथार्थ को स्वीकारता है तो उसमें कल्पनात्मक अंतर्दृष्टि और सर्जनात्मक प्रतिभा को संयोजित करके उसे एक नया रूपाकार देने का प्रयत्न करता है' (प्रेमशंकर : नयी कविता की भूमिका, पृ. 6)। कविता की संश्लिष्ट, सूक्ष्म प्रक्रिया

में समाजशास्त्र की पहचान और भी कठिन हो जाती है। इस संदर्भ में प्रायः कविता की आंतरिकता अथवा निजता की बात की जाती है। पर विश्व का सर्वोत्तम काव्य प्रमाण है कि निजता की सार्वभौमता और कलाकृति के रूप में उसकी अन्विति अनिवार्य गुण हैं।

हमने अपने विवेचन के लिए समाजदर्शन अथवा 'सोशल फ़िलासफ़ी' शब्द का प्रयोग किया है। प्रायः समाजशास्त्र और समाजदर्शन को एक-दूसरे के इतना समीपी मान लिया गया कि दोनों में पार्थक्य की आवश्यकता का अनुभव भी पर्याप्त विलंब से किया गया। समाजदर्शन को समाजशास्त्र में ही अंतर्भुक्त मान लिया गया। पर समाजशास्त्र के विवेचन में भी पर्याप्त विस्तार हुआ है और वह समाज, अर्थशास्त्र, राजनीति आदि तक सीमित नहीं है। जी. डी. रेमलिंग 'सोशियालॉजी ऑफ़ नॉलेज' पुस्तक का संपादन करते हुए ज्ञान को धर्म, दर्शन से लेकर आधुनिक समय के विज्ञान तक से संबद्ध करके देखते हैं। उसमें कार्ल मानहाइम जैसे विद्वान् सम्मिलित हैं जिनकी पुस्तक 'एसेज़ ऑन द सोशियालॉजी ऑफ़ नॉलेज' 1952 में लंदन से प्रकाशित हुई थी। प्रश्न है कि सामाजिक अस्तित्व तथा ज्ञान में क्या संबंध है और साहित्य की स्थिति कहाँ है (सोशियालॉजी ऑफ़ नॉलेज, प्राक्कथन, पृ. 7)। पिटिरिम ए सारोकिन की पुस्तक 'सोशल फ़िलासफ़ीज ऑफ़ एन एज ऑफ़ क्राइसिस' में भारतीय संस्कृति के आत्म-दर्शन का उल्लेख किया गया है, जिसका सफल प्रतीक निर्वाण है (सारोकिन : संक्रांति युग के समाजदर्शन, पृ. 104)। रचना का सामाजिक-आर्थिक आधार मूल प्रस्थान हो सकता है, पर वह उसका अंत नहीं है। साहित्य संस्कृति भी रचता है जिसे हम रचना का समाजदर्शन कह सकते हैं। प्रो. दयाकृष्ण की पुस्तक 'सोशल फ़िलासफ़ी : पास्ट एंड प्रेज़ेंट' में स्वतंत्रता को एक मूल्य के रूप में स्वीकारा गया है और उसे संस्कृति का प्रमुख उपादान माना गया है (पृ. 78)। इस दृष्टि से रचना एक मूल्य-संस्कृति है। सारोकिन 'सोशल एंड कल्चरल डायनेमिक्स' के प्रथम खंड 'फ़ाउंडेशंस ऑफ़ फ़ार्म्स ऑफ़ आर्ट' में विचार व्यक्त करते हैं कि कलाएँ सांस्कृतिक उत्थान-पतन के अध्ययन का महत्त्वपूर्ण माध्यम हैं। इस प्रकार साहित्य के समाजशास्त्र के साथ समाजदर्शन पर भी विचार होता रहा है।

साहित्य-समाज के अंतःसंबंध समाजशास्त्र-समाजदर्शन दोनों के विषय कहे जा सकते हैं। फिर अंतर कहाँ है ? समाजशास्त्र सामाजिक संस्थाओं और संबंधों का विश्लेषण करते हुए, जब साहित्य की ओर आता है, तब इस बिंदु पर भी विचार किया जाता है कि तथ्य रचना में किस रूप में प्रविष्ट हुए हैं। पर रचना की प्रक्रिया इतनी यांत्रिक नहीं है कि आँकड़ों-सूचनाओं में सिमट जाय। साहित्य को वर्ग के प्रतिबिंब रूप में स्वीकारने वाले प्लेखानोव, ए. के. लूनाचर्स्की से लेकर जॉर्ज लूकाच तक साहित्य में वर्ग की स्थिति स्वीकारते हैं। विचारणीय यह कि साहित्य समाज का बिंब मात्र नहीं, वह उसे अतिक्रांत भी करता है। और समाजशास्त्र के साथ,

रचना का सौंदर्यशास्त्र भी होता है जिसे समग्र कलाकृति कहा गया। ल्यूसिएँ गोल्डमान का निबंध 'द सोशियालॉजी ऑफ़ लिटरेचर : स्टेटस एंड प्राब्लम्स ऑफ़ मेथड', इंटरनेशनल सोशल साइंस जर्नल में 1967 में प्रकाशित हुआ था जिसमें उत्पत्तिमूलक संरचनावाद की अवधारणा प्रस्तुत करते हुए विश्व-दृष्टि, समग्रता का आग्रह किया गया। साहित्य के समाजशास्त्र को, उदारपंथियों द्वारा व्यापक दृष्टि दी गई और आगे चलकर उसमें सौंदर्यशास्त्र का भी प्रवेश हुआ।

समाजदर्शन को इस दृष्टि से समाजशास्त्र का आगामी चरण भी कहा जा सकता है कि यहाँ रचनाकार की अपनी जीवनदृष्टि अधिक मुखर हो सकती है। प्रतिबद्धता के प्रश्न को लेकर भी मार्क्सवादियों के शिविर हैं—कट्टरपंथी, उदारपंथी। एक विचलन—भटकाव (डेविएशन) आदि का विरोध करते हुए लाल पुस्तक को प्रमाण मानता है। नागार्जुन ने अपनी कविता 'पछाड़ दिया मेरे आस्तिक ने' में इसका संकेत किया है : पछाड़ दिया आज मेरे आस्तिक ने मेरे नास्तिक को/साक्षी रहा तुम्हारे जैसा नौजवान पोस्टग्रेजुएट मेरे इस 'डेविएशन' का। उदारपंथी कुत्सित समाजशास्त्र (वल्गर) पर तीखी टिप्पणी करते हैं। ऐसी स्थिति में समाजदर्शन एक अधिक व्यापक आशय का शब्द हो सकता है, विशेषतया रचना-विचार के संदर्भ में। यहाँ समाजशास्त्र की सूचनाओं, आँकड़ों, सांख्यिकी, विवरण, तथ्य, अधिसंरचना (सुपर स्ट्रक्चर) आदि का संपूर्ण आग्रह नहीं है। स्वयं में दर्शन को अंतर्निहित किए हुए, समाजदर्शन अगले चरण का संकेत करता है, समाजशास्त्र कार्य-कारण-संबंधों की खोज करता है और तथ्यों की तर्कसंगत व्याख्या से सिद्धांत प्रतिपादित होते हैं। साहित्य के समाज की प्रतिच्छाया रूप में देखने की प्रक्रिया, आज सही नहीं है। यहीं साहित्य का समाजदर्शन अधिक प्रासंगिक शब्द प्रतीत होता है। सचाई यह है कि जो समय-समाज अपने लिए उपयुक्त दर्शन-विचार नहीं तलाश पाते, उनके समक्ष कई प्रकार के प्रश्न चिह्न लग जाते हैं, प्रगति अवरुद्ध हो जाती है।

साहित्य और कलाओं की निर्मिति में समाज की भूमिका निर्णायक है पर माओ जैसा क्रांतिकारी, जो स्वयं कवि था, स्वीकार करता है कि उसमें मानव-मस्तिष्क की भूमिका भी होती है जिससे यथार्थ चित्रित होता है। इसीलिए कोई भी यथार्थ अनेक रूपों में उजागर होता है। 'महामारी के देवता को विदाई' माओ की एक कविता है जिसमें प्रकृति का सक्षम उपयोग है : अगणित हरे जलस्रोत, नीले पर्वत, वासंती बयार, सरपत वन : ग्राम सैकड़ों फँसे, घिरे खरपतवारों में/मानव-प्राण न जाने कितने हुए विसर्जित/उजड़ गए घर-द्वार सहस्रों की गणना में/ करते प्रेत-प्रलाप यहाँ शोकाग्नि समर्पित (कविताएँ, पृ. 41)। कविता में जिजीविषा, आस्था के स्वर प्रमाणित करते हैं कि क्रांतिकारी कवि का समाजदर्शन भी है। निराला की अंतिम कविताओं में आस्था कर स्वर है : पत्रोत्कंठित जीवन का विष बुझा हुआ है/आशा का प्रदीप जलता है, हृदय कुंज में (सांध्य-काकली)। कवि स्वयं को भीष्म पितामह की शर-शय्या की स्थिति

में प्रस्तुत करते हुए भी, जीवन के प्रति आश्वस्त है। यह आश्वस्ति भाव रचना में समाजदर्शन का एक प्रमुख उपादान है।

रचना इस अर्थ में एक कलाकृति के साथ, दर्शन, विचार, मूल्यसंसार, संपूर्ण संस्कृति भी है कि वह अपने समय-समाज में अंतःप्रवेश की क्षमता रखती है। यथार्थ ऊपर-ऊपर नहीं तैरता, उसके आवरण होते हैं, जिन्हें भेदकर, रचनाकार को भीतर प्रवेश करना होता है। यह उसकी प्रतिभा-क्षमता, संवेदन-सामर्थ्य पर निर्भर कि वह कितने गहरे प्रवेश कर सकता है। जहाँ तक कविता का प्रश्न है, वह भावाश्रित होकर भी, भावालाप नहीं है, उसका एक बौद्धिक-वैचारिक संसार होता है। पहले इसे दर्शन कहा गया और इसे विभिन्न दार्शनिक निकायों के परिप्रेक्ष्य में देखा जाता था। वैचारिक जगत् में प्रवेश करते हुए, इसे विचारधारा से संबद्ध करके देखा गया। मुक्तिबोध ने रचनाकार के मानवतावाद (मानववाद) का प्रासंगिक प्रश्न उठाते हुए कहा है, 'लेखक के अंतःकरण में जो भाव-तत्त्व हैं, जो जीवन ज्ञान-व्यवस्था है, और उस व्यवस्था के अंतर्गत जो दृष्टि है, उनसे परिचालित और परिपुष्ट जो संवेदनात्मक उद्देश्य है, उनसे कलाभिव्यक्ति अपनी अभिव्यक्ति के लिए अपेक्षा रखती है, उन पर निर्भर करती है अपने रूप तत्त्व के विकास के लिए' (मुक्तिबोध : नए साहित्य का सौंदर्यशास्त्र, पृ. 20)। इस प्रकार मुक्तिबोध समाजशास्त्र से आगे बढ़कर, समाजदर्शन की परिकल्पना करते हैं और वस्तु-रूप (कन्टेण्ट-फ़ॉर्म) का द्वैत पाटते हुए, उसमें एक संयोजन का प्रयत्न करते हैं। इसे वे रचना का आत्मसंघर्ष कहकर संबोधित करते हुए काव्य को एक सांस्कृतिक प्रक्रिया कहते हैं, 'काव्यरचना केवल व्यक्तिगत मनोवैज्ञानिक प्रक्रिया नहीं, वह एक सांस्कृतिक प्रक्रिया है। और, फिर भी वह एक आत्मिक प्रयास है। उसमें जो सांस्कृतिक मूल्य परिलक्षित होते हैं, वे व्यक्ति की अपनी देन नहीं, समाज की या वर्ग की देन हैं' (मुक्तिबोध : नयी कविता का आत्मसंघर्ष, पृ. 19)।

रचना को केवल दर्पण अथवा दस्तावेज़ मान लेने से कई कठिनाइयाँ उपस्थित होती हैं। प्रश्न यह भी कि क्या रचनाकार इस सीमा तक यांत्रिक हो सकता है कि समाज के प्रति उसकी जो प्रतिक्रियाएँ होती हैं, उनकी कोई भूमिका ही न हो। चित्रकला, मूर्तिकला आदि में इसे विशेष रूप से देखा-समझा जा सकता है। वहाँ दृष्टि के साथ उस 'कोण' की भी भूमिका है, जिससे दृश्य देखा गया है और उसी के अनुसार चित्र निर्मित हुआ है। मोनालिसा अथवा द लास्ट सपर जैसी चित्र-मूर्ति कृतियों में यह विचारणीय है। कविता, जिसे शब्द की सूक्ष्मतम अभिव्यक्ति से संबद्ध कर देखा-परखा गया, वहाँ यह कठिनाई भी कि वर्णन-विवरण की सुविधा एक सीमा तक ही होती है। प्रतिभावान कवि को स्वविवेक का आश्रय लेना पड़ता है जो अनुभव के साथ उसकी जीवन दृष्टि, मूल्य-चिंता आदि से भी संबद्ध है। कविता की ही क्यों, किसी भी रचना की वस्तुनिष्ठता के बावजूद, उसकी निरपेक्ष स्थिति को इस सीमा तक नहीं स्वीकारा जा सकता कि रचनाकार पूर्णतया अनुपस्थिति हो जाय। रोमांटिसिज़्म

का विरोध करते हुए, टी. एस. इलियट ने जब कविता को व्यक्तित्व की अभिव्यक्ति के स्थान पर, उससे पलायन के रूप में देखा, तब उसका आशय यही था कि 'स्व' से मुक्ति रचना की उठान के लिए आवश्यक है। उत्पत्तिमूलक संरचनावाद का सिद्धांत गढ़ते हुए, गोल्डमान (लूकाच से प्रेरणा लेकर) स्वीकार करता है कि प्रतिबिंबन समाज के बाहर से नहीं, भीतर से होता है। उसके विवेचन में लूकाच की 'त्रासद चेतना' (ट्रैजिक कॉन्शसनेस अथवा ट्रैजिक विज़न) की छाया है (ल्यूसिएँ गोल्डमान : द हिडेन गॉड, पृ. 145)। केवल तथ्य-वस्तु के आधार पर कविता का विकास संभव नहीं। जिसे नाटक के संदर्भ में अरस्तू ने जीवन की पुनर्रचना कहा और जो अनेक प्रकार से कई बार दुहराई गई विवेचना है, उसमें सामाजिक दर्शन का प्रवेश होता है।

समय-समाज की प्रभावी उपस्थिति है और कविता उनसे पलायन नहीं करती, पर वह पूर्ण अनुमोदन भी नहीं है। ऐसी भी स्थितियाँ हो सकती हैं जब मूल्य-मर्यादाएँ इस सीमा तक टूट जाएँ कि दर्शन, विचार, मूल्य की चर्चा का अवसर भी न हो। तब प्रश्न होगा कि इस समय-समाज का कोई समाजदर्शन है क्या ? और यदि है तो उसका स्वरूप क्या है ? रामायण-महाभारत दो मूल्य-मर्यादाओं का संकेत करते हैं। एक में तप-त्याग की भूमिका है : राजीव-लोचन राम चले, तजि बाप को राज बटाऊ की नाईं। दूसरी ओर संघर्ष ही ज़मीन के टुकड़े को लेकर है। दोनों सामाजिक स्थितियाँ बदले समय-संदर्भ की सूचना देती हैं। पूरे कथा-विन्यास पर विचार करें तो त्रेता-द्वापर समय-यथार्थ के प्रतीक हैं। कवि अपनी दृष्टि से इस वस्तुपरक तथ्य को देखता-समझता है। स्थितियों के बदलने पर समाजदर्शन अथवा समाज की विचारधारा में जो परिवर्तन दिखाई देते हैं, उनकी पहचान का काम अंतर्दृष्टि की माँग करता है। इसीलिए विद्वानों ने स्वीकार किया कि समाजशास्त्र की तथ्यात्मक, विवरणपरक सीमाओं का अतिक्रमण कर ही, महान् रचना प्रस्तुत की जा सकती है। रूमानी तौर पर कवियों ने जिस अभीप्सित कल्पना-लोक को रचा, उसमें यथार्थ के संस्पर्श दुर्बल थे। इसीलिए यथार्थ और वास्तविकता के दबाव रूमानी कविता झेल नहीं पाई। पर जिसे समाजदर्शन अथवा सोशल फ़िलासफ़ी कहा गया, उसमें समाज में अंतःप्रवेश का प्रयत्न भी है।

समाजदर्शन का एक पक्ष वह जहाँ समय-समाज की स्थिति के साथ, उसकी विचारधारा को भी देखा-परखा जाय और इसके लिए विवेक-संपन्न आलोचना-दृष्टि की आवश्यकता है। मॉल्कम ब्रेडबरी का विचार है कि रचना में श्रेष्ठतर मूल्य जीवित रहते हैं (नामवर सिंह : आलोचना, अप्रैल-जून, 1973, पृ. 9)। रचना वस्तुओं का यथातथ्य विवरण नहीं है, वह एक प्रकार की टकराहट भी है, जिसे मुठभेड़ कहा गया, इस अर्थ में कि सजग-सचेत लेखक, उसके विश्लेषण में संवेदन के साथ, तार्किक क्षमता का उपयोग भी करते हैं। कविता का यह तर्कशास्त्र खंडन-मंडन की पद्धति से किंचित् भिन्न होता है क्योंकि यहाँ जाग्रत् संवेदन की उल्लेखनीय उपस्थिति है।

मुक्तिबोध ने कविता के संदर्भ में ज्ञानात्मक संवेदन और संवेदनात्मक ज्ञान शब्दों का प्रयोग किया है जो पुराने भाव-विचार का अधिक सचेत स्वरूप है। परमानन्द श्रीवास्तव ने कविता में यथार्थ के लिए संघर्ष की बात करते हुए, उसके रूपों का उल्लेख किया है, जिसे कवियों की भिन्नताओं में देखा जा सकता है। मुक्तिबोध को विशेष स्थान देते हुए उन्होंने लिखा है : 'मुक्तिबोध के कविकर्म की जटिलता अकारण नहीं है–उसके पीछे यथार्थ की कठोर विसंगतियों की चेतना है और वस्तु-परिस्थिति का जटिल दबाव है। यथार्थ और फैंटेसी के जिस अंतर्गठन से मुक्तिबोध की कविताएँ संभव हुई हैं, उसके पीछे विराट कल्पना, वैचारिक साहस, उग्र असंतोष और तनावमूलक दृष्टि है' (परमानन्द श्रीवास्तव : समकालीन कविता का यथार्थ, पृ. 19)।

साहित्य का समाजशास्त्र व्यापक आशय का शब्द है, जबकि समाजदर्शन सीमित भी हो सकता है। दोनों में पार्थक्य की खोज की कुछ कठिनाइयाँ भी हो सकती हैं। दर्शन शब्द की व्याख्या को लेकर भी मतभेद हैं और उसकी कई शाखाएँ-प्रशाखाएँ हैं। दर्शन को जीवन से संबद्ध करके मार्क्स ने उसे नई प्रयोजनशीलता दी। शीर्षासन की मुद्रा में विचरते दर्शन को उन्होंने पैरों के बल खड़ा किया, जीवन-जगत् को वस्तुवादी आधार दिया। मार्क्स ने दर्शन की क्रांतिकारी भूमिका का पथ भी निश्चित किया कि दार्शनिकों ने अभी तक जगत् की व्याख्या ही की है, हमारा काम उसे बदल देना है। ऐसी परिवर्तित स्थिति में अनुमान, कल्पना, बौद्धिक विलास आदि के स्थान पर दर्शन जीवन से अधिक गहरे रूप में संबद्ध करके देखा जाता है। संभवतः समाजदर्शन इसी सोच-विचार को ध्वनित करता है। संशय को मार्क्सवादी ढंग से, भारतीय दर्शन का प्रस्थान-बिंदु मानते हुए, मृणालकांति गंगोपाध्याय गौतम का उल्लेख करते हैं (भारत में दर्शनशास्त्र, पृ. 16)। दर्शन की एक अनवरत प्रक्रिया भारत में रही है, कभी निषेध पर स्थित और कभी व्याख्या-विवेचन से नए संदर्भ तलाशती हुई। पश्चिम में दर्शनशास्त्र व्याख्या-विवेचन से संबद्ध है, जिसमें तर्क की प्रमुख भूमिका है। आधुनिक समय में जब समाजशास्त्रीय अध्ययन की दिशा तीव्र गति से अग्रसर हुई तो दर्शन, विचारधारा, ज्ञान, साहित्य, कला जगत् को इस संदर्भ में देखा गया। रेमलिंग द्वारा संपादित पुस्तक 'टुवर्ड्स द सोशियालॉजी ऑफ़ नॉलेज' में विद्वानों ने कुछ प्रश्नों पर विचार किया है।

मैकडूगल ने 'सोशल फ़िलासफ़ी' पुस्तक लिखी और इसी शीर्षक से जे. एस. मेकेंज़ी की पुस्तक बीसवीं शताब्दी के आरंभ में आई। उन्होंने समाज अथवा सामाजिक दर्शन को समाजशास्त्र से एक पृथक् विषय के रूप में स्वीकार किया। समाजदर्शन की सीमाएँ स्वीकार करते हुए वे मानते हैं कि समाजशास्त्र अधिक व्यापक शब्द है। विज्ञान से दर्शन की स्वतंत्र स्थिति स्वीकारते हुए वे कहते हैं कि 'यह विशेष रूप से जीवन के मूल्यों, उद्देश्यों तथा आदर्शों का अध्ययन है' (जे. एस. मेकेंज़ी :

समाजदर्शन की रूपरेखा, पृ. 2)। समाजदर्शन नीतिशास्त्र का अंश हो सकता है, पर उसमें सामाजिक संगठन पर विशेष बल है। समाजदर्शन में दर्शन शब्द की व्यंजना यह भी है कि समाज और मनुष्य को केंद्रीयता देते हुए, वह उन पर विचार करता है। अन्य ज्ञानानुशासनों से संबद्ध होने के कारण, उसके स्वतंत्र अस्तित्व को स्वीकार नहीं किया गया। पहले नीतिशास्त्र और फिर समाजशास्त्र के अंतर्गत उसे विवेचित किया गया। समाजदर्शन सामाजिक संगठन के भीतर मनुष्य की केंद्रीय उपस्थिति स्वीकारते हुए, अपना ध्यान उसी के विवेचन-विश्लेषण की ओर लगाता है। सामाजिक मनोविज्ञान अथवा सोशल साइकॉलॉजी से भी एक सीमा तक सहायता मिलती है। पर मानव-मन का विश्लेषण, सामाजिक पीठिका पर किए जाने का आग्रह समाजदर्शन करता है और असामान्य मनोविज्ञान से पृथक्ता स्थापित करता है।

सामाजिक परिवर्तन इतिहास की अनिवार्य प्रक्रिया है और समाजदर्शन उसे जानता-समझता है। सभ्यता-संस्कृति की विकास-यात्रा उसके लिए महत्त्वपूर्ण होती है। धर्म, नीति, अध्यात्म से लेकर आधुनिक युग तक का इतिवृत्त उसके समक्ष होता है। जीवन की सुविधाओं पर आधारित सभ्यता से लेकर वह संस्कृति के बौद्धिक व्यापार तक को अपनी परिधि में लेता है और इस प्रकार रचना के विवेचन में उसकी भूमिका असंदिग्ध हो जाती है। इतिहास केवल घटनाचक्र, विवरण-वृत्तांत नहीं है, उसके भीतर सभ्यता-संस्कृति की अंतर्धारा प्रवाहित रहती है जो बौद्धिक क्रिया-व्यापार तथा कला-जगत् की समीपी है। समाजदर्शन स्वयं को इस सांस्कृतिक प्रक्रिया से संबद्ध करता है। आर्नाल्ड जे. ट्वायनबी ने अपने प्रसिद्ध ग्रंथ 'ए स्टडी ऑफ़ हिस्ट्री' का आरंभ सभ्यताओं के तुलनात्मक अध्ययन से किया है और भारतीय समाज पर विचार करते हुए लिखा है : 'इस समाज (हिंदू) का सार्वभौम राज्य गुप्त साम्राज्य है (375-475), सार्वभौम धर्म हिंदू धर्म है जो गुप्तकाल में चरम शक्ति को पहुँच गया' (आर्नाल्ड ट्वायनबी : इतिहास, एक अध्ययन, खंड 1, पृ. 16)। पुस्तक सभ्यताओं को केंद्रीयता देती है : उत्पत्ति, विकास, विनाश, विघटन से लेकर सभ्यता के भविष्य तक।

इतिहास, समाज, सभ्यता, संस्कृति, सामाजिक संस्थाएँ आदि रचना की पीठिका में उपस्थित रहते हैं, पर अपनी पृथक् सत्ता खोकर, समग्र रचना-संसार में विलयित हो जाते हैं। उनका प्रभाव निश्चित ही निर्णायक होता है, पर इन्हें पार कर सकने की क्षमता भी रचना को अर्जित करनी होती है। इसी अर्थ में कहा गया कि महान् रचना अपने समय में उपस्थित है, इस रूप में कि उसमें वह कालखंड समाया हुआ है। पर रचना का एक कालजयी स्वर भी होता है और यहाँ वह अपने समय को अतिक्रांत कर, अधिक लंबी यात्रा का संकल्प रचाती है। वह समय में भी है और उसके पार भी है। यहाँ समाजदर्शन शब्द बहुत स्पष्ट न होकर भी, कहीं अधिक सहायक हो सकता है। आरंभ से ही रचनाशीलता के संदर्भ में महत्त्वपूर्ण प्रश्न उठाया

जाता रहा है कि आख़िर उसका गन्तव्य क्या है ? वह कहाँ पहुँचना चाहती है। यह प्रश्न तो बाद में उठेगा कि वह किसे संबोधित करना चाहती है। स्वांतःसुखाय ऐकांतिक यात्रा नहीं है, उसमें समाज-समय उपस्थित हैं, इस तथ्य को ध्यान में रखना होगा। बल्कि यह 'स्व' जितना ही विराट होगा, समय की उपस्थिति उतनी ही व्यापक होगी। प्लेटो बुद्धि-तर्क को सर्वोपरि स्वीकारता हुआ, 'विवेक' पर बल देता है। काव्यशास्त्र रचते हुए अरस्तू ने अनुभव किया कि विवेक के खंडित होने पर त्रासदी होती है। विचारों का इतिहास सभ्यता-संस्कृति के साथ-साथ अग्रसर हुआ, पर कई बार समय के प्रति अपनी असहमति दर्ज कराता हुआ। इस दृष्टि से समाजदर्शन की दो प्रमुख दिशाएँ कही जा सकती हैं, एक बिंदु पर समय-समाज की अंतर्धाराओं का विवेचन और रचना पर उसके प्रभाव की पहचान। पर दूसरे बिंदु पर रचना की एक सांस्कृतिक भूमिका भी है, जिसे उदात्त अथवा उन्नयन का प्रयत्न कहा गया। मार्क्सवादियों के लिए यह एक सामाजिक अस्त्र है। रेमंड विलियम्स संस्कृति के समाजशास्त्र में कला और बौद्धिक क्रियाएँ लेता है (कल्चर, पृ. 13)। समाजदर्शन रचनाकार का अपना अर्जित सत्य भी है, जिसे वह जीवनानुभव से प्राप्त करता है। रचना का यह समाजदर्शन कई बार प्रतिपक्ष, असहमति का कार्य करता है। 'रूसो ने मनुष्य की मुक्ति की कल्पना से स्वतंत्रता, समता, बंधुत्व को प्रतिपादित किया, जिसने समग्र दर्शन और रचनाशीलता को प्रभावित किया। यहाँ तक कि समाजवाद-साम्यवादी आंदोलनों में भी उसकी भूमिका है' (शोभाशंकर : आधुनिक भारतीय समाजवादी चिंतन, पृ. 10)।

एक शिथिल शब्द-पद के रूप में समाज-चिंतन का उपयोग होता रहा है, जिसमें समाज और दर्शन का संयोजन है। एक ओर समय-समाज के तथ्य हैं, दूसरी ओर रचनाकार की अपनी प्रतिक्रियाओं से उपजा विचार-क्षेत्र है, जिसे कई बार विकल्प भी कहा गया, चाहे वह 'यूटोपिया' अथवा कल्पित दिवास्वप्न ही क्यों न हो। पर यदि 'विज़न' अथवा दृष्टि की कोई कारगर भूमिका नहीं होगी तो रचना का उन्नयन वाला पक्ष नितांत दुर्बल हो जाएगा। लूकाच 'परिप्रेक्ष्य' पर बल देता है (निर्मला जैन (सं.) : साहित्य का समाजशास्त्रीय चिंतन, पृ. 45)। रचना दस्तावेज़ भर नहीं है, वह उसके पार जा सकने का उपक्रम भी है। साधारण रचनाएँ सूचनाएँ देकर चुक जाती हैं, पर महान् रचना अपनी अंतर्दृष्टि में तथ्यों के आर-पार देख लेती है, जिसे पारदर्शी दृष्टि भी कहा गया। समाज की कई इकाइयाँ होती हैं, व्यक्ति, परिवार से लेकर सामाज़िक संस्थाओं तक, जिनमें राज्य भी है। इनके भीतर मनुष्य का जीवन-प्रवाह संचरित होता है, पर जहाँ तक रचना का संबंध है, उसमें प्रकृति की भी उल्लेखनीय उपस्थिति है, जिसमें मनुष्य, प्राणी, अन्य जीवधारी भी आ जाते हैं। इस दृष्टि से समाजदर्शन का क्षेत्र सीमित होकर भी अधिक मानवीय प्रतीत होता है, इस अर्थ में कि उसकी चिंताओं में मानव-मूल्यों को प्रमुखता मिलती है। धर्म, दर्शन से लेकर राजनीति तक के सामने कई बार तात्कालिक प्रश्न हो सकते हैं, पर इन्हें भेदकर

आगामी समय में प्रवेश कर सकने की सामर्थ्य उच्चतर मूल्य-संसार रचती है और समाजदर्शन इसके प्रति अधिक चिंताकुल रहता है। गोल्डमान ने समाजवादी अथवा मानववादी संस्कृति पर बल दिया है (पॉवर एंड ह्यूमनिज़्म, पृ. 187)।

विचार और रचना के संदर्भ में समाजदर्शन का प्रयोग करते हुए, हमारा आशय यही है कि क्या मानव-मूल्यों का कोई संसार, विचार-दर्शन अथवा संवेदन-स्तर पर रचने का प्रयत्न किया गया है ? यदि नहीं तो निश्चय ही यह उसकी एक दुर्बलता है। प्राचीन रचनाओं में देव-दानव, पुण्य-पाप, सत्-असत्, मंगल-अमंगल आदि के प्रश्न उठाए गए और सत्य की प्रतिष्ठा के लिए शुभ को विजयी घोषित किया गया, काव्य-न्याय के रूप में ही सही। आशय है समाज में मूल्य-मर्यादाओं की स्थापना का : जानि गरल जे संग्रह करहीं, कहहु उमा ते काहे न मरहीं। पर एक प्रासंगिक प्रश्न यह है कि जटिलतर होते जाते समय में यह प्रवृत्ति-विभाजन कितना संगत है ? कुँवरनारायण ने अपनी 'आशय' कविता में रचना की आंतरिक व्यथा का उल्लेख किया है : हाय पर मेरे कलपते प्राण, तुमको मिला कैसी चेतना का विषम जीवन-मान/जिसकी इंद्रियों से परे, जाग्रत हैं अनेकों भूख (चक्रव्यूह, पृ. 34)। रचना और मानवमूल्य स्वतंत्र चर्चा का विषय है और विद्वानों ने इस ओर विशेष ध्यान दिया है। उनका विचार है कि दर्शन, विचार इस अर्थ में एक प्रतिसंस्कृति (काउंटर कल्चर) भी हैं कि वे समय के प्रति अपना असंतोष व्यक्त करते हैं और विकल्प के संकेत भी उनमें देखे जा सकते हैं। थियोडोर रोज़ाक ने अपनी पुस्तक का नामकरण ही किया है : 'द मेकिंग ऑफ़ ए काउंटर कल्चर।'

रचना और विचार के क्षेत्र में समाजशास्त्र के साथ समाजदर्शन का उपयोग अधिक सार्थक प्रतीत होता है। सकारात्मक विचार जीवन की भूमिका में कारगर हस्तक्षेप करते हैं, इतिहास की दिशा बदलते हैं। क्रांति के मूल में समाजदर्शन के शब्द होते हैं, इसे सबने स्वीकार किया है। रचना सामाजिक परिवर्तन में प्रत्यक्ष हस्तक्षेप करती है, अथवा नहीं, इसे लेकर वाद-विवाद है। पर परिवेश बनाने में उसकी भूमिका होती है, यह निर्विवाद है। यह रचना का मूल्य-संसार है जिसके कुछ उपादान, इतिहास के परिवर्तित समय-चक्र में भी बने रहते हैं। आचार्य रामचन्द्र शुक्ल ने करुणा को सामाजिक-सांस्कृतिक मूल्य के रूप में प्रतिपादित किया : 'सामाजिक जीवन की स्थिति और पुष्टि के लिए करुणा का प्रसार आवश्यक है। समाजशास्त्र के पश्चिमी ग्रंथकार कहा करें कि समाज में एक-दूसरे की सहायता अपनी-अपनी रक्षा के विचार से की जाती है (सामाजिक अनुबंध सिद्धांत); यदि ध्यान से देखा जाय तो कर्मक्षेत्र में परस्पर सहायता की सच्ची उत्तेजना देने वाली किसी न किसी रूप में करुणा ही दिखाई देगी' (चिंतामणि, भाग-एक, पृ. 51)। जटिल होते जाते समय में यह और भी आवश्यक है कि रचना का संसार स्वयं को मूल्य-चिंता से गहरे रूप में संबद्ध करे। यहाँ वह एक ऐसी संस्कृति है, जो जटिलताओं के बीच सही मार्ग तलाशती है और रचना

में उसे प्रमाणित करता है। नैतिकताएँ बदलेंगी ही, पर ऐसी नहीं कि मनुष्यता के विलोम का ही संकट उपस्थित हो जाय। मनुष्य इसलिए मनुष्य है क्योंकि उसका एक मूल्य संसार है—विवेक-संपन्न, संवेदन-परिचालित। रचना के संदर्भ में जिस समाजदर्शन की बात की जाती है, वहाँ उच्चतर मानव-मूल्यों का यह संसार प्रमुखता प्राप्त करता है। एक ओर है समय की वास्तविकता, अपने सुख-दुख के साथ, दूसरी ओर है, इसे पार कर उच्चतर मानवमूल्यों के जगत् में प्रवेश करने की मनुष्य की अदम्य जिजीविषा। रचना इसे व्यक्त करने का एक समर्थ माध्यम है। सारे संकटों के बीच मनुष्य मनुष्य कैसे बना रह सके, अपने जाग्रत् विवेक तथा उदार संवेदन के साथ, यह समस्त विचारणा और रचनाशीलता की केंद्रीय चिंता होनी चाहिए। समाजदर्शन का उपयोग इसी अर्थ में करना अधिक प्रासंगिक है—यथार्थ से टकराहट, उसी के भीतर से मूल्य-मार्ग का संधान करते हुए।

मनुष्य श्रेष्ठतम जीव है, इस अर्थ में कि वह अधिक विवेक-संपन्न है और सर्जन कर सकता है। वह सामाजीकृत होता है और उसे सहचर होने की कला आती है। परिवार-कुटुंब से आगे बढ़कर, वह विश्वभूमि तक को अपनी चिंतन-परिधि में लाता है। प्रकृति के साथ उसकी भूमिका दुहरी-तिहरी है। उससे मनुष्य की आवश्यकताओं की पूर्ति होती है, पर उसी से उसकी टकराहट भी है। रचना में प्रकृति, प्रारब्ध, नियति, भाग्य, आकस्मिकता, संयोग, दैवी विधान, अलौकिक शक्ति आदि कई शब्द हैं, जिनका उपयोग मध्यकाल तक विशेष रूप से होता रहा है। आधुनिक समय में इस संबंध में पुनर्विचार हुआ और इन्हें सामाजिक स्थितियों के संदर्भ में देखा गया। पर आकस्मिकता का प्रश्न अपनी जगह मौजूद है, जिसे लोकविश्वास-लोकाचार आदि के संदर्भ में रखकर देखने का प्रयत्न भी किया जाता है। समाजदर्शन, रचना के प्रसंग में केवल अभिजन, शिष्ट समाज से संबद्ध नहीं है, उसमें लोक-मानस की प्रभावी भूमिका है। लोक उपादान भी रचना में उस संस्कृति के वाहक हैं, जिसकी चिंता में उच्चतर मूल्य-संसार होता है। इस दृष्टि से समाजदर्शन, संस्कृति का समीपी शब्द है, जहाँ समय-समाज का यथार्थ उपस्थित है, संवेदन-धरातल पर, साथ ही इसे अतिक्रमित करने का सर्जनात्मक संकल्प भी है, रचना के अपने समाजदर्शन को ध्वनित करता हुआ। मुक्तिबोध की कविता 'मालव-निर्झर की झर-झर कंचन-रेखा' में यही प्रतिज्ञा है : 'पार कर मुश्किलें सभी/जादुई अरुण कमल/उस दूर देश के रश्मिविकिरणशील सरोवर का/तुम ला देना/एकाग्र प्रयत्नों का वह कोमल अमृत पिला देना/संतापग्रस्त जीवन की दुर्निवार औषधि लानी होगी/यों मर-मरकर ज़िंदगी यहाँ पन्नी होगी।'

मध्यकालीन समय-समाज और संस्कृति

मध्यकालीन भारतीय इतिहास को लेकर विद्वान् आपस में टकराते रहे हैं। बाहर से जातियाँ आईं और अपने आंशिक प्रभाव छोड़ती हुई, मुख्य धारा में विलयित हो गयीं। पर मध्यकाल में जब इस्लाम ने आक्रामक रूप में प्रवेश किया, तो कई कठिनाइयाँ उपस्थित हुईं। जिसे हिंदू समाज कहा जाने लगा, वह प्रायः एक से अधिक देवताओं का पूजक था, बहुदेववाद्दी। जैन-बौद्ध दर्शन के ईश्वर-आत्मा में संशय के बावजूद हिंदू आस्तिकता प्रबल थी। कई जातियों-उपजातियों में बँटकर भी, वह देववाद के सहारे जुड़ा था। इस्लाम पैगंबर को ईश्वर-दूत रूप स्वीकारता है और 'एक ही खुदा के बंदे' कहकर अनुयायियों को एकजुट रखने का प्रयास करता है। यद्यपि विद्वानों ने इसे रेखांकित किया है कि भारतीय प्राचीन जाति-उपजातिवादी ढाँचे ने इस्लाम को भी बिरादरियों में बाँटने का प्रयत्न किया। सबसे अधिक टकराहट मूर्तिपूजन को लेकर थी, जिसे इस्लाम में कोई स्वीकृति नहीं थी। इस प्रकार दो विपरीत दृष्टियों की टकराहट आरंभिक मध्यकाल में विद्यमान है। पर इसे रेखांकित करना आवश्यक है कि इस्लाम यहीं बस गया और खलीफ़ा का स्थान स्वयं शासकों ने ले लिया, तब संवाद एक अनिवार्य प्रक्रिया है इसे नकारना इतिहास-दृष्टि की अनेदखी करना होगा और मैंने 'भक्तिकाव्य की भूमिका' पुस्तक में इसकी विस्तृत चर्चा की है : 'आरंभ का अलगाव धीरे-धीरे टूटता है और अकबर (शासन : 1560-1605) जैसे उदार शासक के समय में सांस्कृतिक संवाद पूर्णता पर पहुँचता है' (पृ. 61)।

इतिहासकारों का विचार है कि उत्तर में हर्षवर्धन (शासन : 606-647) और दक्षिण में चालुक्य नरेश पुलकेशिन द्वितीय (शासन : 609-642) प्राचीन भारत के अंतिम महान् शासकों में थे, इस दृष्टि से कि उन्होंने अपने राज्य को संगठित किया। पर बाद में बिखराव की प्रक्रिया तेज़ हो जाती है और कई राजवंश सक्रिय होते हैं : चालुक्य, राष्ट्रकूट, चोल, चंदेल, प्रतिहार, पाल आदि। राजनीतिक अस्थिरता के समय में भारत बाह्य आक्रमणों को झेलने के लिए विवश था, और प्रतिरोध के लिए कोई

संगठित शक्ति न थी। मुहम्मद बिन क़ासिम ने 711 में सिंध पर आक्रमण किया। इसके बाद 1001 ई. से महमूद ग़ज़नवी से आक्रमण-शृंखला आरंभ हुई जिसने लगभग सत्रह बार देश को लूटा। 1192 के तराइन युद्ध में मुहम्मद ग़ोरी द्वारा पृथ्वीराज चौहान की पराजय से इस्लामी शासन की स्थापना हुई और कुतुबुद्दीन ऐबक ने दिल्ली को अपने अधिकार क्षेत्र में ले लिया (1193)। इतिहास की दृष्टि से दूसरी निर्णायक तिथि 1526 का पानीपत युद्ध है जब बाबर ने इब्राहीम लोदी को पराजित कर मुग़ल राजवंश (बादशाही) की स्थापना की। तराइन युद्ध (1192) और पानीपत युद्ध (1526) के बीच सल्तनत काल कहा गया, जिसमें कई राजवंश हैं : तथाकथित दास, ख़ल्जी, तुगलक, सैयद, लोदी। इस बीच मंगोलों के कई आक्रमण हुए। इस्लामी शासन का दूसरा दौर पानीपत युद्ध में बाबर की विजय के साथ आरंभ होता हैं : बाबर, हुमायूँ, अकबर, जहाँगीर, शाहजहाँ, औरंगजेब। भारत में इस्लाम प्रवेश पर एम. एन. राय की टिप्पणी है कि उच्च वर्ग भ्रष्ट था और सामान्यजन निराश (इस्लाम की ऐतिहासिक भूमिका, पृ. 8)।

मध्यकालीन भारतीय समाज को साम़ंती समय कहा गया है, पर विद्वान् इस शब्द का उपयोग करते हुए कहते हैं कि भारत के उत्पादन-संबंध किंचित् भिन्न रहे हैं। नूरुल हसन का विचार है कि 'मुग़ल व्यवस्था अपने चरित्र में सामंती और प्राक्-पूँजीवादी थी' (थॉट्स ऑन एग्रेरियन रिलेशंस इन मुग़ल इंडिया, पृ. 3)। इरफ़ान हबीब ने अपनी पुस्तक 'द एग्रेरियन सिस्टम ऑफ़ मुग़ल इंडिया' में इस पर विस्तार से विचार किया है। रामशरण जोशी ने अपनी प्रसिद्ध पुस्तक 'भारतीय सामंतवाद' में गुप्त-काल (320 ई. से गुप्त संवत् का आरंभ) को सामंती समाज के रूप में प्रतिपादित किया है : 'गुप्त-काल से सम्मंडलों और जिलों के अधिकारियों के पद उत्तरोत्तर वंशानुगत होते चले गए। फलतः एक ओर केंद्रीय सत्ता की जड़ खोखली होती गई और दूसरी ओर प्रशासन का स्वरूप और भी सामंतवादी होता चला गया' (पृ. 25)। सामंती समाज मूलतः कृषि-व्यवस्था पर आधारित है, यद्यपि विभिन्न समाजों में इसके रूप भिन्न-भिन्न रहे हैं। कृषि-आधारित व्यवस्था एक प्रकार से स्वयंसंपूर्ण है, जिसका विशेष उल्लेख मार्क्स ने भारतीय संदर्भ में किया है। मध्यकाल में भूमि का मुख्य स्वामी सिद्धांततः केंद्रीय शासक है जो अपनी सुविधा के लिए छोटे सामंतों की नियुक्ति करता है, जिनका दायित्व शासक को एक निश्चित राशि देना है और युद्ध के लिए सेना जुटाने का कार्य भी इन्हें करना है। जब केंद्रीय शासन-व्यवस्था नहीं थी, जैसे विखंडित भारत में प्रतिहार, पाल, सेन, चालुक्य, राष्ट्रकूट, पल्लव, चोल आदि, तब भी शासक के अधीनस्थ सामंती अधिकारी थे, जो शासन के सहायक थे और भूमिदान इसी का एक अंग है।

मध्यकालीन भारत में क्रमशः केंद्रीय व्यवस्था सुदृढ़ होती गई और सामंती ढाँचे का, उसी की आवश्यकताओं के अनुरूप ढलना अनिवार्य था। इतिहास के दबावों

का निषेध संभव नहीं, समय अपना मार्ग तलाशता है और इस प्रकार व्यवस्था में परिवर्तन होते हैं, आंशिक ही सही। जब व्यवस्था पूरी तरह जर्जर और असफल हो जाती है, तब एक प्रकार से वह अपने ही अंतर्विरोधों से टूटती है। इतिहास के ऐसे प्रभावी कारक होते हैं कि प्रक्रिया को रोक पाना संभव नहीं। इस दृष्टि से अंतर्विरोध अथवा इतिहास के दबावों को यदि वस्तुपरक ढंग से देखा जाय तो उनमें दूरी कम हो सकेगी। पूर्व मध्यकाल का प्रतिनिधि सल्तनत काल को पूरी तरह धर्मराज्य/धर्मतंत्र (थियोक्रेसी) के रूप में देखना उचित नहीं होगा। डॉ. रामप्रसाद त्रिपाठी, डॉ. ताराचन्द आदि इस विचार का विरोध करते हैं कि इस्लामी शासन धर्मतंत्र पर आश्रित था। एक बड़े देश में, जहाँ अनेक विविधताएँ हैं, यह संभव भी नहीं। डॉ. त्रिपाठी का विचार है कि फ़ीरोज़ की उदार नीति और अकबर द्वारा 1564 में जज़िया का हटाया जाना प्रमाणित करता है कि दो प्रमुख जातियों की दूरी कम हो रही थी (सम ऐस्पेक्ट्स ऑफ़ मुग़ल एडमिनिस्ट्रेशन, पृ. 315)। इस्लामी राज्य में शासक खुदा का प्रतिनिधि है, और धार्मिक पुरोहित न्यायविद उल्मा के रूप में क़ुरान शरीफ़, शरीयत की व्याख्या करते थे। पर इतिहास प्रमाण है कि दिल्ली के सुल्तान स्वयं को बग़दाद के ख़लीफ़ा से मुक्त करने का प्रयत्न करने लगे (असितकुमार सेन : पीपुल एंड पालिटिक्स इन अर्ली मेडिवल इंडिया, पृ. 2)। सुल्तान स्वयं खुतबा पढ़ने लगा और एक प्रकार से सर्वोच्च भूमिका निभाने लगा। हर निर्णय के लिए ख़लीफ़ा का अनुमोदन न संभव था, न आवश्यक। इसके कुछ परिणाम सामने आए जिनमें एक यह कि इस्लामी शासक का अपना व्यक्तित्व निर्मित हुआ, वह उस देश से जुड़ा, जहाँ वह राज्य कर रहा था। इसे सामंती समाज का विकास इस रूप में कहना होगा कि शासक केन्द्रीय सत्ता के रूप में सर्वोपरि सामंत था। इतिहासकारों ने फ़ीरोज़ तुग़लक जैसे उदार सुल्तान का विशेष उल्लेख करते हुए लिखा है कि इस्लाम के भारतीयकरण की प्रक्रिया में उसका भी योगदान है जिसे सूफ़ी संतों ने रचना के माध्यम से शीर्ष पर पहुँचाया (के. एस. लाल : ट्विलाइट ऑफ़ द सल्तनत, पृ. 244)। मुग़लकाल एक प्रकार से केंद्रीय सामंतवाद का प्रतिनिधि भी है जिसमें बादशाह ने बड़े साम्राज्य के लिए सूबों की व्यवस्था की और वहाँ विश्वस्त प्रांतपतियों अथवा सूबेदारों की नियुक्ति की। ये प्रायः राजकुल से संबद्ध अथवा बादशाह के समीपी विश्वसनीय व्यक्ति होते थे। सूबेदार, अमीर-उमरा, जागीरदार, मनसबदार सब केंद्रीय सामंती व्यवस्था को पुष्ट करते थे। जब यह केंद्रीय शक्ति दुर्बल हुई तो सामंत स्वयं शासक बनने का प्रयत्न करने लगे, जिसे सतीशचन्द्र ने सामंती अंतर्विरोध के रूप में देखा है (पार्टीज़ एंड पॉलिटिक्स एट द मुग़ल कोर्ट : भूमिका)।

मध्यकालीन सामंती समाज का एक रूप नहीं है। विद्वानों ने स्वीकार किया है कि सल्तनत काल में मुख्यतया नगर-सभ्यता थी और ग्राम-समाज की ओर अधिक ध्यान नहीं दिया गया, जबकि जनसंख्या की दृष्टि से वही बहुमत है। अरसे तक

भारत को गाँवों का देश कहा गया। मध्यकाल में ग्राम देश की मुख्यधारा से अछूते थे और स्वयंसंपूर्ण इकाई होने से नगर से उनका संपर्क कम था। कृषि-व्यवस्था पर आधारित ग्राम-समाज के खाली समय में कुटीर उद्योग हस्तशिल्प का विकास संभव था, बशर्ते गाँव की आवश्यकताओं की पूर्ति के साथ उन्हें बाहर का नगर-समाज भी उपभोक्ता के रूप में प्राप्त हो। ग्राम-समाज की दैनंदिन आवश्यकताएँ पूरी करने के लिए कई सहायक व्यवसाय थे : लुहार, बढ़ई, बुनकर, चर्मकार, कुम्हार, नाई, धोबी, पुरोहित आदि। कठिनाई यह थी कि उपज का मुख्य लाभ उत्पादक को नहीं था, जो मूल श्रमिक अथवा कारीगर था। मुग़ल काल में जब नगर समाज के उपभोक्ता समाज में वृद्धि हुई तो बिचौलियों का व्यापारी वर्ग भी बढ़ा। ग्राम-समाज अपनी सामग्री बेचने के लिए विवश था और इसमें अन्न उसका सहायक था क्योंकि यही विनिमय-मुद्रा का कार्य करता था। कृषि और अन्न भारतीय मध्यकाल के विनिमय-माध्यम हैं, मुद्रा के स्थानापन्न। बिचौलिया सस्ते मूल्य पर सामग्री ख़रीदकर, कहीं अधिक दाम पर उसे नगरों में बेचता था। उद्योग-व्यवसाय को प्रोत्साहन मिलने पर मसाले, कपड़ा, आभूषण आदि का निर्यात करने का काम भी व्यापारी वर्ग के हाथ था।

ग्राम-व्यवस्था के कृषक और कारीगर दोनों इस सामंती व्यवस्था में निर्धन स्थिति में थे। माल को सस्ते दाम पर बेचने की विवशता ने उन्हें विपन्न कर दिया था। अकाल हो, अथवा बहिया किसान को अपनी उपज का एक निश्चित भाग राज-कर के रूप में देना ही था। गाँव में जातीय आधार पर वर्ग-भेद भी थे, जिसे सामंती व्यवस्था का पोषण प्राप्त था। गाँव के तथाकथित उच्च वर्ण—पुरोहित, क्षत्रिय, वणिक अपेक्षाकृत बेहतर स्थिति में थे क्योंकि ग्राम-समाज की व्यवस्था के नियामक थे। इनकी तुलना में सामान्यजन, जिनमें किसान-कारीगर आते थे, अकिंचन थे। मध्यकालीन ग्रामजीवन का वर्णन करते हुए इतिहासकारों ने प्रमाणों से पुष्ट किया है कि गाँव का मुखिया अच्छी स्थिति में था—मकान, चबूतरा, आँगन, बाड़ा, चहारदीवारी आदि। उसकी तुलना में सामान्यजन का शयन धरती पर था, शरीर के चारों ओर बस एक कपड़ा भर था। मिट्टी के बर्तन उनके पात्र थे और प्रायः मोटा अन्न—ज्वार, बाजरा उनका भोजन, वह भी कई बार एक ही जून (के. एम. अशरफ़ : लाइफ़ एंड कंडीशंस ऑफ़ द पीपुल ऑफ़ हिंदुस्तान, पृ. 161)। बाबर ने अपनी आत्मकथा में भी इसका संकेत किया है। इस प्रकार स्वयंसंपूर्ण होकर भी, ग्राम-समाज इस दृष्टि से विभाजित था कि वहाँ वर्ण-वर्ग-भेद थे। एक-दूसरे पर आश्रित रहने के कारण, वे ऊपर से मिले-जुले प्रतीत होते थे, पर सामान्यजन द्वितीय-तृतीय श्रेणी नागरिक की स्थिति में थे। स्वयं को उच्च वर्ण कहलाने वाला समाज खेतीबारी के लिए सामान्यजन का उपयोग श्रमिक के रूप में करता था, जिसे मजदूरी के रूप में अन्न दिया जाता था। कहा जा सकता है कि उच्च वर्ग एक प्रकार का परजीवी जैसा था,

दूसरों के श्रम पर जीता। ब्राह्मण, पुरोहित देवता-मंदिर-कर्मकांड के सहारे अपना काम चलाते थे। क्षत्रिय राजा के लिए सेना संगठित करने का कार्य कठिनाई के समय में करते थे। वणिक अवश्य व्यापार में लगा था, पर वह इस दृष्टि से चतुर शोषक था कि अधिकाधिक लाभांश मिलता रहे। जिन्हें निम्न जाति कहा गया, निम्नतम वर्ण और छोटे पेशे के कारण, वे भूमिहीन श्रमिक की स्थिति में थे, निर्धन-विपन्न।

ग्राम-समाज का वर्ण-वर्ग-भेद मध्यकाल का सबसे दयनीय पक्ष है, जिसमें कृषक और सामान्यजन की स्थिति चिंताजनक थी। भूमि-व्यवस्था के बदलते प्रयोगों में, कृषक-जीवन की दशा में उल्लेखनीय सुधार आधुनिक समय में भी नहीं हो सका, जिसका त्रासद चित्रण प्रेमचन्द ने अपने कथा-साहित्य में किया है। होरी जैसे पात्र इसका प्रतिनिधित्व करते हैं, कृषक रूप में, जो जमीन से बेदखल होकर मजदूर बन जाते हैं। सामान्य वर्ग के अन्य पात्र हैं जो निर्धनता का भार वहन करते हैं, जैसे कफ़न आदि कहानियों में। मध्यकाल में कृषक और निम्नवर्ग एक साथ कई यातनाओं से त्रस्त थे—प्राकृतिक विपदाओं से लेकर मानवीय अत्याचार तक। दुर्भिक्ष उन्हें भाग्यवादी बनाता था, जिसका लाभ पुरोहित वर्ग उठाता था—अंधविश्वास, कर्मकांड में उलझाता हुआ। गाँव में ही महाजन थे, महँगे सूद पर ऋण देते थे, जो पीढ़ी-दर-पीढ़ी चला आता था। बँधुआ मजूरी दास-प्रथा के कई रूप संसार में प्रचलित रहे हैं। विजेता अपने साथ दास लाते थे और उनसे बेगार लेते थे, जैसे यूनान, मिस्र, रोम आदि में। भारत में निम्न वर्ग उच्च वर्ग की मजूरी में लगा था, सेवा-टहल करता। अस्पृश्यता और दासता को इतिहासकारों ने भारतीय मध्यकाल के प्रमुख अभिशापों के रूप में देखा है (ए. एल. श्रीवास्तव : मेडिवल इंडियन कल्चर, पृ. 25)। जीवन की मुख्यधारा से कटा-फटा ग्राम-समाज, बहुसंख्यक होकर भी मध्यकालीन भारत के सांस्कृतिक मानचित्र में नहीं आ पाता। वहाँ शिक्षा, साहित्य, कला के अभिजन प्रयत्न नहीं हैं, यद्यपि अपनी सहज लोककलाओं में वह रचना को आधारभूत सामग्री प्रदान करता है।

ग्राम की तुलना में भारतीय मध्यकाल का नगर-समाज है, इतिहास का दूसरा दृश्य प्रस्तुत करता। वह अल्पांश होकर भी प्रभावी क्योंकि शासक वर्ग और उससे संबद्ध उच्च वर्ग वहीं वास करते हैं। इतिहासकारों की आम राय है कि सल्तनत काल तो प्रायः नगर-केंद्रित ही था। पर जब मुग़लकाल में केंद्रीय सत्ता का फैलाव हुआ और वह स्थायी हुई, तब अधिकार क्षेत्र ग्रामों तक बढ़ा—पटवारी आदि के माध्यम से। सल्तनतकाल के अंतिम दौर में बहमनी राज्य का टूटना और पाँच विभिन्न सल्तनतों का बनना (बरार, बीजापुर, अहमदनगर, गोलकुंडा और बीदर) प्रमाणित करता है कि सुल्तानों की तुलना में मुग़लकाल की केंद्रीय सत्ता अधिक सुदृढ़ थी। जिसे सुल्तानों का तुर्क अफ़गान शासन कहा जाता है, उसका समय दो-तीन शताब्दियों का है और नगर-केंद्रित शासन-व्यवस्था में उनकी रुचि स्वाभाविक है। मुग़लकाल भी लगभग

इतना ही समय पार करता है, पर जो नगर-समाज सल्तनतकाल में बना था, उसे वह अपने ढंग से विकसित करता है और ग्राम-व्यवस्था की ओर भी उसका ध्यान जाता है। टोडरमल के प्रयत्न इस दिशा में विशेष रूप से उल्लेखनीय हैं, यद्यपि विद्वानों का विचार है कि इसमें मूल मंशा राजकोष में वृद्धि है।

ज्यों-ज्यों राज्य-विस्तार हुआ, शासकों के समक्ष यह समस्या थी कि केंद्रीय सत्ता को सुदूर क्षेत्रों तक पहुँचाने की व्यवस्था कैसे की जाय। केवल केंद्र से सब कुछ संचालित करना संभव न था। सल्तनतकाल में संपूर्ण व्यवस्था को सूबों में बाँटा गया, जिनमें अमीर, मलिक, खान आदि सामंती प्रतीक हैं। दिल्ली के आस-पास जो उपनगर बने, वहाँ केंद्रीय सत्ता द्वारा पोषित विशिष्ट वर्ग थे (ए. के. सेन : पीपुल एंड पॉलिटिक्स इन मेडिवल इंडिया, पृ. 87)। सूबेदारी की यह व्यवस्था मुग़लकाल में और सुदृढ़ हुई। राज्य-विस्तार इतना अधिक हो गया था कि मुग़ल साम्राज्य का संपूर्ण संचालन दिल्ली, आगरा से कर पाना संभव न था। विश्वसनीय सूबेदारों के सहारे केंद्रीय सत्ता को स्थिर करने का प्रयत्न हुआ। अकबर जैसे दूरदर्शी ने मानसिंह को महत्त्वपूर्ण पद दिया और राजपूतों का विशिष्ट सहयोग लिया। सूबेदार अपने-अपने सूबों में भी नगर-सभ्यता का निर्माण करने लगे और एक नई नगर-संस्कृति का विकास हुआ, जिसमें केंद्रीय सत्ता के अनुगमन का प्रयत्न था।

मध्यकाल की नगर-सभ्यता में उच्च वर्ग को प्रमुखता मिली जिसमें राजाश्रय की प्रधानता है। राजकुल से किसी भी रूप में संबद्ध व्यक्ति प्रभावी अधिकारी हैं, जिनका दरबार-ए-ख़ास है, विशिष्ट जन का प्रयत्न : अमीर-उमरा, जागीरदार, मनसबदार आदि इसमें सम्मिलित हैं। इस नगर-समाज की एक अपनी आचार-संहिता है, वैभव के इर्द-गिर्द परिक्रमा करती और इसका एक पूरा तौर-तरीका है, आभिजात्य का प्रतीक। किले और महल के भीतर का यह जीवन नगर-सभ्यता को व्यक्त करता है। खान-पान, आचार-व्यवहार, वेश-भूषा सबमें मध्यकालीन नगर सभ्यता एक आभिजात्य का बोध कराती है, जिसके केंद्र में प्रमुख शासक था और उसका अनुगमन करते अन्य सामंत। ऐसे में विलास-सामग्री का नया व्यवसाय आरंभ हुआ और शिल्पी-कारीगरों की नई बिरादरी में वृद्धि हुई। मध्यकालीन स्थापत्य-कला में इसे विशेष रूप से देखा जा सकता है जहाँ किले के भीतर विलास-भवन की व्यवस्था की गई, सुरक्षा की दृष्टि से। जहाँ तक सामंती अभिजन समाज का प्रश्न है, विश्व के प्रायः सभी साम्राज्यों में इसके प्रतीक भिन्न नाम-रूप में मिलते हैं—नोबुल, बैरन आदि। पर भारतीय मध्यकाल में इसके चारों ओर जो नगर-सभ्यता विकसित हुई, वह साम्राज्य का अभिन्न अंग जैसी है तथा नगर के उच्च वर्ग में यह सांस्कृतिक मेल-जोल का एक उपक्रम भी है। उत्सवधर्मिता का माहौल यह कि अकबर ने मुस्लिम त्यौहारों के साथ हिंदू, पारसी उत्सवों की भी व्यवस्था की। शिक्षा, साहित्य, कला केंद्रों के रूप में मध्यकालीन भारतीय नगरों का विकास इतिहास का उल्लेखनीय पक्ष है।

मध्यकालीन इतिहास और संस्कृति की दृष्टि से ग्राम-नगर का द्वंद्व एक विचारणीय विषय हो सकता है, यद्यपि विद्वानों ने इस ओर अधिक ध्यान नहीं दिया। पर संस्कृति और रचनाशीलता को ध्यान में रखते हुए यह एक उपयोगी विषय है। मध्यकालीन भारत में जैसे दो समाज हैं—ग्राम और नगर के तथा इनकी स्थितियाँ भिन्न हैं, एक-दूसरे से लगभग अछूते। ग्रामों को अपने केंद्रीय शासक की ख़बर तक नहीं है : कोउ नृप होउ हमहि का हानी, चेरि छाँड़ि अबहोब कि रानी (तुलसी : अयोध्याकांड)। अपने अभावों से जूझते ग्राम-समाज के सामान्यजन, दूसरी ओर सामंती विलास के प्रतिनिधि नगर-समाज के अभिजन। अयोध्या (तुलसी), मथुरा (सूर) नगर-सभ्यता का प्रतिनिधित्व करते हैं जबकि वनखंडी और ब्रजमंडल गोकुल ग्राम-समाज का। मध्यकाल में अभिजन समाज नगरों में उच्चवर्गीय संस्कृति का प्रतीक होने का दावा करता है, पर जहाँ तक रचनाशीलता का प्रश्न है, उसकी प्रमुख प्रेरणा ग्राम-समाज ही है जिसकी चर्चा भक्तिकाव्य के विवेचन में होगी। यद्यपि यह उल्लेख करना आवश्यक है कि शाही दरबार और सामंतों की निकटता से नगरग्राम समाजों में संवाद की प्रक्रिया भी आरंभ हुई (नूरुल हसन : लैंड कंट्रोल एंड सोशल स्ट्रक्चर लेख, पृ. 7)। पर यह कुछ वर्गों तक ही सीमित थी और वर्गों/वर्णों में अलगाव था, इसे स्वीकार करना होगा।

मध्यकालीन सामंती समय के उन पक्षों पर भी विचार होना चाहिए जिन्होंने मध्यकालीन समाज-संस्कृति को रूपायित करने में अपनी भूमिका निभाई। आरंभिक टकराहट के बाद, सांस्कृतिक संवाद की जो प्रक्रिया आरंभ हुई, वह सर्वाधिक विचारणीय है। राजनीतिक पक्ष की दृष्टि से सामंतवाद की अपनी दुर्बलताएँ और उसके अपने अंतर्विरोध होते हैं। तराइन युद्ध में पृथ्वीराज चौहान की पराजय इसका प्रमाण है। विभिन्न शासकों में विभाजित भारत, बिखरे सामंतवाद का प्रतीक रहा है और इसने बार-बार आक्रमण झेले हैं। उत्तर से लेकर दक्षिण तक के सामंती राज्य एकजुट नहीं हो सके, आपस में टकराते रहे : गुर्जर, प्रतिहार, अहरवार, चंदेल, चालुक्य, राष्ट्रकूट, यादव, होयसल, पल्लव, चोल आदि। बिखरे हुए सामंती समाज में भी कला-संस्कृति को पोषण मिला, यद्यपि उसकी क्षेत्रीय सीमाएँ कही जा सकती हैं। स्थापत्य, वास्तुकला, साहित्य में उनका योगदान है क्योंकि वे कलाओं के आश्रयदाता थे। इतिहासकारों ने विजयनगर राज्य (14 वीं-16 वीं शती) की सांस्कृतिक उपलब्धियों का विशेष उल्लेख किया है (आर. सी. मजूमदार (सं.) : द देलही सल्तनत, पृ. 320)।

सल्तनत काल और मुग़लकाल में सूबों के सूबेदार अपने-अपने स्थानों पर क्षेत्रीय कला-संस्कृति के पोषक बने। इससे देशी भाषाओं को नई सक्रियता प्राप्त हुई, जिसे रचनाशीलता में देखा जा सकता है। योरप में लैटिन के स्थान पर देशी भाषाओं का उदय एक महत्त्वपूर्ण घटना है। भारत में संस्कृत, अरबी, फ़ारसी राजभाषाओं के रूप में समादृत रही हैं और दरबार में तथा विद्वत् समाज में इन्हें ही स्वीकृति मिली।

पर जनभाषाओं की सक्रियता वर्ग-भेद मिटाने में सहायक होती है और इससे सर्जनशीलता को नई दिशाएँ मिलती हैं। आभिजात्य टूटता है और सामान्यजन के संवेदन रचना में अभिव्यक्ति पाते हैं। संगीत शास्त्रीय पद्धतियों के साथ लोकधुनों को समायोजित करता है और सर्जनशीलता का समग्र संसार लोकउपादानों से समृद्ध होता है। सामंतवाद के संरक्षण में कलाएँ विकसित हुईं और यदि केंद्रीय सत्ता का आभिजात्य-पोषण है, तो दूसरी ओर प्रांतों में क्षेत्रीय स्वरूप को विकास मिला। देशी भाषाओं की सक्रियता सामंती संरक्षण के संदर्भ में देखी जानी चाहिए। अवधी, ब्रज में विपुल हिंदी रचनाएँ प्रस्तुत हुईं। संपूर्ण महादेश में भारतीय भाषाओं की सक्रियता मध्यकाल का उल्लेखनीय तथ्य है और जिसे दक्खिनी हिंदी कहा जाता है, उसकी रचनाशीलता भी विचारणीय है (श्रीराम शर्मा : दक्खिनी हिंदी का साहित्य, पृ. 40)। सल्तनत काल के आरंभिक दौर में जन्मे, सूफ़ी संत निज़ामुद्दीन औलिया के शिष्य अमीर खुसरो को दृष्टांत रूप में प्रस्तुत किया जा सकता है जिन्होंने अपनी भाषा को 'हिंदवी' कहा। वे कई सुल्तानों से संबद्ध रहे और उन्होंने राजनीतिक उत्थान-पतन देखे। अरबी, फ़ारसी, संस्कृत भाषाओं का उन्हें ज्ञान था जिसमें उनकी रचनाएँ हैं, पर हिंदी भाषा का आरंभिक रूप उनकी मुकरियों, पहेलियों में देखा जा सकता है : गोरी सोवै सेज पर, मुख पर डारे केस/चल खुसरो घर आपने रैन भई चहुँ देस।

मध्यकालीन भारतीय समाज में सामासिक संस्कृति विकसित करने के जो प्रयत्न हुए, उन्हें सामंतों के भवन-निर्माण, कला-नियोजन तक सीमित नहीं किया जा सकता, यद्यपि इससे दो प्रमुख संस्कृतियों के संयोजन के संकेत मिलते हैं। संगतराश संगमरमर को कलाकृति का रूप दे रहे थे, जिसकी समृद्ध परंपरा पड़ोसी फ़ारस में थी। हुमायूँ फ़ारसी कला-संस्कृति से प्रभावित हुआ और वहाँ की उदार विचारधारा की छाया उसके व्यक्तित्व में देखी जा सकती है। कई बार 'सूफ़ियाना अंदाज़' का परिचय उनके वक्तव्यों से मिलता है (गुलबदन बेगम : हुमायूँनामा, पृ. 120)। स्थापत्य, वास्तुकला में विभिन्न संस्कृतियों का संयोजन प्रमाणित करता है कि प्रमुख जातियों में संवाद की प्रक्रिया को गति मिल रही थी। संगीत, चित्रकला को कट्टरपंथी स्वीकार करने के लिए तैयार न थे और इन्हें इस्लाम के विरोध में मानते थे। हुमायूँ फ़ारसी चित्रकला का प्रशंसक था, जिसे अकबर-जहाँगीर के समय में विकास मिला। अबुल फ़ज़ल ने आइने अकबरी में चित्रकला को 'तस्वीर की कला' कहकर संबोधित करते हुए कई चित्रकारों-गायकों का उल्लेख किया है। जहाँगीर के समय में मुग़ल चित्रकला अपनी पूर्णता पर पहुँची और वह स्वयं भी इसका पारखी था। संगीत की नई राग-रागिनियाँ विकसित की गईं और अकबर के समय में तानसेन जैसे सिद्ध गायक हुए। इस प्रकार भारतीय मध्यकाल के कला-जगत् में कई संस्कृतियों का मिलन देखा जा सकता है। मुग़ल चित्रकला का स्वतंत्र व्यक्तित्व निर्मित हुआ, जिसे मुग़ल अथवा शाही क़लम कहा गया (एच. के. शेरवानी : कल्चरल ट्रेंड्स इन मेडिवल इंडिया, पृ. 46)।

समय-समाज कई रूपों में प्रक्षेपित होते हैं जिनमें प्रमुख वह भी जिसे विचार, दर्शन, चिंतन अथवा जीवन-दृष्टि आदि नामों से अभिहित किया जाता है। मध्यकालीन भारतीय समाज के निर्माण शासकों के रुचि-बोध का आख्यान करते हैं, इसमें संदेह नहीं। किले, मस्जिदें, महल भव्य अथवा शानदार हैं जिन्हें 'ग्रैंड स्टाइल' कहा जाता है। इससे शासक का रुतबा व्यक्त होता है, जो प्रजा पर अपना प्रभाव स्थापित करे। पर शाहजहाँ तक आते-आते कला सौंदर्याभिरुचि से अधिक संपन्न हुई, जिसका एक उदाहरण ताजमहल है, जिसे 'संगमरमरी काव्य' कहा गया। कई कलाओं के मिश्रण से कला में वैविध्य आया और उसका उत्कर्ष हुआ। अकबर ने फ़तेहपुर सीकरी नाम से नई नगरी बनाने का प्रयत्न किया, जिसे वह अपने उदार पंथ—सुलहकुल अथवा दीन-ए-इलाही के केंद्र रूप में विकसित करना चाहता था। कलाओं में विभिन्न प्रकार के सम्मिश्रण संवाद, संयोजन का बोध कराते हैं, जिससे मध्यकाल की विकसित होती सामासिक संस्कृति का परिचय मिलता है।

यह तथ्य विचारणीय है कि जब भारत में इस्लामी शासन स्थिर होकर, केंद्रीकृत हुआ तो उसका एकायामी रूप नहीं था। उसमें इस्लाम की ही कई नस्लें थीं : अरब, मंगोल, अफ़गान, तुर्की, फ़ारस आदि की। इसमें धर्म-परिवर्तन से आने वाले व्यक्ति बड़ी संख्या में सम्मिलित हुए (ज़िम्मी) जो अपने संस्कार साथ लाए थे। इस प्रकार मध्यकालीन समाज का एक सम्मिलित स्वरूप है, जिसमें वर्ण-वर्ग-भेद हैं। इस्लाम यों तो धार्मिक स्तर पर समानता की बात करता था, पर बाहरी नस्लों तथा भारत के जातीय ढाँचे के आधार पर, उसमें भी भेद थे। राजाश्रय से संबद्ध व्यक्ति विशिष्ट वर्ग में थे, मध्यकाल का अभिजन समाज। रक्त की शुद्धता का दावा मध्यकाल नहीं कर सकता क्योंकि उच्च इस्लामी वर्ग में बहुपत्नीप्रथा स्वीकृत थी, और 'हरम' के विवरण इतिहास-ग्रंथों में प्राप्त होते हैं। मध्य एशिया से आए सुन्नी अधिक कट्टर माने जाते थे और इसकी तुलना में फ़ारस के शिया अधिक उदार। सूफ़ियों के संदर्भ में बाशरा-बेशरा का जो विवाद है, उसे मध्यकाल में दो दृष्टियों की भिन्नता के रूप में देखा जाना चाहिए। विद्वानों ने स्वीकारा है कि कई कठिनाइयों के बावजूद सूफ़ी संतों का शासकों पर आध्यात्मिक प्रभाव रहा है (महमूद हसन सिद्दीकी : द मेमॉयर्स ऑफ़ सूफ़ीज़ रिटेन इन इंडिया, पृ. 8)।

बदलते समय-संदर्भ में मध्यकाल की धार्मिक दृष्टि में आंशिक परिवर्तन स्वाभाविक था। आरंभ में विजेताओं का गर्व था, जिसे अनुदारता, धर्म-परिवर्तन आदि में देखा जा सकता है। दूसरी ओर विजित जाति का पराजय-भाव था, जिससे वह भीतर-भीतर और सिमटती-सिकुड़ती चली गई। पर सहअस्तित्व के लिए संवाद एक अनिवार्य प्रक्रिया है। आचार्य हजारीप्रसाद का विचार है कि यदि भारत में इस्लाम न आया होता तो भी भक्ति आंदोलन का उदय होता, जिसे वे भारतीय चिंता का स्वाभाविक विकास कहते हैं (हिंदी साहित्य की भूमिका, पृ. 2)। पर इसे स्वीकार

करना ही होगा कि कई जातियों के पारस्परिक संवाद और विचार-विनिमय से एक संयोजित चिंतन भूमि तैयार हुई जिसे विद्वान् 'हिंदुस्तानी संस्कृति' कहते हैं और कुछ 'राष्ट्रीय संस्कृति' भी। इस मेल-जोल का प्रभाव भारतीय चिंतन और समग्र रचनाशीलता पर देखा जा सकता है। एक प्रकार से यह नए समाजदर्शन का आरंभ है, जहाँ दूरियाँ कम होती हैं, अलगाव टूटता है और संवाद की शुरुआत होती है। दोनों जातियों के संवाद से मध्यकालीन चिंतन को एक नई दिशा प्राप्त होती है, इसमें संदेह नहीं। सूफ़ी इसका एक पक्ष प्रस्तुत करते हैं।

भारतीय मध्यकालीन समाज में सूफ़ियों की भूमिका उदार चिंतन, सांस्कृतिक सौमनस्य, जातीय सहिष्णुता और साहित्य की दृष्टि से महत्त्वपूर्ण है। सूफ़ी अथवा तसव्वुफ़ इस्लाम का उदार पंथ है, जो सरल जीवन, आध्यात्मिक चिंतन का आग्रह करता है। आरंभ में इसे कट्टरपन के प्रहार झेलने पड़े, पर क्रमशः सामान्यजन में इसे स्वीकृति मिली और शासक भी इस ओर आकृष्ट हुए। सूफ़ी चिंतन का उदय अरब में हुआ। 632 ई. में पैग़म्बर मुहम्मद के निधन के अनंतर ख़लीफ़ा शासक हुए : अबू वक्र, प्रथम खलीफ़ा थे, फिर उमर, उस्मान और अली। इस्लाम धर्म जब अरब, तुर्की होता हुआ ईरान अथवा फ़ारस आया तो उसमें पर्याप्त परिवर्तन हो चुके थे। सूफ़ियों का पंथ क़ुरान शरीफ़ और हदीस की उदार व्याख्या पर आधारित है। निकल्सन, ब्राउन जैसे इतिहासकार इसे उसके विकास में महत्त्वपूर्ण मानते हैं (ई. जी. ब्राउन : लिटरेरी हिस्ट्री ऑफ़ पर्शिया, पृ. 427)। ईरान में सूफ़ी मत अपनी पूर्णता पर पहुँचा जिसका परिचय फ़ारसी सूफ़ी कवि फरीदुद्दीन अत्तार (1120-1222) की पुस्तक 'तजकिरातुल औलिया' से मिलता है जिसमें सूफ़ी संतों की चर्चा है और सूफ़ी साधकों में राबिया अल-अदाबिया जैसी महिला भी है। विद्वानों ने सूफ़ी संतों की लंबी सूची दी है : हुसैन बिन मंसूर अल-हल्लाज जिसे सूली पर चढ़ा दिया गया था क्योंकि उसने कहा था : 'अनल हक' : मैं खुदा हूँ (अहं ब्रहास्मि)। अबू हमीद मुहम्मद अली ग़ज़ाली ने सूफ़ी मत को दार्शनिक, वैचारिक आधार देने का प्रयत्न किया। सूफ़ी संतों ने सरल जीवन पर बल दिया और समाज में स्वीकृत हुए। उन्हें वली कहा गया, अर्थात् दिव्य शक्ति से संपन्न, यही औलिया हुआ जो वली का बहुवचन रूप है। ईरान में अबुल मज्द-मजदूद-बिन आदम सनाई, फ़रीदुद्दीन अत्तार, जलालुद्दीन रूमी जैसी सूफ़ी प्रतिभाएँ हैं। भारत में चार प्रमुख सूफ़ी संप्रदाय सक्रिय रहे : चिश्तिया, सुहरवर्दिया, कादिरिया और नक्शबंदिया। ख़्वाज़ा मुईनुद्दीन चिश्ती भारत आने वाले आरंभिक सूफ़ी संतों में थे जिनमें निज़ामुद्दीन औलिया (1238-1325) को व्यापक स्वीकृति मिली। सूफ़ी संतों का वैशिष्ट्य कि वे जनसमाज में लोकप्रिय हुए और हिंदू-मुसलमान दोनों ने उन्हें आदर दिया। परशुराम चतुर्वेदी ने सूफ़ियों को उदारपंथी कहते हुए लिखा है कि हृदय की शुद्धता, बाह्याचरण की पवित्रता, ईश्वर (निर्गुण) के प्रति अपार श्रद्धा, पारस्परिक सहानुभूति, विश्वभ्रातृत्व व विश्व-प्रेम की ओर ये

सबका ध्यान आकृष्ट करते थे (उत्तरी भारत की संत परंपरा, पृ. 77)।

धार्मिक सहिष्णुता और उदारता सांस्कृतिक संवाद की उपज हैं और सूफ़ी संत इसका साक्ष्य हैं जिन्होंने हिंदू-मुस्लिम ऐक्य को अग्रसर किया। अकबर इस दिशा में सबसे सजग इस्लामी शासक है कि उसने साम्राज्य-विस्तार के अनंतर उसके सांस्कृतिक एकीकरण का स्वप्न देखा। होली-दीवाली, ईद-मुहर्रम, शबेबरात आदि पर लोगों का मिलना-जुलना जातियों की दूरी कम होना बताता है। इस दिशा में मुख्य रूप से अकबर के 'दीन-ए-इलाही' का उल्लेख किया जाता है, जिस पर सूफ़ी उदारता की छाया भी है। अकबर ने अपने साम्राज्य को चारों दिशाओं में फैलाने के साथ, धार्मिक उदारता की दिशा में भी सोचा। तुलना में कठिनाई हो सकती है, पर कलिंग युद्ध के अनंतर अशोक महान् बौद्ध धर्म की ओर उन्मुख हुआ था। कहा जाता है कि शेख मुबारक और उसके बेटे फ़ैज़ी तथा अबुल फ़ज़ल के विचारों का भी उस पर प्रभाव था। ज़बरन धर्म-परिवर्तन के विरोध में अकबर के आदेश, 1563 में तीर्थ-कर और 1564 में धर्म-कर ज़ज़िया की समाप्ति उसके उदारवादी कदम थे। आगरा के निकट फ़तेहपुर सीकरी में उसने नया नगर बसाया जिसमें एक 'इबादतखाना' भी था, जहाँ सभी धर्मों के लिए प्रवेश के अवसर थे : हिंदू, बौद्ध, जैन और यहाँ तक कि ईसाई और यहूदी भी।

दीन-ए-इलाही अथवा सुलहकुल एक प्रकार से सर्वधर्म समभाव अथवा समन्वय का प्रयत्न कहा जा सकता है। जिन विद्वानों ने दीन-ए-इलाही पर मुख्य रूप से कार्य किया है, उनका विचार है कि अकबर को केवल कूटनीतिज्ञ कहना, उसके साथ न्याय करना नहीं होगा। फ़तेहपुर सीकरी को वह दीन-ए-इलाही के केंद्र रूप में विकसित करना चाहता था, जहाँ से धार्मिक सहिष्णुता की लहर पूरे देश में फैले। ध्यान देने की बात यह भी है कि मध्यकाल में उल्मा प्रभावी थे और शिया-सुन्नी टकराहट भी थी। ऐसी स्थिति में दीन-ए-इलाही एक समन्वय पंथ अथवा मध्यमार्ग की तलाश भी है। एक ओर आगरे का लाल किला है, शाही वैभव का प्रतीक, दूसरी ओर शेख सलीम चिश्ती के प्रति कृतज्ञता भाव व्यक्त करने के लिए सूफ़ियाना अंदाज़ की नगरी फ़तेहपुर सीकरी है। फ़र्गुसन का विचार है कि विलास के स्थान पर इसमें सलीम चिश्ती के संतत्व की छाया अधिक है। पहले आगरा में फिर फ़तेहपुर सीकरी में धर्म के उदार पंथ को लेकर जो विचार-विनिमय हुए, उसी का रूप है, 1582 में दीन-ए-इलाही की घोषणा। डॉ. माखनलाल रायचौधरी ने उस पर सूफ़ी प्रभाव का उल्लेख किया है (दीन-ए-इलाही, पृ. 116)। आइने अकबरी के अनुसार उसके कुछ प्रमुख बिंदु थे : उदारता, परोपकार, क्षमा, विनम्रता, शुभ कार्य, जाग्रत विवेक, मधुर वाणी, सद्व्यवहार, ईश्वर के प्रति राग-भाव और समर्पण। इसमें एक उदार सदाशयता का भाव है और उच्चतर आध्यात्मिक मानव-मूल्यों की ओर प्रयाण का प्रयत्न। एक प्रकार से यह मध्यकालीन धार्मिक सौमनस्य का राजकीय प्रयास है। पर टुकड़ों में बँटे वृहत्तर

भारतीय समाज तक इसका प्रचार-प्रसार नहीं हो सका और यह सम्राट अकबर की कल्पना का दिवास्वप्न बनकर रह गया। इसकी ऐतिहासिक भूमिका इस रूप में स्वीकारी जाएगी कि मध्यकाल में यह सांस्कृतिक सौमनस्य का अभिनव प्रयास था। आर. कृष्णमूर्ति ने अकबर की धर्म-दृष्टि को 'तौहीदे इलाही' के रूप में विवेचित करते हुए, उसे एकेश्वरवाद का समर्थक निरूपित किया है, ईरानी सूफ़ी अथवा भारतीय वेदांती की तरह (अकबर : द रेलिजस ऐस्पेक्ट, पृ. 147)। मध्यकालीन भारतीय समाज में उदारता की जो धारा प्रवाहित हुई, वह रेखांकित करने योग्य है और इससे चिंतन, साहित्य, संपूर्ण कला जगत् में नई संभावनाओं का उदय हुआ।

मध्यकाल को किस रूप में जागरणकाल की संज्ञा दी जा सकती है, यह प्रश्न विचारणीय है। प्रायः उसे उत्कर्ष के रूप में देखते हुए भवन-निर्माण, राजमहल, किले, स्थापत्य, वास्तुकला, साहित्य, कला आदि के दृष्टांत प्रस्तुत किए जाते हैं। केंद्रीय सामंती समाज को इसकी सुविधा भी होती है क्योंकि भीतर थोड़ी व्यवस्था होती है और बाह्य आक्रमणों का भय अपेक्षाकृत कम रहता है। विश्व के इतिहास में इस प्रकार की सक्रियता यूनान, मिस्र, रोम आदि सभ्यताओं में भी देखी जा सकती है। पर विचारणीय यह कि जो सभ्यता निर्मित हुई, उसका कोई समग्र रूप है क्या ? और यदि है तो कैसा ? भारतीय समाज के वर्ण-विभाजित मूल ढाँचे में, आत्मसात करने की शक्ति क्रमशः कम होती गई, इसे स्वीकार करना होगा। कर्मकांड, अंधविश्वास, एक विचित्र प्रकार की रूढ़िवादिता हावी हुई, जिसे इस्लाम के आगमन के समय का जड़, निष्क्रिय समाज भी कहा जा सकता है, कम से कम चिंतन और विचार के धरातल पर। कर्मकांड और पुरोहितवाद को यदि भारतीय समाज की दुर्बलताओं में स्वीकारा जाय, तो मध्यकाल का आरंभिक दौर किसी बाहरी प्रहार को झेल सकने में समर्थ नहीं था। सामाजिक विकृतियों के विस्तार में जाए बिना कहा जा सकता है कि देश की प्रतिरोधक्षमता शिथिल थी, राष्ट्रीय नेतृत्व का अभाव था और एकता के सूत्र दुर्बल थे। भारत में इस्लामी सत्ता के आगमन के समय का खंडित भारत राजनीतिक दृष्टि से अशक्त था। पर यह कहना सही नहीं होगा कि भारतीय चिंतन क्षमता ने भी पराजय स्वीकार कर ली थी। विपरीत इसके, वह पूर्ण पराभूत नहीं थी, भीतर-भीतर सक्रिय थी और उसने सांस्कृतिक हार नहीं मानी थी। रोमिला थापर के शब्दों में : 'आठवीं से तेरहवीं शताब्दी तक के काल को कभी-कभी अंधकार युग कहा जाता है, जब हिंदुओं की उच्च संस्कृति का ह्रास हुआ और राजनीतिक विशृंखलता के फलस्वरूप एक पूर्णतया विदेशी शक्ति को इस उपमहाद्वीप में विजय प्राप्त करने में सुविधा हुई। परंतु यह अंधकार युग न होकर निर्माणात्मक युग था, जिसका विस्तृत अध्ययन लाभप्रद हो सकता है' (भारत का इतिहास, पृ. 200)।

सामाजिक विकास की प्रक्रिया में राजनीति एक सीमा तक ही प्रभावी हो सकती है, संपूर्ण रूप में नहीं। ऐसा नहीं कि मध्यकाल में सब कुछ राजनीति-सत्ता-केंद्रित

हो गया था और चिंतन, कला आदि प्रयासों के लिए अवसर न थे। सत्ता उच्च वर्ग तक सीमित थी और उसका एक विशिष्ट संसार कहा जा सकता है जहाँ पांडित्य आदि के बौद्धिक प्रयत्नों को स्वीकृति थी। होता यों है कि सामाजिक-सांस्कृतिक चेतना भीतर-भीतर आंदोलित होती है और समय पाकर उसकी अभिव्यक्ति होती है। वैष्णवाचार्यों की परंपरा नाथमुनि से स्वीकार कर ली जाय, जो नवीं-दसवीं शती के संधिस्थल के आचार्य हैं, तो बौद्धिक सक्रियता का आभास मिलता है। चार प्रमुख वैष्णवाचार्यों—रामानुज, मध्व, निम्बार्क, विष्णुस्वामी ग्यारहवीं-तेरहवीं शताब्दी के मध्य सक्रिय हैं, जो राजनीतिक दृष्टि से पहले विखंडन और फिर पराभव का समय है। थोड़ा आगे बढ़कर रामानन्द और वल्लभाचार्य (पंद्रहवीं-सोलहवीं शती) का समय है, जिनका व्यापक प्रभाव भक्तिकाव्य पर है। चैतन्य ने, जो वल्लभ के समकालीन हैं, पूर्वांचल में भक्ति चेतना जगाई। महाराष्ट्र के पाँच संत कवि—ज्ञानेश्वर, नामदेव, एकनाथ, तुकाराम और रामदास ने तेरहवीं-सत्रहवीं शताब्दी के बीच अलख जगाने का कार्य किया। अन्य भारतीय भाषाओं में भक्ति की यही सक्रियता विद्यमान है, जिसे जनान्दोलन कहा गया। हिंदी भक्तिकाव्य की समर्थ सर्जनशीलता के साथ प्रायः सभी भारतीय देसी भाषाओं में कविता के ऐसे स्वर हैं जिनसे इस समय को मध्यकालीन जागरण की संज्ञा दी जा सकती है। पन्द्रहवीं शती में असमिया भाषा में शंकरदेव ने भागवत भक्ति को जनप्रियता दी। बंगाल में चैतन्य-चंडीदास का व्यक्तित्व प्रभावी है। रचनाशीलता का आशय जनजागरण से संबद्ध है और सदाशयता-संपन्न सामाजिक-सांस्कृतिक उन्मेष यहाँ देखे जा सकते हैं, सुधार-भावना के साथ।

मध्यकाल किस अर्थ में जागरण का समय कहा जा सकता है, यह प्रश्न विचारणीय है। इसी के साथ यह भी कि जातियों के संवाद की इसमें कितनी और कैसी भूमिका है, तथा इसका समग्र रूप क्या है ? जिसे हम मध्यकालीन समय, समाज और संस्कृति कहते हैं, उसके बनने में राजाश्रय की भूमिका एक सीमा तक ही हो सकती है। और वह यह कि राज-संरक्षण से उसके संवर्धन में सहायता मिली तथा एक वर्ग-विशेष उस ओर सक्रिय हुआ, जो राजाश्रय से सीधे जुड़ा था। एक प्रमाण यह कि मुग़लकाल के बिखराव के बाद राजाश्रय में पलने वाली रचनाशीलता क्रमशः व्यापक जीवन-प्रवाह से कटती गई—देहवादी, अलंकारवादी हो गई : भरे भौन में करत हैं, नैनन ही सौं बात। मध्यकाल में अन्य भाषाएँ—संस्कृत, अरबी, तुर्की, फ़ारसी के साथ देसी भाषाओं की निरंतर विकसित होती सर्जनशीलता प्रमाणित करती है कि सर्जन के लिए सुख-सुविधा बहुत उपादेय नहीं है, संघर्ष भी रचनाशीलता को गति और दिशा देता है। शब्द जो संस्कृति रचते हैं, उनके मूल में अपने समय से टकराता चिंतन तो होता ही है, पीठिका में परंपरा का सर्वोत्तम भी उपस्थित रहता है। इसी अर्थ में मध्यकालीन सांस्कृतिक परिवेश और उसके निर्माण के गंभीर प्रयत्नों को देखा-परखा जाना चाहिए। राजदरबारों में एक संस्कृति निर्मित होती है, जहाँ विशिष्ट

वर्ग की उपस्थिति है। ऐसा नहीं कि सर्जन-संसार में इसका कोई वैशिष्ट्य ही नहीं होता। होता है, पर ऐसी रचनाएँ तब और भी सार्थक होती हैं, जब वे राजाश्रय से बाहर निकलकर, व्यापक समाज में फैल जाएँ।

भवन-निर्माण आदि शिल्प-कौशल का संकेत करते हैं, पर जहाँ तक संस्कृति का प्रश्न है, विचार, दर्शन, साहित्य, कला, लोकाचार आदि सही प्रवक्ता बनते हैं। मध्यकाल के संदर्भ में और अन्यत्र भी कई बार अभिजन समाज की संस्कृति (इलीट, एरिस्ट्रॉक्रेसी) को शिष्ट संस्कृति कहकर संबोधित किया जाता है और जनसमाज की संस्कृति को लोकसंस्कृति। सल्तनत काल में जो 'नादिम' था, वह मुग़लकाल में दरबारी हुआ, शेष सामान्य वर्ग थे। मेरे विचार से वर्ग-भेद के आधार पर यह विभाजन संस्कृति के समग्र परिवेश को उजागर नहीं कर पाता। संस्कृति एक सामूहिक प्रयत्न है और उसका समग्र रूप ही दृश्य को पूर्णता देता है, उसे खंड-खंड कर देखना उचित नहीं है। इस्लाम जब भारत आया तो उसमें कई तत्त्व सम्मिलित हो चुके थे और इतिहासकारों ने बल देकर कहा है कि भारत में 'इस्लाम का भी भारतीयकरण' हुआ, इस अर्थ में कि उसने यहाँ की सभ्यता-संस्कृति के संस्पर्श से स्वयं को नया विकास दिया और ख़लीफ़ा से मुक्ति पाकर, इसे गति मिली। अकबर ने फ़तेहपुर सीकरी के मुअज़्ज़िम को हटाकर, अपने नाम से खुतबा पढ़ा और इस प्रकार धर्म का 'सर्वोच्च पंच' बना। इससे उलेमाओं के एकाधिकार में कमी आई और शासन अधिक उदार हो सका। इतिहासकारों के विचार में पर्याप्त दम है कि अकबर जैसे उदार दूरदर्शी शासकों ने इस बात का प्रयत्न किया कि जाति-विभेद के बावजूद, भारत में समान नागरिकता के कुछ सूत्र स्थापित हो सकें।

सांस्कृतिक संयोजन में उन वर्गों की भूमिका कम महत्त्वपूर्ण नहीं है, जो धर्म-परिवर्तन कर इस्लाम में आए थे। सैद्धांतिक रूप से इस्लाम में जाति-उपजाति की कोई गुंजायश नहीं है, पद-प्रतिष्ठा के आधार पर वर्ग-भेद हो सकते हैं। मध्यकाल में जिसे 'अशरफ़' कहा गया, वह भी उच्च वर्ग का प्रतिनिधित्व करता है और उसमें अरब, तुर्क, अफ़गान, फ़ारसियों के वंश से संबद्ध लोग थे। इन्हें दरबार में स्थान प्राप्त था और वे उच्च पदों पर थे। इसी प्रकार जो लोग द्विजों से धर्म-परिवर्तन कर इस्लाम में सम्मिलित हुए थे, उन्हें कुलीनता के आधार पर उच्च वर्ग में माना गया। इन विशिष्ट वर्गों की तुलना में सामान्यजन, चाहे किसी जाति-बिरादरी के हों, समाज में उनकी स्थिति ठीक नहीं थी। मध्यकाल में साधारण पेशों में लगे लोग श्रमिक की स्थिति में ही थे, जैसे किसान, मजदूर, कारीगर आदि। एक ही पेशे की दोनों जातियों के लोगों में अधिक भेदभाव न था और इसे व्यवसाय की समानता कहा जा सकता है। विचारणीय यह कि मध्यकाल में उस प्रकार का सांप्रदायिक संघर्ष नहीं दिखाई देता, जैसा साम्राज्यवादी समय में। सामाजिक सौमनस्य के निर्माण में राजाश्रय की भूमिका सीमित है, पर धर्म-परिवर्तन कर आए हुए वर्ग के लिए अपने

पुराने संस्कारों, रीतियों, यहाँ तक कि कुछ प्रचलित परंपराओं से पूरी मुक्ति पाना सरल नहीं था। इस बिंदु पर जातीय सौमनस्य का विकास हुआ कि कई परंपराओं में, विशेषतया लोकोत्सव में वे एक साथ थे। इस दृष्टि से भारत का मध्यकालीन ग्राम-समाज पारस्परिक निर्भरता और सहयोग का उत्कृष्ट उदाहरण है। पेशे में लगे लोगों में एक भाईचारा था, वे किसी भी जाति के हों। गाँव का खुला जीवन सौमनस्य का बोध कराता है, व्यवहार-स्तर पर, जिसमें जातियों में आपसी संवाद है।

भारतीय मध्यकाल में कई संसार एक-साथ देखे जा सकते हैं, और इनसे मिलकर उस समय का सामाजिक-सांस्कृतिक वृत्त पूरा होता है। जातियों का पार्थक्य था जिसे कट्टर पुरोहित, उल्मा बनाए रखने में रुचि रखते थे, क्योंकि उनके निहित स्वार्थ थे। संसार के इतिहास में सभी धर्मों-संप्रदायों के कट्टरपंथियों में इस प्रकार के अनुदारवादी दृश्य देखने को मिलते हैं, जिससे जातीय टकराहट बढ़ती है। साथ ही समाज में अंधविश्वास, रूढ़ि, कर्मकांड आदि के प्रतिगामी विचार फैलते हैं। शास्त्र की मनचाही व्याख्याएँ कट्टरपन की उपज कही जा सकती हैं, जब उसके सहारे समाज को संचालित करने का प्रयत्न किया जाता है। समय के साथ परिवर्तन एक प्रगतिशील कदम है और अपनी सीमाओं में मध्यकाल ने इस दिशा में प्रयत्न किए। हिंदू जाति कई उपजातियों में विभाजित थी और वर्ण-भेद के अतिरिक्त अस्पृश्यता का अभिशाप भी मौजूद था। समाज की सेवा करते हुए उनके जो पेशे निम्न मान लिए गए उनके कारण उन्हें दूर रखा गया, शूद्र-अंत्यज आदि। ब्राह्मण-पुरोहित, मौलवी-उल्मा जो कि शास्त्र के व्याख्याता थे और पुरोहित भी, उनमें अधिक संवाद संभव न था और उन्हें मध्यकालीन कट्टरता का प्रतीक कहा जा सकता है। पर उनके अपने भी विचार-विभेद थे, जैसे शिया-सुन्नी अथवा शैव-वैष्णव के। एक ऐसी वैचारिक टकराहट थी, जिसका कोई व्यापक बौद्धिक आधार नहीं कहा जा सकता, वरन् वह पांडित्य का कुतर्क भी हो सकता है। बौद्धिक स्तर पर अलगाव कम करने की दिशा में एक प्रयत्न मुसलमान शासकों द्वारा भारतीय जीवन को जानने का प्रयत्न है। अलबरूनी के अरबी ग्रंथ 'तारीखे हिंद' का विशेष उल्लेख किया जाता है, जिसमें हिंदू धर्म, दर्शन, ज्ञान का विवरण है। रामायण, महाभारत, उपनिषद, पुराण आदि का अनुवाद फ़ारसी में किया गया। स्वीकार करना होगा कि राजाश्रय के होते हुए भी बौद्धिक स्तर पर विचार-विनिमय का प्रयत्न सीमित रहा और इसे पूरी गति नहीं मिली। इसके लिए मध्यकाल के संत-भक्तिकाव्य ने अधिक सार्थक पहल की, जहाँ सांस्कृतिक सौमनस्य, उदारता, सहिष्णुता की प्रवृत्तियाँ मुखर हुई हैं। यह वृत्त सिद्ध-नाथ (800-1200 ई.) से आरंभ होकर रामानंद (चौदहवीं शती), कबीर-जायसी से होता हुआ गुरु नानकदेव (1469-1538) तक फैला हुआ है।

मध्यकालीन भारतीय संस्कृति को विशेषतया सल्तनत काल (1192-1526) तथा मुग़लकाल (1526-1707) के मध्य स्थित किया जाता है। इसके अलग-अलग

सांस्कृतिक चित्र भी बनाए जाते हैं और यह अनुभव किया जाता है कि सल्तनत काल के परवर्ती भाग में जो विकास हुआ, वह अकबर से शाहजहाँ तक अपनी पूर्णता पर पहुँचा। सामाजिक, आर्थिक, सांस्कृतिक स्थितियाँ दिखाने के लिए विवरण, वृत्तांत प्रस्तुत किए जाते हैं, जिनमें प्रायः मध्यकालीन इतिहास की सामग्री दस्तावेज़ के रूप में स्वीकार की जाती है। मोहिब्बुल हसन ने 'हिस्टोरियंस ऑफ़ मेडिवल इंडिया' का संपादन किया है। मध्यकालीन इतिहास सामग्री की सीमा-रेखा यह है कि उसे प्रायः राजाश्रय में लिखा गया : बाबरनामा, हुमायूँनामा, अकबरनामा, आइने अकबरी, जहाँगीरनामा, शाहजहाँनामा आदि। इनके केंद्र में सामंती समाज है और बहुसंख्यक सामान्यजन के लिए यहाँ अधिक अवसर नहीं हैं। इलियट के इतिहास और सैयद अतहर अब्बास रिज़वी में मध्यकालीन सामग्री का संकलन है। इसके अतिरिक्त अमीर खुसरो जैसे लेखक हैं जो तत्कालीन समाज पर प्रकाश डालते हैं। कुछ यात्रियों के विवरण भी हैं जिनकी शुरुआत अलबरूनी से मानी जा सकती जिसने 1030-31 में अपना यात्रा-वृत्तांत लिखा। आधुनिक इतिहासकारों ने अपने ढंग से मध्यकालीन समाज-संस्कृति का विवेचन करते हुए स्वीकार किया है कि उस समय की जो आधारभूत सामग्री (सोर्स मटीरियल) उपलब्ध है, उसमें सामाजिक-आर्थिक कारकों का विश्लेषण नितांत क्षीण है। यह उसकी सीमा-रेखा है (मोहिब्बुल हसन : हिस्टोरियंस ऑफ़ मेडिवल इंडिया, भूमिका, पृ. 12) कि शासक और धर्म वहाँ इतिहास-दृष्टि को सीमित कर देते हैं। इस रूप में, कई सीमाओं के बावजूद, अबुल फ़ज़ल को इतिहास के प्रति नए दृष्टिकोण का लेखक कहा जाता है, जिसमें एक उदारता है।

भारतीय मध्यकाल में जो कुछ रचा गया और जिसके सर्वोत्तम को भक्ति आंदोलन की पीठिका पर उपजा भक्तिकाव्य कहा जाता है, जिसका प्रसार पूरे देश में, लगभग सभी प्रमुख भारतीय भाषाओं में है, वह सामाजिक-सांस्कृतिक इतिहास की दृष्टि से कुछ सहायक हो सकता है ? यह प्रश्न विचारणीय है। रचना में यथार्थ तथा कल्पना की समन्वित भूमि होती है, जिसमें समय-समाज का यथार्थ पुनःसर्जित होता है। अलगा पाने का कार्य भी सरल नहीं होता, क्योंकि रचना न पूरी तरह दस्तावेज़ है और न कोरी कल्पना। पर मध्यकाल की रचनाशीलता, विशेषतया संतों की वाणी (बानी) तथा भक्ति रचनाओं में जो तत्कालीन दृश्य आए हैं, वे उस समय का संकेत करते हैं। यहाँ विवरण-विस्तार अधिक नहीं हैं, पर टूटते-मूल्यों की त्रासदी व्यक्त हुई है। अकबर के समय में दुर्भिक्ष थे जिसका संकेत तुलसी में है : कलि बारहि बार दुकाल परै, बिनु अन्न दुखी सब लोग मरै। मूल्य-स्तर पर यह चिंता अधिक मुखर है, जिसे उस समय के रचना-साहित्य में देखा जा सकता है। इस संदर्भ में एक प्रासंगिक प्रश्न यह है कि क्या मध्यकाल के कवि केवल कवि थे ? संभवतः नहीं। उन्हें संत-भक्त कहकर संबोधित किया गया और उनकी प्रतिबद्धताओं को भी रेखांकित किया गया। उनकी भूमिका सामाजिक-सांस्कृतिक भी है, जहाँ वे समाज-सुधारक के रूप में देखे

जाते हैं। अबुल फ़ज़ल ने टिप्पणी करते हुए लिखा है कि समाज में अधोमुखी वृत्तियाँ होती हैं और ऐसे में बादशाह का नैतिक दायित्व होना चाहिए कि वह उच्चतर मूल्य स्थापित करे (आइने अकबरी, खंड दो, पृ. 285-86)। सामंती समाज की कठिनाइयाँ थीं, ऐसे में उस समय के संत-भक्त कवि समाज-सुधारक भी कहे जा सकते हैं और सांस्कृतिक चित्र को पूर्णता देने के लिए उनकी भूमिका विचारणीय है।

मध्यकाल में उदार-कट्टर दृष्टियों की टकराहट मध्यकालीन विचारधारा और संस्कृति की सही समझ में सहायक है। दोनों प्रमुख जातियों में इनके प्रतिनिधि हैं, अपने निहित आशय के लिए। पर अकबर जैसे शासक यह नहीं स्वीकार करते कि राज्य को किसी पर धर्म थोपने का अधिकार है, और इसलिए वह अधिक उदार नीति का पोषक है (परमात्मा सरन : द प्राविंशियल गवर्नमेण्ट ऑफ़ मुग़ल्स, पृ. 430)। अकबर और औरंगज़ेब की पृथक् दृष्टियाँ बताती हैं कि उदार-अनुदार विचारधाराएँ संघर्षरत थीं। स्थापत्य, मूर्ति, शिल्प, वास्तु आदि की चर्चा अपने स्थान पर उपयोगी है, पर इससे मध्यकालीन भारत का सांस्कृतिक चित्र पूर्ण नहीं होता और इसके लिए उस समय की विचारधाराओं को समझना होगा। क्षितिमोहन सेन की पुस्तक 'मेडिवल मिस्टिसिज़्म इन इंडिया' में आर्थोडाक्स तथा लिबरल थिंकर्स (रूढ़िवादी तथा उदार विचारक) की चर्चा हुई है। उनका विचार है कि मध्यकाल के आरंभिक चरण में भारतीय समाज की वह ग्रहणशीलता दुर्बल थी, जिसने अब तक अनेक प्रकार की चिंतनधाराओं के द्वार उसके लिए उन्मुक्त रखे थे। बौद्धिक प्रतिभा, तार्किक क्षमता की कमी न थी, पर चिंतकों में संयोजन-समीकरण के तत्त्व क्षीण थे (पृ. 7)। कट्टरता दोनों जातियों के धर्मनियामकों में थी, जिसे बनाए रखने में उनके निहित स्वार्थ भी थे। पर विचारणीय तथ्य यह कि धार्मिक अंकुश के बावजूद, धर्मभीरु सामान्यजन, विशेषतया निम्न कहे जाने वाले वर्ग में सुगबुगाहट थी, विचलन का भाव था। कुछ बुद्धिजीवियों ने भी इस असंतोष को पहचाना और सामाजिक सुधार के लिए आगे बढ़े, आंशिक ही सही। छठी-नौवीं शताब्दी के बीच आलवार संतों ने तमिल भाषा में रचना की और प्रायः वे सामान्य वर्ग से आए थे, जिनमें आण्डाल महिला भी थी। दक्षिण के रामानुजाचार्य (1016-1137) ने प्रपत्ति-दर्शन की प्रतिष्ठा सामान्यजन के लिए की, शास्त्र को भावात्मक विस्तार दिया और अपनी सीमाओं में वे मध्यकाल के उदार वैष्णवाचार्यों में स्वीकारे जाते हैं (रा. गो. भंडारकर : वैष्णव, शैव और अन्य धार्मिक मत, पृ. 62)।

मध्यकालीन सांस्कृतिक विवेचन में प्रायः वेश-भूषा, खान-पान, भवन-निर्माण, मेला-उत्सव, तीज-त्यौहार, शिक्षा-कला आदि के विवरण दिए जाते हैं। प्रमाणित किया जाता है कि प्रमुख जातियों में संवाद की जो प्रक्रिया क्रमशः विकसित हुई, उससे सभ्यता-संस्कृति का एक मिला-जुला संसार बनाने का प्रयत्न हुआ, यद्यपि जातीय पार्थक्य बना रहा। दोनों एक-दूसरे से प्रभावित हुए, इसमें संदेह नहीं और इसके प्रमाण

आचार-व्यवहार में मिलते हैं। 'भक्तिकाव्य की भूमिका' में प्रेमशंकर ने इसकी चर्चा की है। विचारणीय यह कि समाज-सुधारक के रूप में जो विचारक संत मध्यकालीन भारत में सक्रिय थे, उनका सांस्कृतिक अवदान क्या है और उन्होंने समन्वित संस्कृति का कौन-सा रूप गढ़ना चाहा। सुल्तान और बादशाह अपने दरबार के साथ प्रायः उच्च वर्ग तक सीमित थे, यद्यपि अकबर जैसे उदार शासक भी थे, जो इस दिशा में सजग थे कि समन्वय अधूरा है और इसे पूर्णता देने का कार्य भी आसान नहीं। पर इतना तो किया ही जा सकता है कि संवाद का सही माहौल बने, खुला विचार-विनिमय हो, कट्टरताएँ टूटें और उदार पंथ विकसित हो। इस दृष्टि से मध्यकालीन संत-भक्त कवियों की भूमिका समाज-सुधारक और सांस्कृतिक नेतृत्व की है। उनका आक्रमण व्यर्थ की रूढ़ियों, अंधविश्वासों, आडंबर, पाखंड, कर्मकांड और सबसे अधिक घनघोर जाति-उपजातिवाद पर था। कबीर का प्रश्न है कि जाति-बिरादरी क्या होती है : हिंदू कहत हैं राम हमारा, मुसलमान रहमाना/आपस में दोउ लड़े मरत हैं, मरम कोउ नहिं जाना। आचार्य हजारीप्रसाद द्विवेदी का विचार है कि 'कबीरदास ने बाह्याचारमूलक धर्म की जो आलोचना की है, उसकी एक सुदीर्घ परंपरा थी। इसी परंपरा से उन्होंने अपने विचार स्थिर किए थे' (कबीर, पृ. 135)। सिद्ध-नाथ-संत-भक्त रचनाशीलता में सामाजिक-सुधार का जो भाव विद्यमान है, वह बताता है कि सजग मनीषा अपने समय-समाज से संतुष्ट नहीं थी और नया मार्ग तलाश रही थी।

सामाजिक सुधार से संस्कृति के लिए नई दिशाएँ खुलीं और सामंती समाज को देखते हुए, इसे महत्त्वपूर्ण कहा जाएगा। उदार चिंतन का प्रथम संघर्ष उस जाति-उपजातिवाद से रहा है जो मध्यकालीन भारत में बहुप्रचलित थी। चतुर्वर्ण उपजातियों, बिरादरियों में विभाजित हो गए थे, जिनकी संख्या बढ़ती जाती थी। पेशे पर आधारित लोग थे, जिन्हें वर्ण-व्यवस्था से बाहर रखा गया। इनमें वे भी हैं जो सरकारी लिखाई का काम करते थे और आगे चलकर शिक्षित समाज में सम्मिलित हुए। कठोर जाति व्यवस्था ने इस्लाम तक को किसी अंश तक विकृत करने का प्रयास किया और अस्पृश्यता तो भारतीय समाज का सबसे बड़ा कलंक है। शासक भी इसे जानते थे कि जाति-उपजातिवाद सच्ची राष्ट्रीयता के विकास में बड़ी बाधा है जिसके कारण भाव-ऐक्य नहीं हो पाता, दूरियाँ बनी रहती हैं। राज्य-विस्तार में उनके पास व्यवस्था में सुधार के लिए पूरा अवसर न था, पर जब भी अवकाश मिला, तो उदार शासकों ने इस ओर ध्यान दिया। जिस सल्तनत काल को कई बार अनुदार रूप में देखा जाता है, उस समय भी राजकीय स्तर पर जातीय सौमनस्य के प्रयास हो रहे थे। गोलकुंडा के सुल्तानों ने हिंदू मंत्रियों की नियुक्ति की और बंगाल के मुस्लिम शासकों ने रामायण-महाभारत के अनुवाद बांग्ला में कराए ताकि सबको उसकी जानकारी हो। सल्तनतकाल में विद्या को संरक्षण प्राप्त था, जिसका उल्लेख इतिहासकारों ने किया है। तारीख़े-फ़ीरोज़शाही में भी इसकी चर्चा है, जो

फ़ीरोज़शाह के राज्यकाल में लिखी गई। दक्खिनी बहमनी सुल्तानों से प्रांतीय भाषाओं को प्रोत्साहन मिला और दक्षिण के विजयनगर राज्य की सांस्कृतिक सक्रियता, विशेष रूप से मंदिर-निर्माण में देखी जा सकती है, जैसे कृष्णदेव राय का कांचीपुरम् में निर्माण। उसे 'आंध्र-भोज' कहकर संबोधित किया गया जिसने तेलुगु साहित्य को प्रश्रय दिया (आर. सी. मजूमदार (सं.) : द देलही सल्तनत, पृ. 320)।

संस्कृति एक सामूहिक, बौद्धिक प्रयत्न है जो विचार, दर्शन, साहित्य, कला में विकास पाती है। यह सभ्यता का अगला चरण है। मध्यकाल में कई वर्गों का इसमें योगदान है और उदार शासक इनमें एक हैं। बुद्धिजीवी वर्ग ने प्रायः पांडित्य, शास्त्रचर्चा में रुचि ली और इससे भाष्य-परंपरा को नया विकास मिला। संतों का संसार मूल्यचिंता का है और वे सामंती समाज का विलोम जैसा दिखाई देते हैं। एक ओर वैभव-विलास का सामंती परिवेश है, दूसरी ओर संतों का आध्यात्मिक संसार है जहाँ मुख्य बल आचरण पर है। मदरसा, पाठशाला की शिक्षा में धर्म को स्थान था, पर संतों का आग्रह जीवनानुभव से प्राप्त ज्ञान पर था। अकबर ने शिक्षा में दर्शन, व्याकरण, न्याय के साथ व्यावहारिक विषयों का प्रवेश कराया (आइने अकबरी : भाग 2, पृ. 239)। इतिहासकारों का कथन है कि फ़ीरोज़शाह तुग़लक आदि उदार शासकों ने मध्यकाल में शिक्षा की ओर पर्याप्त ध्यान दिया, जिसका विकास मुग़लकाल में हुआ। हौज़ खास का बड़ा मदरसा लगभग सत्तर एकड़ में बना था, जिसमें सभी व्यवस्थाएँ निश्शुल्क थीं। पाठशाला-मदरसा के नए स्वरूप से नई चेतना का विकास हुआ। काशी, नादिया, मथुरा, प्रयाग, मिथिला, श्रीनगर आदि के विद्या संस्थानों में उच्च शिक्षा का प्रबंध था, जहाँ के अध्यापक समाज में आदरणीय थे। बौद्धिक परिवेश ने मध्यकालीन जागरण में इस दृष्टि से सहायता की कि प्राचीन ग्रंथों की नई व्याख्याएँ प्रस्तुत हुईं, और परोक्ष ही सही, पर सांस्कृतिक चेतना के निर्माण में उनकी एक भूमिका है। जिन्हें समाज-सुधारक कहा गया, उनके भी दो वर्ग कहे जा सकते हैं पर उनकी संख्या अधिक थी, जो सामान्य वर्ग से आए थे और पांडित्य का दावा नहीं कर सकते थे। पर जो शास्त्र के ज्ञाता थे, वे भी धार्मिक कट्टरता से मुक्ति में सहायक थे, जैसे अप्पय दीक्षित, पंडितराज जगन्नाथ, मधुसूदन सरस्वती आदि कुछ नाम हैं। भक्ति आंदोलन सभी वर्गों के सम्मिलित प्रयत्न की उपज है जो पूरे मध्यकाल में सक्रिय है और इसे नए स्वाभाविक सांस्कृतिक उन्मेष के रूप में देखना होगा, जहाँ संकीर्णताएँ टूटती हैं, जाति-बंधन शिथिल होते हैं, कर्मकांड की अनिवार्यता नहीं रहती और बल शुद्ध आचरण पर है। कृतिवास ओझा को बांग्ला काव्य का पिता कहा जाता है जिन्होंने रामायण को नया रूप दिया (1418)। रामानन्द जैसे आचार्य हैं जो पंडित होकर भी, सामान्यजन में प्रभावी बनते हैं और जिनके शिष्यों में निम्नवर्ग के लोग भी हैं। डॉ. रामरतन भटनागर का विचार है कि रामानन्द में चिंतन की समन्वित भूमि है, जिसमें कई परंपराएँ घुल-मिल गई हैं। विशुद्ध भावभूमि

पर स्थिर रहकर और कर्मकांड के तिरस्कार द्वारा ही वह यह समन्वय स्थापित कर सके (मध्ययुगीन वैष्णव संस्कृति और तुलसीदास, पृ. 72)। चौदहवीं शती में रामानन्द जैसे विचारक उदार चिंतन का प्रतिनिधित्व करते हैं। यह उदार पंथ नानक (1469-1538) तक फैला हुआ है और इन सबसे मध्यकालीन सर्जनशीलता पुष्ट हुई।

मध्यकालीन समय, समाज, संस्कृति का रूप मिला-जुला है, कई प्रवृत्तियों का सम्मिश्रण और सबको मिलाकर, यह वृत्त पूरा होता है जिसे भारत की मध्यकालीन संस्कृति कहा जाता है। इस विषय में विद्वानों के विचारों में मतभेद रहे हैं, पर उसके महत्त्व को सबने स्वीकृति दी है। सबके सम्मिलित सहयोग से जो सामासिक संस्कृति मध्यकाल में निर्मित हुई, उसमें उदार शासकों से लेकर उन सामाजिक सुधारक संतों-भक्तों की भूमिका है, जो अपने परिवेश को उदात्त मानवमूल्यों से संबद्ध करके देखना चाहते थे। निर्माण आदि का अपना स्थान है, पर चिंतन की भूमि पर जो नया उदार परिवेश बना उसने मध्यकालीन ऊर्जा को नई दिशाओं की ओर अग्रसर किया जिससे विचार, साहित्य-कला का ऐसा संसार रचा गया, जो निरंतर चर्चा के केंद्र में रहा है और जिसे भारतीय मनीषा के सर्वोत्तम अध्यायों में गिना जाता है। आरंभिक टकराहट के बाद जब पार्थक्य टूटा और संवाद की प्रक्रिया आरंभ हुई तो दोनों प्रमुख जातियों ने एक-दूसरे को जानने-समझने का प्रयत्न किया, सीखा, प्रभावित हुईं। बहुविवाह, पर्दा-प्रथा जैसी कुरीतियाँ भी आईं, पर उनका प्रचलन उच्च वर्ग में अधिक था। हिंदू सभ्यता ने इस्लाम को प्रभावित किया और सूफ़ी कवियों ने भारतीय कथाओं पर काव्य रचे। हिंदू प्रथा के समान हुमायूँ, अकबर, जहाँगीर, शाहजहाँ के तुलादान हुए। विजयादशमी, दीपावली, वसंत, होली के उत्सव राजकीय स्तर पर स्वीकृत हुए; नौरोज़ मूलतः फ़ारस का उत्सव है—नववर्ष, वसंत का प्रतीक और दीवान-ए-आम के इस उत्सव का वर्णन तत्कालीन इतिहासकारों ने विस्तार से किया है (प्राणनाथ चोपड़ा : सम ऐसपेक्ट्स ऑफ़ सोसायटी एंड कल्चर ड्यूरिंग द मुग़ल एज, पृ. 5)। राजकीय स्तर पर जो प्रयत्न हुए, वे एक वर्ग विशेष तक सीमित थे, जिसे अभिजन समाज कहा गया, पर संत-भक्त साहित्य ने जनता को संबोधित किया और सांस्कृतिक संवाद को सार्थकता प्रदान की।

भक्तिकाव्य का स्वरूप

भक्ति-भावना के स्रोतों की खोज के लिए विद्वान् वैदिक-युग तक जाते हैं, पर उसकी यात्रा कुछ प्रमुख चरणों में हुई है। इसे भारतीय संस्कृति के विकास और आत्मसंघर्ष के रूप में भी देखा जाना चाहिए कि वह किस प्रकार स्थितियों से टकराती, स्वयं को अग्रसर करती रही है। आरंभिक वैदिक युग में प्रकृति प्रमुख स्थान पर है और इंद्र सर्वोपरि देव हैं। उपनिषदों में भक्ति-दर्शन उभरा है और जब विष्णु आए तब वैष्णव धर्म को विकास मिला। प्रायः महाभारत के शांतिपर्व के नारायणीय उपाख्यान में श्वेत द्वीप का उल्लेख किया जाता है जहाँ वैष्णव भक्ति का विवेचन है। विष्णु-नारायण-वासुदेव का मिलन वैष्णव धर्म को नई गति देता है, जिसे भागवत धर्म भी कहा गया। गीता में भक्ति को योग का धरातल दिया गया, पर उसे उच्चतर मूल्यों से संबद्ध किया गया : द्वेषभावरहित, निःस्वार्थ, सर्वप्रेमी, दयालु, अहंकार-मुक्त, निर्विरागी, क्षमाशील, संतुष्ट, जितेंद्रिय, संकल्पी, समभावी आदि (गीता : 12:13-19)। पुराण युग में गाथा-संसार बनां, देवत्व के मानुष रूप की प्रक्रिया में गति आई, लीला-जगत् निर्मित हुआ। ईसवी की आरंभिक शताब्दियों में भक्ति का प्रस्थानग्रंथ भागवत आया। 'भक्ति-चिंतन की भूमिका' पुस्तक में भक्ति की विकास-यात्रा पर विचार किया गया है।

मध्यकालीन भक्तिकाव्य की पीठिका में प्राचीन भक्ति-चिंतन और भक्ति आंदोलन उपस्थित हैं, यह सर्वस्वीकृत है। विद्वानों ने इस संदर्भ में कई प्रश्न उठाए और उनका तार्किक समाधान पाने का प्रयत्न किया। भक्ति का प्रस्थान भागवत है, जिसे प्रस्थानत्रयी—ब्रह्मसूत्र, उपनिषद, गीता के क्रम में चतुर्थ प्रस्थान कहा गया जिसके मौखिक रूप ने छठी-नौवीं शताब्दी के बीच निश्चित आकार लिया और यही समय आलवार संतों का है, जिन्हें भी भक्ति का आरंभ कहा गया। सर्वपल्ली राधाकृष्णन् के शिष्य सिद्धेश्वर भट्टाचार्य ने दो खंडों के अपने ग्रंथ 'द फ़िलॉसफ़ी ऑफ़ द श्रीमद्भागवत' में इसे महापुराण रूप स्वीकारते हुए लिखा है कि इसमें तमिल संतों

का योगदान भी है (पृ. 15)। राधाकुमुद मुखर्जी का कथन है कि गुप्त सम्राटों ने स्वयं को परम भागवत कहा और उनके समय में वैष्णव धर्म को विकास मिला (गुप्त साम्राज्य, पृ. 150)। भागवत में राधा की अनुपस्थिति के प्रसंग को छोड़ दें तो यह ग्रंथ मध्यकालीन भक्ति आंदोलन की पीठिका में अपनी उल्लेखनीय उपस्थिति का बोध कराता है। प्रमुख भारतीय भाषाओं में इस ग्रंथ के भाष्य-टीका प्रयत्न हुए और रचनाशीलता को भी इससे प्रेरणा मिली। आरंभ में भागवत माहात्म्य में कलिकाल की जिस दुर्दशा का संकेत नारद के द्वारा हुआ है, वह प्रकारांतर से उस समय की मूल्यहीनता है। द्रविड़ में जन्म, कर्नाटक में विकास, महाराष्ट्र में आदर, गुजरात में वार्धक्य और अंत में वृंदावन में नवयौवन की प्राप्ति, भक्ति स्वयं बताती है और ज्ञान-वैराग्य नामक दो पुत्रों का उल्लेख करती है। भक्ति कलियुग की मुक्तिदाता है जिसमें ज्ञान भी सम्मिलित है। ज्ञानी श्रेष्ठ है, इसका वर्णन गीता (11-19-5) से लेकर तुलसीदास तक में है : ग्यान विराग-जोग विग्याना (मानस, उत्तर, 114-15)। भागवत का चिंतन समस्त भक्ति आंदोलन को गतिशीलता देता है, यह निर्विवाद है। उल्लेखनीय यह कि यहाँ भक्ति बौद्धिक शास्त्रीय सीमाओं से निकलकर साधारणीकृत होती है, सामान्यजन को संबोधित करती है। भागवत का कथन है कि निम्नतम वर्ग भी भक्ति के अधिकारी हैं (3-33-6,7)। यदि आठवीं-नवीं शताब्दी के अनंतर देशी भाषाओं का उन्नत विकास स्वीकार कर लिया जाय तो भागवत दर्शन भक्तिकाव्य की पीठिका में उपस्थित है।

भक्तिचिंतन की लंबी परंपरा है जिसे भागवत को प्रस्थान मानकर आगामी विकास के रूप में देखना चाहिए। इस्लामी शासन के समय राष्ट्रकूट, पाल-गुर्जर-प्रतिहार आदि राजवंश थे और पल्लव, चालुक्य, पांड्य, चोल आदि भी, जिन्होंने भक्तिभावना को प्रश्रय दिया। हिंदी भक्तिकाव्य का मुख्य वृत्त प्रायः चौदहवीं-सत्रहवीं शताब्दी के मध्य स्वीकार किया गया है, जो राजनीतिक दृष्टि से सल्तनत काल (अलाउद्दीन खलजी, मृत्यु 1316) से आरंभ होकर शाहजहाँ (1627-1658) तक जाता है। पर भक्तिचिंतन का आरंभ पहले हो चुका था, यह सर्वस्वीकृत है। विचारणीय यह कि भक्ति को लेकर एक ओर शास्त्र-चिंतन चल रहा था, दूसरी ओर पांडित्य की सीमाओं को तोड़कर उसे सामान्यजन तक लाने के प्रयत्न भी हो रहे थे। देवमंदिर भी इसी क्रम में देखे जाने चाहिए। जिसे दक्षिण का आलवार युग तथा बाद का आचार्य युग कहा जाता है, वह समय पल्लव नरेशों का है (नरसिंहवर्मन प्रथम, 642-68) और बाद में चोल राज्यों का (ग्यारहवीं-बारहवीं शती)। दोनों राजवंश श्रेष्ठ मंदिर-निर्माता थे, जिन्होंने भक्तिभावना को प्रश्रय दिया।

आलवार छठी-नवीं शताब्दी के मध्य सक्रिय थे और भक्तिप्रवाह में उनका प्रदेय यह कि संस्कृत भाषा का वर्चस्व तोड़ते हुए, उन्होंने तमिल भाषा में सामान्यजन को सीधे ही संबोधित किया। वहाँ पांडित्य-शास्त्र के स्थान पर अनुभूति का आग्रह

है और भक्त-ईश्वर के बीच सीधा संवाद है। आलवार प्रायः सामान्य वर्ग से आए थे और अपनी भावमयता से उनके पद वर्षों तक मौखिक परंपरा में जनता में प्रचलित रहे। सभी वर्णों के साथ अंत्यज तथा महिला आण्डाल तक इनमें थी और समाज पर इनका व्यापक प्रभाव रहा है। देशी भाषा में होने के कारण देवमंदिरों में उनके भजन-गायन की जो व्यवस्था आगे चलकर नाथमुनि द्वारा हुई, उससे पदों को जनप्रियता मिली। एक प्रकार से यह संहितारहित भक्ति का स्वर है, जहाँ कर्मकांड का निषेध है। यद्यपि वैष्णव आलवारों के साथ शैव नायनमार भी सक्रिय थे, पर भक्ति प्रवाह को गति देने में आलवारों की भूमिका अधिक प्रभावी है। यहाँ वर्ण-जाति, पांडित्य, कर्मकांड के बंधन टूटते हैं और बिना किसी मध्यस्थ के उपास्य को संबोधित किया गया है। इस दृष्टि से आलवारों की भूमिका ऐतिहासिक है। 'आलवार्स ऑफ़ साउथ इंडिया' का संपादन करते हुए के. सी. वरदाचारी क़ा मत है कि 'आलवारों की लोकप्रियता का रहस्य उनकी सहज भावनामयता है, जिसे उनकी भक्ति रचनाओं, गेय पदों में देखा जा सकता है' (प्राक्कथन, पृ. 16)। संभवतः संपूर्ण भक्तिकाव्य की जनप्रियता का एक रहस्य यह भी है कि वह देवमंदिर, गायन, प्रार्थना और यहाँ तक कि दृश्य-लीलाओं से जुड़कर मौखिक परंपरा का एक अविभाज्य अंग बन गया। श्रव्य-दृश्य काव्य का अद्भुत समागम उसकी क्षमता है और जनता में उसे व्यापक स्वीकृति मिली। आलवारों में नम्मालवार प्रमुख हैं, जिन्हें शठकोप भी कहा गया, शूद्र थे पर उनके शिष्य मधुर कवि ब्राह्मण। शठकोप को अवयवी माना गया, शेष को अवयव। आलवार संतों के बाद आचार्य युग है, दसवीं से चौदहवीं शताब्दी के अंत तक।

आलवार संतों का प्रभाव इतना व्यापक था कि उसे सामान्यजन के साथ पंडित वर्ग की भी स्वीकृति मिली। आचार्यों में प्रस्थानत्रयी ब्रह्मसूत्र, उपनिषद और गीता पर भाष्य की परंपरा थी और इसे पांडित्य का प्रतिमान भी माना जाता था। आगे चलकर चतुर्थ प्रस्थान—भागवत पर भी टीकाएँ लिखी गईं। आलवारों की भक्ति-भावना को स्वीकारते हुए, आचार्य युग के आदि आचार्य रंगनाथ मुनि ने, जिन्हें नाथमुनि (824-924) भी कहा जाता है, आलवार संतों की वाणी का संकलन किया जिसे 'दिव्यप्रबंधम्' कहा गया और इसे तमिल वेद का सम्मान मिला। आचार्यश्री ने श्रीरंगम् मंदिर में इनके भजन-गायन की व्यवस्था की और इस प्रकार आलवार-पदों का व्यापक प्रसार हुआ। नाथमुनि ने एक साथ कई भूमिकाओं का निर्वाह किया। दिव्यप्रबंधम् के गायन का प्रबंध एक प्रकार से उनका सांस्कृतिक कार्य है, पर विशिष्टाद्वैत का प्रथम दार्शनिक ग्रंथ (न्यायतत्त्व) रचने के साथ उन्होंने ऐसी व्यवस्था की कि भक्ति में सभी वर्णों-जातियों के लोग सम्मिलित हों और यह उनका सराहनीय सामाजिक कार्य है। नाथमुनि के क्रम में पुंडरीकाक्ष, राम मिश्र के नाम आते हैं, फिर पौत्र यामुनाचार्य (916-1034) का। कहा जाता है कि यशस्वी वैष्णवाचार्य रामानुजाचार्य (1016-1137)

यामुनाचार्य के शिष्य हैं। इस प्रकार आचार्यों की पहली पीढ़ी है, जिसने भक्तिचिंतन को अग्रसर किया और उसे सामान्यजन तक पहुँचाने का प्रयास किया। उल्लेखनीय यह कि उन्होंने दक्षिण-उत्तर के बीच एक सांस्कृतिक सेतु का कार्य किया, भक्ति के वैचारिक स्तर पर। वर्ण-जाति के बंधन टूटने में आलवार संतों की भूमिका है। आलवार संत और आचार्य युग के आरंभिक चरण के अनंतर वैष्णवाचार्यों का वह युग आता है, जिसे चतुःसंप्रदाय कहा जाता है : रामानुज, मध्वाचार्य, निंबार्क, विष्णुस्वामी जो ग्यारहवीं-चौदहवीं शताब्दी के बीच सक्रिय थे। फिर दो महत्त्वपूर्ण आचार्य हैं : रामानन्द (1365-1468) और वल्लभाचार्य (1478-1530)।

आलवार संत और आचार्य-युगों के बीच भारतीय मनीषा का एक ऐसा विराट व्यक्तित्व उपस्थित है, जिसे विवेकानन्द (1863-1902) की तरह अल्प आयु मिली, पर जिसने अपनी तेजस्विता से चिंतन का नया इतिहास रचा। आदि शंकराचार्य (788-820) ने केवल बत्तीस वर्ष की आयु पाई, पर अपनी अद्वैत वेदांती व्याख्या से उन्होंने वैचारिक क्रांति का सूत्रपात किया। ब्रह्मसूत्र का भाष्य करते हुए कहा कि ब्रह्म सत्य है, जगत् मिथ्या है। उन्होंने सत्य और भ्रम को सर्प-रज्जु दृष्टांत से समझाने का प्रयत्न किया। आदि शंकराचार्य की तार्किक-मेधा ऐसी अकाट्य कि उन्हें 'प्रच्छन्न बौद्ध' तक कहा गया। ब्रह्म निर्गुण, निर्विशेष, परम सत्य है और माया अविद्या है, जिसके पाश में जीव बँध जाता है। सर्वपल्ली राधाकृष्णन् ने समकालीन स्थिति पर प्रकाश डालते हुए लिखा है कि आलवार, अदियार, ईश्वर-भक्ति के मार्ग का प्रचार कर रहे थे। मंदिरों में पूजन, त्यौहार, पौराणिक हिंदू धर्म प्रतिष्ठा पा रहे थे। ऐसे में शंकर की सम्मति में परस्पर विरोधी संप्रदायों के अंदर अद्वैत दर्शन ही एकमात्र निहित सत्य है। उनके शब्द हैं : 'शंकर के जीवन में विरोधी भावों का संग्रह मिलता है। वे दार्शनिक भी हैं, और कवि भी, ज्ञानी पंडित भी हैं और संत भी, वैरागी भी हैं और धार्मिक सुधारक भी' (भारतीय दर्शन, खंड 2, पृ. 444)। आनंद लहरी, सौंदर्य लहरी में उनकी काव्य-प्रतिभा व्यक्त हुई है, उनकी बौद्धिक क्षमताएँ तो भाष्यों में स्पष्ट हैं ही। धार्मिक सुधारक और संगठनकर्त्ता का परिचय देते हुए उन्होंने देश के चारों कोनों में मठ स्थापित किए : श्रृंगेरी, द्वारका, पुरी और बदरीनाथ। शंकराचार्य की असाधारण बौद्धिक प्रतिभा ने इस अर्थ में वैष्णवाचार्यों को उद्वेलित किया कि यदि शंकर की वेदांती व्याख्या पूर्णतया स्वीकार कर ली जाय तो साकारोपासना के लिए अवसर ही कहाँ रह जाएगा ? यद्यपि शंकर ने स्वयं मठ स्थापित किए, जहाँ देव-स्थान बने। शंकराचार्य ने वैष्णवाचार्यों को प्रस्थानत्रयी पर नई व्याख्याएँ प्रस्तुत करने के लिए उत्तेजित किया। इस प्रकार वैष्णव-चिंतन को गति देने में उनकी प्रकारांतर भूमिका है, प्रतिक्रिया रूप ही सही। शंकराचार्य बौद्धिक उन्मेष के अद्वितीय आचार्य हैं जो भारतीय चिंतन को तार्किकता देते हैं।

भक्ति आंदोलन की भूमिका में आलवार संत, भागवत, शंकराचार्य से वैचारिक

असहमति, वैष्णवाचार्य और धर्मसुधारकों की सक्रियता है। भागवत को चतुर्थ प्रस्थान तथा भक्ति का प्रस्थानग्रंथ कहा गया। वैष्णवाचार्यों ने प्रस्थानत्रयी पर भाष्य लिखते हुए नई व्याख्याएँ कीं और उनके नाम पर दार्शनिक संप्रदाय बने। रामानुजाचार्य ने श्री संप्रदाय के विशिष्टाद्वैत को अग्रसर किया और वे शांकर वेदांत की निराकारी व्याख्या को अस्वीकार कर देते हैं। उन्होंने ईश्वर को ज्ञान, भक्ति, करुणा के समुच्चय रूप में देखा। ईश्वर-जीव-संबंधों की व्याख्या करते हुए उन्होंने भगवान को अशेषी (स्वामी) कहा और जीव को शेष अथवा दास। रामानुज का सबसे महत्त्वपूर्ण प्रदेय है : 'प्रपत्ति दर्शन' अथवा दास्य भक्ति, जो ऐसा समर्पण भाव है, जिसमें सब ईश्वर के प्रति समर्पित हो सकते हैं। इस शरणागति भाव से भक्ति मार्ग को नया विकास मिला क्योंकि सब जातियाँ इसमें सम्मिलित हो सकती थीं। इस दृष्टि से प्रपत्ति का सामाजिक-सांस्कृतिक महत्त्व है, विशेषतया मध्यकालीन जाति-व्यवस्था को देखते हुए। अपने ग्रंथ 'श्रीभाष्य' में दार्शनिक निष्पत्तियाँ प्रतिपादित करते हुए वे ज्ञान-भक्ति के संयोजन में विश्वास व्यक्त करते हैं। रामानुजाचार्य का प्रदेय यह कि उन्होंने प्रस्थानत्रयी की व्याख्याओं में प्रपत्ति अथवा शरणागति भाव का आग्रह किया क्योंकि सामान्यजन के लिए अपेक्षाकृत यह सहज मार्ग है। उन्होंने देवस्थानों के निर्माण में रुचि ली और उन्हें वैष्णव केंद्रों के रूप में विकसित किया जहाँ से भक्ति आंदोलन अग्रसर हुआ। भक्ति को व्यापकता देने में रामानुज की भूमिका असंदिग्ध है : 'भक्ति के द्वार शूद्र, अंत्यज, निम्न वर्ग के लिए खुले और उन्होंने व्यवस्था की कि शूद्र भी मंदिर में दर्शन कर सकें' (ताराचन्द : इन्फ़्लुएंस ऑफ़ इस्लाम ऑन इंडियन कल्चर, पृ. 102)। विद्वानों द्वारा रामानुजाचार्य के प्रभावी व्यक्तित्व को एक दार्शनिक समाज-सुधारक के रूप में देखा जाता है। वे एक ऐसे समय में थे, जब शंकराचार्य की अद्वैत वेदांती व्याख्या का बौद्धिक आतंक पंडित वर्ग पर था, दूसरी ओर जातिवादी व्यवस्था में उलझे समाज में अनिर्णय की स्थिति थी। प्रपत्ति अथवा शरणागति भाव के माध्यम से उन्होंने एक ऐसे सहज मार्ग की खोज की जिस पर चलना कठिन नहीं था। रामानुजाचार्य ने मध्यकालीन भक्ति को सामाजिक प्रस्थान दिया और उत्तर-दक्षिण को जोड़ने का सांस्कृतिक कार्य किया : 'भक्ति द्राविड़ ऊपजी, लाए रामानन्द।'

वैष्णवाचार्यों में मध्व ने विष्णु को महत्त्व दिया, जिससे भक्ति भावना को गति मिली। दर्शन में वे द्वैतवादी हैं और भगवान-भक्त दोनों को स्वीकारते हुए उन्होंने प्रवृत्ति दर्शन की स्थापना की और जगत् को असत्य मानने से इनकार किया। यहाँ वैराग्य कोई अनिवार्यता नहीं है और कहा गया कि निष्काम कर्म करते हुए भक्ति-मार्ग अपनाया जा सकता है। उन्होंने 'अणुभाष्य' में ईश्वर को अनंत गुण-सम्पन्न माना, कहा कि जीव का ब्रह्म में लय होना भक्ति का परम लक्ष्य है और सायुज्य मुक्ति सर्वोपरि है जहाँ जीव ईश्वर से एकाकार होता है। मध्वाचार्य के चिंतन से गृहस्थ के लिए भी भक्ति का मार्ग सुलभ हुआ क्योंकि वहाँ संन्यास अनिवार्य नहीं

है। विद्वानों का विचार है कि मध्वाचार्य की परंपरा में चैतन्य (1486-1533) आते हैं जिन्होंने बंगाल, पूर्वांचल से वृंदावन तक की वैष्णव भक्ति को प्रभावित किया। निम्बार्क द्वैताद्वैत के समर्थक हैं—जिसे भेदाभेद भी कहा जाता है। जीव-ब्रह्म मुक्तावस्था में अभेद की स्थिति में हैं और बृद्धावस्था में भेद की स्थिति में। निम्बार्क से कृष्णभक्ति को विशेष गति मिली क्योंकि वे श्रीकृष्ण अथवा वासुदेव को परब्रह्म मानते हैं तथा राधा-कृष्ण की कल्पना से कृष्ण-लीला में नई सक्रियता आई जबकि भागवत में राधा अनुपस्थित हैं। 'दशश्लोकी' (4/5) में कृष्ण का रूप वर्णित है, राधा-ध्यान के साथ। राधा के विकास पर विचार करते हुए विद्वानों ने निम्बार्क को महत्त्व दिया। श्री बलदेव उपाध्याय का कथन है : 'निम्बार्की कवियों ने इसी युगल तत्त्व (राधा-कृष्ण) का उन्मीलन अपने भाषा-काव्यों में बड़ी सुंदरता से किया है। श्रीराधा-कृष्ण का नित्य विहार ही उपास्य तत्त्व है' (कल्याणमल लोढ़ा (सं.) : भारतीय साहित्य में राधा, पृ. 45)। विष्णुस्वामी नाम से कई आचार्य हैं, इसलिए उन्हें लेकर किंचित् मतभेद है। पर यह मान लिया गया कि विष्णुस्वामी की परंपरा में वल्लभाचार्य (1478-1530) हुए, जिससे उनके महत्त्व में वृद्धि हुई।

वैष्णवाचार्यों की स्वतंत्र व्याख्याओं के होते हुए भी, इनमें कुछ समानताएँ हैं। वे शांकर वेदांती व्याख्या को अस्वीकार करते हुए, सगुण परमात्मन् की परिकल्पना करते हैं जो सर्वगुण-संपन्न है। भक्ति को अग्रसर करते हुए, वे जीव के लक्ष्य रूप में भगवत्-प्राप्ति को निरूपित करते हैं। भक्ति के द्वार सबके लिए उन्मुक्त हैं और जाति-व्यवस्था को यहाँ कोई स्वीकृति नहीं है। ये आचार्य दार्शनिक स्तर पर सगुण-साकार भक्ति को प्रमुखता देते हैं, मठ-मंदिर निर्मित करते हैं और अपनी लंबी यात्राओं से उत्तर-दक्षिण को जोड़ते हैं। इस प्रकार उनकी एक सामाजिक-सांस्कृतिक भूमिका भी है जिसकी व्याख्याएँ अलग-अलग हो सकती हैं। वैष्णवाचार्यों ने लगभग चौदहवीं शती तक कार्य करते हुए भक्ति आंदोलन को नई सक्रियता दी, वैचारिक धरातल पर और अपनी व्याख्याओं से जैसे वे भक्ति का शास्त्र गढ़ना चाहते हैं। उनकी यायावरी वृत्ति प्राचीन शास्त्रीय-पंडिताई सीमाओं को पार करती है और यह उल्लेखनीय है कि उनका भक्तिचिंतन सामान्यजन को भी अपनी दृष्टि में रखता है। वैष्णवाचार्यों की ऐतिहासिक भूमिका यह कि वे कहीं वैचारिकता और भावना के मिलन-बिंदु पर उपस्थित हैं। वे शांकर वेदांती व्याख्या से अपनी असहमति व्यक्त करते हैं और सगुण का आग्रह करते हैं। समर्पण अथवा शरणागति भाव में भक्ति-ज्ञान का संयोजन उनके चिंतन की विशिष्ट उपलब्धि है और वैष्णव धर्म इस चिंतन से एक नया प्रस्थान प्राप्त करता है, इसमें संदेह नहीं। आलवार संतों ने सामान्यजन के लिए भक्तिभाव के जो द्वार उन्मुक्त किए थे, उसमें आचार्यों ने देवार्पित चिंतन का प्रवेश कराया, उसे स्थायित्व देने की कामना से। आगे चलकर रामानंद, वल्लभाचार्य, चैतन्य, नामदेव, शंकरदेव आदि में भक्ति को नया विकास मिला और संपूर्ण देश

में भक्तिचेतना का प्रसार देखा जा सकता है।

भक्ति आंदोलन और मध्यकालीन भक्ति साहित्य भक्ति की व्यापक चेतना का बोध कराते हैं। उसकी प्रशस्त चिंतन भूमि है जहाँ प्रस्थानत्रयी, भागवत आदि के भाष्य के माध्यम से सूक्ष्मतम विचार प्रस्तुत किए गए : जीवन-जगत्-माया की स्थिति, परमेश्वर का स्वरूप, जीव-ब्रह्म के संबंध, परम सत्य, साधना मार्ग आदि। इस ज्ञान-चर्चा के अतिरिक्त उसका सामाजिक पक्ष है कि पांडित्य की सीमाएँ पार करते हुए, सामान्यजन को कैसे संबोधित किया जाय और इस दृष्टि से चिंतकों का रूप समाज-सुधारक का भी है। इस पीठिका पर भक्तिकालीन रचनाशीलता है, जो संपूर्ण देश में विद्यमान है और जिसका प्रभाव व्यापक है। मध्यकालीन भक्ति के नए उन्मेष के लिए रामानन्द का सादर उल्लेख किया जाता है, जिनकी शिष्य-प्रशिष्य-परंपरा की लंबी सूची है, जिसमें हर जाति-बिरादरी के लोग हैं। रामानन्द को दार्शनिक भूमि पर विशिष्टाद्वैत से संबद्ध किया जाता है, जो रामानुजाचार्य का भी मत है। पर यहाँ स्वीकृति सीता-राम को है, जिन्हें मोक्ष का साधन माना गया। प्रपत्ति (शरणागति) का जो भाव रामानन्द में वर्णित है, उसमें सब सम्मिलित हो सकते हैं, यहाँ वर्ण-जाति-वर्ग का कोई भेद नहीं है। ईश्वर-अनुग्रह (ईश-कृपा) से ही भक्ति संभव है। रामानन्द की महत्त्वपूर्ण भूमिका यह कि वे भक्ति को सहज सामान्य भूमि पर लाकर प्रस्तुत करने का सक्षम प्रयत्न करते हैं और इस दृष्टि से मध्यकाल के विशिष्ट समाज-सुधारक हैं। 'रामानन्द ने भक्तिधारा को नई सर्जनात्मक दिशा देने में ऐतिहासिक भूमिका का निर्वाह किया। निश्चित ही वे रामानुजाचार्य-राघवानन्द की परंपरा से जुड़े हैं, पर अपनी सामाजिक भूमिका के प्रति वे मध्यकाल के सबसे सचेत संत हैं। वे भक्ति को ऐसी सहजता देते हैं कि बिना किसी बड़ी तैयारी के, कोई भी व्यक्ति उसमें सहज भाव से सम्मिलित हो सकता है। उनके समय तक समाज में अनेक अंतर्विरोध जनम चुके थे और कई विचारधाराएँ एक-दूसरे से टकरा रही थीं। रामानन्द ने जागरूक व्यक्तित्व से सब कुछ देखा-सुना और फिर भक्ति को सामाजिक चेतना से संपन्न करने का महत्त्वपूर्ण कार्य किया' (प्रेमशंकर : भक्तिकाव्य की भूमिका, पृ. 125)।

रामानन्द मध्यकालीन उदार चिंतन के प्रतीक हैं, जिन्होंने भक्तिकाव्य को नई दिशाओं में अग्रसर किया। रामानुज ने जिस 'प्रपत्ति' को ईश्वर-प्राप्ति का साधन माना, उसे रामानन्द ने नया अर्थ-विस्तार दिया। भक्ति उनके लिए जाति-वर्णरहित मार्ग है, जहाँ न शास्त्र की आवश्यकता है, न कर्मकांड की। यहाँ शास्त्रीयता-पांडित्य परिपार्श्व में चले जाते हैं और अन्य मध्यस्थ भी। जीव ब्रह्म से सीधा साक्षात्कार कर सकता है, आराधक अपने आराध्य से। ऐसा प्रतीत होता है कि रामानन्द अपने समय की जटिलताओं से परिचित हैं और उनकी सजग सामाजिक चेतना सहज भक्ति-पंथ तलाशती है। रामानुज के समान वे भी समर्पण, दास्य-भाव का आग्रह

करते हैं, जहाँ पुरोहित-पुजारी दृष्टि से हट जाते हैं। आचार्य हजारीप्रसाद के शब्दों में : 'रामानन्द समग्र स्वाधीन चिंता के गुरु थे, उपासना के क्षेत्र में ही वे जाति-पाँति के बंधन को अस्वीकार करते थे, पर अपने किसी भी व्यक्तिगत मत को उन्होंने शिष्यों पर लाद नहीं दिया' (हिंदी साहित्य की भूमिका, पृ. 48)। इसीलिए रामानन्द की प्रखर शिष्य-परंपरा है, जिसका उल्लेख नाभादास के 'भक्तमाल' में मिलता है। इनमें बारह प्रमुख हैं, जिन्हें द्वादश शिष्य कहा गया : कबीर, रैदास आदि। रामानन्द भक्ति के विकास में विशिष्ट स्थान पर हैं और मध्यकालीन भक्तिकाव्य को नया प्रस्थान देते हैं।

भक्तिकाव्य में रामानन्द के साथ वल्लभाचार्य का नाम लिया जाता है जिनका महत्त्व कृष्णकाव्य के संदर्भ में है। वल्लभ की जीवनी 'वल्लभ दिग्विजय' से ज्ञात होता है कि वे तैलंग ब्राह्मण थे, पर उनका संबंध काशी नगरी से अधिक था। विष्णुस्वामी की परंपरा में उन्होंने शुद्धाद्वैत तथा पुष्टिमार्ग की प्रतिष्ठा की, जिसके अनुसार सगुण होकर भी ब्रह्म शुद्ध और अद्वैत है। 'तत्त्वदीपनिर्णय' के अनुसार वह पुरुषेश्वर, पुरुषोत्तम है। कृष्ण परब्रह्म हैं और हर स्थिति में विशुद्ध, क्योंकि मायारहित हैं—निर्लिप्त। मायावाद का खंडन करते हुए वल्लभ कहते हैं कि ब्रह्मरूप जगत् सत्य है और जीव उसका अंश मात्र है। दार्शनिक धरातल पर जो शुद्धाद्वैत है, भक्ति के धरातल पर वह पुष्टिमार्ग है और यह प्रपत्ति का नवीनतम रूप है। ईश-कृपा से भक्ति पुष्ट होती है और यही जीव की आकांक्षा होनी चाहिए। डॉ. दीनदयालु गुप्त ने 'अष्टछाप और वल्लभ संप्रदाय' में इसका विस्तृत विवेचन किया है। पुष्टि मार्ग शुद्धाद्वैत की व्यवहार-आधार भूमि है, भक्ति के लिए उपयोगी जिसका सजग सामाजिक पक्ष है, जिस विषय में आचार्य रामचन्द्र शुक्ल का कथन है : 'पुष्टि मार्ग स्त्री-पुरुष, द्विज-शूद्र सबके लिए खुला है। मनुष्य मात्र इसके अधिकारी हैं। इस भक्तिमार्ग में परमात्मा का स्वरूप तो वही लिया गया है जो उपनिषदों के ज्ञानकांड में प्रतिपादित है, पर साधना का आधार शुद्ध प्रेम रखा गया है जो भगवान के अनुग्रह या पोषण से प्राप्त होता है' (सूरदास, पृ. 72)। वल्लभाचार्य ने 'पुष्टिप्रवाह मर्यादा' में इसका विस्तृत विवेचन किया है।

वल्लभाचार्य के चिंतन में श्रीकृष्ण परब्रह्म हैं, सर्वोत्तम गुणों से विभूषित, मनुष्यों में श्रेष्ठतम। इस प्रकार वे निंबार्क की कृष्ण-भावना को स्वीकारते हैं। वल्लभ ने कृष्ण को परम आनंद का स्वरूप माना, जिनके प्रति संपूर्ण भाव से समर्पित होना, जीवन के चरम लक्ष्य को पा जाना है। यहाँ भक्ति ही मोक्ष है, इसके अतिरिक्त कुछ नहीं। सूर की गोपिकाएँ इसका सर्वोत्तम उदाहरण हैं और रत्नाकर के 'उद्धवशतक' में वे कहती हैं : 'मुक्ति-मुक्ता को मोल-माल ही कहा है जब, मोहन लला पै मन-मानिक ही बारि चुकीं।' प्रवृत्ति मार्ग की स्थापना वल्लभ का आशय है और इसके केंद्र में कृष्ण को रखकर उन्होंने कृष्ण के लीला-संसार को नया विकास दिया, भागवत जिसका

प्रस्थान है। प्रतिपादित किया गया कि माया ब्रह्म की शक्ति है, उसी के अधीन, इसलिए शांकर वेदांत का मायावाद प्रासंगिक नहीं प्रतीत होता। जैसे रामानन्द के उदार पंथ से भक्तिकाव्य को नई दिशा मिली, उसी प्रकार वल्लभाचार्य के अनुग्रह सिद्धांत और कृष्ण-भावना से, संपूर्ण कृष्णभक्ति काव्य को नई सर्जनशीलता प्राप्त हुई। पुष्टिमार्ग रागानुगाभक्ति है, रागभाव पर आधारित, वहाँ कर्मकांड अधिक प्रासंगिक नहीं। वल्लभ द्वारा प्रवर्तित पुष्टिमार्ग के आधार पर विठ्ठलनाथ ने कृष्णभक्ति कवियों को अष्टछाप का कवि कहा : सूरदास, परमानन्ददास, कुंभनदास, नन्ददास आदि। कृष्णभक्ति का ऐसा उदार पंथ कि वह बंगाल, पूर्वांचल तक फैला—चैतन्य-चंडीदास के माध्यम से और इसमें रहीम, रसखान जैसे मुसलमान भक्त कवियों ने अपना योगदान किया।

भक्ति आंदोलन का स्वरूप व्यापक है और चिंतन पक्ष से लेकर काव्य तक उसका प्रसार है। वैष्णवमत उसकी पीठिका में उपस्थित है, जिसे विद्वानों ने विभिन्न दृष्टियों से देखा है—शास्त्रीय पक्ष से लेकर उदार सामाजिक भूमि तक। उसकी अनेक शाखाएँ-प्रशाखाएँ बनीं, मत-मतांतर हुए, पर सर्जनशीलता, विशेषतया काव्य का एक समग्र रूप उभरता है, मानवीय उदारता को उजागर करता। वैष्णव धर्म का प्रसार भारत के बाहर भी हुआ और विदेशी विद्वान् भी इसमें रुचि लेते रहे हैं (स्टिवेन जे. रोसेन (सं.) : 'वैष्णविज़्म', 1994)। पर भक्ति आंदोलन और भक्तिकाव्य के संदर्भ में कुछ महत्त्वपूर्ण प्रश्न उठते रहे हैं, जिनमें एक विवादास्पद प्रश्न यह कि इसकी सर्जनशीलता में इस्लाम के आगमन की भूमिका क्या है ? रामस्वरूप चतुर्वेदी ने अपनी पुस्तक 'हिंदी साहित्य और संवेदना का विकास' में इसकी चर्चा की है, विशेषतया वे आचार्यद्वय रामचन्द्र शुक्ल और हजारीप्रसाद द्विवेदी के दृष्टिकोण पर विचार करते हैं। आचार्य शुक्ल ने 'सूरदास' में 'भारतीय भक्ति के शुद्ध स्वरूप' का उल्लेख करते हुए, इसे रेखांकित किया है कि 'हमारे यहाँ का भक्तिमार्ग भगवान को अनंत, शक्ति, शील और सौंदर्य के अधिष्ठान रूप में इसी जगत् के व्यवहार बीच रखकर चला है' (पृ. 55)। इसे वे तुलसी के राम के विवेचन में प्रमाणित करते हैं। पर भक्तिकाल के सामान्य परिचय में वे लिखते हैं : 'इतने भारी राजनीतिक उलटफेर के पीछे हिंदू जनसमुदाय पर बहुत दिनों तक उदासी-सी छाई रही। अपने पौरुष से हताश जाति के लिए भगवान की शक्ति और करुणा की ओर ध्यान ले जाने के अतिरिक्त दूसरा मार्ग की क्या था' (इतिहास, पृ. 52)। आचार्य हजारी प्रसाद द्विवेदी 'हिंदी साहित्य की भूमिका' के आरंभ में ही भक्तिकाव्य को भारतीय चिंता के स्वाभाविक विकास के रूप में देखते हैं और कहते हैं कि 'अगर इस्लाम नहीं आया होता तो भी साहित्य का अधिकांश वैसा ही होता।' नामवर सिंह ने 'दूसरी परंपरा की खोज' में इन दोनों आचार्यों को सामने-सामने रखकर देखा है, उसकी चर्चा भी डॉ. चतुर्वेदी ने की है और इसे वे इतिहास-दृष्टि के अंतर रूप में देखते हैं (पृ. 40)। भक्ति आंदोलन का सामासिक स्वर है, इससे इनकार नहीं किया जाता,

पर इसे अपनी ही माटी की उपज स्वीकार करना ही होगा, जिसमें अन्य विजातीय तत्त्व विलयित हो सकते हैं। रचना में आरोपण का अवसर अधिक नहीं होता और सृजन-प्रकिया में सभी कुछ संयोजित होकर समग्र रचना-कृति का रूप लेता है। इसलिए भक्तिकालीन कवियों को दर्शन-विचार के विभाजन में रखकर समझने का प्रयत्न सही नहीं है। वियजदेवनारायण साही ने जायसी का विवेचन करते हुए, यह महत्त्वपूर्ण प्रश्न उठाया है और उत्तर दिया है कि वे कवि पहले हैं और कुछ बाद में। पर दर्शन-विचार की भूमिका अपने स्थान पर है ही।

मध्यकालीन भक्तिकाव्य की पीठिका में सिद्ध-नाथ साहित्य विद्यमान है, जिसके महत्त्व को राहुल सांकृत्यायन जैसे प्रतिबद्ध विद्वानों ने स्वीकारा है। आचार्य हजारी प्रसाद द्विवेदी ने हिंदी का आदिकाल, नाथ संप्रदाय, हिंदी साहित्य की भूमिका, कबीर आदि ग्रंथों में इस साहित्य का विवेचन किया है। सुविधा के लिए इसे संत साहित्य कहा गया और कई बार 'निर्गुणियाँ' रूप की प्रमुखता मानी गई। कुछ विद्वान् सिद्ध-नाथ-भक्ति काव्य में एक क्रम देखते हैं, जो सही है, पर भक्तिकाव्य के विवेचन में साकार-निराकार, सगुण-निर्गुण तथा अन्य मत-मतांतर के विभाजन के औचित्य में संदेह हो सकता है। संभव है किसी प्रवृत्ति विशेष की प्रमुखता के कारण नामकरण किए गए हों, पर वास्तविकता यह है कि महान् रचनाओं का एक समवेत स्वर उभरता है। सिद्ध-नाथ संप्रदाय की विद्रोही चेतना विशेष रूप से विचारणीय है, पर यहाँ द्वैत की स्थिति भी है। एक ओर उनका आक्रोशी स्वर है, जो जातिवाद, अंधविश्वास, पाखंड, शरीरवाद पर तीखे आक्रमण करता है, दूसरी ओर उनकी आध्यात्मिक चेतना है, जो योग से अपना संबंध स्थापित करती है। एक को ग्रहण कर, दूसरे को छोड़ देने से संत काव्य के चिंतन-वृत्त को समझने में कठिनाई होगी क्योंकि वे परस्पर पूरक भी हैं, विरोधी नहीं। वह एक प्रकार से भारतीय इतिहास का संक्रमण काल है जहाँ कोई केंद्रीय सत्ता नहीं थी, एक टूटा-बिखरा समाज था। इस्लाम का प्रवेश हो रहा था, जिसके साथ आरंभिक दौर में संवाद के प्रयत्न अधिक नहीं हुए। धर्म की मर्यादाएँ टूटी थीं और मूल्य-चिंता का स्थान आडंबर ने ले लिया था, जहाँ कर्मकांड हावी था। छोटी कही जाने वाली जातियाँ विपन्न स्थिति में थीं, और उच्च वर्ण भी कर्तव्य-पालन में च्युत था। संकटकाल में ऐसे ही मूल्यहीन समय आते हैं, सभ्यता-संस्कृति के इतिहास में। पर इसी विकृति स्थिति से नए मर्यादा-संसार का उदय होता है और संघर्ष सर्जन को गति देता है।

सिद्धों का समय आठ सौ-ग्यारह सौ के बीच स्वीकार किया गया है और उनकी संख्या चौरासी बताई गई है। इनमें सभी वर्गों के लोग थे जो शास्त्रीयता-पांडित्य आदि का दावा नहीं कर सकते थे। इनके पास अपना अनुभव-संसार था और इसी के साथ ईमानदार संवेदन क्षमता, जिसके बल-बूते पर वे रचना में अग्रसर हुए तथा इन्हें सामान्यजन की स्वीकृति मिली। प्रायः बौद्धों के निगतिकाल से संबद्ध वज्रयान

शाखा से इनका संबंध माना जाता है। यह संप्रदायगत पक्ष हो सकता है जिसके संकेत उनकी तांत्रिक शब्दावली में मिलते हैं, जिसे अनगढ़ लोकभाषा कहा गया, पर इनका महत्त्व इनकी सामाजिक चेतना में है। एक प्रकार से वे अपने समय के विक्षोभ को वाणी देने का आरंभिक प्रयास करने वाले संत कवि हैं और उनका आक्रमण उस गर्हित जाति-व्यवस्था पर है, जिससे ऊँच-नीच का भेद-भाव पनपता है। वे प्रश्न करते हैं कि वेदपाठ, मंत्रोचार से ईश्वर की प्राप्ति कैसे होगी ? मूल प्रश्न आंतरिक शुचिता का है। सिद्धों में सहजता का आग्रह इसलिए भी है कि यहाँ पांडित्य की सीमाएँ टूटती हैं, अहंकार की समाप्ति होती है। सिद्धों की दृष्टि को प्रायः अवैदिक भी कहा गया और उन्हें वैष्णव मत की मूल धारा में स्वीकार नहीं किया गया, पर जहाँ तक भक्तिकाव्य का प्रश्न है, उस पर उसकी छाया है, इससे इनकार नहीं किया जा सकता। कबीर आदि इसके उदाहरण हैं। राहुल सांकृत्यायन सरहपाद को प्रथम सिद्ध मानते हैं और शबरपा, लुइपा, डोम्भिपा, कण्हपा आदि की पूरी सूची प्रस्तुत करते हुए, उनकी कविताओं के सामाजिक आशय का विशेष उल्लेख करते हैं। व्यवस्था पर आक्रमण और जनभाषा में उसकी अभिव्यक्ति से सिद्धों को सामान्यजन की स्वीकृति मिली। विचारों की दृष्टि से उनमें दो विपरीत दिशाएँ भी देखी जा सकती हैं, सामाजिक चेतना तथा योग शब्दावली, पर लोक ने उन्हें स्वीकारा, मौखिक परंपरा में और उनका सामाजिक आशय उल्लेखनीय है।

नाथ संप्रदाय का विकास सिद्धों से हुआ जो बारहवीं-चौदहवीं शती के बीच सक्रिय थे। इनमें, बौद्ध-तंत्र, शैव-शाक्त का संयोजन माना जाता है और इसकी कई शाखाएँ भी बताई जाती हैं। नाथ संप्रदाय के प्रवर्तकों में मत्स्येन्द्रनाथ कहे गए पर इसमें गोरखनाथ (तेरहवीं शती) के साहित्य को अधिक महत्त्व दिया गया। सिद्धों-नाथों में पर्याप्त समानताएँ हैं—जाति-वर्ण-विरोध, बाह्याचार की अस्वीकृति, शास्त्र से मुक्ति आदि। नाथ साहित्य में साधना के दोनों स्तर हैं, वैयक्तिक जो शुद्ध आचरण पर आश्रित है और सामाजिक सजगता जहाँ विकृतियों पर आक्रमण हैं। गोरखनाथ द्वारा योगमार्ग का समर्थन प्रमाणित करता है कि आग्रह इंद्रिय-निग्रह पर है। इंद्रियों का स्वामी मन है, जो चंचल है, उसे वश में करने के लिए योग-साधना की आवश्यकता होती है। संस्कृत के साथ हिंदी में उनकी रचनाएँ हैं, जिन्हें 'गोरखबानी' नाम से संकलित किया गया (सं. पीताम्बर दत्त बड़थ्वाल)। गोरखनाथ के 'गोरक्षसिद्धांत संग्रह' (म. म. गोपीनाथ कविराज) से ज्ञात होता है कि वे अनेक ग्रंथों के रचयिता हैं। उनमें गुरु की स्वीकृति है और गोरक्षसिद्धांत के आरंभ में ही गुरु की महिमा प्रतिपादित है। साधना के मार्ग में गुरु का महत्त्व असंदिग्ध है क्योंकि वह मार्ग प्रशस्त कराता है, रहस्य समझाता है। वह आरंभिक आलोकदाता है, प्रकाश-पुंज तथा सर्वोपरि संत-अवधूत भी वही है, जो तीर्थ के समान है। गोरखनाथ का अपने समय में व्यापक प्रभाव था और उन्हें केंद्र में रखकर मठ तक स्थापित हुए।

सिद्ध-नाथ साहित्य को साथ रखकर देखने पर, कतिपय भिन्नताओं के बावजूद कुछ समान-सूत्र उभरते हैं। उनमें कलात्मक उत्कृष्टता की खोज कम करनी चाहिए, पर उनका सामाजिक-सांस्कृतिक आशय स्पष्ट है। उनके चिंतन की सम्मिलित भूमि है, जिसमें बौद्ध प्रभाव, योग-साधना, विशेषतया हठयोग, तंत्रयान के साथ, सजग सामाजिक चेतना है। उनकी अटपटी बानी लोकभाषा में सामान्यजन को सीधे ही संबोधित करना चाहती है और प्रहारात्मक होती है, जिसमें आक्रोश-भरा व्यंग्य भी व्यक्त हुआ है। ऐसी दो-टूक शब्दावली में बातें कही गई हैं कि आभिजात्य को ललकारती प्रतीत होती हैं और कवियों के समक्ष लोक बराबर उपस्थित है। सिद्ध-नाथ संक्रमणकाल की उपज हैं, जब समाज एक विचित्र अनिर्णय की स्थिति में था और ऐसे में सबसे विचारणीय पक्ष समय के प्रति इन सचेत संतों का असंतोष भाव है। इनका स्वर निर्गुणिया अधिक है और वे कर्मकांड को स्वीकृति नहीं देते। इनके लिए शरीर ही मंदिर है, इसलिए सारा आग्रह आंतरिक शुचिता, इंद्रिय-निग्रह, संयम, शुद्ध आचार पर है। सहजता इनके चिंतन का मूलाधार है, जिसमें आध्यात्मिक मूल्यों पर बल दिया गया है। अहंकार से मुक्ति सच्चा ज्ञान है और गृहस्थ के लिए भी मोक्ष संभव है : सहजशील का धरे शरीर, सो गिरही गंगा का नीर। अपने सहज शील में गृहस्थ गंगाजल के समान पवित्र है। जाति-पाँत के बंधनों पर प्रहार करते हुए सिद्ध-नाथ अपने समय की कुरीतियों को पहचानते हैं, बेहतर मार्ग की तलाश करते हैं और इसका एक सामाजिक पक्ष है, जिससे भक्तिकाव्य को भी प्रेरणा मिली। सिद्ध-नाथ की रचनाएँ पर्याप्त समय तक संप्रदाय अथवा पंथबद्ध होने के कारण विद्वानों द्वारा उपेक्षित रहीं, यद्यपि लोकजन में उनका प्रचलन था। जब उनके विवेचन-विश्लेषण की ओर ध्यान गया, जिसमें राहुल सांकृत्यायन, क्षितिमोहन सेन, आचार्य हजारीप्रसाद द्विवेदी, पीताम्बर दत्त बड़थ्वाल, परशुराम चतुर्वेदी आदि विद्वान् हैं, तो यह स्वीकारा गया कि सिद्ध-नाथ-संत-भक्त का एक क्रम बनाया जा सकता है। इसका एक पक्ष सामाजिक चेतना से संपन्न है, पर दूसरा बौद्ध धर्म की निगतिकालीन स्थिति की उपज।

भारत की ग्यारहवीं-चौदहवीं शताब्दी में समाज की संक्रमणकालीन स्थिति थी, जहाँ कई विचारधाराएँ टकराती दिखाई देती हैं, पर चिंतन का कोई सबल, स्पष्ट पक्ष उभर नहीं पा रहा था। जहाँ तक रचना की विचारभूमि का प्रश्न है, निर्विवाद है कि अनुभूति-संसार के भीतर ही उसकी स्थिति होती है। जिसे हिंदी का आदिकाल कहा जाता है, उसे प्रायः दसवीं-चौदहवीं शताब्दी के बीच माना गया है। इसके अनंतर भक्तिकाल की प्रभावी रचनाशीलता आती है। सिद्ध-नाथ साहित्य इसलिए भी उल्लेखनीय कि इस समय रचना का एक सम्मिलित स्वर है, जिसके भीतर वह सक्रिय हो सका। जैन-प्रभावित अपभ्रंश साहित्य है जिसमें अध्यात्म-शृंगार दोनों प्रकार की रचनाएँ हैं। रासो की वीरता-शृंगार-मिश्रित परंपरा है, जिसमें पृथ्वीराज रासो जैसे काव्य

हैं। एक विशृंखल समाज था, राजनीतिक अस्थिरता थी, निरंतर आक्रमण-संघर्ष का वातावरण था, ऐसी स्थिति में कोई गतिशील ऊर्जावान चिंतन विकसित नहीं हो पा रहा था। जो रचनाएँ आईं उनमें लोकभाषा के कई रूप हैं, पर उनमें मूल अंश कितना है और प्रक्षिप्त कितना, यह विवाद का विषय रहा है। उनकी प्रामाणिकता को लेकर भी संदेह व्यक्त किया गया। अब्दुल रहमान (तेरहवीं शती) का 'संदेशरासक' अपनी प्रेमकथा के लिए विद्वानों का ध्यान आकृष्ट करता है। पर कुल मिलाकर स्थिति यह है कि रचनाओं पर सामंती दबाव हैं और धार्मिक दृष्टियाँ भी हावी हैं। ऐसे में सिद्ध-नाथ साहित्य, योग-प्रभावित होकर भी अपने प्रतिवादी स्वर के कारण भक्तिकाव्य का मार्ग प्रशस्त करता दिखाई देता है। उसे अरसे तक यदि विद्वानों की स्वीकृति नहीं मिली, तो उसका एक कारण था कि वह दर्शन तथा रचना की प्रचलित परंपरा से किंचित् भिन्न था और अटपटी बानी की स्वीकृति में समय लगता ही है। भक्तिकाव्य के अतिरिक्त जो कई संत-पंथ विकसित हुए, उनकी पीठिका में भी इनकी उपस्थिति है : नामदेव, कबीर, दादू, मलूकदास आदि से लेकर नानकदेव तक।

भक्तिकाव्य का मूलवृत्त लंबी रचनायात्रा तय करता है, चौदहवीं से सत्रहवीं शती तक। इस बीच कई शासक आते हैं जिनके व्यक्तित्व की छाया समाज पर पड़ती है और जिसमें कुछ अनुदार सामंतों को छोड़कर, शेष प्रायः उदार दृष्टि रखते हैं। केंद्रीय सामंतवाद, सांस्कृतिक संवाद, बढ़ते आत्मविश्वास से चिंतन और रचना में नई सक्रियता आती है। भक्तिकाव्य के मूल इतिवृत्त, विशेषतया उसके समाजदर्शन की चर्चा के पूर्व कुछ प्रश्नों पर विचार करना प्रासंगिक है। सुविधा के लिए ही सही, पर साकार-निराकार अथवा सगुण-निर्गुण आदि के जो विभाजन किए जाते हैं और फिर राम-कृष्ण आदि की शाखा-प्रशाखा में उन्हें विभाजित किया जाता है, यह एक सीमा तक ही संभव है। महान् रचनाओं की प्रमुख प्रवृत्तियाँ हो सकती हैं, पर उनका समवेत स्वर होता है, जो उन्हें गरिमा देता है। कालिदास शैव थे अथवा नहीं यह प्रश्न गौण है, विशेषतया जब वे 'कुमारसंभवम्' के प्रथम सर्ग में ही पार्वती का रूपचित्र बनाते हैं, विस्तार से। पार्वती का यह मानुषीकरण मत विशेष का अतिक्रमण कर काव्य के अनुभूति क्षेत्र में पहुँचता है : रक्तिम अधरों पर निर्मल हास, जैसे अरुणाभ किसलय में श्वेत प्रसून अथवा स्वच्छ प्रवाल में जड़ित मुक्ता (कुमारसंभवम् : प्रथम सर्ग, 44)। दर्शर-विचार काव्य को बौद्धिक सामर्थ्य देते हैं, दृष्टि का विकास होता है, पर इसे वर्गीकरण का आधार बनाकर विवेचन करने की कठिनाई है। इस संकट को कवि भी पहचानते हैं जैसे कबीर निराकार में आस्था रखकर भी, राम की बहुरिया बनना चाहते हैं। जायसी की पद्‌मावती रूप-गुण में अद्वितीय है : बेधि रहा जग बासना, परिमल मेद सुगंध (नखशिख खंड)। सूर का तर्क है : सब विधि अगम विचारहि तातें सूर सगुन लीला-पद गावै और तुलसी ने कहा है : सगुनहि अगुनहि नहिं कछु भेदा, गावहिं मुनि पुरान बुध वेदा (मानस. बालकांड)।

भक्तिकाव्य के संदर्भ में दर्शन-विचार के भी प्रश्न हैं जिन पर वैष्णवाचार्यों की छाया है। द्वैत-अद्वैत-द्वैताद्वैत, शुद्ध-विशिष्ट आदि के दार्शनिक निकायों में इन कवियों को कहाँ रखा जाय और यह प्रश्न भी कि निर्गुण-निराकार, सगुण-साकार से संबद्ध करके इन्हें कैसे देखा जाना चाहिए ! भक्तिकाव्य भावावेशे का काव्य नहीं है और भक्ति भी ज्ञान-परिचालित है, जिसे सर्वोपरि विवेक कहा गया। वार्तालाप के प्रसंगों को छोड़ दें जहाँ शंकाओं का समाधान है—एक वक्ता है, दूसरा श्रोता, अन्यथा वैचारिकता समग्र संवेदन-संसार में अंतर्भुक्त है। भक्तिकाव्य जानता है कि उपदेश, प्रवचन की सीमा होती है, सब कुछ आचरण से प्रमाणित करना होता है—साधारण से साधारण चरित्र के माध्यम से। मीरा जो दार्शनिक धारा से सीधे-सीधे संबद्ध नहीं हैं और भावाश्रित गीतों में अपनी भक्तिभावना व्यक्त करती हैं, उनका भी आदर्श स्पष्ट है : जाके सिर मोर-मुकुट मेरो पति सोई। अवतारों के विभाजन का अनुमान भी इन कवियों को है, इसलिए तुलसी ने श्रीकृष्ण गीतावली की रचना की और सूरसागर में रामकथा कांडों में वर्णित है (नवम् स्कंध) तथा यशोदा बालक कृष्ण को रामचरित सुनाती हैं। इस सबसे भक्तिकाव्य की सम्मिलित भूमि का परिचय मिलता है।

समाजशास्त्र और समाजदर्शन के संदर्भ में भक्तिकाव्य का वैविध्य विचारणीय है। देवत्व के मानुषीकरण की प्रक्रिया को पुराण-काल में नई गति प्राप्त हुई, यह निर्विवाद है। देवताओं की चरितार्थता पृथ्वी पर अवतरित होने में है, तब वे विश्वसनीय बनते हैं, हमारे समीपी। जिसे लीला-गान कहा गया, उसकी दार्शनिक स्थिति है कि परमेश्वर जीव के सुख-कल्याण के लिए पृथ्वी पर जन्म लेते हैं, पर सारी स्थितियों के बीच असंग रहते हैं। भागवत के दशम स्कंध के 29 वें अध्याय के अंत में कृष्ण गोपियों का गर्व-मान हटाने के लिए अंतर्धान हो जाते हैं। सूर का पद है : रुदन करति वृषभानु कुमारी/बार-बार सखियन उर लावति, कहाँ गए गिरिधारी (पद, 1729)। देवत्व का यह मानुषीकरण भक्तिकाव्य को सामान्यजन का समीपी बनाता है, सहज साधारणीकरण होता है। सभी भारतीय भाषाओं में भक्तिकाव्य का यह सामाजिक-सांस्कृतिक पक्ष रेखांकित करने योग्य है। वैष्णवाचार्यों ने यायावरी वृत्ति धारण की, उत्तर-दक्षिण को जोड़ा, देव मंदिरों में पद-भजन-गायन की व्यवस्था की। चैतन्य ने पूर्वांचल में एक नई भक्तिचेतना का प्रसार किया, जो वृंदावन से जुड़ी और चंडीदास, विद्यापति में भक्ति-साम्य देखा गया। पर भक्तिकाव्य ने लोकभाषाओं के माध्यम से देवत्व की अनेक मानवीय छवियाँ उभारीं और उसके सर्वोत्तम स्वरों ने क़ालजयता प्राप्त की। कठिनाई कहाँ है ? सगुण-निर्गुण प्रसंग में विचारणीय है कि मध्यकाल में कर्मकांड, पुरोहितवाद पतनशील स्थिति में थे। धर्म विकृत था और पंथ-संप्रदाय की बहुलता थी, जहाँ सत्य-संधान के स्थान पर मठ-महंत प्रमुख थे। ऐसी स्थिति में निर्गुणियों ने सोचा कि मूर्त्तिपूजन से मुक्ति पाई जाय तो पुरोहितवाद

कमज़ोर होगा। इसीलिए निर्गुण का आक्रमण सिद्ध-नाथ के क्रम में, हर प्रकार के आडंबर, अंधविश्वास पर है। सगुण का अपना तर्क है कि मन यों ही चंचल है, बिना किसी आधार के वह स्थिर कैसे होगा ? एकाग्रता संभव होगी क्या ? साकारता एक साधन है, पर दुर्भाग्य से कई बार वह साध्य बनकर रह जाती है। जिन मूल्यों के आधार पर चरित्र गढ़े गए, वे मूल्य भुला दिए जाते हैं, मूर्त्ति-पूजन ही प्रधान हो जाता है, जिसके नियामक पुरोहित होते हैं और पतनशील स्थिति की यही दुर्घटना है।

संत भक्तिकाव्य के वर्गीकरण की अपनी कठिनाइयाँ हैं, विशेष रूप से संत को निर्गुणियाँ मानना और भक्ति को साकारोपासना से संबद्ध करना। पर वास्तव में दोनों की सम्मिलित स्थिति है। संतकवियों में पाँच मराठी संत—ज्ञानेश्वर, नामदेव, एकनाथ, तुकाराम, रामदास की विशेष चर्चा होती है, जो तेरहवीं-सत्रहवीं शताब्दी के बीच क्रियाशील रहे हैं। विद्वानों का विचार है कि मराठी भक्ति साहित्य में सगुण-निर्गुण का वैसा विभाजन नहीं है, जैसा अन्य भाषाओं में दिखाई देता है। मराठी संत दोनों रूपों को स्वीकारते हैं, साकार से आरंभ कर निराकार तक पहुँचते हैं—भक्ति-ज्ञान को संयोजित करते हुए। यहाँ संत-भक्त लगभग समान अर्थ के वाहक शब्द हैं : 'महाराष्ट्र के संत भगवान के सगुण और निर्गुण दोनों रूप मानते थे तथा दोनों की समान श्रद्धा से उपासना भी करते थे। सगुण और निर्गुण में भेद या विरोध का अनुभव करना तो दूर रहा, उनमें उन्हें सामंजस्य की अनुभूति होती थी' (भी. गो. देशपांडे : मराठी का भक्ति साहित्य, मुखबंध, पृ. 3)। मराठी संत-भक्ति काव्य की प्रगतिशील सामाजिक-सांस्कृतिक दृष्टि उल्लेखनीय है, यद्यपि इस पर नाथ पंथ का प्रभाव है। इसे बारकरी संप्रदाय कहा गया, जिसका प्रमुख केंद्र है, पंढरपुर। भागवत प्रस्थान ग्रंथ के रूप में है, पर गीता की भी स्वीकृति है। संत ज्ञानेश्वर (1275-1296) ने इक्कीस वर्ष की अल्पायु में ही गीता-भाष्य 'ज्ञानेश्वरी' लिखकर सामान्यजन में प्रतिष्ठा प्राप्त की, जो असाधारण उपलब्धि है। ज्ञानेश्वर का जीवन स्वयं में आंतरिक संघर्ष है, जो ब्राह्मण होकर भी, शूद्रों के समीपी हुए। उनके पिता विट्ठल पंत संन्यासी से पुनः गृहस्थ हुए थे, इसलिए पंडितों में स्वीकृत न हो सके। उनमें परंपरा और विद्रोह का द्वंद्व देखा जा सकता है : एक ओर वेदों की स्वीकृति है, दूसरी ओर भक्ति को वे सभी वर्णों-जातियों के लिए खुला रखना चाहते हैं। यह उनके चिंतन का सामाजिक पक्ष है, जिस ओर सभी का ध्यान गया और सामान्यजन में, निम्न वर्ग में उनके प्रति आदर-भाव है। बारकरी पंथ को 'उपेक्षितों का पंथ' तक कहा गया।

मराठी संतों की सामाजिक चेतना के संदर्भ में एक प्रश्न यह भी विचारणीय कि वैयक्तिक अनुभव सामाजिकता में कैसे रूपांतरित होते हैं, जिसे मुक्तिबोध ने व्यक्ति-समाज-संवेदन का संयोजन कहा है। यह एक प्रकार का उन्नयन भी है, स्वयं को पार करना, जिससे रचना में उठान आती है। विचारधारा भी इसमें सहायक होती

है, पर एक सीमा तक ही। मराठी संत नामदेव (1270-1350) ज्ञानेश्वर के मित्र थे और उनके मार्ग को विकास देने का कार्य उन्होंने किया। ज्ञानेश्वर को भ्रष्ट संन्यासी का बेटा कहकर अपमानित किया गया, पर अपनी प्रतिभा से वे समाज में स्वीकृत हुए। बड़े भाई निवृत्ति नाथ को गुरु स्वीकारते हुए, उन्होंने ज्ञानेश्वरी में बार-बार उनका सादर स्मरण किया है। संत ज्ञानेश्वर की भावार्थ दीपिका ज्ञानेश्वरी चिंतन और काव्य के संयोजन से उपजी गीता की अद्भुत टीका है, जिसका व्यवहार पक्ष भी है, जिसे सामान्यजन सरलता से समझ सकते हैं। इसमें कवि का कर्तव्य-बोध सक्रिय है, समाज का आवाहन करता हुआ कि और ऊपर उठो, इंद्रियों पर विजय प्राप्त करते हुए। बातें लोकभाषा मराठी में कही गईं, लोक छंद ओवियों में (सात सौ अनुष्टुप श्लोक नौ हजार ओवियों में)। संस्कृत के पंडित होकर, उन्होंने लोकभाषा अपनाई, इससे उनकी सामाजिकता का पता चलता है। प्रतिभा में इतना गहरा आत्मविश्वास और संकल्प के प्रति ऐसी सजगता कि पंद्रह-सोलह वर्ष की आयु में ज्ञानेश्वरी। ज्ञानेश्वरी एक प्रकार से गीता की पुनर्रचना है, जिसका महत्त्व ऐतिहासिक भी है, सामाजिक भी। वे लंबी व्याख्या में बार-बार श्रोता-समाज को संबोधित करते हैं, जीवनानुभव को अंतर्भुक्त करते हुए। इसलिए ज्ञानेश्वरी का व्यापक प्रभाव है, समस्त संतकाव्य को प्रेरणा देता और हिंदी में भी उनकी कुछ पद-रचनाओं का उल्लेख विद्वान् करते हैं। ज्ञानेश्वर मध्यकालीन जागरण के स्तंभों में हैं, जिन्होंने अपने समाजदर्शन से समाज को आंदोलित किया।

संत ज्ञानेश्वर के समकालीन नामदेव जाति से दर्जी थे और अपने व्यक्तित्व से आदरणीय हुए। ज्ञानेश्वर-नामदेव की निकटता का उल्लेख विद्वानों ने किया है, एक उच्चकुलीन होकर भी तिरस्कृत है और दूसरा साधारण जाति में जन्म लेकर अस्वीकृत। पर दोनों सामान्यजन के लिए भक्ति का मार्ग प्रशस्त करते हैं और उनका प्रभाव दूर-दूर तक है। नामदेव का आक्रोश जाति-वर्ण व्यवस्था पर है, जो भाव-ऐक्य में सबसे बड़ी बाधा है और उनका कहना है कि आडंबर, मिथ्याचार से सच्चा ज्ञान नहीं प्राप्त होता। संत नामदेव के चिंतन को कबीर से लेकर गुरु नानक तक में देखा जा सकता है। उन्होंने अभंगों के माध्यम से सामान्यजन को संबोधित किया। उनका आग्रह मन के शुद्धीकरण पर है और धार्मिक अनुष्ठान-जप-तप, व्रत-पर्व-तीर्थ कोई अनिवार्यता नहीं हैं। उन्होंने बाह्याचार पर आक्रमण किए : जटा-भार, भस्म, त्रिपुंड तिलक, माला सब व्यर्थ हैं। उनकी रचनाओं में लोककल्याण का भाव उन्हें सर्वग्राह्य बनाता है और उसकी सहजता मार्मिक बनती है। उनकी ऐसी स्वीकृति कि 'श्री गुरुग्रंथ साहब' में उनके पद संकलित हैं। नामदेव की भाषा के कई रूप हैं—मराठी, खड़ी बोली, पंजाबी और उर्दू के शब्द भी। सांस्कृतिक सौमनस्य के भाव से वे दोनों प्रमुख जातियों को संबोधित करते हैं। कई बार नामदेव-कबीर के नाम से भावसाम्य के आधार पर एक ही पद : हिंदू पूजै देहुरा, मुसलमानु मसीत/नामे सोई सेविआ,

जह देहुरा न मसीत।

नामदेव रामानन्द की तरह सजग सामाजिक चेतना से परिचालित हैं, पर उनका मुख्य माध्यम कविता है। अपने समय से विक्षुब्ध नामदेव ने कर्मकांड, पुरोहितवाद को अस्वीकार कर दिया और इन्हें जातीय सौमनस्य में बाधा माना। उनका विचार है कि नाम-स्मरण दान-पुण्य से श्रेष्ठ है जिससे मन का धरातल उठता है। महाराष्ट्र की महार जैसी साधारण जाति नामदेव की ओर आकृष्ट हुई क्योंकि उनका पंथ सबके लिए था। उन्होंने प्रश्न किया कि कुलीनता से क्या होगा, यदि आचरण की शुद्धता नहीं है। 'श्री नामदेव गाथा' शीर्षक से प्रो. शं. वा. दांडेकर की अध्यक्षता में नामदेव की रचनाओं का बृहद् संकलन प्रकाशित हुआ है, जिससे संत व्यक्तित्व की विराटता का बोध होता है। पीताम्बर बड़थ्वाल की 'रामानन्द की हिंदी रचनाएँ' की तरह डॉ. भगीरथ मिश्र ने 'नामदेव की हिंदी पदावली' संपादित की है। इससे ज्ञात होता है कि नामदेव मराठी के साथ हिंदी-भाषी समाज तक भी पहुँचना चाहते हैं। नामदेव और उनसे प्रभावित संतजन ईश्वर के प्रति राग-भाव से समर्पित हैं और इस प्रकार हीन जाति के लांछन को गौरव में बदल देते हैं। चोखा, बंका, महार जैसे कवि हैं जो शरणागति से मुक्तिकामना करते हैं। नामदेव का कथन है कि ईश्वर पर सबका समान अधिकार है और उत्तर भारत की यात्रा करते हुए उन्होंने जब जातियों को सौमनस्य का उपदेश दिया, प्रेम-भक्ति के माध्यम से। उनके लिए नामस्मरण और संकीर्तन भाव का महत्त्व है क्योंकि यह निश्छल राग-भाव है, जहाँ जातीय सीमाएँ टूटती हैं। मध्यकालीन विभाजित समाज को देखते हुए, यह नामदेव का सामाजिक-सांस्कृतिक योगदान है।

ज्ञानेश्वर-नामदेव में सिद्ध-नाथ परंपरा को नया विकास मिला और अटपटी बानी अधिक भावना-संपन्न हुई। उसमें काव्य के संवेदन तत्त्व गहराई से प्रवेश कर सके, प्रेमभाव के साथ। नामदेव को आचार्य रामचन्द्र शुक्ल हिंदी साहित्य के इतिहास में एक समन्वित स्वर के रूप में देखते हैं। स्वामी रामानन्द की परंपरा में होकर उन्होंने भारतीय अद्वैतवाद के साथ सूफ़ी संस्कारों से भी सीखा और वे अद्वैतवाद-एकेश्वरवाद की मिलन-भूमि पर स्थित हैं। आचार्य शुक्ल का निष्कर्ष है : 'नामदेव का लक्ष्य एक ऐसी सामान्य भक्ति पद्धति का प्रचार था जिसमें हिंदू और मुसलमान दोनों योग दे सकें और भेदभाव का कुछ परिहार हो। बहुदेवोपासना, अवतार और मूर्तिपूजा का खंडन ये मुसलमानी जोश के साथ करते थे और मुसलमानों की कुरबानी (हिंसा), नमाज़, रोज़ा आदि की चर्चा पूरे हिंदू ब्रह्मज्ञानी बनकर करते थे। सारांश यह कि ईश्वर-पूजा की उन भिन्न-भिन्न बाह्य विधियों पर से ध्यान हटाकर, जिनके कारण धर्म में भेदभाव फैला हुआ था, ये शुद्ध ईश्वर-प्रेम और सात्त्विक जीवन का प्रचार करना चाहते थे' (पृ. 61)। नामदेव के सामाजिक-सांस्कृतिक व्यक्तित्व की स्वीकृति, विशेषतया जातीय सौमनस्य में उनकी भूमिका, संत महान् के योगदान

को रेखांकित करती है। नामदेव की ऐसी व्यापक स्वीकृति कि वे सिख धर्म को प्रभावित कर सके और साधारण जातियाँ उन्हें अपना मसीहा मानती हैं।

ज्ञानेश्वर-नामदेव की संत-परंपरा का क्रम एकनाथ, तुकाराम, रामदास तक है जिन्हें पंथ मराठी संत कहा गया। इसे विष्णु भिकाजी कोलते ने 'मराठी संतों का सामाजिक कार्य' कहा है। संत एकनाथ (1533-1596) को युगप्रवर्तन का श्रेय दिया जाता है, इस दृष्टि से कि वे संत ज्ञानेश्वर के अवतार-रूप माने जाते हैं। गृहस्थ होकर भी उन्होंने संत धर्म का निर्वाह किया और संत ज्ञानेश्वर-नामदेव की परंपरा को नई गतिशीलता दी। जीवन अभावग्रस्त था, पर उनकी प्रज्ञा असाधारण थी, और युवावस्था के पूर्व ही वे रामायण-महाभारत आदि का गहन अध्ययन कर चुके थे। गुरु जनार्दनस्वामी की प्रेरणा से एकनाथ ने चतुःश्लोकी भागवत पर मराठी ओवी छंद में भाष्य लिखा, जो ज्ञानेश्वर की परंपरा का विकास है। ज्ञानेश्वर का भाष्य गीता पर है, एकनाथ का भागवत पर। प्रवचन, संकीर्तन से उन्होंने भक्ति का व्यापक प्रचार-प्रसार किया और उन्हें जनप्रियता मिली। भागवत चतुर्थ प्रस्थान, भक्ति का प्रस्थान है और इस दृष्टि से एकनाथ की 'नाथ भागवत' (1573) का महत्त्व असंदिग्ध है। ज्ञानेश्वर की 'ज्ञानेश्वरी' के क्रम में एकनाथ के भाष्य 'नाथ भागवत' का आदर-सम्मान है। पर नाथभागवत में संवाद कृष्ण-उद्धव के बीच है, जिसका आधार भागवत का ग्यारहवाँ स्कंध है। आकार में यह ज्ञानेश्वरी से अधिक बड़ी है। एकनाथ की मान्यता है कि भागवत धर्म का आशय है—प्राणिमात्र के प्रति प्रेम-समानता का भाव और यह सामाजिक चेतना उनकी उदारता का बोध तो कराती ही है, उसमें सही सौमनस्य का आग्रह भी है।

भागवत एकनाथ का प्रिय ग्रंथ है और 'नाथ भागवत' की मान्यता पंडितजन में भी है। यहाँ वे भागवत धर्म का मानवीय पक्ष उजागर करते हैं, जिससे उसे सामान्यजन में स्वीकृति मिली। मूल भागवत में रेखांकित किया गया है कि भक्ति में वर्ण-जाति के लिए अवसर नहीं है और सभी उसके अधिकारी हैं। भक्ति का सामाजीकरण भागवत में कई स्थलों पर व्यक्त हुआ है, जहाँ कहा गया कि ईश्वर के श्रवण-कीर्तन से अधम भी वन्दनीय बनते हैं (भागवत : 3/33/6)। एकनाथ प्रेमभाव को भागवत धर्म के सामाजिक पक्ष के रूप में निरूपित करते हैं। उन्होंने लोकसंग्रह का आग्रह किया, जिसमें अंतःकरण की शुद्धि नामस्मरण से ही संभव है और कहा कि चित्त शुद्ध हो तो, आत्मज्ञान की प्राप्ति सहज हो जाती है। उनके विचार में सर्वोत्तम भक्ति वही है, जिसमें विधाता का दर्शन सबमें किया जाय। एकनाथ ने 'नाथ भागवत' के साथ 'भावार्थ रामायण' ग्रंथ रचा, जो पूर्ण न हो सका। कहा जाता है कि महाकवि तुलसीदास के व्यक्तित्व से प्रभावित भावार्थ रामायण अपने समय से उद्वेलित रचना है, जिसमें राम-रावण के माध्यम से मध्यकालीन समय-समाज पर टिप्पणियाँ हैं। यहाँ गीता, रामचरितमानस की यह व्याख्या रेखांकित की गई है कि दुष्टता से मुक्ति दिलाने

के लिए ईश्वर का अवतरण होता है। भावार्थ रामायण के संकेत विशेष रूप से विचारणीय हैं जिससे एकनाथ की सजगता का आभास मिलता है। बातें प्रतीकों, संकेतों में कही गई हैं; जैसे : 'आत्मप्रबोध लक्ष्मण, भावार्थ भक्ति भरत, आत्मनिश्चय शत्रुघ्न और पूर्ण विग्रह का नाम राम है। दशरथ अहमात्मा हैं और उत्पत्ति के मुख्य कारक भी। श्रीराम का वनगमन इसका अंत है।' इस प्रकार रूपक गढ़ने का प्रयत्न है, जिसका सामाजिक आशय है। एकनाथ की लोकचिंता समय को लेकर है और वे कृष्ण-राम दोनों की प्रतिष्ठा करते हैं। उनके कुछ हिंदी पद भी उपलब्ध हैं, जिसमें आडंबर पर व्यंग्य है : कोई दिन राजा बड़ा अधिकारी, एक दिन होवे कंगाल भिखारी। विद्वान् एकनाथ को परमार्थ का संत कहते हैं जिन्होंने अस्पृश्यता-निवारण से समाज-सुधारक का कार्य किया। एकनाथ तथा तुलसीदास समकालीन थे और विद्वानों ने उनमें समानसूत्र खोजने का प्रयत्न किया है (वि. भि कोलते : मराठी संतों का सामाजिक कार्य, पृ. 81)।

पंच मराठी संतों में संत तुकाराम (1608-1650), समर्थ रामदास (1608-1682) अंतिम कड़ी के रूप में आते हैं जो छत्रपति शिवाजी (1627-1680) के आदरणीय थे। तुकाराम अपने अभंगों के लिए प्रसिद्ध हैं और उनके कीर्तन भाव ने लोगों को प्रभावित किया। एक ओर उनका आग्रह आत्मशुद्धि पर है तो दूसरी ओर उनके काव्य का सामाजिक पक्ष है, जहाँ नीति, प्रेम-भाव का आग्रह है। तुकाराम गृहस्थ थे और इसी के भीतर वे भक्तिभाव की कल्पना करते हैं। उनका कथन है कि कर्तव्य का पालन करते हुए हरि-भक्ति प्राप्त की जा सकती है। उनकी रचनाएँ कई बार भावाकुल प्रतीत होती हैं, जैसे जीव ईश्वर से संवाद की स्थिति में है। उनके प्रार्थना-भाव को चैतन्य-चंडीदास आदि के साथ रखकर देखा जा सकता है। भावावेग के भीतर से तुकाराम जीवनानुभव को व्यक्त करते चलते हैं और उनका आग्रह 'चित्त की निर्मलता' पर है। वे भक्ति के मार्ग में सब वर्णों को स्वीकारते हुए कहते हैं कि शूद्र, चांडाल, वेश्या को भी इसका अधिकार है। उनके लिए 'भेदाभेद भ्रम अमंगल है' (अभंग 46) क्योंकि सारा संसार ही विष्णुमय है। शूद्र जाति में जन्मे तुकाराम ने भक्ति को जाति-वर्णहीन बिरादरी के रूप में प्रतिपादित किया, जिसे उनके सामाजिक प्रदेय के रूप में देखा गया है : 'राम-कृष्ण का निरंतर स्मरण करने वाला अन्त्यज, ब्राह्मण से श्रेष्ठतर है।' संत तुकाराम ज्ञानेश्वर-नामदेव-एकनाथ के पांडित्य का दावा नहीं कर सकते, पर उन्हें अपने समय से टकराने का प्रयास करते हुए देखा जा सकता है। भक्ति में वे शूरवीरता का प्रवेश कराते हैं, निर्भयता की शिक्षा देते हैं। वे अपने स्थान तक सीमित रहे, पर उनके अभंगों के वैविध्य ने लोकजीवन में प्रवेश किया और उनके हिंदी दोहों पर कबीर की छाया है।

समर्थ रामदास भी अपने समय की उपज हैं, इस दृष्टि से कि वे भी संत तुकाराम की तरह भक्ति-भाव तक सीमित नहीं हैं और उन पर समय-समाज के दबाव देखे

जा सकते हैं। साधारण पटवारी परिवार में जन्मे रामदास मूलतः रामभक्त हैं, पर अपनी यात्राओं में उन्होंने समाज का जो यथार्थ देखा, उससे वे विचलित हुए। भक्ति की यह सामाजिक परिणति प्रकारांतर से राष्ट्रीय चेतना से जुड़ी हुई है और मध्यकालीन स्थितियों को देखते हुए, रेखांकित करने योग्य है। वे छत्रपति शिवाजी के गुरु थे और कहा जाता है कि उनके प्रेरणा-पुरुष भी। रामदास के 'दासबोध' को विशेष आदर मिला जिसे 'पुरुषार्थ काव्य' कहा गया। यह गुरु-शिष्य संवाद के रूप में रची गई और इसमें राममंत्र की प्रतिष्ठा तथा उपासना-अंगों का विवेचन है। भक्ति के साथ अन्य विषय भी आए हैं—समाज, राजनीति आदि जिसे तत्कालीन प्रभाव के परिप्रेक्ष्य में देखना चाहिए। उनकी हिंदी रचनाएँ भी हैं जिनमें जाति-सौमनस्य का भाव है : हिंदु मुसलमान मजहब चले, येक सरजिनहारा/साहब आलम कुं चलावे, सो आलम ही न्यारा। रामोपासना के साथ, धार्मिक-सुधार का भाव भी संत रामदास में है।

भक्तिकाव्य के समाजदर्शन के संदर्भ में मराठी संतों की चर्चा इस दृष्टि से प्रासंगिक है कि उनका हिंदी भक्ति रचना पर प्रभाव है और उन्हें कबीर ने प्रभावित किया है। इस प्रकार हिंदी-मराठी भक्ति में एक सांस्कृतिक संवाद देखा जाता है। आचार्य विनय मोहन शर्मा, प्रभाकर माचवे आदि ने इस दिशा में प्रारंभिक कार्य किया था, जिसे अन्य विद्वानों ने आगे बढ़ाया। मराठी संतों की हिंदी रचनाएँ सांस्कृतिक संवाद की उनकी इच्छा प्रमाणित करती हैं और मराठी संत-भक्ति साहित्य के समान-सूत्र विचारणीय हैं। यहाँ साकार-निराकार की समन्विति स्थिति है, जिसमें सभी जातियाँ सम्मिलित हो सकती हैं। यह भक्ति का सामाजिक पक्ष है, जिसने सामान्यजन, पिछड़ी जातियों, दलित वर्ग को भी प्रभावित किया। मराठी संत कवियों की अपनी संघर्ष-गाथा है, ज्ञानदेव-नामदेव की, जिसे उन्होंने सामाजिक भाव की ओर उन्मुख किया। और जाति-पाँत का विरोध उसका प्रभावी स्वर है। भक्ति की जाति क्या होगी ? इससे उच्च जाति का वर्चस्व टूटता है, पंडित-पुरोहित दुर्बल होते हैं। नामदेव कहते हैं : कहा करउ जाती, कहा करउ पाती/राम को नाम जपउ दिनराती। सामाजिक-सांस्कृतिक आशय से संपन्न कवियों ने वर्ण-वर्ग भेद मिटाने का प्रयत्न किया, जातीय सौमनस्य का आग्रह किया। वे मात्र उपदेशक नहीं हैं, आचरण पर बल देते हैं। उनका कथन है कि कर्मकांड, तीर्थाटन, व्रत सब व्यर्थ हैं, प्रभु तो प्रेम से मिलते हैं। मराठी संतकाव्य की प्रगतिशील दृष्टि का भक्तिकाव्य में विशेष स्थान है और नामदेव की सांस्कृतिक चेतना उल्लेखनीय है। नवीन दलित चेतना इसकी सीमाओं का संकेत करती है, पर इसे स्वीकारना होगा कि संत कवियों की उदार सामाजिक दृष्टि मध्यकालीन सांस्कृतिक-चेतना को सौमनस्य की ओर अग्रसर करती है। वे टिप्पणी करते हैं : हिंदू पूजै देहुरा, मुसलमानु मसीत/नामे सोई सेविआ, जह देहुरा न मसीत। मराठी संतों का सामाजिक भाव उन्हें समाज-सुधारक कोटि में रखता है, परवर्ती दो संतों

तुकाराम-रामदास के पुनरुत्थान भाव को तत्कालीन परिस्थितियों की उपज रूप में देखा जाना चाहिए। जिसे समाज का दलित वर्ग कहा जाता है, उस पर मराठी संतों का व्यापक प्रभाव रहा है और उन्हें दलित साहित्य का प्रस्थान माना जा सकता है। सजग सामाजिक चेतना के लिए मराठी संत काव्य उल्लेखनीय है, जहाँ परंपरा और आक्रोश एक साथ उपस्थित हैं, काव्य का समाजदर्शन रचते हुए।

हिंदी भक्तिकाव्य के मूल में हिंदी समाज की जातीय चेतना की भूमिका है, पर सांस्कृतिक आदान-प्रदान के माध्यम से उसमें अन्य प्रदेशों की चेतना भी आई है। भक्ति के प्रस्थानग्रंथ भागवत की नवधा भक्ति प्रायः सबमें विवेचित है और उसकी सामाजिकता सर्वस्वीकृत है, इस अर्थ में कि भक्ति के अधिकारी सब हैं। यहाँ वर्ण-जाति-वर्ग की सीमाएँ टूटती हैं। मराठी संत कवियों ने हिंदी में भी रचना की, इसलिए हिंदी भक्तिकाव्य से उस काव्य का निकट संपर्क रहा है। कबीर आदि उस संत परंपरा में स्वीकृत हैं और इसका प्रभाव सिख पंथ तक फैला है। वैष्णव चेतना के माध्यम से सभी साहित्य एक-दूसरे के समीपी हैं, प्रादेशिकता का अंतर हो सकता है। बंगाल-पूर्वांचल में चैतन्य-चंडीदास ने वैष्णव मत का प्रचार किया और वह अंचल वृंदावन से जुड़ गया। बंगाल की वैष्णव चेतना का प्रभाव व्यापक रहा है और चैतन्य की प्रेरणा से षट्गोस्वामी—रूप, सनातन, रघुनाथदास, रघुनाथ भट्ट, गोपाल भट्ट, जीवगोस्वामी ने ब्रजमंडल में कृष्णभक्ति को वैचारिक आधार दिया। असम में शंकरदेव (1449-1569) का 'एकशरण धर्म' काव्य तथा नाटक के माध्यम से प्रसरित हुआ और जनसामान्य में प्रभावी बना। तमिल आलवार संत एवं वैष्णवाचार्य, तेलुगु में बेमना (1412-80), बम्मेर पोतना (1400-1475), गुजरात में नरसी मेहता, राजस्थान में मीरा (1504-1558) आदि से भारतीय भक्तिकाव्य की सक्रियता का पता चलता है। इसी अर्थ में भक्ति आंदोलन और भक्तिकाव्य की व्यापकता स्वीकारी गई है।

भक्तिकाव्य के विवेचन में इसे स्वीकारना होगा कि भक्ति आंदोलन के मूल में लोकजागरण उपस्थित है, जिसे भक्त कवियों ने वाणी दी। इसका रूप समन्वित है जिसमें परंपरा की स्वीकृति है, एक बिंदु, पर दूसरे बिंदु पर उससे असहमति भी है। डॉ. रामविलास शर्मा ने संत-भक्त साहित्य की क्रांतिधर्मिता का उल्लेख करते हुए कहा है : 'संत लोकधर्म के संस्थापक हैं। हिंदू धर्म, इस्लाम, इनके कर्मकांड, धर्मशास्त्र, कट्टर आचार-विचार, पुजारियों और मौलवियों की रीति-नीति के विरुद्ध ये संत मूलतः प्रेम के आधार पर मुक्ति, ईश्वर-प्राप्ति आदि के पक्ष में थे' (परंपरा का मूल्यांकन, पृ. 45)। उत्तर भारत में जहाँ हिंदी भक्तिकाव्य का सर्वोत्तम रचा गया—कबीर, जायसी, सूर, तुलसी, मीरा हैं। मध्यकाल की चौदहवीं शती से हिंदी भक्तिकाव्य के मूल वृत्त को स्वीकार किया जाता है। सल्तनत काल, जिसे खल्जी सुल्तानों (1290-1320) से आरंभ किया जा सकता है—तेरहवीं-चौदहवीं ईसवी का

संधिकाल। इसे संक्रांतिकाल कहा गया, इस दृष्टि से कि कई विचारधाराएँ सक्रिय थीं, पर कोई समग्र रूप उभर नहीं पा रहा था। ऐसे में विभिन्न विचार टकराते हैं : एक ओर पुरातनपंथी प्रतिगामी शक्तियाँ हैं, तो दूसरी ओर नई दिशाओं की खोज करते प्रगतिशील तत्त्व। द्वंद्व की इस स्थिति में भक्तिकाव्य का मूल वृत्त सक्रिय होता है। स्वीकारना होगा कि धर्म की तुलना में रचनाशीलता की स्थिति भिन्न है, जहाँ जड़ता के लिए अधिक स्थान नहीं होता और समाज-इतिहास के दबाव उसे आंदोलित करते हैं, पर वह अपनी रचनात्मक ऊर्जा से इन्हें पार करता है।

सिद्ध-नाथ-संत की परंपरा में सबसे जुझारू रचनाशीलता कबीर (1398-1518) की मानी जाती है, जिनका पूरा व्यक्तित्व ही विद्वानों में विवाद उपजाता रहा है। उनकी जीवन-रेखाएँ भी कम विवादास्पद नहीं और उसे लेकर कई प्रकार की कथा-किंवदंती हैं। जुलाहा जाति में जन्मे कबीर किसी पांडित्य का दावा नहीं कर सकते, पर सामान्यजन ने उन्हें स्वीकारा और श्री गुरुग्रंथ साहब में उन्हें स्थान प्राप्त है। आचार्य रामचंद्र शुक्ल कबीर को रामानन्द की परंपरा में रखते हुए, उन पर सूफ़ी भावना का प्रभाव भी देखते हैं : 'उन्होंने भारतीय ब्रह्मवाद के साथ सूफ़ियों के ब्रह्मात्मक रहस्यवाद, हठयोगियों के साधनात्मक रहस्यवाद और वैष्णवों के अहिंसावाद तथा प्रपत्तिवाद का मेल खड़ा करके अपना पंथ खड़ा किया' (इतिहास, पृ. 67)। आचार्य हजारीप्रसाद द्विवेदी ने कबीर के व्यक्तित्व को नए संदर्भ में देखा-परखा। तुलसीदास आचार्य शुक्ल के प्रिय कवि हैं, कविता के प्रतिमान, आचार्य द्विवेदी कबीर के अक्खड़-फक्कड़ रूप से बहुत प्रभावित हैं और उन्हें मध्यकालीन समाज-इतिहास की दृष्टि से मिलन-बिंदु का कवि मानते हैं। वे विपरीत धारा में चले, प्रचलित शास्त्र के विरोध में, जिससे उनकी समझ में कठिनाइयाँ आईं, यद्यपि सामान्यजन में कबीर की स्वीकृति दो-टूक वाणी और निर्भय विचारों से है। द्विवेदीजी के शब्दों में : 'कबीर का रास्ता बहुत साफ़ था। वे दोनों को (हिंदू-मुस्लिम धर्म) शिरसा स्वीकार करने वाले नहीं थे। वे समस्त बाह्याचारों के जंजालों और संस्कारों को विध्वंस करने वाले क्रांतिकारी थे। समझौता उनका रास्ता नहीं था। इतने बड़े जंजाल को नाहीं कर सकने की क्षमता मामूली आदमी में नहीं हो सकती। जिसे अपने मिशन पर अखंड विश्वास नहीं है, वह इतना असम साहसी हो ही नहीं सकता' (कबीर, पृ. 185)।

कबीर कठिनाई उपस्थित करते हैं कि उनमें हठयोग है, जिसे डॉ. रामकुमार वर्मा आदि ने रहस्यवाद कहा, पर इससे कवि की सामाजिक चेतना धूमिल हुई। अकारण नहीं कि कबीर जैसे विद्रोही-क्रांतिकारी कवि-विचारक के नाम पर मठ स्थापित हो गए और मठाधीशत्व प्रधान हो गया। कबीर के तेजस्वी व्यक्तित्व की मान्यता इतनी व्यापक कि मध्यप्रदेश के छत्तीसगढ़ के सतनामी स्वयं को कबीर-परंपरा से जोड़ते हैं और पंजाब तक कबीर का प्रभाव है। मराठी संतकाव्य पर उनकी छाया है और कविता का आभिजात्य तोड़ते हुए, वे सामान्यजन को संबोधित करते हैं और आज

भी प्रासंगिक बनते हैं। वे हरिशंकर परसाई जैसे व्यंग्यकार के प्रेरणा-पुरुष बनते हैं और नई कविता के हस्ताक्षर विजयदेव नारायण साही अपने कविता-संकलन 'साखी' की अंतिम कविता 'प्रार्थना : गुरु कबीरदास के लिए' में उन्हें प्रणाम निवेदित करते हैं : 'दो तो ऐसी निरीहता दो/कि इस दहाड़ते आतंक के बीच फटकार कर सच बोल सकूँ।' केदारनाथ सिंह के काव्य-संकलन का नाम है—'उत्तर कबीर'। वे आधुनिक उपन्यास, नाटक के नायक बनते हैं। यह सब दर्शाता है कि कबीर कहीं न कहीं असाधारण हैं और अपने समय पर तीखे आक्रमण करते हुए, निडर। भक्तिकाव्य के पूरे वृत्त में कबीर का अपना स्थान विशिष्ट है, यद्यपि वे स्वयं को लगभग अनपढ़ कहते हैं। पर अनुभव-ज्ञान सबसे बड़ा ज्ञान है, यदि उसका सही-सार्थक उपयोग हो सके और कबीर ने इसे पहचाना : मैं कहता आँखिन की देखी, तू कहता कागद की लेखी।

कबीर रामानन्द के शिष्य हुए, इससे उनकी सामाजिक चेतना विकसित हुई। कोई माँ लहरतारा तालाब के किनारे नवजात कबीर को रख आई थी, जिसका पालन-पोषण नीरू जुलाहा ने किया। यह कथा कबीर से जुड़ी हुई है, पर इस अज्ञात कुलशील प्रतिभा ने अपनी प्रखरता और निर्भयता से मध्यकालीन धर्मसाधना को एक नई दिशा दी, कविता में उसे व्यक्त किया। कम प्रतिभाएँ होती हैं, जिनकी परंपरा अग्रसर हो और कबीर का पंथ विकसित हुआ, यह बात और कि उसकी शाखाएँ-प्रशाखाएँ बनीं, एक प्रकार की प्रतिक्रांति हुई। कबीर में इतने प्रकार के संयोजन हैं कि उनके व्यक्तित्व की विरोधी दिशाएँ जैसी दिखाई देती हैं और उनकी भाषा को सधुक्कड़ी तक कहा गया, जबकि वह उनका निर्भय व्यक्तित्व उजागर करती है। कबीर के तीखे आक्रमण उस गर्हित व्यवस्था पर हैं जहाँ ऊँच-नीच का भेदभाव है, समाज मिथ्याचार-आडंबर से घिर गया है, ऐसे में सत्य बिला गया है। कबीर के असंतोष में तीव्र आक्रोश का जो भाव है, वह कई बार आक्रामक होता है : पंडित बात बदंते झूठा। स्वयं को 'ना हिंदू ना मुसलमान' कहते हुए वे राम-रहीम में अंतर नहीं मानते और जातीय सौमनस्य के सबसे प्रबल प्रवक्ता बनते हैं। उनका आक्रमण मध्यकालीन देहवाद पर है, साथ ही पुरोहितवाद पर भी, पर वे विकल्प की खोज भी करना चाहते हैं, आध्यात्मिक स्तर पर, जहाँ पवित्र मन, शुद्ध आचरण, प्रेमभाव सर्वोपरि हैं। प्रगतिवादी कबीर को सराहते हैं, यद्यपि वे कवि का एक अंश ही स्वीकारते हैं।

कबीर की रचनाओं की प्रामाणिकता को लेकर पर्याप्त वाद-विवाद हुए हैं। ठाकुर जयदेव सिंह-वासुदेव सिंह ने रमैनी, सबद, साखी खंडों में उन्हें संकलित किया है। उनके पद संगीत से जुड़कर लोक की संपत्ति हुए और 'कबिरा' हर जगह गाया जाने लगा। ऐसी जनस्वीकृति भक्तिकाव्य के कवियों को ही सुलभ हुई और उनमें भी कबीर की वाणी पर्याप्त दूरी तक फैली, विशेषतया सामान्यजन में। जिस व्यक्ति

ने स्वयं स्वीकारा कि उसने 'मसि कागद' नहीं छुआ है, वह अपनी अंतःप्रेरणा से जो कुछ कहता-बोलता गया, उसका एक अंश तो मौखिक परंपरा में आ गया और कुछ को शिष्यों ने लिपिबद्ध करने का प्रयास किया। इसके मूल की पहचान में थोड़ी कठिनाई हुई, शुद्ध पाठ के स्तर पर भी, और अनेक पांडुलिपियों के आधार पर ही संकल्प-संपादन किया जा सका। भाषा में इतने प्रकार के संयोजन हैं—खड़ी बोली, ब्रज, अवधी, भोजपुरी, पंजाबी कि उससे भी पाठ-निर्धारण की समस्या। पर जितना जिस रूप में उपलब्ध है, उससे स्पष्ट है कि कबीर अपने समय-समाज से सीधे जूझने वाले कवियों में प्रमुख हैं। धरमदास, शेख फ़रीद, मलूकदास, दादूदयाल, प्राणनाथ आदि इस परंपरा में माने जाते हैं, यद्यपि इनके तेवर उतने जुझारू नहीं हैं।

सूफ़ी काव्य भक्तिकाव्य में एक नए भाव-बोध का प्रवेश कराता है, जिसे प्रेम-भाव कहा जाता है। सूफ़ी अरब-ईरान से चलकर भारत आए, जिनमें मुईनुद्दीन चिश्ती 1190 ई. में भारत आए। इस क्रम में महत्त्वपूर्ण नाम निज़ामुद्दीन औलिया का है, जो 1238 ई. में जन्मे थे और जिनका प्रभाव व्यापक है। सूफ़ी उदार इस्लामी पंथ के प्रतिनिधि हैं और आरंभ में उन्हें कष्ट भी सहने पड़े, पर क्रमशः उनके उदार पंथ को स्वीकृति मिली और वे हिंदू-मुसलमान दोनों में, अपने 'सादा जीवन, उच्च विचार' के कारण आदरणीय हुए। लौकिक से अलौकिक की साधना उनका प्रेमपंथ है, जिसकी अभिव्यक्ति के लिए उन्होंने हिंदू कहानियाँ लीं। दर्शन तथा काव्य की मैत्री से सूफ़ी कवियों ने अपने रचना-जगत् का निर्माण किया और उनका एक संपूर्ण प्रतीक-संसार है, आध्यात्मिक संकेत करता। लोकभाषा अवधी को अपनाते हुए, उन्होंने लोकप्रियता पाई और जातीय सौमनस्य के प्रतीक बने। कबीर और सूफ़ियों का प्रेमभाव एक ही दिशा की ओर अग्रसर है—जीव-ब्रह्म ऐक्य, पर कबीर का स्वर जुझारू है और सूफ़ियों का शांत-संयत, यद्यपि उनमें भावावेग के क्षण भी हैं। सूफ़ियों को प्रेमाख्यानक काव्य से संबद्ध किया जाता है, जिसकी परंपरा ईरान-भारत दोनों में है। अमीर खुसरो (1253-1325) की कृतियों में इसे देखा जा सकता है, जिन्होंने कई प्रकार की रचनाएँ प्रस्तुत कीं।

सूफ़ी काव्य परंपरा में ईरानी जलालुद्दीन रूमी, सनाई, अत्तार जैसे फ़ारसी मसनवीकार हैं। पर सूफ़ी मत भारतीय चिंतन को भी स्वयं में समोता है और जो सूफ़ी प्रेमाख्यान रचे गए, उनसे यह प्रमाणित हो जाता है। जायसी ने पद्मावत में कुछ का उल्लेख किया है (राजा गढ़ छेंका खंड) जो उनके पूर्ववर्ती हैं। मुल्ला दाऊद का चंदायन (1380), कुतुबन का मृगावती (1504), जायसी का पद्मावत (सोलहवीं शती), मंझन का मधुमालती (1545), उसमान का चित्रावली (1613), शेखनबी का ज्ञानदीप उल्लेखनीय हैं। डॉ. श्याममनोहर पांडेय ने सूफ़ी प्रेमनिरूपण का विस्तृत विवेचन क

गया है, जो कवियों की उदार संयोजन-क्षमता का बोध कराता है। स्त्री-पुरुष-संबंध आध्यात्मिक भूमि पर पहुँचते हैं, इसके संकेत देते हुए, कवि उसे एक पूर्णता देना चाहते हैं और वियोग-भाव इसके प्रतिपादन में सहायक है, जिससे प्रेम प्रगाढ़ होता है। इसकी प्राप्ति के लिए अहं का विसर्जन आवश्यक है—संपूर्ण समर्पण भाव; हस्ती के फ़ना होने पर ही ख़ुदा मिलता है। जिस प्रेमभाव पर सूफ़ी काव्य खड़ा है, उसके संबंध में एक प्रासंगिक प्रश्न कि क्या वह जीवन से पलायन है ? माना कि अपने समय से वह सीधे नहीं टकराता, पर अपने लोक-उपादानों में वह विशिष्ट है और लोकजीवन की, लोकभाषा में अभिव्यक्ति इसमें देखी जा सकती है, जिसमें अवध का स्वरूप विशेष रूप से उभरा है। प्रकृति का भी इसमें उपयोग है और ग्रामजीवन की छटा भी यहाँ है, सामंती समाज का प्रतिलोम बनकर। सूफ़ी कवियों का प्रेम-भाव उन्हें मध्यकालीन जीवन-यथार्थ से टकराने नहीं देता, पर वे जातीय सौमनस्य के अन्यतम उदाहरण हैं। नायिका-प्रधान काव्य से नारी के प्रति उनकी उदार दृष्टि का पता चलता है।

मलिक मुहम्मद जायसी का समय 1464-1542 स्वीकार किया जाता है और उन्होंने स्वयं शेरशाह सूर (शासन : 1540-45) का उल्लेख शाहेवक्त के रूप में किया है : सेरसाहि देहली सुलतानू (पद्मावत : स्तुति खंड)। जायसी की रचनाएँ—पद्मावत, अखरावट, आखिरी कलम, मसला, कहरनामा हैं। हाल में ही प्रकाशित 'कान्हावत' काव्य अब भी विवाद के घेरे में है। पर उनकी कीर्ति का मुख्य आधार पद्मावत है, जिसमें चितौड़गढ़ के राजा रत्नसेन और सिंहलद्वीप की पद्मावती की कथा है। रत्नसेन हीरामन सुग्गे से पद्मावती का सौंदर्य वर्णन सुनकर उसे पाना चाहता है। वह सौंदर्य अद्वितीय है : का सिंगार ओहि बरनौं राजा, ओहिक सिंगार ओही पै छाजा। उसे पाने की प्रक्रिया भी सरल नहीं और एक कठिन साधना मार्ग से गुजरना है, तप करना है : तजा राज, राजा भा जोगी, औ किंगरी कर गहेउ वियोगी। पद्मावती को प्राप्त करने के अनंतर संघर्ष-कथा है जिसमें दिल्ली-शासक अलाउद्दीन चितौड़गढ़ पर आक्रमण करता है। पर जिस पद्मावती को वह प्राप्त करना चाहता है, वह सखियों के साथ सती हो जाती है : लागी कंठ आगि देइ होरी, छार भई जरि, अंग न मोरी (पद्मावती-नागमती-सती खंड)। इतिहास-कल्पना के संयोजन से अपनी कृति का निर्माण करते हुए जायसी प्रेम-दर्शन की प्रतिष्ठा करते हैं, जिसे पूरे काव्य में देखा जा सकता है : प्रेम-घाव-दुख जान न कोई, जेहि लागै जानै तै सोई (प्रेम-खंड)। तुलसी के अनंतर आचार्य रामचन्द्र शुक्ल ने सर्वाधिक सराहना मलिक मुहम्मद जायसी को दी है, जो सूफ़ी काव्य परंपरा के शीर्ष पर हैं : 'हिंदू-हृदय और मुसलमान-हृदय आमने-सामने करके अजनबीपन मिटाने वालों में इन्हीं (सूफ़ियों) का नाम लेना पड़ेगा। इन्होंने [illegible] कहानियाँ हिंदुओं की ही बोली में पूरी सहृदयता

ने स्वयं स्वीकारा कि उसने 'मसि कागद' नहीं छुआ है, वह अपनी अंतःप्रेरणा से जो कुछ कहता-बोलता गया, उसका एक अंश तो मौखिक परंपरा में आ गया और कुछ को शिष्यों ने लिपिबद्ध करने का प्रयास किया। इसके मूल की पहचान में थोड़ी कठिनाई हुई, शुद्ध पाठ के स्तर पर भी, और अनेक पांडुलिपियों के आधार पर ही संकल्प-संपादन किया जा सका। भाषा में इतने प्रकार के संयोजन हैं—खड़ी बोली, ब्रज, अवधी, भोजपुरी, पंजाबी कि उससे भी पाठ-निर्धारण की समस्या। पर जितना जिस रूप में उपलब्ध है, उससे स्पष्ट है कि कबीर अपने समय-समाज से सीधे जूझने वाले कवियों में प्रमुख हैं। धरमदास, शेख फ़रीद, मलूकदास, दादूदयाल, प्राणनाथ आदि इस परंपरा में माने जाते हैं, यद्यपि इनके तेवर उतने जुझारू नहीं हैं।

सूफ़ी काव्य भक्तिकाव्य में एक नए भाव-बोध का प्रवेश कराता है, जिसे प्रेम-भाव कहा जाता है। सूफ़ी अरब-ईरान से चलकर भारत आए, जिनमें मुईनुद्दीन चिश्ती 1190 ई. में भारत आए। इस क्रम में महत्त्वपूर्ण नाम निज़ामुद्दीन औलिया का है, जो 1238 ई. में जन्मे थे और जिनका प्रभाव व्यापक है। सूफ़ी उदार इस्लामी पंथ के प्रतिनिधि हैं और आरंभ में उन्हें कष्ट भी सहने पड़े, पर क्रमशः उनके उदार पंथ को स्वीकृति मिली और वे हिंदू-मुसलमान दोनों में, अपने 'सादा जीवन, उच्च विचार' के कारण आदरणीय हुए। लौकिक से अलौकिक की साधना उनका प्रेमपंथ है, जिसकी अभिव्यक्ति के लिए उन्होंने हिंदू कहानियाँ लीं। दर्शन तथा काव्य की मैत्री से सूफ़ी कवियों ने अपने रचना-जगत् का निर्माण किया और उनका एक संपूर्ण प्रतीक-संसार है, आध्यात्मिक संकेत करता। लोकभाषा अवधी को अपनाते हुए, उन्होंने लोकप्रियता पाई और जातीय सौमनस्य के प्रतीक बने। कबीर और सूफ़ियों का प्रेमभाव एक ही दिशा की ओर अग्रसर है—जीव-ब्रह्म ऐक्य, पर कबीर का स्वर जुझारू है और सूफ़ियों का शांत-संयत, यद्यपि उनमें भावावेग के क्षण भी हैं। सूफ़ियों को प्रेमाख्यानक काव्य से संबद्ध किया जाता है, जिसकी परंपरा ईरान-भारत दोनों में है। अमीर खुसरो (1253-1325) की कृतियों में इसे देखा जा सकता है, जिन्होंने कई प्रकार की रचनाएँ प्रस्तुत कीं।

सूफ़ी काव्य परंपरा में ईरानी जलालुद्दीन रूमी, सनाई, अत्तार जैसे फ़ारसी मसनवीकार हैं। पर सूफ़ी मत भारतीय चिंतन को भी स्वयं में समोता है और जो सूफ़ी प्रेमाख्यान रचे गए, उनसे यह प्रमाणित हो जाता है। जायसी ने पद्मावत में कुछ का उल्लेख किया है (राजा गढ़ छेंका खंड) जो उनके पूर्ववर्ती हैं। मुल्ला दाऊद का चंदायन (1380), कुतुबन का मृगावती (1504), जायसी का पद्मावत (सोलहवीं शती), मंझन का मधुमालती (1545), उसमान का चित्रावली (1613), शेखनबी का ज्ञानदीप उल्लेखनीय हैं। डॉ. श्याममनोहर पांडेय ने सूफ़ी प्रेमनिरूपण का विस्तृत विवेचन करते हुए उसकी आध्यात्मिकता का वैशिष्ट्य बताया है (मध्ययुगीन प्रेमाख्यान, पृ. 131)। इन सूफ़ी काव्यों में भारतीय कहानियों में प्रेमदर्शन को अंतर्भुक्त किया

गया है, जो कवियों की उदार संयोजन-क्षमता का बोध कराता है। स्त्री-पुरुष-संबंध आध्यात्मिक भूमि पर पहुँचते हैं, इसके संकेत देते हुए, कवि उसे एक पूर्णता देना चाहते हैं और वियोग-भाव इसके प्रतिपादन में सहायक है, जिससे प्रेम प्रगाढ़ होता है। इसकी प्राप्ति के लिए अहं का विसर्जन आवश्यक है—संपूर्ण समर्पण भाव; हस्ती के फ़ना होने पर ही खुदा मिलता है। जिस प्रेमभाव पर सूफ़ी काव्य खड़ा है, उसके संबंध में एक प्रासंगिक प्रश्न कि क्या वह जीवन से पलायन है ? माना कि अपने समय से वह सीधे नहीं टकराता, पर अपने लोक-उपादानों में वह विशिष्ट है और लोकजीवन की, लोकभाषा में अभिव्यक्ति इसमें देखी जा सकती है, जिसमें अवध का स्वरूप विशेष रूप से उभरा है। प्रकृति का भी इसमें उपयोग है और ग्रामजीवन की छटा भी यहाँ है, सामंती समाज का प्रतिलोम बनकर। सूफ़ी कवियों का प्रेम-भाव उन्हें मध्यकालीन जीवन-यथार्थ से टकराने नहीं देता, पर वे जातीय सौमनस्य के अन्यतम उदाहरण हैं। नायिका-प्रधान काव्य से नारी के प्रति उनकी उदार दृष्टि का पता चलता है।

मलिक मुहम्मद जायसी का समय 1464-1542 स्वीकार किया जाता है और उन्होंने स्वयं शेरशाह सूर (शासन : 1540-45) का उल्लेख शाहेवक्त के रूप में किया है : सेरसाहि देहली सुलतानू (पद्मावत : स्तुति खंड)। जायसी की रचनाएँ—पद्मावत, अखरावट, आखिरी कलम, मसला, कहरनामा हैं। हाल में ही प्रकाशित 'कान्हावत' काव्य अब भी विवाद के घेरे में है। पर उनकी कीर्ति का मुख्य आधार पद्मावत है, जिसमें चितौड़गढ़ के राजा रत्नसेन और सिंहलद्वीप की पद्मावती की कथा है। रत्नसेन हीरामन सुग्गे से पद्मावती का सौंदर्य वर्णन सुनकर उसे पाना चाहता है। वह सौंदर्य अद्वितीय है : का सिंगार ओहि बरनौं राजा, ओहिक सिंगार ओही पै छाजा। उसे पाने की प्रक्रिया भी सरल नहीं और एक कठिन साधना मार्ग से गुजरना है, तप करना है : तजा राज, राजा भा जोगी, औ किंगरी कर गहेउ वियोगी। पद्मावती को प्राप्त करने के अनंतर संघर्ष-कथा है जिसमें दिल्ली-शासक अलाउद्दीन चितौड़गढ़ पर आक्रमण करता है। पर जिस पद्मावती को वह प्राप्त करना चाहता है, वह सखियों के साथ सती हो जाती है : लागी कंठ आगि देइ होरी, छार भई जरि, अंग न मोरी (पद्मावती-नागमती-सती खंड)। इतिहास-कल्पना के संयोजन से अपनी कृति का निर्माण करते हुए जायसी प्रेम-दर्शन की प्रतिष्ठा करते हैं, जिसे पूरे काव्य में देखा जा सकता है : प्रेम-घाव-दुख जान न कोई, जेहि लागै जानै तै सोई (प्रेम-खंड)। तुलसी के अनंतर आचार्य रामचन्द्र शुक्ल ने सर्वाधिक सराहना मलिक मुहम्मद जायसी को दी है, जो सूफ़ी काव्य परंपरा के शीर्ष पर हैं : 'हिंदू-हृदय और मुसलमान-हृदय आमने-सामने करके अजनबीपन मिटाने वालों में इन्हीं (सूफ़ियों) का नाम लेना पड़ेगा। इन्होंने मुसलमान होकर हिंदुओं की कहानियाँ हिंदुओं की ही बोली में पूरी सहृदयता से कहकर उनके जीवन की मर्मस्पर्शिनी अवस्थाओं के साथ अपने उदार हृदय का

भी प्रासंगिक बनते हैं। वे हरिशंकर परसाई जैसे व्यंग्यकार के प्रेरणा-पुरुष बनते हैं और नई कविता के हस्ताक्षर विजयदेव नारायण साही अपने कविता-संकलन 'साखी' की अंतिम कविता 'प्रार्थना : गुरु कबीरदास के लिए' में उन्हें प्रणाम निवेदित करते हैं : 'दो तो ऐसी निरीहता दो/कि इस दहाड़ते आतंक के बीच फटकार कर सच बोल सकूँ।' केदारनाथ सिंह के काव्य-संकलन का नाम है–'उत्तर कबीर'। वे आधुनिक उपन्यास, नाटक के नायक बनते हैं। यह सब दर्शाता है कि कबीर कहीं न कहीं असाधारण हैं और अपने समय पर तीखे आक्रमण करते हुए, निडर। भक्तिकाव्य के पूरे वृत्त में कबीर का अपना स्थान विशिष्ट है, यद्यपि वे स्वयं को लगभग अनपढ़ कहते हैं। पर अनुभव-ज्ञान सबसे बड़ा ज्ञान है, यदि उसका सही-सार्थक उपयोग हो सके और कबीर ने इसे पहचाना : मैं कहता आँखिन की देखी, तू कहता कागद की लेखी।

कबीर रामानन्द के शिष्य हुए, इससे उनकी सामाजिक चेतना विकसित हुई। कोई माँ लहरतारा तालाब के किनारे नवजात कबीर को रख आई थी, जिसका पालन-पोषण नीरू जुलाहा ने किया। यह कथा कबीर से जुड़ी हुई है, पर इस अज्ञात कुलशील प्रतिभा ने अपनी प्रखरता और निर्भयता से मध्यकालीन धर्मसाधना को एक नई दिशा दी, कविता में उसे व्यक्त किया। कम प्रतिभाएँ होती हैं, जिनकी परंपरा अग्रसर हो और कबीर का पंथ विकसित हुआ, यह बात और कि उसकी शाखाएँ-प्रशाखाएँ बनीं, एक प्रकार की प्रतिक्रांति हुई। कबीर में इतने प्रकार के संयोजन हैं कि उनके व्यक्तित्व की विरोधी दिशाएँ जैसी दिखाई देती हैं और उनकी भाषा को सधुक्कड़ी तक कहा गया, जबकि वह उनका निर्भय व्यक्तित्व उजागर करती है। कबीर के तीखे आक्रमण उस गर्हित व्यवस्था पर हैं जहाँ ऊँच-नीच का भेदभाव है, समाज मिथ्याचार-आडंबर से घिर गया है, ऐसे में सत्य बिला गया है। कबीर के असंतोष में तीव्र आक्रोश का जो भाव है, वह कई बार आक्रामक होता है : पंडित बात बदंते झूठा। स्वयं को 'ना हिंदू ना मुसलमान' कहते हुए वे राम-रहीम में अंतर नहीं मानते और जातीय सौमनस्य के सबसे प्रबल प्रवक्ता बनते हैं। उनका आक्रमण मध्यकालीन देहवाद पर है, साथ ही पुरोहितवाद पर भी, पर वे विकल्प की खोज भी करना चाहते हैं, आध्यात्मिक स्तर पर, जहाँ पवित्र मन, शुद्ध आचरण, प्रेमभाव सर्वोपरि हैं। प्रगतिवादी कबीर को सराहते हैं, यद्यपि वे कवि का एक अंश ही स्वीकारते हैं।

कबीर की रचनाओं की प्रामाणिकता को लेकर पर्याप्त वाद-विवाद हुए हैं। ठाकुर जयदेव सिंह-वासुदेव सिंह ने रमैनी, सबद, साखी खंडों में उन्हें संकलित किया है। उनके पद संगीत से जुड़कर लोक की संपत्ति हुए और 'कबिरा' हर जगह गाया जाने लगा। ऐसी जनस्वीकृति भक्तिकाव्य के कवियों को ही सुलभ हुई और उनमें भी कबीर की वाणी पर्याप्त दूरी तक फैली, विशेषतया सामान्यजन में। जिस व्यक्ति

संधिकाल। इसे संक्रांतिकाल कहा गया, इस दृष्टि से कि कई विचारधाराएँ सक्रिय थीं, पर कोई समग्र रूप उभर नहीं पा रहा था। ऐसे में विभिन्न विचार टकराते हैं : एक ओर पुरातनपंथी प्रतिगामी शक्तियाँ हैं, तो दूसरी ओर नई दिशाओं की खोज करते प्रगतिशील तत्त्व। द्वंद्व की इस स्थिति में भक्तिकाव्य का मूल वृत्त सक्रिय होता है। स्वीकारना होगा कि धर्म की तुलना में रचनाशीलता की स्थिति भिन्न है, जहाँ जड़ता के लिए अधिक स्थान नहीं होता और समाज-इतिहास के दबाव उसे आंदोलित करते हैं, पर वह अपनी रचनात्मक ऊर्जा से इन्हें पार करता है।

सिद्ध-नाथ-संत की परंपरा में सबसे जुझारू रचनाशीलता कबीर (1398-1518) की मानी जाती है, जिनका पूरा व्यक्तित्व ही विद्वानों में विवाद उपजाता रहा है। उनकी जीवन-रेखाएँ भी कम विवादास्पद नहीं और उसे लेकर कई प्रकार की कथा-किंवदंती हैं। जुलाहा जाति में जन्मे कबीर किसी पांडित्य का दावा नहीं कर सकते, पर सामान्यजन ने उन्हें स्वीकारा और श्री गुरुग्रंथ साहब में उन्हें स्थान प्राप्त है। आचार्य रामचंद्र शुक्ल कबीर को रामानन्द की परंपरा में रखते हुए, उन पर सूफ़ी भावना का प्रभाव भी देखते हैं : 'उन्होंने भारतीय ब्रह्मवाद के साथ सूफ़ियों के ब्रह्मात्मक रहस्यवाद, हठयोगियों के साधनात्मक रहस्यवाद और वैष्णवों के अहिंसावाद तथा प्रपत्तिवाद का मेल खड़ा करके अपना पंथ खड़ा किया' (इतिहास, पृ. 67)। आचार्य हजारीप्रसाद द्विवेदी ने कबीर के व्यक्तित्व को नए संदर्भ में देखा-परखा। तुलसीदास आचार्य शुक्ल के प्रिय कवि हैं, कविता के प्रतिमान, आचार्य द्विवेदी कबीर के अक्खड़-फक्कड़ रूप से बहुत प्रभावित हैं और उन्हें मध्यकालीन समाज-इतिहास की दृष्टि से मिलन-बिंदु का कवि मानते हैं। वे विपरीत धारा में चले, प्रचलित शास्त्र के विरोध में, जिससे उनकी समझ में कठिनाइयाँ आईं, यद्यपि सामान्यजन में कबीर की स्वीकृति दो-टूक वाणी और निर्भय विचारों से है। द्विवेदीजी के शब्दों में : 'कबीर का रास्ता बहुत साफ़ था। वे दोनों को (हिंदू-मुस्लिम धर्म) शिरसा स्वीकार करने वाले नहीं थे। वे समस्त बाह्याचारों के जंजालों और संस्कारों को विध्वंस करने वाले क्रांतिकारी थे। समझौता उनका रास्ता नहीं था। इतने बड़े जंजाल को नाहीं कर सकने की क्षमता मामूली आदमी में नहीं हो सकती। जिसे अपने मिशन पर अखंड विश्वास नहीं है, वह इतना असम साहसी हो ही नहीं सकता' (कबीर, पृ. 185)।

कबीर कठिनाई उपस्थित करते हैं कि उनमें हठयोग है, जिसे डॉ. रामकुमार वर्मा आदि ने रहस्यवाद कहा, पर इससे कवि की सामाजिक चेतना धूमिल हुई। अकारण नहीं कि कबीर जैसे विद्रोही-क्रांतिकारी कवि-विचारक के नाम पर मठ स्थापित हो गए और मठाधीशत्व प्रधान हो गया। कबीर के तेजस्वी व्यक्तित्व की मान्यता इतनी व्यापक कि मध्यप्रदेश के छत्तीसगढ़ के सतनामी स्वयं को कबीर-परंपरा से जोड़ते हैं और पंजाब तक कबीर का प्रभाव है। मराठी संतकाव्य पर उनकी छाया है और कविता का आभिजात्य तोड़ते हुए, वे सामान्यजन को संबोधित करते हैं और आज

पूर्ण सामंजस्य दिखा दिया। कबीर ने केवल भिन्न प्रतीत होती हुई परोक्ष सत्ता की एकता का आभास दिया था। प्रत्यक्ष जीवन की एकता का दृश्य सामने रखने की आवश्यकता बनी थी। वह जायसी द्वारा पूरी हुई' (पद्‌मावत : भूमिका, पृ. 2)। पद्‌मावत के सांकेतिक अध्यात्म को लेकर उपसंहार अंश उद्‌धृत किया जाता है : तन चितउर मन राजा कीन्हा, हिय सिंघल, बुधि, पदमिनि चीन्हा/गुरु सूआ जेइ पंथ देखावा, बिनु गुरु जगत को निरगुन पावा। इसके विषय में विद्वान् एकमत नहीं हैं, पर निर्विवाद है कि सूफ़ी काव्य भाव-ऐक्य का आग्रही है, जिसे उच्चतम धरातल पर प्रतिष्ठित किया गया है। मौलाना दाऊद ने नायिका-प्रधान 'चन्दायन' काव्य की परिकल्पना की, जहाँ नायिका चाँद प्रधान स्थान पर है। कुतुबन की 'मिरगावती' भी प्रमुखता पाती है। इस प्रकार नारी के प्रति सहानुभूति-दृष्टि में भी सूफ़ी काव्य की उदारता का संकेत है, जो मध्यकालीन परिवेश को देखते हुए उल्लेखनीय है।

अवतारवाद में कृष्ण-राम सर्वोपरि देवता रहे हैं और इन्हें केंद्र में रखकर, भक्तिकाव्य विकसित हुआ। विष्णु के ये दो प्रमुख अवतार वैष्णव परंपरा को रचना में नई गति देते हैं और ब्रह्मवैवर्त पुराण, भागवत, आलवार संत से लेकर अष्टछाप (पंद्रहवीं-सत्रहवीं शताब्दी) के कवियों तक मध्यकालीन भक्ति का यह क्रम विद्यमान है। कृष्णकाव्य का ऐसा आकर्षण कि इसमें सभी जाति-संप्रदाय के कवि हैं और मुसलमान रहीम (1556-1627), रसखान (1533-1618) जैसे कवि भी। रामायण-महाभारत के चरित नायक त्रेता-द्वापर के हैं, पर जहाँ तक भक्तिकाव्य का संबंध है, कृष्ण कुछ पहले आ गए और सोलह कला अवतार वाले अपने बहुरंगी व्यक्तित्व से लोकप्रिय भी हुए। राम त्रेता युग से जुड़कर भाषा-रचना में थोड़ी देर से आए और चरित्र की मर्यादाओं ने उनकी सीमा बना दी। भागवत और आलवार संतों से कृष्णभक्ति को सार्थक प्रस्थान मिला और वैष्णव चेतना ने कृष्णकाव्य को गहरे भाव-स्तर पर प्रभावित किया। कृष्ण के चारों ओर एक समग्र लीला-संसार है, जिसमें राधा का प्रवेश नई भंगिमाएँ जन्माता है। भ्रमरगीत गोपी-भाव से संबद्ध है और राधा महागोपी भाव की प्रतीक हैं। प्रायः कहा जाता है कि कृष्ण काव्य में लोकरंजक रूप अधिक है, जिसका एक कारण भागवत की प्रेरणा भी है, जहाँ लीला-संसार प्रधान है। महाभारत के कृष्ण यहाँ प्रमुखता नहीं प्राप्त करते। भागवत के अंतिम अंश के माहात्म्य-समापन में 'प्रेमानन्द फलप्रदम्' शब्द का प्रयोग किया गया है जिससे इसकी रस-दृष्टि स्पष्ट है। पुराण के अतिरिक्त प्राकृत, अपभ्रंश तथा अन्य भारतीय भाषाओं में कृष्ण-चरित का बखान हुआ। कृष्ण का महत्त्व यह कि उन्होंने संपूर्ण कला-संसार—मूर्ति, वास्तु, चित्र, संगीत आदि में स्थान प्राप्त किया। वे जनप्रिय देवता हुए और उनसे समरस होने में सामान्यजन को अधिक कठिनाई नहीं हुई। वे दास्य के साथ सख्य-भाव से भी देखे गए और भारत के बाहर भी उन्हें स्वीकृति मिली। उन्हें केंद्र में रखकर संप्रदाय बने—निंबार्क, हरिदास, वल्लभ, राधावल्लभ आदि। बंगाल की प्राचीन कृष्णभक्ति

गौड़ीय संप्रदाय में आती है, जिसके प्रवर्तक चैतन्य के नाम पर इसे चैतन्य मत भी कहा गया।

वल्लभाचार्य ने कृष्ण भक्तिकाव्य को नई प्रेरणा दी और ब्रजमंडल पूर्वांचल से जुड़ गया। अष्टछापी कवियों का कृष्णकाव्य परंपरा में विशिष्ट स्थान है, जिसमें सूरदास सर्वोपरि हैं और उनके साथ परमानन्ददास, नन्ददास जैसे कवि हैं। भारतीय भाषाओं में कृष्ण भक्तिकाव्य की अनवरत परंपरा कृष्ण की सर्वस्वीकृति है, भागवत जिसका मुख्य प्रस्थान है। विद्वान् हाल-रचित गाहासतसई अथवा गाथासप्तशती का उल्लेख करते हैं जहाँ कृष्ण-राधा के रसिक प्रसंग आए हैं। रासलीला महत्त्वपूर्ण काव्य-विषय बना, जिसका संकेत भागवत की रासपंचाध्यायी में है। आगे चलकर जयदेव, विद्यापति में कृष्णगाथा को विकास मिला। जयदेव का गीतगोविन्द अपनी मधुर कोमलकान्त पदावली के लिए विख्यात है, जहाँ शृंगार खुली भूमि पर है और राधा-कृष्ण का यह मानुषीकरण रासप्रसंग, मान-मनुहार आदि में विशेष रूप से उभरा है। शृंगार की यह रसभूमि विद्यापति में विद्यमान है, जहाँ राधा 'लावण्य-सार' है और कृष्ण रस-रूप। राधा अपरूप रूपा है, जैसे विधाता ने चंद्रमा के सार से उसे रचा : अमिय धोय आंचर धनि पोछलि दह दिस भैल उजोरे। संयोग-वियोग दोनों स्थितियों में विद्यापति के राधा-कृष्ण उन्मुक्त भूमि पर हैं। चैतन्य, चंडीदास कृष्णगाथा को प्रार्थनाभाव से जोड़ते हैं और बंगाल तथा पूर्वांचल में कृष्ण भक्तिकाव्य का मार्मिक विकास हुआ। अन्य अहिंदी भारतीय भाषाओं में भागवत प्रमुख प्रस्थान के रूप में है।

हिंदी कृष्णभक्ति काव्य सूरदास में अपनी पूर्णता पर पहुँचता है, वे उसके रचना-शिखर हैं, सर्वोत्तम प्रतिभा-पुरुष। यों अष्टछापी काव्य की प्रसिद्धि है, जिस पर डॉ. दीनदयालु गुप्त ने प्रामाणिक कार्य किया। डॉ. शिवप्रसाद सिंह ने 'सूर-पूर्व ब्रजभाषा और उसका साहित्य' में कवियों की लंबी सूची दी है, जिससे ज्ञात होता है कि हिंदी कृष्णभक्ति काव्य सूर में अपने शीर्ष पर पहुँचा। कवि विष्णुदास की महाभारत कथा भागवत-आधारित अधिक है। अष्टछाप कवियों में : सूरदास, परमानन्ददास, नन्ददास अधिक यशस्वी हैं। परमानन्ददास (1493-1584) भी सूर की भाँति कृष्ण-कथा का वर्णन नहीं करते, उनकी रुचि कृष्ण की बाल-लीला में अधिक है। कई बार सूर के पदों और परमानन्द के पदों में अद्भुत साम्य है : कहन लगे, मोहन मैया-मैया; बाल विनोद गोपाला के देखत मेहि भावै आदि। ऐसा प्रतीत होता है कि सूरदास इतने जनप्रिय थे और उनके पद जनमानस में इस सीमा तक प्रचलित हो गए कि ब्रजमंडल के अन्य भक्त कवियों पर उनकी भाव-छाया स्वाभाविक प्रक्रिया है। प्रश्न प्रतिभा का भी है कि उसमें कितनी मौलिक सर्जनात्मक क्षमता निष्पादित की जा सकती है। परमानन्ददास मूलतः गोपीभाव से परिचालित हैं और कृष्णभक्त कवियों में वे सहज भावभूमि पर हैं : ब्रज के बिरही लोग विचारे/बिन गोपाल ठगे से ठाढ़े अति दुर्बल तन हारे (पद 553)। नन्ददास (1533-83) भँवरगीत के लिए

प्रसिद्ध हैं, यद्यपि कृष्णकथा से संबद्ध उनकी अन्य रचनाएँ भी हैं : रासपंचाध्यायी दशम स्कंध आदि। नन्ददास आचार्य भी हैं, अलंकरण के कवि माने जाते हैं जैसे उद्धवशतक के रचयिता ब्रजरत्नदास रत्नाकर। कृष्णकाव्य की लंबी सूची है, पर वह कई बार संप्रदायबद्ध भी है।

मीरा कृष्ण भक्तिकाव्य में विशिष्ट हैं—मध्यकाल में नारी जागरण का स्वर बनकर (प्रेमशंकर : भक्तिकाव्य का समाजशास्त्र, पृ. 121)। उनकी जीवनी से संघर्ष का अनुमान भी किया जा सकता है, जो कि भावात्मक स्तर का है—लोक और अध्यात्म के बीच। जब वे कहती हैं : 'मीरा गिरधर हाथ बिकाणी, लोग कह्यां बिगड़ी,' तब वे इस मानसिक संघर्ष का संकेत करती हैं, पर अपने भक्ति भाव में अडिग हैं। मीरा के परम आराध्य कृष्ण हैं : आध्यात्मिक देवता : मेरो तो गिरधर गोपाल, दूसरो न कोई और इसका स्वरूप है : जाके सिर मोर मुकुट मेरो पति सोई। यह आध्यात्मिक संबंध सूफ़ियों का स्मरण भी कराता है, पर एक अंतर के साथ। मीरा सीधा संवाद स्थापित करती हैं, अपने आराध्य के साथ, जबकि सूफ़ियों में लौकिक (इश्क मिज़ाज़ी) के माध्यम से अलौकिक (इश्क हक़ीक़ी) की व्यंजना है। मीरा के पद गीत-सृष्टि हैं और राग-रागिनियों में भी बद्ध किए गए, पर उनकी सहजता, लोक उपादानों के साथ उन्हें सामान्यजन से जोड़ती है। पद मौखिक परंपरा की संपत्ति बनते हैं और जीवनकाल में ही सूर की तरह मीरा के पद गाए जाते थे। मीरा न किसी कथा का आश्रय लेती हैं, न दर्शन का, वे अपने भावलोक के सहारे कृष्णभक्ति के गीत गाती हैं। यह सहज भावनामयता उनकी क्षमता है क्योंकि सब कुछ अकुंठित भाव से कहा गया है। उनके वियोगभाव में वैसा ही समर्पण भाव है, जैसा जीव विधाता के अभाव में अनुभव करता है। यहाँ वे कबीर से आगे निकलती हैं, भाव-विह्वलता में। कोई रचनाकार सीमित पूँजी के सहारे भी सार्थक यात्रा कर सकता है, मीरा का काव्य इसे प्रमाणित करता है। सघन भाव-प्रवणता, सहज प्रेम भाव, अकृत्रिम अभिव्यक्ति से उन्होंने इसे संभव किया, लोक को संबोधित करते हुए। उनका उपासना भाव उच्चतम धरातल पर पहुँचता है। चलो मन वा जमणां के तीर/वा जमुना का निरमल पानी, सीतल होत सरीर/वंसी बजावा, गावा कान्हा, संग लिया बलवीर। मीरा को मध्यकालीन नारी-अस्मिता के रूप में देखा जाना चाहिए और समाजदर्शन की दृष्टि से वे एक विशिष्ट स्वर का प्रतिनिधित्व करती हैं।

जातीय सौमनस्य के लिए कबीर और सूफ़ी कवियों का विशेष उल्लेख किया जाता है। पर यह भी कहा जाता है कि कृष्णकाव्य के सेक्युलर चरित्र ने मुसलमान कवियों को भी इस ओर आकृष्ट किया। इनमें कई नाम हैं, पर जहाँ तक भक्तिकाव्य का संबंध है रहीम, रसखान का स्थान विशिष्ट है। अब्दुर्रहीम खानखाना (1556-1627) का जीवन घटनाबहुल है और उनके व्यक्तित्व की कई दिशाएँ हैं। उन्होंने जीवन के कई उतार-चढ़ाव देखे, राजसत्ता से जुड़कर उठे भी, गिरे भी। कई विषयों और

भाषाओं के ज्ञाता, अरबी-फ़ारसी के साथ वे संस्कृत भी जानते थे और हिंदी में भी उनकी रचनाएँ हैं। रहीम ने नीति-विषयक दोहे लिखे और उन्हें लोकप्रियता मिली क्योंकि वे सामान्यजन के लिए ग्राह्य थे : जो बड़ेन को लघु कहें, नहिं रहीम घटि जाहिं/गिरधर मुरलीधर कहे, कछु दुख मानत नाहिं। अथवा जे गरीब पर हित करैं, ते रहीम बड़ लोग/कहाँ सुदामा बापुरो, कृष्ण मिताई जोग। बरवै रहीम का प्रिय छंद है जिसे उन्होंने अवधी भाषा में साधा। इन्हीं छंदों में कृष्णभक्ति का शृंगार वर्णन एक सौ एक छंदों में है : मनमोहन बिन तिय के, हिय मुख बाढ़/आयौ नन्द-ढोठनवा, लगत असाढ़; ब्रज-बासिन के मोहन, जीवन-प्रान/ऊधौ यह संदेसवा अकह महान; लखि मोहन की बंसी, बंसी जान/ लागत मधुर प्रथम पै, बेधत प्रान। कृष्ण के साथ रहीम ने राम का भी स्मरण किया है : भज मन राम सियापति, रघुकुल ईस/दीनबंधु दुख टारन, कौसलधीस। रहीम के विषय में आचार्य शुक्ल का कथन है : 'जीवन की सच्ची परिस्थितियों के मार्मिक रूप को ग्रहण करने की क्षमता जिस कवि में होगी, वही जनता का प्यारा होगा' (हिंदी साहित्य का इतिहास, पृ. 188)। शुक्लजी ने तुलसी-रहीम में समीपता भी देखी है, भाव-स्तर पर।

रसखान (1533-1618), रहीम (1556-1627) लगभग समकालीन हैं। रसखान ने भी रहीम की तरह कई राजवंश देखे थे, हुमायूँ से जहाँगीर तक, पर वे सामंत (जागीरदार) होकर भी, उससे दूर थे और मुसलमान होकर भी कृष्णभक्तों में परिगणित हुए। रसखान ग्रंथावली का संपादन करते हुए आचार्य विश्वनाथ प्रसाद मिश्र ने रसखान द्वारा कवित्त-सवैयों में वर्णित कृष्णलीला को विभिन्न शीर्षकों में रखा है : बाल-लीला, गोचारण, कुंज लीला, रास, पनघट, राधा-रूप-छटा, वंशी प्रेमभाव आदि। रसखान अपने भक्ति भाव को, पूरी तन्मयता के साथ स्वतंत्र रीति से प्रस्तुत करते हैं, उस पर दार्शनिक दबाव नहीं हैं। वहाँ प्रेम प्रधान है और कवि भावनामयता के साथ इसमें सम्मिलित हैं : मानुष हौं तो वही रसखान, बसौं ब्रज गोकुल गाँव के ग्वारन/जो पशु हौं तो कहा बस मेरो, चरौं नित नन्द की धेनु मँझारन अथवा या लकुटी अरु कामरिया पै, राज तिहूंपुर को तजि डारौं/आठहुँ सिद्धि नवो निधि को सुख, नन्द की गाय चराइ बिसारौं। रसखान कृष्ण-चरित्र के साथ भावात्मक यात्रा करते हैं—कृष्ण, राधा, गोपियों को विषय रूप स्वीकारते हुए। विद्वानों का विचार है कि अलंकारशास्त्र ने भी कवि को प्रभावित किया है, पर वे भाव को सर्वोपरि रखते हैं। रसखान गोपी-भाव की पुष्टि करते हैं : कोउ न काहु की कानि करै, सिगरो ब्रज बीर बिकाइ गयो है अथवा भई मधु की मखियाँ रसखान, जू नेह को बंधन क्यों हूँ छुटै ना (अँखियाँ मधु की मखियाँ भई मेरी) आदि। रहीम की रुचि कृष्ण की लीलाओं के वर्णन में नहीं है, उस माध्यम से सर्जित होने वाले भावलोक में है और यही उन्हें मार्मिकता देता है। 'प्रेमवाटिका' के दोहों में उन्होंने प्रेम-भाव को व्यक्त किया है, सूफ़ियों की तरह, पर आरंभ राधिका से है : प्रेम-अयन की राधिका, प्रेम बरन नंद नंद।

रसखान की भावप्रवणता ध्यान आकृष्ट करती है और उनकी रचनाशीलता प्रमाणित करती है कि भक्ति में जाति-वर्ण नहीं होते तथा काव्य में भाषा-विभाजन कृत्रिम है क्योंकि संवेदन की समानता होती है : का भाषा, का दोहरा, प्रेम चाहिए साँचु। रसखान ने भाव-स्तर पर कृष्ण से अपनापा अनुभव किया, यह उनका राग-भाव है जिसके अभाव में काव्य में ऐसी भावनामयता संभव न थी। कृष्णलीला के प्रसंगों में रसखान प्रायः उपस्थित हैं, गोपिकाओं के माध्यम से ही सही। यह भी विचारणीय कि भ्रमरगीत प्रसंग में गोपी-राधा की उक्तियों में महाकवि सूर किस बिंदु पर उपस्थित हैं ? भक्त कवियों ने स्वयं को इनके माध्यम से व्यक्त किया है और वे अपने आराध्य को सीधे भी संबोधित करते हैं। रसखान के लिए कृष्णगाथा के प्रमुख पात्र माध्यम हैं—भावाभिव्यक्ति के लिए। रसखान रचनावली का संपादन करते हुए आचार्य विद्यानिवास मिश्र अपने प्राक्कथन के आरंभ में ही कहते हैं : 'हिंदी कृष्ण काव्यधारा में रसखान का योगदान गुणात्मक एवं विशिष्ट है। उनका कृष्ण-प्रेम धर्म और संप्रदाय की सीमाओं से परे है। वे सच्चे अर्थ में भारतीय संस्कृति के प्रतिनिधि हैं।' रसखान में सांस्कृतिक सौमनस्य का भाव रागात्मक स्तर पर व्यक्त हुआ है। कृष्ण उनके लिए माध्यम हैं, जिनके प्रति समर्पित होकर, वे अपने इस मिलन-भाव को अभिव्यक्ति देते हैं। कृष्ण के रूपचित्र बनाते हुए, रसखान उनकी आकर्षक छवि का बखान बार-बार करते हैं, जिसमें वंशी का योगदान विशिष्ट है। वे रूप के साथ गुण-संपन्न भी हैं—'महाछवि' हैं : 'वह बाँसुरी की धुनि कान परें, कुलकानि हियो तजि भाजति है।' प्रेम के इस संबंध को उच्चतम धरातल पर पहुँचाते हुए, वे उसके अन्योन्याश्रित रूप का वर्णन करते हैं :

> ब्रह्म मैं ढूँढ़यो पुरानन गानन वेद रिचा सुनि चौगुने चायन
> देख्यो सुन्यो न कबहूँ न कितूँ वह कैसे सरूप और कैसे सुभायन
> टेरत हेरत हारि पर्‍यो रसखानि बतायो न लोग लुगायन
> देखौ दुरौ वह कुंजकुटीर मैं बैठो पलोटत राधिका पायन।

इस सवैया की कई अर्थ-ध्वनियाँ हैं। यहाँ शास्त्र का अतिक्रमण है कि ब्रह्म जो परम सत्य का प्रतीक है, उसे खोजा-पाया कहाँ जाय ? ग्रंथ इसमें अधिक सहायक नहीं प्रतीत होते क्योंकि वे शब्द-आश्रित हैं। विधाता को सर्वत्र खोजा, तो कबीर ने कहा कि मोकों कहाँ खोजे बंदे, मैं तो तेरे पास में—काबा, कैलाश में नहीं। पर रसखान इसे प्रेमभाव से घनिष्ठ रूप में संबद्ध कर कहते हैं कि विधाता जीव के स्नेह का प्रतिदान करते हैं, प्रेम स्वीकारते हैं : राधा के पैर पलोटते हुए कृष्ण माधुर्य भाव का दृश्य उपस्थित करते हैं।

रसखान भक्ति-भाव को उच्च धरातल पर प्रतिष्ठित करते हैं, बिना किसी अन्योक्ति का सहारा लिए। वे सीधी अभिव्यक्ति के कवि हैं, सहजता को अपनाते हुए। सांस्कृतिक सौमनस्य का विस्तार ऐसा कि सामान्य वर्ग की गोपिकाएँ अपने

समर्पण-भाव से कृष्ण को सहज ही प्राप्त कर लेती हैं : ढूँढ़े फिरे तिरलोक में साख सुनारद लै कर बीन बजा वैं/ताहि अहीर की छोहरियाँ, छछियाँ भर छाछ पै नाच नचा वैं। परमभक्त नारद जिनके नाम पर नारदीय भक्तिसूत्र की रचना हुई, तीन लोकों में भटकते हुए, जिस परमेश्वर को प्राप्त करना चाहते हैं, उसे अहीर की छोहरियाँ नाच नचाती हैं, वह भी थोड़ी छाछ के लिए। भक्ति की जिस रस-सृष्टि में रसखान की रुचि है, वहाँ बल स्नेह-समर्पण पर है, जहाँ सारे भेदभाव समाप्त हो जाते हैं। रहीम ने कई स्थलों पर उन्मुक्त शृंगार का वर्णन किया है, पर इसकी तुलना में रसखान अधिक सावधान प्रतीत होते हैं। वे सामंती समाज से असंतुष्ट हैं और कहा जाता है कि दिल्ली को 'मसान रूप' पाकर उन्होंने उसका परित्याग किया था : देखि गदर हित साहबी, दिल्ली नगर मसान/छिनहिं बादसा बंस की, ठसक छोरि रसखान (प्रेमवाटिका, दोहा 48)। भक्ति की ओर कवि का प्रयाण विलास के प्रति असंतोष से उपजा है, और अपनी भक्तिभावना से उन्होंने एक ऐसे प्रेम-संसार का निर्माण किया, जहाँ जातीय सौमनस्य की संस्कृति के साथ, उच्चतर प्रेम-संकल्प भी है।

सूरदास (1478-1581) की सामाजिक चेतना और उनके समाजदर्शन की चर्चा विस्तार से होगी। पर एक प्रश्न विचारणीय कि मौखिक परंपरा से जुड़े इस श्रेष्ठ कवि ने वल्लभ संप्रदाय के दार्शनिक पक्ष को अपनी रचना में ऐसे रस-धरातल पर विलयित कर लिया कि आज यह प्रश्न भी लगभग गौण हो गया है। कविता पहले कविता है और कुछ बाद में। सूर की जीवन-गाथा के संदर्भ में यह प्रश्न बार-बार उठता है कि वे जन्मांध थे अथवा नहीं ? वार्ता साहित्य ने चमत्कारों की चर्चा करके कई प्रश्नों को और उलझा दिया। सूरदास, नेत्रहीन के लिए करुणा-मिश्रित सम्मानजनक शब्द के रूप में भी प्रचलित है। बीसवीं शताब्दी में अवध क्षेत्र में बच्चू सूर हुए हैं जो रामचरित मानस के व्याख्याकार थे, एक-एक दोहा-चौपाई के कई अर्थ करते। ऐसा प्रतीत होता है कि सूर की नेत्र-ज्योति उनसे कुछ समय के अनंतर विदा लेती है, अंग्रेजी कवि मिल्टन की तरह। इस बीच उन्होंने जो जीवनानुभव प्राप्त किया था, उसका उपयोग उन्होंने काव्य में किया, जैसे दृश्यों का रेखांकन, शेष के लिए उनकी प्रतिभा सहायक थी। वल्लभाचार्य के संपर्क में आकर सूर को नया बोध हुआ, इसका उल्लेख भी किया जाता है। सूर का यह नया रूपांतरण था और दैन्य के स्थान पर कृष्णलीला के रसात्मक वर्णन में उनकी अधिक रुचि हुई। यह निवृत्ति से प्रवृत्ति की ओर प्रयाण है, जिससे रचनाशीलता को नई प्रयोजनवती भूमिका प्राप्त होती है। 'अब हौं नाच्यौ बहुत गोपाल' जीवन के प्रति जिस विराग भाव का संकेत है, वहाँ उच्चतर धरातल पर जाने का रचना संकल्प भी ध्वनित होता है। एक प्रकार का मनोजागरण, जिसके सर्वोत्तम प्रतिनिधि रूप में तुलसीदास की 'विनयपत्रिका' को प्रस्तुत किया जा सकता है। सूरदास से अकबर की भेंट हुई थी, अथवा नहीं, यह विवाद का विषय हो सकता है और इसे प्रमाणित कर पाना भी सरल नहीं। पर

इससे इतना तो स्पष्ट है कि सूर अपने जीवनकाल में इतनी नामवरी पा गए थे कि सम्राट भी उनसे भेंट का इच्छुक था। आइने अकबरी में महाकवि सूरदास, तुलसीदास क्यों नहीं प्रवेश कर पाते, यह प्रश्न भी प्रासंगिक है। सूर का दैन्य-प्रार्थना से, कृष्ण के प्रति रागात्मक भक्त की ओर प्रयाण उल्लेखनीय है।

कृष्णगाथा के प्रस्थान रूप में मुख्यतया भागवत की चर्चा होती है, पर सूर का व्यक्तित्व उसे नई भाव-व्यंजना देता है। सूर प्रबंधकार नहीं हैं और तुलसी की तरह उन्हें कथा कह सकने की सुविधा नहीं है। पर यह कम आश्चर्यजनक नहीं कि सूर कृष्ण-लीला के असंख्य पद गीतात्मकता के आधार पर रचते हैं। लाख पदों की जनश्रुति पर ध्यान न दें, तो भी जितने पद उपलब्ध हैं, वे भी पदों की गीत सृष्टि को ध्यान में रखते हुए, प्रतिभा का वैशिष्ट्य प्रमाणित करते हैं। अपने को अधिक न दुहराना, पुनरावृत्ति दोष से यथासंभव बचने का प्रयास करना और अंतिम क्षण तक सर्जनरत रहना प्रतिभा की क्षमता से ही संभव है। आरंभ में प्रार्थना-भाव है : नाथ अनाथनि ही के संगी/दीनदयाल, परम करुनामय जन-हित हरि बहुरंगी अथवा स्याम गरीबनि हूँ के गाहक/दीनानाथ हमारे ठाकुर, साँचे प्रीति निबाहक आदि। मध्य में स्थिति है—कृष्ण लीला-गान, जिसकी अनेक छवियाँ हैं, बाल-वर्णन से लेकर रास-प्रसंग और महारास तक। भ्रमरगीत प्रसंग उपास्य-उपासक के प्रेम-भाव को उजागर करता है और उसे सगुण-निर्गुण विवाद तक सीमित नहीं किया जा सकता। यहाँ भाव प्रधान है और तर्क भी है तो भावाश्रित, जो स्वयं में विरोधाभास है, जिसे लगभग तर्कहीन कह सकते हैं, पर यहाँ गोपियाँ भक्ति-भावावेग से परिचालित हैं। अकारण नहीं कि यहाँ नेत्र, वंशी को प्रमुखता मिलती है : नेत्रों ने देखा, रूप पर मुग्ध हुए और वंशी को सुना तो गोपिकाएँ गुण पर निछावर हो गईं। आँखें कृष्ण को देखना चाहती हैं, उसी रूप में जिसमें उन्हें प्रथम बार देखा था : स्थिति यह कि निसिदिन बरसत नैन हमारे/सदा रहति पावस ऋतु हम पै, जब तें स्याम सिधारे अथवा और सबै अंगन तैं ऊधौ, अँखिया अधिक दुखारी। आँखों को पंख लग गए हैं : 'बहुत रोके अंग सब पै, नयन उड़ि-उड़ि जात।' बहिया आ गई है : तुम्हारे बिरह ब्रजनाथ, अहो प्रिय नयनन नदी बढ़ी आदि। रूप-गुण के संयोजन से सूर की भक्ति निर्मित हुई है, जिसमें लोकउपादानों का सक्षम उपयोग हुआ है।

सूर उस परंपरा के प्रतीक, जिन्हें अपने जीवन-काल में ही ऐसी जनप्रियता मिली कि वे वाचिक-मौखिक परंपरा से जुड़ गए। जनता के कंठ में पहुँचकर कविता कालजयता प्राप्त करती है। बालकृष्ण के वर्णन में सूर अद्वितीय हैं और जिन आचार्य रामचन्द्र शुक्ल के काव्य-प्रतिमान तुलसी हैं और जिन्हें वे अपनी समीक्षा में प्रथम स्थान देते हैं, वे भी स्वीकार करते हैं कि 'यद्यपि तुलसी के समान सूर का काव्य क्षेत्र इतना व्यापक नहीं कि उसमें जीवन की भिन्न-भिन्न दशाओं का समावेश हो पर जिस परिमित पुण्य-भूमि में उनकी वाणी ने संचरण किया उसका कोई कोना

अछूता न छूटा। शृंगार और वात्सल्य के क्षेत्र में जहाँ तक उनकी दृष्टि पहुँची वहाँ तक और किसी कवि की नहीं। इन दोनों क्षेत्रों में तो इस महाकवि ने मानों औरों के लिए कुछ छोड़ा ही नहीं, (सूरदास, पृ. 96)। जैसे बालवर्णन, जहाँ कृष्ण की असंख्य बाल छवियाँ पूरी रागात्मकता में चित्रित हैं। बालक कृष्ण की एक-एक छवि यहाँ उभरी है, निरपेक्ष रूप में नहीं, भक्ति-भाव के साथ, नन्द-यशोदा, ग्वाल-बाल सब उसमें सम्मिलित हैं : सोभित कर नवनीत लिए/घुटुरुनि चलत रेनु तन-मंडित, मुख दधि लेप किए। पद का समापन है : धन्य सूर एकौ पल इहिं सुख, का सत कल्प जिए। प्रायः पदों के समापन अंश में यह राग-भाव व्यक्त होता है और माखन-लीला, गो-चारण, वंशी-गायन आदि में कृष्ण के रूपचित्र अपनी पूरी अद्वितीयता में हैं। सारे प्रसंग कृष्ण को सामाजीकृत करते हैं और वे परम आराध्य बनते हैं : बन तैं आवत धेनु चराए/संध्या समय साँवरे मुख पर, गो-पद-रज लिपटाए। और अंत में : सूरदास बलि लीला प्रभु की, जीवत जन जस गाए। सूरदास में मुरली आकर्षण का विस्तार है : सूरदास मुरली है, तीन-लोक-प्यारी, वह गुण-बोधक है।

सूरदास में कृष्ण-चरित एक नया रागात्मक विस्तार पाता है, यह निर्विवाद है। भागवत तो समस्त भक्ति का प्रस्थान है, पर सूर कृष्ण को एक प्रकार से पुनःसर्जित करते हैं, राधा के संयोजन से उसे नया उत्कर्ष देते हैं और कंचनवर्णी राधा से पूरा प्रसंग नई दीप्ति पा जाता है। स्वकीया-परकीया जैसे प्रश्न अप्रासंगिक हैं, क्योंकि मूलतः निगतिकालीन समय के रीतिशास्त्र से संबद्ध हैं। स्वकीय वह जो अपने व्यक्तित्व को इस सीमा तक विलयित कर दे कि पार्थक्य ही न रह जाय, ऐसे में जिसे परकीय कहा जाता है, वह भी स्वकीय का अधिकारी है। इसीलिए राधा को परम गोपी भाव, महाभाव कहा गया और उसके बिना कृष्ण अधूरे हैं। वियोग का सर्वाधिक व्यथा-भार भी वही झेलती है : अति मलीन वृषभानु कुमारी/हरि स्रम-जल अंतर तनु भीजै, ता लालच न धुआवति सारी। कृष्ण स्नेह स्वीकारते हैं—उभयपक्षीय प्रेम को प्रतिष्ठित करते। 'सूर ने ब्रज के लोक-जीवन को लगभग दुह लिया और वे कृषि-चरागाही संस्कृति के प्रतिनिधि कवि हैं। लगता है जैसे ब्रजमंडल 'सूरसागर' में समा गया है—उत्सव, पर्व से लेकर लोकजीवन तक' (प्रेमशंकर : कृष्णकाव्य और सूर, पृ. 129)। स्वयं को व्यक्त करने के लिए सूर ने ब्रजभाषा को उसके चरमोत्कर्ष पर पहुँचाया और कई बार भाषा चित्र बनाने में जिस कौशल के साथ अग्रसर होती है, वह सर्जनात्मक क्षमता का प्रमाण है। ब्रज में प्रचलित शब्दावली का प्रयोग करते हुए, सूर ने उसे काव्योपयोगी बनाया, जिसका अनुसरण अन्य कवियों ने भी किया। ब्रज का लोकजीवन सूर में इसलिए भी प्रामाणिकता पा सका क्योंकि पूरा मुहावरा ब्रजमंडल से प्राप्त किया गया है। सूर गीतस्रष्टा हैं और इसके निर्वाह के लिए लालित्य, माधुर्य, लय आदि गुणों की आवश्यकता होती है। सूर का काव्य इसका अप्रतिम उदाहरण है। पद राग-रागिनियों में बाँधे गए और उनमें शास्त्रीय संगीत तथा लोकसंगीत का सक्षम

संयोजन है। सूर में कृष्णकाव्य का चरम विकास है, सभी स्तरों पर।

राम और कृष्ण भक्तिकाव्य के दो प्रमुख प्रस्थान हैं, यद्यपि इनसे बाहर जाकर भी रचना के प्रयत्न हुए हैं, पर उन्हें ऐसी व्यापक स्वीकृति नहीं मिली। इन दोनों अवतारों की केंद्रीयता रचना की अनिवार्यता बनी, इसमें संदेह नहीं। रामकथा के प्रस्थान रूप में वाल्मीकि रामायण सर्वस्वीकृत है और कवियों ने उसकी सामग्री का उपयोग अपने भाव-संसार के अनुसार किया है। वाल्मीकि, कालिदास, भवभूति आदि मुख्य रूप से इसमें आते हैं। विचारणीय यह कि राम अथवा कृष्ण पुराकथा के सर्वोत्तम नायक हैं, पर रचना में आकर उनके व्यक्तित्व में निरंतर विकास होता है। समय-समाज के दबाव उन्हें नए संदर्भ देते हैं जिसमें कवि का अपना व्यक्तित्व भी क्रियाशील रहता है। वाल्मीकि के राम महानायक हैं—अनेक गुण समुच्चय। धार्मिकता यहाँ आदिकवि को इस सीमा तक परिचालित नहीं कर पाती कि काव्यतंतु क्षीण हो जाएँ। राम जिस विराट व्यक्तित्व का बोध कराते हैं, उसमें अलौकिकता कम, सामर्थ्य अधिक है। उनमें सात्त्विक क्रोध भी है, जो उनके दायित्व-बोध से जुड़ा है, जैसे सीताहरण के अनंतर वे दुष्टों के विनाश का संकल्प लेते हैं। रामकथा का प्रचार-प्रसार वृहत्तर भारत, अर्थात् पड़ोसी देशों में भी हुआ, जैसे इंडोनेशिया, श्याम, जावा, सुमात्रा आदि में, जिससे उसकी व्यापकता का पता चला है। राम मर्यादा के चरित्र हैं और कृष्ण की तुलना में शृंगार से थोड़ा दूर भी, इसीलिए उनकी सीमाएँ हैं। यह सीमा है शीलवान व्यक्तित्व की, जिसे अपनी मर्यादाओं का ध्यान है। वह मृगी पर बाण नहीं चलाएगा, दुष्ट को भी समझाए-बुझाएगा, फिर दंडित करेगा आदि। संस्कृत के अतिरिक्त प्राकृत में भी रामकथा है, जिसका उल्लेख विद्वानों ने किया है (कामिल बुल्के : रामकथा)। दक्षिण में कंबन रामायण का विशेष स्थान है, जिसकी दृष्टि प्रचलित राम-कथा से किंचित् भिन्न है। तेलुगु (रंगनाथ रामायण), बंगला (कृतिवासी रामायण), मराठी (एकनाथ : भावार्थ रामायण) आदि प्रसिद्ध हैं।

संस्कृत में रामकाव्य के लिए कालिदास के 'रघुवंशम्' महाकाव्य का उल्लेख किया जाता है, पर यहाँ वह रघुवंशों की परंपरा में अंतर्भुक्त है। छः-सात सर्गों में यह कथा वर्णनात्मक ढंग से आई है। राम का स्वरूप क्या है ? कालिदास कहते हैं कि कौशल्या ने तमोगुण हरने वाले पुत्र को जन्म दिया जिसे वशिष्ठ ने राम मंगलकारी नाम दिया (10-66-67)। इसी क्रम में महाकवि कहते हैं कि संसार के दोष भाग गए, गुणों का प्रसार हुआ, मानों विष्णु के साथ स्वर्ग पृथ्वी पर उतर आया है। राम के दायित्व का भी संकेत है : रावण के मुकुट की मणियाँ ज़मीन पर गिर पड़ीं। राम का कर्तव्यबोध आरंभ में ही निश्चित है और कथा में राम इसे प्रमाणित करते हैं। पर 'रघुवंश' में कालिदास शृंगार के रसराजत्व भाव के साथ हैं, जैसे द्वादश सर्ग में अयोध्या लौटते हुए राम सीता से वार्तालाप करते हैं : पर्वत की ढलान पर जो तमाल वृक्ष है, उसके किसलय का कर्णफूल तुम्हें पहनाया था और जो ज्वार-अंकुर

जैसे पीत कपोलों पर सुंदर लगता था (12-49)। कालिदास को रघुवंशियों की महान् परंपरा का ध्यान है, पर राम का व्यक्तित्व वीरता-शृंगार की सम्मिलित भूमि पर रचा गया है, महाकवि की सौंदर्य-दृष्टि के अनुरूप।

भवभूति के 'उत्तररामचरित' नाटक में राम का दूसरा रूप उभरता है, जिसमें सीता की भी उल्लेखनीय उपस्थिति है। भवभूति ने करुण रस को एकमात्र रस कहा, और इस प्रकार करुणा भाव का महत्त्व स्वीकार किया। इसकी व्याप्ति व्यापक है, जिससे उच्चतर मानवमूल्यों का निष्पादन होता है। प्रायः कवियों ने सीता-निर्वासन की कथा को छोड़ दिया क्योंकि इससे राम का महानायकत्व खंडित होता है, यद्यपि वाल्मीकीय रामायण के उत्तरकांड में वह विस्तार से आई है। भवभूति की नारी-दृष्टि में सहानुभूति सीता के साथ है और राम भी उनके गुणों की निरंतर सराहना करते हैं : जन्म से ही पवित्र सीता (उत्तर. 1 । 13)। विद्वानों ने प्रश्न उठाया है कि वाल्मीकि अथवा भवभूति ने राम-कथा में सीता-निर्वासन के करुण प्रसंग को क्यों स्थान दिया है। भवभूति ने इसे उत्तररामचरित कहा, राम की मूल गाथा का परवर्ती आख्यान। सीता पवित्र हैं, केवल लोकापवाद से रक्षा के लिए सम्राट राम सीता को इस यातना से गुजारते हैं। जैसे राज-कर्तव्य वैयक्तिक प्रेम पर हावी है, पर भवभूति राम को भी आंतरिक व्यथा से गुजारते हैं, जिससे राम का व्यक्तित्व करुणा की नई भूमि पर देखा जा सकता है। उत्तररामचरित में राम का विलाप प्रकारांतर से सीता की महिमा का बखान ही है, जिसमें प्रकृति भी सम्मिलित है : सीता का सस्नेह-स्मरण करता पर्वत का मयूर (3 । 20)। रामकथा में भवभूति का स्थान कई दृष्टियों से विशिष्ट है, पर परवर्ती परंपरा राम की उत्तरगाथा का अनुसरण नहीं करती क्योंकि उसे लगता है कि इससे राम का व्यक्तित्व धूमिल होता है। आधुनिक समय में भारतभूषण अग्रवाल ने अपने काव्य 'अग्निलीक' में सीता का पक्ष प्रस्तुत किया है, जिनका राम पर आक्षेप है कि वे महत्त्वाकांक्षा की राजनीति से परिचालित हैं और तथाकथित रामराज्य मात्र एक छल है : ये तो राज्य के मतवाले थे/विजयश्री के भूखे थे/प्यार से इन्हें लगाव ही कब था (अग्निलीक, पृ. 52)। भवभूति भक्तिभावना से परिचालित कवि-नाटककार नहीं हैं और राम-सीता के माध्यम से नारी-पुरुष-संबंधों पर भी विचार करते हैं। यह उनकी मौलिकता है, जिसे व्यापक स्वीकृति मिली है : 'संस्कृत काव्य में भवभूति का स्थान कालिदास के बाद ही स्वीकार किया जाता हैं। 'उत्तरामचरित' में त्रासद स्थितियाँ हैं और राम का अंतःसंघर्ष काव्य-नाटक का मूल स्वर कहा जा सकता है' (सी. कुन्हन राजा : सर्वे ऑफ संस्कृत लिटरेचर, पृ. 188)। इस प्रकार राम के मानुषीकरण की जो प्रक्रिया संस्कृत काव्य में आरंभ हुई, उसे आगे चलकर विकास मिला।

भारतीय साहित्य में रामकाव्य की विस्तृत परंपरा है, जिससे हिंदी भक्तिकाव्य ने प्रेरणा पाई है, सामग्री भी। आदिकवि का वाल्मीकि रामायण प्रस्थान है, पर अध्यात्म

रामायण, हनुमन्ननाटक, प्रसन्नराघव का प्रभाव भी देखा जा सकता है। भारतीय भाषाओं में रामकाव्य रचे गए : कंब रामायण (तमिल), द्विपद रामायण (तेलुगु), अध्यात्म रामायण (मलयालम), तोरवे रामायण (कन्नड़), कृतिवास रामायण (बंगला) आदि। रामकथा प्राकृत-अपभ्रंश में भी गतिशील रही, किंचित् परिवर्तन के साथ। लोक-साहित्य पर तो उसका व्यापक प्रभाव है ही, साथ ही अन्य रामकाव्य भी हैं : रामायण कथा (विष्णुदास), ईश्वरदास, भावार्थ रामायण (एकनाथ) आदि। जिन विद्वानों ने राम भक्ति काव्य पर कार्य किया है, वे अनुसंधान के आधार पर प्रमाणित करते हैं कि हिंदी में तुलसीदास के पूर्व रामभक्ति रचनाएँ हुई। कृष्णभक्त सूरदास ने रामकथा का उपयोग किया और उनमें तुलसी से कुछ स्थलों पर आश्चर्यजनक भाव-साम्य हैं (प्रेमशंकर : रामकाव्य और तुलसी, पृ. 28-30)। प्रसंग है, सीता-हरण के पश्चात् राम की व्यथा का, जहाँ तुलसी कहते हैं : हे खगकुल हे मधुकर श्रेनी, तुम देखी सीता मृग नैनी। रूप-स्मरण के साथ, सूर का पद है (सूरसागर, 9।64) :

फिरत प्रभु पूछत, बन-द्रुम-बेली
अहौ बंधु काहूँ अवलोकी इहिं मग बधू अकेली।
अहौ बिहंग, अहौ पन्नग-नृप, या कंदर के राइ
अबकै मेरी विपति मिटावौ, जानकि देहु बताइ।

समय के दबाव में रचना अनेक दिशाएँ लेती हैं और कृष्णकाव्य, रामकाव्य में रसिक रेखाओं का प्रवेश हुआ जिससे उसकी सामाजिक चेतना दुर्बल हुई। संप्रदायों की यही सीमा-रेखा है कि वहाँ खंड-खंड दृश्य आते हैं, समग्र जीवन-छवि नहीं उभर पाती। नायकों की भी दुर्गति होती है और निगतिकालीन समय प्रक्षेपित होता है। केशवदास के पास पांडित्य है, शास्त्र भी, पर उनके पास वह उदात्त भाव-धरातल नहीं है कि वे तुलसी के काव्यनायक राम जैसा व्यक्तित्व रच सकें। आचार्य शुक्ल की टिप्पणी कि केशव को कवि-हृदय नहीं मिला था, इसी का संकेत है। कृष्ण-राम-काव्य की अनवरत धारा है, पर समाज में व्यापक स्वीकृति के लिए, शिखर रूप में सूर-तुलसी का नाम क्यों लिया जाता है ? इसलिए कि वे चरितनायकों के माध्यम से अपने समय से भी टकराते हैं और उसे एक नई दिशा देने का काव्य-संकेत करते हैं। इसी को रचना का समाजदर्शन कहा जाता है। इतिहास-क्रम की बात दूसरी है, पर महान् लेखक अपनी रचना के माध्यम से स्वयं इतिहास में विनम्र योगदान का प्रयत्न करते हैं। रचना-स्तर पर इसे प्रतिपक्ष अथवा विकल्प कहा जाता है।

तुलसीदास की जीवनगाथा को लेकर विद्वान् आज भी एकमत नहीं हैं, यद्यपि रचना के बिंदु पर वे रामकाव्य के ही नहीं, संपूर्ण हिंदी भक्तिकाव्य के सर्वोपरि कवि हैं। उनकी जैसी व्यापक स्वीकृति विरल होती है, पर अन्य भक्त कवियों की तरह उन्हें भी लेकर विवाद कि सोरों में जन्मे थे, अथवा राजापुर में ? श्री चंद्रबली पांडे ने पूरी पुस्तक ही लिखी है जो 2011 वि. में छपी थी : 'तुलसी की जीवन-भूमि'।

समय क्या है और जीवन-रेखाएँ कैसी ? नाभादास (भक्तमाल), वेणीमाधवदास (गोसाईंचरित), कृष्णदत्त मिश्र (गौतम चन्द्रिका) आदि में जो संकेत मिलते हैं, उन्हीं से जीवन-रेखाएँ बनाने का प्रयत्न किया जाता है, पर ये इतिहास-ग्रंथ नहीं हैं, इसलिए इनमें जनश्रुतियाँ और चमत्कार-अंश भी हैं। रचनाओं के भीतर से जो जीवन-रेखाएँ और व्यक्तित्व के कोण तलाशे जाते हैं, वे कहीं अधिक प्रामाणिक होते हैं, कवि की कल्पनाशीलता के बावजूद। संवत् सोलह सौ इकतीस (1574 ई.) रामचरितमानस का रचनाकाल है, जो अकबर के शासन का समय था (1556-1605)। विद्वानों का बहुमत तुलसी के जन्मस्थान के लिए राजापुर के पक्ष में दिखाई देता है। जन्म के लिए 'मूल गोसाईंचरित' को आधार माना जाय तो समय होगा 1554 वि., लगभग 1497 ई., पंद्रहवीं शताब्दी का अंत और निधन तिथि होगी श्रावण तीज शनिवार, 1680 वि., 1623 ई. : सवा सौ वर्षों का सार्थक जीवन। पंद्रहवीं-सोलहवीं के संधिस्थल पर जन्मे तुलसी ने सोलहवीं शताब्दी पार की और सत्रहवीं का आरंभ भी देखा, जो इतिहास की दृष्टि से मुग़लकाल का सर्वोत्तम समय—बाबर से जहाँगीर तक का शासन-काल।

रचना को रूपायित करने में सामाजिक परिदृश्य है और स्वयं तुलसी की संघर्षगाथा भी। 1526 में पानीपत का युद्ध जीतकर बाबर ने मुग़ल शासन के केंद्रीय सामंतवाद की स्थापना की और विचार-विनिमय की प्रक्रिया में गति आई। बाबर, स्वयं लेखक था, पर जल्दी चला गया और हुमायूँ के सूफ़ियाना अंदाज़ ने जिस उदार पंथ का स्वप्न देखा, उसे अकबर ने पूर्णता पर पहुँचाया। तुलसी इसी समय की उपज हैं, पर उससे पूरी तरह संतुष्ट नहीं। निराला ने महाकवि का सही आकलन किया है कि तुलसी के समक्ष सामान्यजन का संसार है : चलते-फिरते, पर निस्सहाय/वे दीन, क्षीण, कंकालकाय/आशा केवल जीवनोपाय, उर-उर में। तुलसी की अपनी संघर्ष-कथा भी इसमें सम्मिलित है : बारें तें ललात-बिललात द्वार-द्वार दीन/जानत हो चारि फल चार ही चनक को (कवितावली, उत्तर. 73)। आत्मकथा की जो रेखाएँ तुलसी की रचनाओं में उपलब्ध हैं कि सर्वोच्च द्विज वर्ण-ब्राह्मण-कुल में जन्म लेकर भी, जीवन संघर्ष-भरा था। माता-पिता की आशीष-छाया भी नहीं मिली : मातु-पिताँ जग जाइ तज्यो, बिधिहूँ न लिखी कछु भाल भलाई (कवितावली, उत्तर. 57)। द्वार-द्वार भटकते तुलसी ने समय-समाज को देखा-समझा और उसी के बीच से अपने रचना-पथ का संधान किया। वैयक्तिकता को पार कर जाना सामाजिकता है और तुलसी इसके प्रमाण हैं।

तुलसी के समाजदर्शन की चर्चा आगे होगी, पर यहाँ इतना कहना पर्याप्त है कि जो लोग महाकवि को भक्ति तक सीमित करके देखते रहे हैं, वे भी इस विराट प्रतिभा से साक्षात्कार के लिए विवश हैं। तुलसी के विश्लेषण से आलोचना स्वयं को सार्थक मानती है और इस महान् व्यक्तित्व के प्रति वे भी आकृष्ट हुए, जो कवि

के विचारों से कुछ स्थलों पर अपनी असहमति व्यक्त करते हैं। आचार्य रामचन्द्र शुक्ल ने तुलसी के लोकधर्म को रेखांकित किया : 'आज जो हम फिर झोंपड़ों में बैठे किसानों को भारत के भायप भाव पर, लक्ष्मण के त्याग पर, राम की पितृभक्ति पर पुलकित होते हुए पाते हैं, वह गोस्वामीजी के ही प्रसाद से' (गोस्वामी तुलसीदास, पृ. 34)। बुद्धिवादी आचार्य के इस वक्तव्य में किंचित् भावुकता की झलक हो सकती है, पर यह है एक समर्थ आलोचक द्वारा विराट व्यक्तित्व की सामाजिक चेतना की सहज स्वीकृति। आचार्य शुक्ल ने तुलसी के विवेचन को सही प्रस्थान दिया, जो परंपरा प्रगतिवादियों तक चली आई है–डॉ. रामविलास शर्मा, रमेश कुन्तल मेघ और विश्वनाथ त्रिपाठी तक। विदेशियों ने भी तुलसी का अध्ययन किया है, जिसमें बरान्निकोव जैसे मार्क्सवादी हैं। तुलसी के नवमूल्यांकन के प्रयत्न भी हुए हैं, जैसे महाकवि तुलसी और युग-संदर्भ (भगीरथ मिश्र), तुलसी-नवमूल्यांकन (रामरतन भटनागर) आदि। नई पीढ़ी का ध्यान भी इस ओर गया है : वीरेन्द्र मोहन, अरुण मिश्र आदि का। डॉ. रामविलास शर्मा के शब्दों में : 'तुलसी की भक्ति समाज के लिए अफ़ीम नहीं थी। वह जनजागरण का एक साधन थी। भक्त तुलसीदास मूलतः मानववादी हैं' (परंपरा का मूल्यांकन, पृ. 88)।

भक्तिकाव्य में तुलसीदास को समन्वय का कवि कहा गया है, इसे समझने की आवश्यकता है। समन्वय ऐसा चतुर समझौतावाद भी हो सकता है जहाँ लेखक की प्रतिबद्धताएँ ही पता न चलें। पर सार्थक रचना ऐसी चालाकी से दूर रहती है और वह अपना सामाजिक-सांस्कृतिक दायित्व जानती है। तुलसी ने रामचरितमानस के आरंभ में, 'नानापुराण निगमागमसम्मतं' कहकर परंपरा को स्वीकृति दी, पर उसे अपने समय-संदर्भ में देखा। यहाँ राम पुनःसर्जित हुए, अपने लोकधर्मी मानववादी गुणों के साथ, जिसे आचार्य शुक्ल 'राम का शील' कहते हैं और जो ज्ञान-कर्म से संयोजित होकर अर्थवान बनता है। इस शील की व्यापक ध्वनि है, जिससे विराट व्यक्तित्व का बोध होता है। तुलसी के राम फलप्रद हैं : नामु राम को कलपतरु, कलि कल्यान निवासु (बाल. दोहा 26)। तुलसी का समय विचित्र अंतर्विरोधों का था, एक जटिल समय : एक ओर सामंती विलास, दूसरी ओर विपन्नता में डूबे सामान्यजन। जातियाँ-उपजातियाँ टकरा रही थीं, दर्शन दुर्बल था, कर्मकांड बढ़ रहा था, शैव-वैष्णव-शाक्त आपस में टकरा रहे थे, सौमनस्य का अभाव था। नारियों की स्थिति चिंत्य थी, बाह्याडंबर प्रभावी था और समाज अंधविश्वासों से घिर गया था। इन ढेरों अंतर्विरोधों के बीच से सही मार्ग की खोज तुलसी का समन्वय पंथ हो सकता है, यदि इस शब्द के उपयोग की अनिवार्यता ही हो, तो। अन्यथा मध्यकालीन 'कलिकाल' से टकराते हुए तुलसीदास अपनी सजग चेतना से नई लोकवादी-मानववादी अवधारणा निष्पादित करते हैं, जिसका माध्यम है, रामकथा। वे सगुण-निर्गुण, ज्ञान-भक्ति में संप्रदायगत भेद स्वीकार नहीं करते और ज्ञान-समन्वित भक्ति को

सर्वोपरि मानते हैं। उत्तरकांड के ज्ञान-भक्ति विवेचन में इसे देखा जा सकता है। तुलसी की क्षमता उनके संकल्पवान व्यक्तित्व में है, जहाँ वे राम को कर्मवान गुण-समुच्चय के रूप में प्रतिष्ठित करते हुए, मूल्य-मर्यादाहीन समय में एक सार्थक मूल्यपरक संहिता की खोज करते हैं। आभिजात्य तोड़ते हुए, वे अपना मंतव्य अवधी जनभाषा में प्रतिपादित करते हैं और उनका पूरा मुहावरा वृहत्तर समाज से प्राप्त किया गया है। इसी से वे व्यापक स्वीकृति के भारतीय लोकजीवन के प्रवक्ता-कवि हैं।

भक्तिकाव्य ने लंबी यात्रा की, लगभग चार शताब्दियों की और सामंतवादी समाज के कई दृश्य आए-गए। प्रश्न यह कि इन स्थितियों में भक्तिकाव्य का कौन-सा समाजशास्त्र आया और समाजदर्शन की क्या रूपरेखाएँ उभरीं। कवियों की अपनी बनावट है जो उनकी रचनाशीलता को रूपायित करती है, पर यह कहना भूल है कि निराकारी-निर्गुण की तुलना में साकारी-सगुण कम प्रगतिशील है। अथवा कृष्णकाव्य, रामकाव्य की तुलना में अधिक सेक्लुयर, पंथ-निरपेक्ष है। दृष्टि का अंतर हो सकता है और कथन-भंगिमा का भी, पर भक्तिकाव्य की लंबी यात्रा का कारण देवत्व नहीं है, इसके विपरीत उसकी मानवीय चिंता है, जो उसे आज भी किसी बिंदु पर प्रासंगिकता देती है, और उसे खारिज कर पाना उनके लिए भी कठिन, जो स्वयं को भक्तिमार्गी कहने से बचना चाहते हैं। भक्तिकाव्य का समाजशास्त्र है, समय-समाज से उसकी टकराहट, जो कभी कबीर की तरह जुझारू दिखाई देती है, और अन्यत्र संयत, पर असंतोष सबमें है। समाजदर्शन है—नए विकल्प की खोज, नए मूल्य-संसार की तलाश। राम-कृष्ण तो माध्यम हैं, वास्तविक लक्ष्य है, रचना-स्तर पर उच्चतर भावलोक की प्राप्ति। समाजशास्त्र और समाजदर्शन के लिए भक्तिकाव्य ने जिस अभिव्यक्ति-कौशल का आश्रय लिया, वह स्वतंत्र चर्चा का विषय है। पर रचना की प्रामाणिकता के लिए इन सजग कवियों ने पूरा मुहावरा लोकजीवन से ही प्राप्त किया—भाषा, छंद आदि। भक्तिकाव्य में मध्यकालीन लोकजीवन की उपस्थिति और एक वैकल्पिक मूल्य-संसार की तलाश उसकी सामर्थ्य का प्रमाण है। भक्तिकाव्य में समाजदर्शन और भक्तिदर्शन मिलकर अपने रचना-संसार को ऐसी दीप्ति देते हैं कि उसे कालजयी काव्य कहा जाता है। उसका वैशिष्ट्य यह कि वह अपने समय से संघर्ष करता हुआ, उसे पार करने की क्षमता का प्रमाण देता है और लोक को सीधे ही संबोधित करता है, पूरे आत्मविश्वास के साथ। उसका वैकल्पिक भाव-विचार-लोक उसका 'काव्य-सत्य' है, जिसे व्यापक स्वीकृति मिली।

कबीर :
जो घर फूँकै आपना चलै हमारे साथ

कबीर भक्तिकाव्य में एक व्यापक प्रभाव के संत कवि हैं, जिनकी व्याप्ति सुदूर अंचलों तक है—महाराष्ट्र से लेकर पंजाब तक। परवर्ती मराठी संत कवियों पर उनकी छाया है और गुरु नानक ने उन्हें सम्मानपूर्ण स्थान दिया है। कबीर के नाम पर पंथ-मठ निर्मित हुए, जिनमें छोटी कही जाने वाली जातियाँ सम्मिलित हुईं। प्रखर प्रवक्ता के साथ कई कठिनाइयाँ हैं और उनकी सही पहचान का कार्य सरल नहीं। जन्म से लेकर अवसान तक की उनकी जीवनगाथा कई प्रकार की किंवदंतियों से भरी हुई है, चमत्कार का संकेत करती। उनके चारों ओर ऐसा विचित्र ताना-बाना बुना गया कि वास्तविकता की पड़ताल का कार्य भी सरल नहीं रह गया। सबसे बड़ा संकट यह कि जिसे भक्तिकाव्य का सबसे विद्रोही-क्रांतिकारी स्वर कहा जाता है, उसी को केंद्र में रखकर मठ बने, जो प्रायः चिंतन की जड़ता के प्रतीक हो जाते हैं। एक प्रखर क्रांतिकारी के विचारों की ऐसी कर्मकांडी परिणति स्वयं में दुःखद विरोधाभास है। पर इस सबके बीच कबीर आज भी हमारे सबसे प्रासंगिक कवियों में हैं क्योंकि उन्होंने मध्यकालीन सामंती समाज को ललकारा था, जो द्वेष, अंधविश्वास, रूढ़िवादिता, पुरोहितवाद, मिथ्याचार पर टिका था। इस प्रखरता ने भक्तिकाव्य को तो प्रेरित किया ही, आधुनिक समय में रवीन्द्रनाथ उनसे प्रभावित हुए और उन्होंने कबीर की सौ कविताओं का अनुवाद किया। आचार्य हजारीप्रसाद द्विवेदी ने कबीर और रवीन्द्र में समानांतर भावनाओं की खोज की है, विशेषतया प्रेमलीला के संदर्भ में, यद्यपि दोनों में पार्थक्य-रेखाएँ भी हैं। विजयदेवनारायण साही के कवितासंकलन का शीर्षक 'साखी' कबीर की प्रेरणा है और इसकी अंतिम कविताओं में संत कवि का प्रभाव है। साही संत, साधो को संबोधित करते हैं, बाज़ार में लुकाठी लिये लोगों की चर्चा है और अंतिम कविता है : 'प्रार्थना गुरु कबीरदास के लिए' : परम गुरु, दो तो ऐसी विनम्रता

दो/कि अंतहीन सहानुभूति की वाणी बोल सकूँ/ और यह अंतहीन सहानुभूति, पाखंड न लगे। कबीर हरिशंकर परसाई के प्रेरणापुरुष हैं और उन्होंने 'सुनो भाई साधो', 'कबिरा खड़ा बाजार में' स्तंभ लिखे हैं। उनकी आत्मस्वीकृति है : 'कबीरदास का विद्रोह, अक्खड़पन, फक्कड़पन, सधुक्कड़ी भाषा, साफ़गोई, ठेठ मुहावरा—इन सबसे एक तरह से मैंने अपने को कबीर की परंपरा से ही जोड़ लिया' (तुलसीदास चंदन घिसैं)।

संतों की जीवन-रेखाएँ चामत्कारिक घटनाओं से जोड़ दी जाती हैं और वास्तविकता का पता लगाने में कठिनाई होती है। कबीर का जन्म प्रायः 1398 ई. स्वीकार किया जाता है और निधन 1518 में। इस प्रकार उन्हें एक सौ बीस वर्ष की लंबी आयु मिली थी। उनके गुरु रामानन्द थे, जिनका समय 1365-1468 है। इतिहास की दृष्टि से सैयद सुलतान (1414-1451) तथा लोदी वंश (1451-1526) का शासन था। कहा जाता है कि नीरू-नीमा जुलाहा-दंपति शिशु कबीर को काशी जनपद के लहरतारा तालाब के पास से उठा लाए थे और उन्होंने उनका पालन-पोषण किया। अवसान के विषय में प्रचलित कथा भी आश्चर्यकारी है कि कबीर ने निर्णय लिया कि काशी छोड़कर, पास के मगहर में अंतिम समय व्यतीत करेंगे। जीवन-भर सत्य के मार्ग पर चले, तो यदि मुक्ति मिलनी है तो कहीं भी मिलेगी : जो कबिरा कासी मरै, तो रामहि कौन निहोरा अथवा सकल जनम सिवपुरी गँवाइया, मरती बार मगहर को धाइयाँ। जुलाहा जाति के कबीर ने बुनकरों की शब्दावली का भरपूर उपयोग किया है, उससे रूपक-विधान की सृष्टि की है : जोलाहा बीनहु हो हरिनामा अथवा झीनी-झीनी रे बीनी चदरिया। कबीर जुलाहा जाति के थे, पर ऐसे उदारपंथी कि उन्होंने अपने विषय में कहा : 'ना हिंदू, ना मुसलमान।' भक्त की कोई जाति नहीं होती : संतन जात न पूछो निरगुनिया। कबीर का अवसान भी ऐसा कि उनके अंतिम संस्कार को लेकर हिंदू-मुसलमान दोनों झगड़ने लगे—एक शवदाह करना चाहता था, दूसरा कब्र में दफ़नाना। शव पर पड़ी हुई चादर उठाई गई तो देखा, वहाँ केवल कुछ फूल हैं, जिन्हें दोनों ने बाँट लिया और अपने-अपने ढंग से अंतिम संस्कार किया।

कबीर का जीवन कई विचित्र घटनाओं में घिरा है, जिससे चमत्कार का मायाजाल बुनने का प्रयत्न किया गया। पंथ-मठों ने इस विद्रोही चेतना का प्रयोग अपने-अपने ढंग से किया। स्वयं कबीर का रचना-कर्म कुछ सूत्र देता है, जिनसे उनकी रचनाशीलता के प्रेरक उपकरण समझे जा सकते हैं। जन्म-कथा कुछ भी हो, पर जुलाहा-दंपति द्वारा उनका पालन-पोषण कई दृष्टियों से विचारणीय है। बुनकरों की ऐसी जाति है जिसमें हिंदू-मुसलमान दोनों हैं—कोरी हिंदू कहलाए, जुलाहा मुसलमान। पर मूलतः कर्म-आधारित इस व्यवसाय में ऐसा जातीय विभाजन नहीं कि टकराहट हो। कर्म मनुष्य को जोड़ता-बाँधता है और धर्मपरिवर्तन होकर भी संस्कार बने रहते हैं, जिससे समीपता बनी रहती है। कबीर ने अधिकांशतया जुलाहा शब्द का प्रयोग किया है,

पर कोरी शब्द भी आया है। काशी मध्यकाल में भी पंडित-नगरी थी, अपने अतीत में गौरवशाली और किसी अर्थ में अहंकार-परिचालित भी। जब अतीत अधिक प्रासंगिक नहीं रह जाता और वर्तमान की वास्तविकता सामने होती है, तो पुस्तकीय ज्ञान कछुआ-धर्म जैसा पलायन कर जाता है। मध्यकाल की काशी में, ज्ञान के साथ एक ऐसा कर्मकांड पनप रहा था, जहाँ अंधविश्वास, पाखंड, छद्म, जड़ता का परिवेश निर्मित हो चला था। शंकर की नगरी काशी के लिए अपने विद्या-गौरव की रक्षा करना भी कठिन था (मोतीचन्द्र : काशी का इतिहास, पृ. 202)। तुलसी ने 'कवितावली' के अंत में महामारी के माध्यम से इसका उल्लेख किया है। कबीर ने काशी के इस विकृत वातावरण को देखा-समझा और उसके प्रति गहरा क्षोभ व्यक्त किया। यह असंतोष उनकी कविता का समाजशास्त्र समझने के लिए आवश्यक है। कबीर निश्चय ही प्रखर मेधा के प्रतिभा-संपन्न व्यक्ति रहे होंगे, क्योंकि रचना में वैचारिकता और संवेदन का प्रभावी संयोजन हुआ है। वस्तुओं-दृश्यों के आर-पार देख सकने की क्षमता जिस धारदार पैनी दृष्टि की माँग करती है, वह कबीर के पास भरपूर है। कबीर विनय भाव से स्वीकारते हैं कि : 'मसि कागद छूयो नहीं, कलम गह्यौ नहिं हाथ'। जिस साधारण परिवार में वे विकसित हुए, वहाँ किसी भी प्रकार के शास्त्र-पांडित्य-ज्ञान के लिए अवसर ही कहाँ था ? पर गुरु के चयन में उन्होंने भूल नहीं की, जिसे लेकर भी कई प्रकार की चर्चाएँ हैं, जिनमें एक यह कि वे रामानन्द के 'हठात् शिष्य' बने थे और शिष्यत्व-ग्रहण के लिए गंगा की सीढ़ियों पर लेट गए थे। रामानन्द यद्यपि रामानुजाचार्य की परंपरा में स्वीकार किए जाते हैं, पर सभी विद्वानों ने भारतीय मध्यकाल में उनकी ऐतिहासिक भूमिका का उल्लेख किया है जिनके बारह शिष्यों की सूची भक्तमाल में दी गई है। रामानन्द की उदार दृष्टि का विवेचन करते हुए आचार्य हजारीप्रसाद द्विवेदी ने लिखा है : 'उपासना के क्षेत्र में ही वे जाति-पाँति के बंधन को अस्वीकार करते थे।...उनके मत से गुरु को आकाशधर्मी होना चाहिए जो पौधे को बढ़ने के लिए उन्मुक्तता दे, न कि शिलाधर्मी जो कि पौधे को अपने गुरुत्व से दबाकर उसका विकास ही रोक दे' (हिंदी साहित्य की भूमिका, पृ. 48)। प्रखर कबीर ने अपने तेजस्वी गुरु से उदार पंथ की प्रेरणा पाई, और शास्त्र के स्थान पर अनुभव-ज्ञान के सहारे रचना-मार्ग में अग्रसर हुए।

कबीर की कविता कई दृष्टियों से कठिनाई उपस्थित करती रही है। जीवनी के अतिरिक्त उनकी रचनाओं की प्रामाणिकता को लेकर भी विद्वान् एकमत नहीं हैं। 'कबीर बीजक' को मूल ग्रंथ रूप में स्वीकार किया जाता है, पर वस्तुस्थिति यह है कि कबीर अपने दो टूक व्यक्तित्व से इतने जनप्रिय हुए, कि मौखिक परंपरा बढ़ती रही और भक्तजन उसमें अपनी ओर से भी जोड़ते-घटाते गए। गुरु नानक के श्री गुरुग्रंथ साहिब में भी कबीर के दोहे-पद संकलित हैं। श्यामसुंदरदास, हजारीप्रसाद द्विवेदी, रामकुमार वर्मा, पारसनाथ तिवारी, शुकदेव सिंह से लेकर जयदेव सिंह-वासुदेव

सिंह तक पाठ-निर्धारण के प्रयत्न हुए हैं। इस आधार पर कबीर का जो व्यक्तित्व उभरता है, उसकी कई दिशाएँ हैं, पर दो प्रमुख पक्षों को लेकर तो जैसे विद्वान् उन्हें अपनी-अपनी ओर ले जाना चाहते हैं। एक उनकी व्यंग्य-वाणी पर बल देता है, दूसरा उनकी आध्यात्मिक चेतना पर। किंतु किसी सतेज व्यक्तित्व को परखने की यह अधूरी दृष्टि है। कबीर के अंध भक्तों ने उन्हें अरसे तक केवल धार्मिक-संप्रदायगत दृष्टि से देखा। दूसरा दृश्य यह कि उन्हें समाज-सुधारक व्यंग्यकार के रूप में देखते हुए, उनकी उन्हीं कविताओं का उल्लेख किया जाता है, जहाँ कवि अधिक आक्रामक है। कबीर अपने समय की विसंगतियों पर तीखे आक्रमण करते हैं : दोनों प्रमुख जातियाँ अधूरी हैं—'अरे इन दोउन राह न पाई।' सत्य के साक्षात्कार में दोनों चूक गईं। वे सत्य को जानते ही नहीं : 'संतों, राह दुनो हम दीठा, हिंदू-तुरुक हटा नहिं मानैं, स्वाद सबन्हि को मीठा।' समाज में जो विसंगतियाँ हैं, उन्हें लेकर कबीर बहुत आक्रामक हैं, और वे प्रश्न पर प्रश्न करते हैं : 'हिंदू-तुरुक कहाँ ते आए ? किन यह राह चलाई ?' ऊँच-नीच का वर्ग-भेद मिथ्या है : 'काहे को कीजै पांडे छोति विचारा, छोतिहि ते उपजा संसारा।' सामंती समाज के उस देहवाद पर उनका आक्रमण है, जहाँ शरीर ही सत्य माना गया, पांडित्य ज्ञान का पर्याय समझ लिया गया और संपूर्ण समाज कुरीतियों में उलझ गया। जब कबीर का आक्रोश तीव्र होता है तो उनका व्यंग्य और भी प्रखर हो जाता है : चली है कुलबोरनी गंगा नहाय। कबीर के जातीय सौमनस्य को बार-बार रेखांकित किया जाता है, अनेक रूपों में। मध्यकालीन इतिहास बताता है कि आरंभ में दोनों जातियों में टकराहट थी और उनमें लगभग संवादहीन स्थिति थी। सामंती शासक और पुरोहित वर्ग ने मिलकर इसे बनाए रखा, जिसमें दोनों के निहित स्वार्थ थे। पर सामंती समाज एक व्यवस्था है, जिसमें मुस्लिम शासकों ने अपने राज्य को सुदृढ़ करने के लिए स्थानीय लोगों को भी सामंतवाद में सम्मिलित किया—मनसबदार, जागीरदार, अमीर-उमरा का अभिजातवर्ग पनपा। जहाँ तक विजेता का प्रश्न है, उसमें अहंकार स्वाभाविक है, पर पराजित जाति अपने में सिमट-सिकुड़ गई और बहुसंख्यक हिंदू समाज पर कर्मकांडी पुरोहित वर्ग का प्रभुत्व स्थापित हुआ। इस दृष्टि से एक ऐसी पुरोगामी स्थिति आई, जैसे विवेक कुंठित हो गया हो, लोगों ने सोचना ही बंद कर दिया हो।

सल्तनत काल के अंतिम दौर में एक ओर अनुदार प्रवृत्तियाँ थीं, जो जातीय सौमनस्य में बाधा थीं, दूसरी ओर सांस्कृतिक संवाद का स्वर था, मद्धिम ही सही। बहुदेववाद के स्थान पर अद्वैती भावना का आग्रह इसी दिशा में एक प्रयत्न था। यह दार्शनिक अद्वैतवाद पर पूर्ण आश्रित न होकर, अपने समय की आवश्यकताओं की उपज है। द्वैत-अद्वैत-द्वैताद्वैत का दार्शनिक विवेचन पंडितजन के लिए है, जिसे वैष्णवाचार्यों ने भाष्य-व्याख्या के माध्यम से व्यक्त किया। पर कबीर की दृष्टि सामाजिक-सांस्कृतिक है, किसी सीमा तक व्यावहारिक भी और वे दोनों जातियों के

कर्णधारों पर बराबर की चोट करते हैं, जो आपस में लड़ते-झगड़ते हैं। उनका कहना है कि वे सत्य से बहुत दूर हैं क्योंकि मिथ्याडंबर-ग्रस्त हैं, कथनी-करनी में फाँक है : दिन को रोजा रहतु हौ, राति हनति हौ गाय अथवा जो तोहरा को ब्राह्मन कहिए, तो काको कहिए कसाई। कबीर हर प्रकार के कठमुल्लेपन पर आक्रमण करते हैं क्योंकि मिथ्याचार सत्य-प्राप्ति के मार्ग में बड़ी बाधा है। कबीर ने मुल्ला-काज़ी, बाँभन-पुरोहित वर्ग के प्रति अपना आक्रोश व्यक्त किया है क्योंकि वे समाज को सही दिशा में नहीं ले जाते। उनकी ऐसी विचित्र कर्मकांडी व्यवस्था है, जहाँ आचार-विचार के लिए अवसर ही नहीं है, जैसे। यह आक्रमण यदि कोरा भाववादी आक्रोश होता तो अपने समय में ही चीख-चिल्लाकर समाप्त हो जाता। पर कबीर ने इसे व्यापक वैचारिक आधार पर देखा-परखा, तब किसी तात्त्विक निष्कर्ष पर पहुँचे। उनके मन में भी प्रश्न है कि आख़िर संघर्ष क्यों ? वे जानते हैं कि इसके मूल में धर्म की विकृति है, जो 'ज्ञान' के स्थान पर कर्मकांड में उलझा है। ऐसे अवसरों पर सर्वाधिक आहत वह जाग्रत विवेक होता है, जो मानवता का मूलाधार है। मानव ने सभ्यता-संस्कृति की इतनी लंबी यात्रा इसी विवेक के सहारे तय की है। कबीर दोनों जातियों के बहुरुपिया धर्मगुरुओं पर आक्रमण करते हुए, उन्हें बेनकाब करते हैं, इस अर्थ में कि उनका मिथ्याडंबर बताते हैं। कबीर कहते हैं कि ईंट-पत्थर का मकान वास्तविक मस्जिद है ही नहीं। मानव शरीर ही सच्ची मस्जिद है : कहु रे मुल्ला बांग निवाजा, एक मसीति दसो दरवाज़ा। प्रश्न के साथ उत्तर भी यहाँ है। उसी प्रकार वे पंडितों से कहते हैं : पंडित देखहु मन में जानी, कहु धौं छूति कहाँ से उपजी, तबहिं छूति तुम मानी। आश्चर्य यह है कि सब व्यर्थ के कर्मकांड में उलझे हैं : पंडिआ कवन कुमति तुम लागे, बूड़हुगे परिवार सकल सिउँ राम न जपहु अभागे। इसके विपरीत वे आलोकदाता सच्चे गुरु को प्रतिष्ठित करते हैं, जो सच्चे ज्ञान की ओर ले जाता है।

जहाँ तक जातीय सौमनस्य का प्रश्न है, कबीर के समाजदर्शन में कोई राजनीतिक समाधान नहीं है कि पंथ-निरपेक्षता का 'सेक्युलर' नारा लगाया जाय। एक सजग समाजशास्त्री की तरह वे प्रश्न की गहराई में उतरते हैं और स्थिति का विवेचन करते है। ध्यान देना होगा कि कबीर का आक्रोश उन कर्मकांडी पुरोहित-शक्तियों पर है, जो धर्म का नियमन करना चाहती हैं। मुल्ला-पंडित दोनों समान दोषी हैं और जब तक समाज पर इनका नियंत्रण है, स्थिति में बदलाव कठिन है क्योंकि वे सांस्कृतिक सौमनस्य में बाधा हैं। जातियों के बहुजन समाज में संवेदनशील कबीर की आस्था है, इसलिए वे उसे सहानुभूति देते हैं और उनके लिए ज्ञान-प्रेम समन्वित मार्ग की खोज करते हैं। प्रश्न निहित स्वार्थ वाले आडंबरी वर्ग से है और समाधान बहुसंख्यक सामान्यजन के लिए है। इसलिए वे समाज में व्याप्त कुरीतियों पर आक्रमण करते हैं क्योंकि वर्ग-भेद के साथ वर्ण-भेद भी है। वे प्रश्न करते हैं कि पंडितजन, बताओ

भोजन कहाँ करूँ ? कहु पंडित सूचा कवन ठांउं, जहाँ बैसि हाँउ भोजन खाउँ। अस्पृश्यता को लेकर विद्रोही कबीर ने तीखे प्रहार किए हैं कि जब सब ईश्वर की संतान हैं, तो फिर अंतर कैसा ? उनका विचार है कि यह व्यवस्था-निर्मित है, इसे मिटना चाहिए : छूतिहि जेवन, छूतिहि अँचवन, छूतिहि जग उपजाया/कहैं कबीर ते छूति विवरजित, जाके संग न माया। ऐसा पुरोहित धर्म का नियामक नहीं हो सकता, जो सदाचार-संपन्न नहीं है : बाँभन गुरु जगत का, साधु का गुरु नाहीं। साधु-संत पुरोहित से श्रेष्ठतर हैं क्योंकि वे आचरण पर जीते हैं, केवल कथन-कर्मकांड पर नहीं। जो दूसरों को संचालित करने का दंभ पालता है, वह स्वयं मिथ्याचार में उलझा है, फिर वह पथ-प्रदर्शन कैसे करेगा ? कबीर ने मुल्ला-पुरोहित वर्ग के लिए व्यंग्य-भरे संबोधनों के जो प्रयोग किए हैं, उसके उनके आक्रोश का पता चलता है। पर इसमें निहित है, प्रखर-सतेज संत कवि की सदाशयतापूर्ण मानवीय चिंता और यहीं कबीर की सामाजिक चेतना अन्य भक्त कवियों से किंचित् पृथक् हो जाती है।

कबीर के लिए धर्म में सदाचार की स्थापना अनिवार्यता है, तभी समाज सही दिशा में अग्रसर हो सकता है। उनके लिए धर्म है—मानवीय आचरण, सत्य का संधान, उच्चतर मानवीय मूल्य। मुल्ला-काज़ी जिस शरीयत (धर्मशास्त्र), हदीस (पैग़म्बर की बात) का बार-बार उल्लेख करते हैं, क्या उन्होंने स्वयं भी उसे आचरित किया है ? नमाज़, रोज़ा का कोई अर्थ नहीं, यदि आचरण की पवित्रता नहीं है : काज़ी मुल्ला भरमियाँ चला दुनी के साथ। कबीर समाज में जो विसंगतियाँ देखते हैं, उनके विवरण-विस्तार में अधिक नहीं जाते, उन्हें टुकड़ों में व्यक्त करते हैं, पर पूरी तल्ख़ी के साथ। संप्रदायवाद, जाति-उपजातिवाद पर उनके आक्रमण सबसे तीखे हैं क्योंकि इससे श्रेणी-वर्ग-विभाजन होता है, मनुष्य खंड-खंड हो जाता है। कबीर के समय में जिस सामंती वर्ग-भेद, भोग-विलास, असहिष्णुता का वातावरण था, उससे वे विक्षुब्ध थे। पर उन्हें कथा के माध्यम से उसे कहने की सुविधा न थी, इसलिए वे अनुभूति का सहारा लेते हुए, टुकड़ों में अपनी बात कहते हैं। दोहा उनका प्रिय माध्यम है पर पूरे चित्र के लिए वे पदशैली अपनाते हैं। जिसे 'साफ़गोई' कहा जाता है, निर्भयता के साथ कह सकने की क्षमता, बेलाग ढंग से, वह कबीर के पास है, और जो सामान्यजन तक पहुँचती है : हिंदू कह मोहि राम पियारा, तुरुक कहे रहिमाना, कबिरा लड़ि-लड़ि दोऊ मुए, मरम काहू न जाना। कबीर निराकार-निर्गुण की भक्ति का प्रतिपादन सोद्देश्य करते हैं, जिसके मूल में सामाजिक-सांस्कृतिक कारक हैं और कर्मकांड, तीर्थाटन आदि का विरोध भी इसी आशय से है। इससे धार्मिक शोषण से मुक्ति मिलती है : देव पूजि-पूजि हिंदू मुये, तुरक मुये हज जाई, जटा बाँधि-बाँधि योगी मुये, इनमें किनहूँ न पाई। कबीर जातीय सौमनस्य के सबसे प्रबल प्रवक्ता हैं—मध्यकालीन सामंती समाज की विसंगतियों पर चोट करते हुए, वे जिस व्यंग्य का अस्त्र अपनाते हैं, वह आज भी प्रासंगिक है।

मध्यकालीन भारत एक विभाजित समाज है, इसका एहसास सजग कबीर को है। यायावरी वृत्ति से उन्होंने जो व्यापक अनुभव संचित किया था, वह पूँजी, वही उनकी संपत्ति। शास्त्र-ज्ञान में उनकी न रुचि थी, न आस्था और उनकी मान्यता है कि पुस्तकीय ज्ञान अधूरा है, कई बार जीवन की प्रवाहित धार से हम कट जाते हैं। केवल पुस्तकीय होना, जीवन-संवेदन की दृष्टि से दुर्बल होना है, और इससे जो अहंकार उपजता है, वह और भी घातक क्योंकि इसके साथ कई अन्य विकार आते हैं। कबीर का आग्रह 'अनुभव-ज्ञान' पर है और इस दृष्टि से वे जीवन-संसक्ति के कवि हैं। यदि पंक्तियों के बीच से गुज़रा जाय तो मिलेगा कि उनकी रचनाओं में मध्यकाल का सामान्य जनजीवन संकेतों-टुकड़ों में विद्यमान है : मन बनियाँ बाँनि न छोड़ै, बहुबिधि बासन काढ़ै कुंभारा आदि। लक्ष्मीचन्द ने अपनी पुस्तक 'कबीर और जायसी : ग्राम-संस्कृति' में कबीर की ग्राम-जीवन-संबंधी दृष्टि का विवेचन किया है। कबीर विवरणों में कम जाते हैं, पर इसके मुहावरे का उपयोग वे अपने मनोवांछित आशय तक पहुँचने के लिए कुशलता से करते हैं। रूपक-विन्यास में विशेष रूप से उन्होंने इसे अपनाया है, जिससे सामान्यजन की स्थिति का बोध होता है। एक पद है : 'अब न बसूँ इहि गाउँ गुसाईं', जिसकी एक साथ कई अर्थ-ध्वनियाँ हैं। कवि अपने समय से क्षुब्ध है, जो मूल्य-मर्यादाहीन मध्यकाल है जिससे उसकी संवेदना आहत होती है। पर प्रश्न है कि एक विकृत समय में मनुष्य जाए भी तो कहाँ ? पलायन भी कोई सही मार्ग नहीं और जीवन-संग्राम तो पार करना ही होगा, पूरे संकल्प के साथ। कबीर समय के प्रति असंतोष के साथ, आध्यात्मिक संकेत करते हैं कि यह शरीर ही ग्राम है, जो विकारग्रस्त है—इंद्रियों वासनाओं में लिप्त। मुखिया, पटवारी, बलाही (लगान वसूलनेवाला), दीवान सब यहाँ आते हैं (कबीर वाङ्मय, खंड 2, पद 10) :

अब न बसूँ इहि गाउँ गुसाईं, तेरे नेवगी खरे संयानें हो राम
नगर एक तहँ जीव धरम हत, बसै जु पंच किसाना
नैनूँ निकटूँ श्रवनूँ, रसनूँ, इन्द्री कहा न मानैं हो राम
गाउँ कु ठाकुर खेत कु नेपै, काइथ खरच न पारै
जोरि जेवरी खेत पसारै, सब मिलि मोकौं मारै हो राम

स्थिति की जानकारी कबीर को है और वे ऊपर-ऊपर न तैरकर, समस्याओं की गहराई में जाते हैं। इसीलिए उनकी स्पष्टवादिता, व्यंग्य-बाण एक ओर हैं, और संकेत की भाषा दूसरी ओर। यहीं कबीर का समाजदर्शन बनता है कि वे मूल कारणों की तलाश करते हैं। उनके पास तात्कालिक समाधान न हो, पर वे रचना की लंबी यात्रा करते हैं, विचार-संवेदन के धरातल पर। प्रायः कबीर की खंडन दृष्टि का आग्रह करने की भूल की जाती है, पर रचना में यह संश्लिष्ट प्रक्रिया से संबद्ध प्रश्न है। कबीर समय का चित्रण नहीं करते, वे उससे टकराते हैं और वे निरपेक्ष अथवा तटस्थ

नहीं हैं, व्यापक अर्थ में प्रतिबद्ध हैं, श्रेष्ठतर मानवमूल्यों के लिए। मध्यकाल में समाज पर राजतंत्र तथा उसे पोषित करते हुए पंडित-पुरोहित वर्ग का प्राधान्य है और सबने सामान्यजन को गुमराह किया है। कबीर के व्यंग्य आक्रोश की उपज हैं, पर इसके मूल में जो करुणा-सहानुभूति के तत्त्व विद्यमान हैं, उनकी ओर हमारा ध्यान जाना चाहिए। कबीर को अपना गुरु स्वीकारने वाले प्रखर व्यंग्यकार हरिशंकर परसाई ने स्वयं को 'बेचैन मन का आदमी' कहा है। यह बेचैनी हर ऐसे ईमानदार रचनाकार में होती है, जो सामाजिक-सांस्कृतिक परिवर्तन में शब्द की भूमिका का निर्वाह करना चाहता है। कबीर की विचारधारा सर्वाधिक महत्त्वपूर्ण है क्योंकि आहत संवेदन विचारभूमि पर आकर सर्जनरत होता है। क्षणिक भावुकता, भावावेश अकारथ चले जाते हैं पर विचार-संवेदन की सघन मैत्री रचना को सार्थकता देती है, जिसे पहले भाव-विचार कहा जाता था।

कबीर ने निर्गुण-निराकार का वरण सप्रयोजन किया। देवत्व की ओट में जो कर्मकांड मध्यकाल में विकसित हुआ, उससे हर प्रकार के पुरोहितवाद को प्रश्रय मिला, सामंती संरक्षण तो उसे था ही। निराकार-साकार, निर्गुण-सगुण को आमने-सामने रखकर देखना भी एक सीमा तक ही उचित है, पर कबीर निर्गुण को ज्ञानपंथ मानते हैं और उनके अनुसार विवेक सर्वोपरि है और ज्ञान के उदय होने पर भ्रम टूट जाते हैं। यह एक प्रकार का सूर्योदय है, जिसके विषय में निराला ने भी कहा : उगे अरुणाचल में रवि, आई भारती-रति कवि-कंठ में (जागो फिर एक बार), अथवा जीवन-प्रसून वह वृंत्तहीन, खुल गया उषानभ में नवीन (प्रभाती)। कबीर जानते हैं कि सगुण में कर्मकांड के लिए अधिक अवसर रहता है, इसलिए वे निर्गुण ज्ञान मार्ग अपनाते हैं। यह बात दूसरी है कि कबीर जैसे ज्ञानमार्गी निर्गुनियाँ को भी केंद्र में रखकर मठ बने। कबीर का आग्रह निर्मल आचरण पर है, पूर्ण ज्ञान पर है जिसे बुद्धदेव के संदर्भ में बोध-प्राप्ति अथवा 'बोधत्व' कहा गया। इससे वास्तविकता का बोध होता है और सत्य के साक्षात्कार की प्रक्रिया आरंभ होती है। कबीर ने कहा, 'संतों भाई आई ग्यांन की आँधी रे, भ्रम की टाटी सभै उड़ांनी, माया रहे न बाँधी रे।' संपूर्ण रूपक (सांग) के माध्यम से उन्होंने ज्ञानोदय का चित्र प्रस्तुत किया कि भ्रम, आसक्ति, बाह्याचार, तृष्णा, कुमति-माया के उपकरण नष्ट हो गए। जिस मायाजन्य छाजन को आश्रयस्थल समझा था, वह ज्ञानागमन पर समाप्त हो गया—भ्रम-भंग की स्थिति है, यह। पद के अंत में ज्ञानाश्रित भक्ति की वर्षा का चित्रण है : 'आँधी पाछै जो जल बरसै, तिहिं तेरा जन भीनां/कहै कबीर मनि भया प्रगासा, उदै भानु जब चीनां।' यह चेतना की सात्त्विकता का अरुणोदय है, जब विकार मर जाते हैं, चेतना उच्चतम मूल्य-धरातल पर पहुँचती है, जिसे कबीर भगवद्भक्ति कहते हैं। ज्ञान निर्गुण पंथ का मूलाधार है जहाँ आग्रह आचरण की शुचिता पर है और आत्म-साक्षात्कार परम विराट की प्राप्ति का उपाय है। ज्ञान जाग्रत विवेक का नाम है जो कबीर में

बार-बार कई रूपों में आता है, और इसे उनके समाजदर्शन का मूलाधार कहा जा सकता है, जिसे गढ़ने में उन्होंने श्रम किया।

ज्ञान-प्राप्ति के लिए संपूर्ण भक्तिकाव्य में आलोकदाता गुरु का महत्त्व है, पर कबीर में वह विशिष्ट स्थान पर है। यह कर्मकांडी छद्मधारी पुरोहितवाद को ललकारता विवेकसंपन्न वर्ग है, सच्चा ज्ञानी। कबीर ने इसे मध्यकालीन विकल्प के रूप में देखा क्योंकि पोथियाँ जानकारी देती हैं, पर प्रकाश के लिए सही गुरु चाहिए, जो 'विवेकी दृष्टि' देता है। फिर तो आगे की राह तय की जा सकती है। यह अकारण नहीं कि कबीर ने गुरु को गोविंद (विधाता) से श्रेष्ठतर स्थान दिया। 'साखी' 'गुरुदेव कौ अंग' से आरंभ होती है और यहाँ गुरु परिभाषित है—वह 'सतगुरु' है, जिसकी परंपरा सिख धर्म तक फैली हुई है। सतगुरु सगा, शुभेच्छु है : सतगुरु सवांन को सगा, सोधी सईं न दाति, हरिजी सवांन को हितू, हरिजन सईं न जाति। गुरु मनुष्य को देवता बनाता है—मूल्य-समुच्चय का प्रतीक। वह दृष्टि देता है—हम अंधकार से प्रकाश में आते हैं। एक दोहे में कबीर ने 'कलियुग' का उल्लेख किया है, जिससे जाहिर है कि मध्यकाल में गुरु की मर्यादा में कमी आई थी क्योंकि वह आडंबर युग था। उन्होंने सतगुरु को शूरवीर कहा जो चेतना को ज्ञान-बाण से उद्दीप्त करता है। चेतना भटक रही थी, गुरु ने चेतना का रूपांतरण कर दिया : पीछै लागा जाइ था, लोक वेद के साथि, आगे थैं सतगुरु मिल्या, दीपक-दीया हाथि। गुरु जाति-पाँति सब मिटा देता है, समभूमि देता है। कबीर ने सतगुरु के माध्यम से ज्ञान-प्रेम की सम्मिलित भूमि का उल्लेख किया है : सतगुरु हम सूँ रीझि करि कह्या एक प्रसंग, बरस्या बादल प्रेम का भीजि गया सब अंग। मध्यकाल में गुरु-शिष्य संबंध लड़खड़ाए थे क्योंकि विद्या का व्यवसाय होने लगा था, वह अपने ज्ञान-मार्ग से भटक गई थी। सात्त्विक, मूल्य-आचरित ज्ञान का स्थान वाचाल व्यावसायिक पंडिताई ने ले लिया था। गुरु-शिष्य के लड़खड़ाते संबंधों को ध्यान में रखकर, कबीर ने उन्हें परिभाषित किया : दाता-ग्रहीता दोनों योग्य होने चाहिए, नहीं तो दुर्घटना होगी। गुरु अज्ञानी तो चेला महाअज्ञानी : जाका गुरु भी अंधला, चेला खरा निरंध, अंधहि अंधा ठेलिया दोनों कूप पडंत। अथवा ना गुर मिल्या न सिष भया, लालच खेल्या डाव, दोनों बूड़े धार में, चढ़ि पाथर की नाव। कबीर जिस आलोक से उच्चतर मूल्यों का निष्पादन करना चाहते हैं, उसका प्रस्थान ज्योति-रूप गुरु है, जिसकी विराट परंपरा भारतीय वाङ्मय में रही है। मध्यकाल में, कबीर के लिए, वह छद्म का वरणीय विकल्प है, विवेक का प्रतिनिधि, सच्चा ज्ञानी, प्रेरणा पुरुष।

ज्ञान-मार्ग की बाधाओं का संकेत करते हुए, कबीर ने जो अध्यात्म-लोक रचना चाहा है, उसकी समझ भी आवश्यक है। समय जैसा है, वैसा है, उससे पलायन भी उचित नहीं और मार्ग इसी के भीतर से खोजना होगा। कबीर ने एक व्यापक शब्द का प्रयोग किया है, जिसे 'माया' कहा गया और जिसके अनेक रूप हैं। एक शरीर-केंद्रित

भोग-विलास का ऐंद्रिक जगत् है, सामंती समाज द्वारा परिचालित, जो दिखाई देता है। पर आंतरिक-बाह्य मूल्यों का समान विकृत-संसार है। मूल्य-मर्यादाएँ टूटी हैं, एक विकारग्रस्त समय है, जहाँ हिंसा, तृष्णा, वैमनस्य, मिथ्याचार आदि का प्राधान्य है। कबीर के लिए शांकर वेदांती माया-व्याख्या बहुत उपयोगी नहीं प्रतीत होती, जहाँ जगत् को मिथ्या कहा गया। एक सजग कवि के रूप में कबीर सर्वप्रथम विचार-भूमि बनाते हैं, जिसे वे 'सही दृष्टि' कहते हैं और फिर आचार-संहिता पर आते हैं। कबीर ने जीवन को संग्राम रूप माना है और गुरु को शूरशिरोमणि रूप में देखा है। यहाँ कर्महीन वैराग्य, परमपलायन, एकांतवास, वैयक्तिक मोक्ष के लिए स्थान नहीं है। ज्ञान के लिए जिस मार्ग पर चलना है, वह 'असिधावन' है। आत्मसंघर्ष से गुज़रता प्रतिबद्ध व्यक्ति शूरवीर है—वही सच्चा भक्त है : सूरा तबही परषिये, लड़ै धर्णी के हेत, पुरिजा-पुरिजा ह्वै पड़े, तऊ न छाड़े खेत। इस प्रकार मध्यकालीन सामंती युद्ध को कबीर उच्चतर मूल्यों की परिणति देते हैं। ज्ञान-भक्ति मार्ग सरल नहीं है, यह बलिपंथी का मार्ग है—विकारों से निरंतर जूझना : काम, क्रोध सूं झूझणां, चौड़े मांड्या खेत।

कबीर के लिए वास्तविक युद्ध इंद्रियों से है, जिनका राजा मन है। विकारों के स्वामी मन को नियंत्रण में करने के लिए तप-साधना मार्ग का आग्रह किया जाता है। अहंकार और मन का निकट संबंध है, इसलिए दोनों पर नियंत्रण आवश्यक है। गीता में इंद्रियाँ, मन, बुद्धि, आत्मा और सर्वोपरि का जो क्रम है, वह एक प्रकार से उन्नयन का प्रयत्न है। माया विकारों का रूप है, मन जिसके नियंत्रण में है और कबीर के लिए माया पापिनी-मोहिनी है जो किसी को नहीं छोड़ती : रमैया की दुलहिनि लूटा बजार, सुरपुर लूटि, नागपुर लूटा, तिहूं लोक मच्या हाहाकार। कबीर महाठगिनी को पहचानते हैं और इससे मुक्ति का उपाय खोजते हैं—मन, इंद्रिय, वासना पर नियंत्रण इसका प्रथम चरण है। विकार अहंकार से उपजते हैं, इसे कबीर जैसा आत्मविश्वासी स्वाभिमानी कवि-संत जानता है। वे कहते हैं कि अहंकार के विलयन (सूफ़ियों में हस्ती का फ़ना होना) के बिना सत्य से साक्षात्कार संभव नहीं : मैमंता मन मारि रे, नांन्हां करि करि पीसि, तब सुख पावै सुंदरी, ब्रह्म झलकै सीसि। जिस अहंकार को विकारों के कारक रूप में कबीर देखते हैं, उसके विलयन की व्याप्ति लोक से लोकोत्तर तक है। अहंकार सामंती समाज का अवगुण है—जिसे राजमद, सत्तामद आदि कहा गया। मरणशील शरीर है, फिर अहंकार कैसा ? बार-बार अनेक रूपों में कबीर ने नश्वरता का उल्लेख किया है, चेतावनी के लिए : केश जलते हैं, घास की तरह, अस्थियाँ लकड़ी की तरह। पर क्षणिक संचारी श्मशान ज्ञान से कुछ नहीं होगा, स्थायी समाधान पाना होगा। अहंकार के विषय में कबीर की तीखी टिप्पणी : फिरत कत फूल्यौ फूल्यौ, जब दस मास उरध मुखि होते, सो दिन काहे भूल्यौ। अहंकार से मुक्ति, उच्चतर मूल्य धरातल पर जाने का प्रथम सोपान है और यह सामाजिक अर्थ में लोक

के साथ संवाद की स्थिति में होना है, दूसरों के दुःख-सुख में सहभागी। आध्यात्मिक अर्थ में व्यंजना लोकोत्तर है—उच्चतम मूल्य-धरातल की प्राप्ति, जिसे जीव का ब्रह्म में समा जाना कहा गया, अग्निकण का महापिंड में विलयन।

मध्यकालीन व्यवस्था में पंडिताई, शास्त्र, कर्मकांड का जो वर्चस्व था, उसे चुनौती देने का कार्य सरल न था, पर कबीर ने इसे अपनी विनयी प्रखरता से स्वीकार किया। यों तो भक्तिकवि अपने सात्त्विक विनय-भाव के बावजूद आत्मविश्वासी हैं, पर कबीर में एक दुर्लभ प्रहारात्मकता है, जो उन्हें दूसरों से अलग व्यक्तित्व देती है। अनुभव को उन्होंने ज्ञान का दर्जा दिया और पूरे साहस से कहा कि दूसरे लोग पोथी-पंडित हैं, पुस्तकीय बातें करते हैं, मैं 'आँखिन देखी' कहता हूँ। जाहिर है कि उनमें अद्‌भुत निरीक्षण-क्षमता रही होगी और अपनी यायावरी में उन्होंने बहुत कुछ जाना-समझा होगा। वे तथाकथित पोथी-पंडितों को ललकार कर कहते हैं कि हमारे-तुम्हारे मन-मत एक कैसे हो सकते हैं : मेरा-तेरा मनुआं कैसे इक होई रे, मैं कहता हौं आँखिन देखी तू कहता कागद की लेखी। यहाँ कबीर विरोधी दृष्टियों का उल्लेख करते हैं, जैसे दिशाएँ अलग-अलग हों। ज्ञानी सुलझाना चाहता है, पर पंडित उलझाकर रखता है। कबीर चेतावनी के कवि हैं, सबको जगाए रखना चाहते हैं; वे स्वयं को संबोधित करते हैं, और दूसरों को भी—अलख जगाते हुए। पंडित सही नहीं कहते, झूठ बोलते हैं : पंडित बाद बदै सो झूठा, राम कहैं दुनिया मति पावै, खांड़ कहैं मुख मीठा। कोरे शास्त्र के आधार पर अनुभूतिविहीन पंडिताई का क्या अर्थ है ? कबीर दुखी हैं कि कैसा कलिकाल है कि मिथ्याडंबर को आदर है : कबीर कलि खोटी भई, मुनियर मिलै न कोय, लालच लोभी मसकरा, तिनकूँ आदर होय। ऐसे में अनुभव-ज्ञान का माहात्म्य स्थापित करते हुए कबीर लोक से लोकोत्तर का संकेत करते हैं, जहाँ मुख्य चिंता उच्चतर मानव-मूल्यों की है।

कबीर विकल्प के स्वप्नद्रष्टा हैं और यहीं उनका समाजदर्शन महत्त्वपूर्ण है। समय का विकल्प है—जागरण और निरंतर जागरण, जिसकी कई ध्वनियाँ हैं—सचेत, सजग, ताकि विकार न घेर लें और निरंतर ऊर्ध्वमुखी यात्रा का प्रयत्न। कबीर जानते हैं कि यह मार्ग सरल न होकर, अत्यंत कठिन है, क्योंकि साधना-पंथ है। कथनी-करनी के द्वैत को पाटना होगा और दोमुँहेपन के लिए यहाँ कोई स्थान नहीं है। मुखौटे उघाड़ने होंगे, तब सही दिशा मिल सकेगी : मन रे जागत रहियो भाई, गाफ़िल होइ बसत मति खोवै, चोर मुसै घर जाई। यह आत्मजागरण तो है ही, दूसरों के लिए उद्‌बोधन भी है क्योंकि जागरण सबके साथ ही श्रेयस्कर है। कबीर को एहसास है कि उच्चतर मानवमूल्यों के जिस मार्ग का संधान वे कर रहे हैं, उसकी साधना कठिन है। उनका बहुउद्‌धृत दोहा है : कबिरा खड़ा बज़ार में लिये लुकाठी हाथ, जो घर फूँकै आपना, चलै हमारे साथ। कबीर की साधना गुह्य साधना नहीं है, वह सरेआम है, जहाँ लुकाठी (जलती लकड़ी) हाथ में लेकर कबीर चल पड़ा है। जो

अहं को मिटा सकता है, वही इस राह पर चल सकता है। कबीर के शब्दों में : कबीर मारग अगम है, सब मुनिजन बैठे थाकि, तहाँ कबीरा चलि गया, गहि सतगुर की साषि। यह है कबीर का गहरा आत्मविश्वास, आरंभिक प्रस्थान के रूप में जिसका श्रेय वे विवेकी गुरु को देते हैं, फिर तो स्वयं ही अग्रसर होना है।

कबीर के काव्य की विपरीत प्रतीत होने वाली दिशाएँ मूल्यांकन की कठिनाई उत्पन्न करती हैं। एक ओर सजग सामाजिक चेतना है, दूसरी ओर आध्यात्मिक स्वर, जिसे अधूरे साक्षात्कार के कारण कई बार रहस्यवाद भी कहा गया। कबीर निर्गुनियाँ हैं, पर 'राम' का प्रयोग बार-बार करते हैं, यद्यपि उनके राम का स्वरूप 'दशरथसुत' से भिन्न है। ज्ञान का उनमें प्रबल आग्रह है पर प्रेम भाव, भक्ति से संयोजित हुआ है और इन दोनों में संगति की कठिनाई हो सकती है क्योंकि कबीर में प्रेम उच्चतम धरातल पर विवेचित है। वे कहते हैं, प्रेम ही सत्य है : पोथी पढ़ि-पढ़ि जग मुआ पंडित भया न कोय, ढाई आखर प्रेम का पढ़े सो पंडित होय। सबसे अधिक बाधा उपस्थित करती है, वह योग की शब्दावली, जो परंपरा में प्रचलित थी—ऐसे निश्चित अर्थ के वाहक शब्द जो प्रतीक हैं—सुरति-निरति, इड़ा-पिंगला, ब्रह्मरंध्र कमल, अनहदनाद, अलख निरंजन आदि और इस आधार पर कबीर को रहस्यवादी घोषित किया जाता है। इन विरोधी प्रतीत होने वाली दिशाओं अथवा धाराओं को मध्यकालीन सामंती समाज के अंतर्विरोध के रूप में देखना भी सरलीकरण होगा, क्योंकि कबीर उलझाव के कवि नहीं हैं। उनमें कोरा भाववाद भी नहीं है कि उनकी भक्तिभावना को आवेश-क्षण कह दिया जाय। मेरा विचार है कि कबीर किसी शास्त्रीय प्रतिपादन के लिए यत्नशील नहीं हैं, पर उनकी रचनाओं से समाजदर्शन का जो समग्र संसार उभरता है, उसमें विरोधी दिशाएँ संयोजित होती हैं। गन्तव्य एक है, उच्चतर मानवमूल्यों की आचरण-प्रतिष्ठा, उसकी भंगिमाएँ अलग हैं। दो मार्ग एक ही गंतव्य पर पहुँचना चाहते हैं, एक सामान्यजन से संवाद की सहज स्थिति में है, दूसरे के लिए किंचित् श्रम की आवश्यकता है।

सजग सामाजिक चेतना में कबीर का क्रांतिकारी रूप मुखर है, जो सामाजिक विद्रोह का प्रतिबद्ध रूप है। वैयक्तिक विद्रोह की रचना में सीमा है, कई बार वह निर्वीर्य फूत्कार बनकर समाप्त हो जाता है, पर इसकी प्रयोजनवती भूमिका में वृहत्तर समाज सम्मिलित होता है। कबीर के प्रखर व्यंग्यकार को रेखांकित किया जाता है, पर उसके मूल में निहित मानवीय करुणा भाव की समझ होनी चाहिए। कबीर 'चिंताकुल कवि' हैं, उन्हें समाज की विसंगतियाँ उद्वेलित करती हैं। समाज के दो दृश्य हैं, एक संपन्न-निश्चिंत और दूसरा विषाद-डूबा। बहुप्रचलित दोहे की अर्थध्वनि दूर तक जाती है : सुखिया सब संसार है, खावै औ सोवै, दुखिया दास कबीर है जागै औ रोवै। सामंती समाज में अभिजन समाज है, वैभवसंपन्न, पर बहुजन वर्ग उनका जो अभावग्रस्त है, यह सामाजिक स्थिति है। पर आध्यात्मिक संकेत भी कि वे सखी-निश्चिंत हैं,

जो आत्मबद्ध हैं, बड़ी चिंताएँ नहीं पालीं। कबीर जाग्रत चेतना के कवि हैं, वे समाज की बेबसी से दुखी हैं, अलख जगाना चाहते हैं और आध्यात्मिक अर्थ में लोक से उच्चतर मूल्य-संसार की ओर प्रयाण संत कवि का वांछित कवि-स्वप्न है। कुँवरनारायण के शब्दों में : हाय, पर मेरे कलपते प्राण तुमको मिला कैसी चेतना का विषम जीवन-मान/जिसकी इंद्रियों से परे जाग्रत हैं अनेकों भूख (चक्रव्यूह : आशय)। योगपरक शब्दावली कठिनाई उपस्थित करती है और संप्रदायगत दृष्टि को, उन्हें रहस्यवादी प्रमाणित करने की सुविधा हो जाती है। पर कबीर की सामाजिक चेतना और अध्यात्म लोक दोनों उच्चतम आशय से परिचालित हैं, जहाँ कवि ऐसे विकल्प का संकेत करता है, जिसमें मध्यकालीन सामंती समाज को ललकारा गया है। व्यंग्य हमारी समझ में आ जाता है, क्योंकि प्रायः वह मुखर है, पर उच्चतर मूल्य-संसार के आध्यात्मिक लोक तक पहुँचने में किंचित् कठिनाई होती है। पर यह उच्चतर लोक मानवीय चिंता का ही सर्वोत्तम सोपान है, जिसे संत कवि की अभीप्सा के रूप में देखना चाहिए।

कवि का स्वप्न उसके 'विज़न' से संबद्ध होता है, जिसमें सर्जनात्मक कल्पना की भूमिका होती है। ज्ञान-प्रेम के रसायन से भक्ति का निर्माण करते हुए कबीर देहवाद का विरोध करते हैं, जो सामंती समाज की मुखर प्रवृत्ति है और जिसके कई रूप हैं। जब वे मायाजन्य निस्सारता और मरणशील जीवन का वर्णन विस्तार से करते हैं, तब उनका यह भी प्रयोजन है कि आख़िर मृत्यु पर विजय कैसे पाई जाय। उनके कई प्रश्न हैं कि जब जीवन काल के वश में है तो मोह क्यों ? मृत्यु-भय के द्वारा कबीर मनुष्य को वास्तविकता का बोध कराकर, ऐंद्रिक संसार से उसकी रक्षा करना चाहते हैं। बड़े भाग्य से मनुष्य-तन मिलता है, उसे यों ही गँवा देना उचित नहीं : मानुख तन पायौ बड़े भाग, अब बिचारि कै खेलौ भाग। कबीर का प्रश्न है, मायाजन्य संसार यदि मरणशील है, तो फिर मुक्ति-मार्ग क्या है ? और यहाँ वे वैकल्पिक राह सुझाते हैं कि ज्ञान के सहारे भक्तिमार्ग का अनुसरण। यहाँ ज्ञान-प्रेम में कोई अंतर नहीं है, दोनों के संयोजन से भक्ति प्रतिष्ठित होती है। प्रेम-रस, हरिरस की चर्चा बार-बार आती है : हरि रस पीया जांणिये, जे कबहुँ न जाइ खुमार, मैंमंता घूंमत रहै, नांही तन की सार। यह अनिर्वचनीय सुख है, गूँगे के गुड़ की तरह। आध्यात्मिक शब्दावली में जीव के ब्रह्म अथवा चरम सत्य से साक्षात्कार का जो प्रयत्न है, वह उच्चतम मूल्य-संसार है। इसे किसी ऐसे अपरिभाषित गुह्य संसार में ले जाने की आवश्यकता नहीं, जहाँ तक पहुँचा ही न जा सके। कबीर के अनुसार, यों है यह मार्ग कठिन, पर साधना से इसे पाया जा सकता है।

ज्ञान के साथ प्रेम कबीर के भक्तिभाव, समाजदर्शन का अविभाज्य अंग है। इसे व्यक्त करने के लिए उन्होंने उक्तियों के स्थान पर प्रतीकों-रूपकों का सहारा लिया ताकि अपना मंतव्य संपूर्णता में प्रकाशित कर सकें। आचार्य हजारीप्रसाद द्विवेदी, जिन्होंने कबीर के फक्कड़पन को रेखांकित किया है, उनका भी विचार है कि 'कबीरदास

की भक्तिसाधना का केंद्रबिंदु प्रेमलीला है, जो व्यापक और विशाल है' (कबीर, पृ. 187)। 'ढाई आखर प्रेम का पढ़ै सो पंडित होइ' उनका परम वाक्य है। कबीर ने आध्यात्मिक रतिभाव की परिकल्पना की और स्वयं को 'राम की बहुरिया' के रूप में प्रस्तुत किया। एक में वे स्वयं को 'राम का कूता' कहते हैं, जिसका नाम मुतिया है और जो दास्य भाव का, प्रपत्ति-समर्पण का प्रतीक है। दूसरी ओर स्वयं को बहुरिया रूप में चित्रित करते हैं, प्रगाढ़ प्रीतिभाव, जो रागात्मकता से संपन्न है। कबीर में यह आध्यात्मिक प्रेमभाव विस्तार से आया है और उन्होंने आध्यात्मिकता के वृत्त को पूर्ण करने के लिए आंतरिक वियोग की कल्पना की है, जब आत्मा ब्रह्म अथवा परम सत्य की प्राप्ति के लिए विकल होती है : चकवी बिछुरी रैणि की, आइ मिली परभाति, जे जन बिछुरे राम सूं, ते दिन मिले न राति। स्वयं को आध्यात्मिक विरहिणी की स्थिति में रखकर कबीर सत्य के साक्षात्कार का आग्रह करते हैं। वेदना का यह स्वरूप उच्चतर धरातल का बोध कराता है, जिसे सूफ़ियों ने 'इश्क हक़ीक़ी' कहा। इस मूल्यगत पीड़ा से चेतना शुद्ध होकर निखरती है और कबीर ने इसके लिए चातक का उपयोग किया है : नैनां नीझर लाइया, रहट बहै निस जाम, पपीहा ज्यूँ पिव-पिव करौं, कबरु मिलहुगे राम। जायसी, सूर, मीरा में भी इस आध्यात्मिक वियोग की स्थिति व्यक्त हुई है, जहाँ आशय उच्चतम मूल्य-संसार की ओर प्रयाण है। यह साधना की प्रक्रिया है, जिससे गुज़रकर ही परम सत्य को पाया जा सकता है। कबीर आध्यात्मिक रतिभाव को एक मार्मिक पद में व्यक्त करते हैं कि साधना की उपलब्धि ऐसी कि परमात्मन् पति स्वयं वरण के लिए आए हैं :

दुलहिनीं गावहु मंगलचार
हम घरि आए राजा राम भरतार
तन रत करि मैं मन रति करिहौं पाँचउ तत्त बराती
राम देव मोरै पाहुने आए मैं जोबन मैंमाती

कबीर के अद्वैतवाद-एकेश्वरवाद में विभेद की सीमाएँ टूटती हैं, इसलिए उन्होंने इसका वरण किया। एक साथ कई प्रश्नों के उत्तर यहाँ मिल जाते हैं : राम-रहीम में कोई अंतर नहीं, हिंदू तुरुक का करता एकै। एक पद में कबीर इस अद्वैत भाव को व्यक्त करते हुए अभेद संसार का संकेत करते हैं :

हम तौ एक एक करि जानां
दोइ कहैं तिनहीं कौं दोजग, जिन नाहिंन पहिचानां।
एकै पवन एक ही पानीं, एक जोति संसारा
एक ही खाक गढ़े सब भांड़े, एक ही सिरजनहारा।

यह अद्वैतभाव दार्शनिक शब्दावली का है और इसकी व्याख्याएँ भी अलग–विशिष्टाद्वैत, शुद्धाद्वैत आदि। पर कबीर में यह व्यापक आशय का शब्द है–सामाजिक चेतना से लेकर आध्यात्मिक लोक तक। यह समदर्शी की समान भूमि

है, जिसमें पार्थक्य समाप्त होते हैं : कहै कबीर मैं हर गुन गाऊँ, हिंदू तुरुक दोऊ समझाऊँ। कबीर समन्वय पंथ की सीमाएँ जानते हैं कि यह अस्थायी भी हो सकता है, इसलिए एक प्रबुद्ध संत की तरह वे ऐसी समभूमि की तलाश करते हैं, जहाँ विभेद का अवसर ही न हो : कबीर सीमाओं के अतिक्रमण का आग्रह करते हैं—स्वयं से बाहर आना सामाजीकृत होना भी है और उच्चतर मूल्य-स्तर पर आध्यात्मिक भी : हदै छाड़ि बेहदि गया, हुवा निरंतर वास, कवल जु फूल्या फूल बिन, को निरखै निज दास। कबीर इसे सहज पंथ कहते हैं, सहजता का दर्शन काव्य के माध्यम से प्रतिपादित करते हुए। सहजता दुर्लभ गुण है जो भक्तिमार्ग में अनिवार्य है और जिसे शास्त्रीय रूप देने का प्रयत्न भी किया गया। यौगिक शब्दावली से प्राप्त शब्द कबीर के काव्य में प्रयुक्त हुए हैं, जो कई बार अर्थ तक पहुँचने में कठिनाई भी उपस्थित करते हैं, पर कबीर सर्वत्र शास्त्रीय अर्थ में ही उनका उपयोग करते हों, ऐसा नहीं है। यहाँ कवि की सर्जनात्मक कल्पना सक्रिय है। देवीशंकर अवस्थी ने कबीर की असंगतियों का संकेत किया है (भक्ति का संदर्भ, पृ. 117)। पारिभाषिक शब्दों का प्रयोग कबीर की सामाजिक चेतना और आध्यात्मिकता में संयोजन की कठिनाई भी उपस्थित करता है। पर जहाँ वह वृहत्तर संवेदन-संसार में विलयित है और उच्चतर मूल्य-संसार का निष्पादन हुआ है, वहाँ कवि के मानवीय प्रयोजन तक पहुँचा जा सकता है। कबीर ने सहज-साधना का आग्रह किया है : साधो, सहज समाधि भली अथवा सो जोगी जाके सहज भाइ, अकल प्रीति की भीख खाइ। कबीर के लिए सहज साधना आत्मसाक्षात्कार है, जहाँ इंद्रियों पर विजय प्राप्त कर योगी आत्मस्वरूप में स्थित है। सहजता विकाररहित जीवन पर आश्रित है, जहाँ चेतना सर्वोच्च मूल्य-धरातल पर पहुँचती है। सहज होना ब्रह्म ज्ञान, चरम सत्य में सहायक है, पर यह जितेंद्रिय द्वारा ही संभव है और सहजता का यह लोक 'चरम सुख' से संपन्न है, जिसे कबीर ने कई प्रकार से कहा है। यह अनिर्वचनीय सुख है : सुख-दुख के इक परे परम सुख, तेहि में रहा समाई। सहज-साधना का यह मार्ग अत्यंत कठिन है : सहज सहज सब कोइ कहै, सहज न चीन्हैं कोइ, जिंहि सहजै विषया तजी, सहज कहीजै सोइ। यह सहज मार्ग महारस का निर्माता है : रस गगन गुफा में अजर झरै, उच्चतम् मूल्य-संसार।

कबीर की यौगिक शब्दावली स्वतंत्र अध्ययन का विषय है और विचारणीय यह कि प्रचलित पारिभाषिक शब्दों को उन्होंने किस अर्थ में प्रयुक्त किया है। इससे उनके समाजदर्शन को समझने में सहायता मिलती है। उनका यौगिक शब्द-भांडार बड़ा है, जिसमें पारिभाषिक शब्द हैं—कुंडलिनी, मूलाधार पद्म, ब्रह्मरंध्र, इड़ा, पिंगला, सुषुम्ना आदि जो सिद्ध-नाथ साहित्य में भी प्रयुक्त हुए हैं। कबीर ने अपने मूल्य-आशय के लिए शून्य, निरंजन, अनहद नाद, अवधूत, ब्रह्मज्योति, सुरति-निरति, ब्रह्मांड आदि कई शब्दों का प्रयोग किया है। इन्हें सार्थक अभिव्यक्ति देने के लिए वे पूरा प्रतीक-संसार गढ़ते हैं—धरती, आकाश, नदी, अमृत, समुद्र, सूर्य, चंद्रमा आदि का। कवि द्वारा शब्दों

को काव्योचित बनाने का यह प्रयत्न है, यद्यपि सर्वत्र उन्हें सफलता नहीं मिली है और जहाँ पारिभाषिक शब्दों की प्रचुरता है, वहाँ काव्य-मर्म तक पहुँचने में कठिनाई होती है। इस दृष्टि से कबीर के समाजदर्शन के संदर्भ में यह प्रश्न बराबर बना रहेगा कि उनके व्यक्तित्व की कई दिशाओं में एकसूत्रता के बिंदुओं की खोज करते हुए, उनमें संयोजन कैसे स्थापित किया जाय, विशेषतया सामाजिक चेतना और आध्यात्मिक चेतना में।

जहाँ संभव है, कबीर अपनी सर्जनात्मक कल्पना का उपयोग करते हुए, शब्दों को नया अर्थ देते हैं, अपने अभीप्सित आशय तक पहुँचने के लिए। उन्होंने 'सबद', शब्द का प्रयोग करते हुए, उसे अर्थ-व्याप्ति दी है : शब्द ब्रह्म की शक्ति है, अक्षर-निर्मित है और साधना में 'सबद' का महत्त्व है। सिख धर्म में भी इसकी मान्यता है—सबद, कीर्तन आदि के रूप में। कबीर के लिए शब्द इस अर्थ में प्रमाण भी है कि वह पुस्तकीय नहीं है, अनुभव-प्रसूत है और इसलिए ऋषि-मुनि द्वारा प्रतिपादित मंत्र भी इसके अंतर्गत आते हैं। इस दृष्टि से 'सबद' प्रमाणित शब्द है—आचरण योग्य। गुरु से प्राप्त 'सबद' कबीर के लिए मूल्यवान हैं क्योंकि उनसे भ्रम का नाश होता है, आलोक मिलता है। साधनापरक शब्दावली का प्रयोग करते हुए कबीर अंतिम लक्ष्य के प्रति सजग हैं : जब थै आतम तत्त बिचारा, तब निरबैर भया सबहिन थैं काम, क्रोध गहि डारा। कबीर सावधान हैं कि अर्थ संप्रेषित होना चाहिए, इसलिए वे ठेठ शब्दावली में अपनी बात कहते हैं : बालम, खसम, बहुरिया-दुलहिनि, नदी-नीर, धरती-आकाश, गंगा-यमुना, माता-पूत, सूर्य-चन्द्र आदि के साथ जुलाहा व्यवसाय में प्रचलित पूरी शब्दावली। इस दृष्टि से उनके पद उल्लेखनीय हैं, जहाँ लोक से उच्चतर मूल्य-आशय की व्यंजना की गई है। कबीर कहते हैं : जोलाहा बीनहु हो हरिनामा, जाके सुर-नर-मुनि धरे ध्याना। कबीर के नाम पर भी पद प्रचलित हुए और वास्तविकता की पहचान में कठिनाई हुई। 'झीनी-झीनी रे बीनी चदरिया' में जुलाहा-व्यवसाय का उपयोग करते हुए कबीर पंचतत्त्व निर्मित शरीर का चित्र बनाते हैं। माया में लिपटा कर सबने इसे मलिन कर दिया, पर कबीर आत्म-विश्वास से कहते हैं : दास कबीर जतन तैं ओढ़ी, जस की तस धर दीन्हीं चदरिया। इस प्रकार के पदों में कवि का समाजदर्शन बहुत स्पष्ट है कि लोक से उच्चतर मूल्यों की ओर प्रयाण करना होगा। गृहस्थ भी अपने सत्कर्मों से उच्चतम मानवीय धरातल पर पहुँच सकता है।

कबीर अपने समय से टकराने वाले प्रमुख कवियों में हैं और उन्होंने निर्भय भाषा में अपने विचारों को व्यक्त किया, जिससे सामान्यजन से संवाद स्थापित हो सका। विचार उनका प्रस्थान है, जिससे चलकर वे आध्यात्मिक भावभूमि तक आए और दोनों में उच्चतर मानवमूल्यों के समानसूत्र हैं। सामाजिकता में आशय संप्रेषित होता है, पर आध्यात्म के परंपरित रूप को छोड़ दें, तो जहाँ वह सहज भूमि पर है, उसके आशय तक थोड़ा प्रयत्न करके पहुँचना कठिन नहीं। अपने प्रयोजन के

लिए उन्होंने उलटवासियों तक का सहारा लिया, ताकि विचलन उत्पन्न हो क्योंकि वे झकझोरना चाहते हैं। कबीर का 'विज़न' उनके समाजदर्शन का सबसे सबल पक्ष है, जहाँ निषेध है सामंती समाज का, जिससे वे विक्षुब्ध हैं। पर वे कोरी नकारात्मकता के कवि नहीं हैं, सजग संत कवि हैं और विकल्प-स्वप्न प्रस्तुत करने की क्षमता रखते हैं। उनके आक्रोश में करुणा, असंतोष, साहस, विक्षोभ है, तो जो प्रतिसंसार वे सर्जित कर रहे हैं, उसमें उच्चतम मूल्य संसार है, जिसे आध्यात्मिकता कहा गया, पर रहस्यवाद के अंतर्गत परिगणित करने से एक क्रांतिकारी कवि की सतेज छवि धूमिल होती है। काव्य में अध्यात्म, लोक के भीतर से ही उपजता है और जिसे लोकोत्तर, ब्रह्मानन्द, महासुख अथवा किसी भी ऐसे उच्चतम आशय के शब्द से व्यंजित किया जाता है, वह लोक के अतिक्रमण से निर्मित सर्वोत्तम सोपान है। आख़िर मनुष्य ही गुणसमुच्चय होकर देवत्व की कवि-कल्पित भूमि पर पहुँचते हैं। कबीर ने अपनी आध्यात्मिकता को 'ऋतुराज' कहा है, जिसमें सभी देवताओं का उल्लेख है और जो मानव-मूल्यों का उच्चतम धरातल है :

जहाँ खेलति वसंत ऋतुराज, जहाँ अनहद बाजा बजै बाज
चहुँ दिसि जोति की बहै धार, बिरला जन कोइ उतरै पार
कोटि कृष्ण जहँ जोरै हाथ, कोटि विष्णु जहँ नावैं माथ
कोटिन ब्रह्मा पढ़ैं पुरान, कोटि महेश धरैं जहँ ध्यान

कबीर में संत-कवि की सम्मिलित भूमि है, जिसे ध्यान में रखकर ही उनके समाजदर्शन को समझा जा सकता है और दोनों के संयोजन से वे सामाजिक-सांस्कृतिक भूमिका का निर्वाह करते हैं। संत उनका क्रांतिद्रष्टा रूप है, पर वे जानते हैं कि प्रवचन पर्याप्त नहीं होते, उन्हें आचरण का आधार देना होता है। कविता में विचारों को, संवेदन-संपत्ति बनाते हुए, वे अपने सांस्कृतिक दायित्व के प्रति सजग हैं और इसलिए वे अपना मुहावरा जीवन से सीधे ही प्राप्त करते हैं। यहाँ तक कि आध्यात्मिक आशय को भी दैनंदिन बिंबों-प्रतीकों के माध्यम से व्यक्त करना चाहते हैं, ताकि यथासंभव कवि का अभिप्राय संप्रेषित हो सके। समाज, राजनीति, परिवार, व्यवसाय में प्रयुक्त मुहावरों का वे मनोवांछित प्रयोग करते हैं और इससे अपने मन्तव्य को प्रेषणीय बनाते हैं। फाग, कबिरा हिंदी समाज में दूर-दूर तक प्रचलित हैं, जिनमें सामान्यजन की रुचि है और वे मौखिक परंपरा की मूल्यवान धरोहर हैं। कबीर की भाषा स्वतंत्र अध्ययन का विषय है, पर जिस ठेठ शब्दावली का प्रयोग उन्होंने किया है, वह आभिजात्य को चुनौती देती हुई, अपना विशिष्ट स्थान बनाती है और ऐसे अनुभव-अर्जित मुहावरे में लिखने वाले फिर नहीं आए। आचार्य हजारीप्रसाद द्विवेदी ने कबीर को 'वाणी का डिक्टेटर' कहते हुए, उनकी विरोधी प्रतीत होने वाली दिशाओं का उल्लेख करते हुए लिखा है : 'सिर से पैर तक मस्त-मौला, स्वभाव से फक्कड़, आदत से अक्खड़, भक्त के सामने निरीह, भेषधारी के आगे प्रचंड, दिल के साफ़,

दिमाग के दुरुस्त; भीतर से कोमल, बाहर से कठोर, जन्म से अस्पृश्य, कर्म से वन्दनीय' (कबीर, पृ. 167)। इनमें संयोजन की क्षमता उनके प्रखर व्यक्तित्व में थी, जिसे उन्होंने प्रतिबद्ध काव्य से संभव किया।

कबीर ने मध्यकालीन भारतीय समाज को चुनौती के रूप में देखा और उसका समाधान अपने ढंग से पाना चाहा। विरोधी प्रतीत होने वाली दिशाएँ एक ही उच्चतर गंतव्य तक पहुँचती हैं और इसे कबीर के व्यक्तित्व की समाहार-सामर्थ्य के रूप में देखना होगा। समय के अंतर्विरोध हो सकते हैं, पर उनमें उलझाव के अवसर नहीं हैं। आश्चर्य होता है कि एक आक्रोशी व्यंग्यकार दो टूक भाषा में समाज की विसंगतियों पर आक्रमण करता है, वही ज्ञान को सर्वोपरि स्थान देता है, साथ ही प्रेम-भक्ति में पूरे राग-भाव से उतरता है। ऐसे कई दिशाओं वाले संश्लिष्ट व्यक्तित्व के समाजदर्शन की पहचान का कार्य सरल नहीं होता। कबीर के प्रेम में भी साहस की अपेक्षा है : प्रेम न खेतौं नीपजै, प्रेम न हाट बिकाय, राजा-परजा जिस रुचै, सिर दे सो लै जाइ। उनके लिए प्रेम का सर्वोच्च राग भाव, भक्ति में परिणत होता है और इस बिंदु पर पहुँचकर सब अनिर्वचनीय हो जाता है : हमन हैं इश्क मस्ताना, हमन को होशियारी क्या, रहें आज़ाद या जग से, हमन दुनिया से यारी क्या। एक प्रसिद्ध पद में कबीर रूपक के माध्यम से मानव-जीवन के मूल्यपरक गंतव्य का चित्रण करते हैं, जिसमें संत-कवि का गहरा आत्मविश्वास भी सम्मिलित है :

झीनी झीनी बीनी चदरिया
काहे का ताना काहे की भरनी, कौन तार से बीनी चदरिया
इंगला-पिंगला ताना-भरनी, सुखमन तार से बीनी चदरिया
आठ कँवल दल चरखा डोलै, पाँच तत्त्व गुन तीनी चदरिया
साईं को सियत मास दस लागे, ठोक-ठोक के बीनी चदरिया
सो चादर सुर-नर-मुनि ओढ़िन, ओढ़ि के मैली कीनी चदरिया
दास कबीर जतन से ओढ़िन, ज्यौं के त्यौं धर दीनी चदरिया।

इस प्रकार के पदों में कबीर का व्यक्तित्व संयोजित हुआ है, जहाँ वे जीवन के उच्चतम आशय का संकेत करते हैं, सहज भाषा में। सहजता-सरलता में अंतर होता है और कबीर इस अर्थ में सरल कवि नहीं हैं कि अर्थ ऊपर-ऊपर तैर रहा हो। वे गहन आशय के कवि हैं, अर्थगर्भी और प्रभावी। व्यंग्य जहाँ उनके निर्भय साहस का प्रतिनिधित्व करते हैं, वहीं राग-रागिनियों में निबद्ध उनके पद प्रगाढ़ भक्तिभाव का, जहाँ प्रेम प्रधान है। उनके लिए मायाजन्य संसार मायका अथवा नैहर है, जहाँ दो-चार दिन खेल लेना है, फिर तो स्थिति यह है कि 'ले डोलिया जाइ बन में उतारिन, कोइ नहीं संगी हमार।' जिस उच्चतम धरातल पर पहुँचना है, वह : 'जहँवा से आयी अमर वह देसवा, पानी न पौन न धरती अकसवा, चाँद न सूर न रैन दिवसवा।' इस आध्यात्मिक लोक की प्राप्ति की आकांक्षा मनुष्यता को क्षुद्रताओं

से मुक्ति दिलाती है। पर कबीर अपने समय के सामंती समाज को भी जानते हैं कि अत्यंत कठिन मार्ग है यह, और इस पर बिरले ही चल सकते हैं। संत-कवि को बार-बार एहसास है कि वह कह तो सही ही रहा है, पर उसे समझेगा कौन, क्योंकि समय ने सबको भटका दिया है। देहवाद चतुर्दिक् व्याप्त है और उच्चतर मानव-मूल्यों के आचरण की चिंता किसी को नहीं है। एक लंबे पद में कबीर इस स्थिति का अंकन करते हैं, जहाँ छद्‌म ही छद्‌म है : नेम-व्रत, धर्म-स्नान, थोथा ज्ञान, पाषाण-पूजन आदि :

साधो, देखो जग बौराना
साँची कहौ तौं मारन धावै, झूंठे जग पतियाना
हिंदू कहत है राम हमारा, मुसलमान रहमाना
आपस में दोउ लड़े मरतु हैं, मरम कोइ नहिं जाना
... ...
गुरुवा सहित शिष्य सब बूड़े अंतकाल पछिताना
बहुतक देखे पीर-औलिया, पढ़ैं किताब कुराना
करैं मुरीद कबर बतलावैं, उन हूँ खुदा न जाना

कबीर को कई बार विशेष प्रकार के मूर्तिभंजक के रूप में देखा जाता है, जिनका मूल स्वर व्यवस्था-विरोधी है, पर यह रचना का प्रस्थान है, समापन नहीं। कबीर तर्क की भाषा से कविता को पैनापन देते हैं, उनका प्रेम-भाव भी ज्ञान-समन्वित है, इसलिए प्रगतिशील इस अर्थ में कि यहाँ किसी कर्मकांड की अपेक्षा नहीं है। गुरु के आलोक से भक्ति-मार्ग पर अग्रसर हुआ जा सकता है। यह भक्ति ऐसी जहाँ कर्मकांडरहित, जाति-विहीन व्यवस्था है। मराठी संत कवियों ने इसे रेखांकित किया है कि भक्ति में सब एक हैं : नामे सोई सेविया, जहँ देहुरा न मसीत। कबीर जब तल्लीन होते हैं, तब भी विवेक जाग्रत रहता है और उनका मूल्यपरक गंतव्य समक्ष रहता है। कई बार आश्चर्य कि व्यंग्यकार इतना विनयशील कैसे हो गया ? पर दोनों के मूल में मनुष्य की चिंता है और उच्चतर मूल्यों से ही मनुष्यता बनती है—विवेक, करुणा आदि। कबीर में सिद्ध-नाथ संतकाव्य की परंपरा अपना सर्वोत्तम प्राप्त करती है। वे सामान्जयन, दलित वर्ग के सबसे प्रखर प्रवक्ता हैं। अपनी बात बहुजन समाज तक पहुँचाने के लिए उन्होंने भाषा की सीमाएँ तोड़ीं और अवधी, ब्रज, खड़ी बोली, भोजपुरी, अरबी, फ़ारसी कई बोलियों के शब्द उनमें आए हैं। भाषा की अनगढ़ता से ही वे काव्य को मार्मिकता देते हैं, प्रभावी बनाते हैं। कबीर ने अपने समय को गहरे स्तर पर पहचाना और प्रश्नों के उत्तर तलाशने का सार्थक प्रयत्न भी किया। वे किसी दार्शनिक धारा के माध्यम से काव्य में नहीं आए थे और उन्हें कथा कहने की सुविधा भी न थी, पर उन्होंने दो भिन्न प्रतीत होने वाली दिशाओं के निर्वाह का साहस किया, इसलिए समाजदर्शन का कोई समग्र रूप प्रस्तुत करने का प्रयत्न

उन्होंने नहीं किया और अपने मूल प्रयोजन—सामाजिक-सांस्कृतिक परिवर्तन तथा उच्चतर मानव मूल्य का निष्पादन ईमानदारी से करते हुए, शेष को पाठक-श्रोता पर छोड़ दिया। पर उनकी रचनाओं से जो समाजदर्शन उभर कर आया, वह परिवर्तनकामी है, गहरे स्तर पर। वह तात्कालिकता से ऊपर उठा हुआ है और मानव-मूल्यों के अध्यात्म लोक तक जाता है, जिसमें केंद्रीयता मानव-हित की है। इस दृष्टि से कबीर सबसे प्रासंगिक कवियों में हैं, मध्यकालीन समाज में जाग्रत प्रतिरोध का स्वर बनकर, साथ ही विकल्प का संकेत करते हुए।

मलिक मुहम्मद जायसी : पेम छाँड़ि नहिं लोन किछु

मलिक मुहम्मद जायसी (1464-1542) कबीर की तरह भक्तिकाव्य के विशिष्ट स्वर हैं, इस दृष्टि से कि वे 'सांस्कृतिक-सौमनस्य' का दृष्टांत प्रस्तुत करते हैं। परंपरा निज़ामुद्दीन औलिया (1238-1325) के शिष्य अमीर खुसरो (1253-1325) से जायसी के पूर्ववर्ती सूफ़ी कवियों मुल्ला दाऊद (चंदायन, 1379), कुतुबन (मृगावती, 1503) आदि से होती हुई जायसी (पद्मावत, 1540) तक आती है। समाजदर्शन की दृष्टि से यह महत्त्वपूर्ण तथ्य है कि उदार सूफ़ियों की जिस परंपरा को फ़ारस में विकास मिला, वह भारत आई और रचना में इसकी भूमिका है। फ़ारसी में मुहम्मद इब्ने फ़रीदुद्दीन अत्तार (1120-1230), जलालुद्दीन रूमी, शेख सादी, हाफ़िज़ आदि बड़े नाम हैं और इनमें कवयित्री राबिया भी है, जिसका समय आठवीं शताब्दी माना जाता है। भारत में जब सूफ़ी संप्रदाय आया तो उसके साथ उदार पंथ और समृद्ध रचनाशीलता की परंपरा थी। मुईनुद्दीन चिश्ती 1192 में दिल्ली आए और उन्होंने सभी जातियों को अपनी आध्यात्मिकता से प्रभावित किया। निज़ामुद्दीन औलिया भी महत्त्वपूर्ण संत हैं और संयोग कि उनकी तथा अमीर खुसरो की मृत्यु एक ही वर्ष 1325 में हुई। विद्वानों ने भारत के चार प्रमुख सूफ़ी संप्रदायों का विशेष उल्लेख किया है : चिश्ती, सुहरावर्दी, कादरी और नक्शबंदी। भारत में सूफ़ी संप्रदाय के आगमन से सांस्कृतिक संवाद का नया वातावरण बना और विद्वान इस्लामी एकेश्वरवाद तथा भारतीय अद्वैतवाद की चर्चा विशेष रूप से इस संदर्भ में करते हैं। इस नए सांस्कृतिक सौमनस्य से रचनाशीलता को गति मिली, इसमें संदेह नहीं। भारतीय भक्तिकाव्य को उदार दिशाएँ मिलीं और सूफ़ियाना अंदाज़ गुरु नानक (1469-1538), ग़ालिब (1797-1869), इक़बाल (1875-1938), यहाँ तक कि फ़िराक़ (1896-1982) तक में देखा जा सकता है।

सूफ़ी सिद्धांतों को लेकर विद्वानों ने पर्याप्त विचार-विमर्श किया है। इस्लाम के उदार पंथ को सूफ़ी संप्रदाय कहा गया और यह विवाद भी चला कि यह बाशरा है अथवा बेशरा अर्थात् कुरानशरीफ़ के अनुसार है, अथवा नहीं। सूफ़ियों के फ़कीरी सादे जीवन से उन्हें समाज में व्यापक स्वीकृति मिली और सूफ़ी शब्द से ही सरल जीवनचर्या का बोध होता है, जहाँ सदाचार का आग्रह है। विद्वानों ने सूफ़ी संप्रदाय का संबंध शामी विचारधारा से स्थापित किया है जो पैग़म्बर के निधन के अनंतर मक्का में साधनारत पुजारियों (अशावी सफ़ा) द्वारा प्रवर्तित हुई। सफ़ा से शुचिता, पवित्रता का बोध होता है और सूफ़ियों ने कुरानशरीफ़ की उदार व्याख्या से अपने पंथ का निर्माण किया। आचरण पर बल देते हुए उन्होंने सांसारिक वस्तुओं के त्याग का आग्रह किया, जो सामंती समाज के भोग-विलास की अस्वीकृति है। प्रमुख सिद्धांतों के रूप में सूफ़ी संप्रदाय एकेश्वरवाद पर आधारित है, जहाँ परमात्मा 'आकाश और पृथ्वी का प्रकाश' माना गया। यह दृश्यमान जगत् परमात्मा की छवि है, जिसे बिंब-प्रतिबिंब भाव भी कहा गया। ईश्वर अलहक्क़ है—परम सत्य और उससे एकत्व मनुष्य की अभीप्सा है। ईश्वर परम सत्ता है, परम सौंदर्य और परम कल्याण भी, इसलिए उसकी ओर उन्मुख अथवा मुख़ातिब होना चाहिए। इन्सानुल कामिल अथवा पूर्ण मानव इसी प्रकार बना जा सकता है और यह वर्ग ईश्वर अथवा खुदा और साधारण मानव के बीच सेतु का कार्य करता है। सूफ़ियों में गुरु का महत्त्व है क्योंकि वह चिनगारी जन्माता है, परम सत्य की प्राप्ति के लिए—वह पथप्रदर्शक है, विवेक उपजाने वाला। परम लक्ष्य है—अलहक्क़ अथवा परम सत्ता से एकमेव होना। यह साधना का मार्ग है, जिसके कुछ चरण हैं—क्रमिक प्रयत्न के रूप में। ईश्वर-प्राप्ति लिए अहं का विनाश (हस्ती का फ़ना होना) ज़रूरी है क्योंकि इसी के बाद 'बक़ा' अथवा उच्चतर गुणों का प्रवेश रूह (उच्च आत्मा) में होता है। सूफ़ियों का आग्रह प्रेम पर है, जिससे खुदा मिलते हैं और उनमें हृदय पक्ष की प्रधानता है, जिसे क़ल्ब कहा गया, जो पवित्र होना चाहिए। मारिफ़ अथवा सच्चा ज्ञान प्रेम-पंथ से मिलता है, जिसमें स्वयं को तिरोहित करना पड़ता है। सूफ़ियों में लोक से लोकोत्तर तक जाने का जो प्रेम मार्ग है, उसने रचनाशीलता को बहुत प्रेरणा दी और सूफ़ियों के प्रेम पंथ पर विद्वानों ने विस्तार से विचार करते हुए कहा है कि यह आध्यात्मिक प्रक्रिया है (आर. ए. निकल्सन : द मिस्टिक्स ऑफ़ इस्लाम, पृ. 73)।

जायसी को प्रायः सूफ़ी काव्य-परंपरा में रखकर देखा गया है। जीवन-रेखाएँ बताती हैं कि मलिक मुहम्मद जायसी का जन्म 1464 ई. में अवध जनपद के जायस स्थान पर हुआ : 'जायसनगर मोर अस्थानू' (आखिरी कलाम)। अमेठी में जायसी की कब्र हिंदू-मुसलमान दोनों की श्रद्धा पाती आई है, जो कवि के उदार पंथ की स्वीकृति है। पद्मावत में कुछ जीवनी-सूत्र हैं : जायसनगर धरम अस्थानू; एक नयन कवि मुहम्मद गुनी; गुरु मोहदी खेवक में सेवा; सेरसाहि देहली-सुल्तानू; सन् नवसै

सत्ताइस अहा आदि। 'आखिरी कलाम' की चौपाई भी उद्धृत की जाती है, जिसके भिन्न-भिन्न अर्थ लगाए गए हैं : भा औतार मोर नौ सदी, तीस बरिख ऊपर कवि बदी। जायसी की रचनाएँ—पद्मावत, चित्ररेखा, अखरावट, आखिरी कलाम, कहरानामा हैं और कन्हावत की प्रामाणिकता संदिग्ध है। पर पद्मावत उनकी प्रतिनिधि कृति है, कवि की कीर्ति का आधार। जायसी सूफ़ी संप्रदाय से संबद्ध थे, यह निर्विवाद है क्योंकि रचनाओं के भीतर उसके वैचारिक तत्त्व मौजूद हैं। इसी के साथ यह भी ध्यान में रखना होगा कि वे खेती-किसानी के व्यक्ति थे, जिस अनुभव का प्रयोग उन्होंने अपने काव्य में किया है। जायसी को केवल सूफ़ी कवि के रूप में विवेचित करने से उनकी प्रतिभा के साथ पूर्ण न्याय नहीं हो पाता। आचार्य रामचन्द्र शुक्ल ने मत-सिद्धांत को स्वीकारते हुए भी महाकवि को सही आलोचनात्मक प्रस्थान दिया और उनके प्रेम पंथ को रेखांकित किया : 'जायसी एकांतिक प्रेम की गूढ़ता और गंभीरता के बीच-बीच में जीवन के और-और अंगों के साथ भी उस प्रेम के संपर्क का स्वरूप कुछ दिखाते गए हैं, इससे उनकी प्रेम-गाथा पारिवारिक और सामाजिक जीवन से विच्छिन्न होने से बच गई है' (जायसी ग्रंथावली : भूमिका, पृ. 29)। आचार्य शुक्ल ने जायसी को सूफ़ी कवि के रूप में देखा, इसलिए लोकोत्तर में लोक का प्रवेश देखा, पर स्थिति यह भी है कि कवि लोक से लोकोत्तर का संकेत भी देता है।

जायसी के समाजदर्शन की पहचान के लिए यह एक प्रासंगिक प्रश्न है कि दर्शन अथवा विचारधारा तथा रचना के अंतस्संबंधों का स्वरूप क्या होता है ? जायसी के संदर्भ में इस चर्चा के पूर्व, विजयदेव नारायण साही विचार और रचना का प्रश्न व्यापक स्तर पर उठा चुके थे (मार्क्सवादी समीक्षा और उसकी कम्युनिस्ट परिणति : 'आलोचना' अक्टूबर 1953)। साही अपनी पुस्तक 'जायसी' (व्याख्यान 1982, प्रकाशन 1983) में उन्हें 'हिंदी का पहला विधिवत्' कवि मानते हैं, यह स्वीकारते हुए भी कि कबीर की क्षमता ने जायसी को संभव किया। पर वे संत अधिक थे, जबकि जायसी कवि अधिक हैं, उनके शब्दों में 'मूलतः कवि।' मध्यकाल में संत और कवि की समन्विति स्थिति को देखते हुए यह वक्तव्य विवादास्पद कहा जा सकता है, पर जायसी साही के प्रिय कवि हैं, और उन्होंने अंतरंग विवेचन से उनके काव्य-मर्म को उद्घाटित किया है, आधुनिक दृष्टि से। उनका विचार है कि 'सूफ़ीमत, सूफ़ी संप्रदाय और सूफ़ी संतपन का घेरा जायसी और उनके व्यक्तित्व के चारों ओर इस तरह डाल दिया गया है कि उनका कवि-व्यक्तित्व धुँधला पड़ गया है' (जायसी, पृ. 4)। इसीलिए वे दर्शन और रचना का सैद्धांतिक प्रश्न उठाते हुए कहते हैं कि 'पद्मावत अपनी मूल प्रवृत्ति में एक त्रासदी है, विराट ट्रेजिडी, विशाल मानवीय करुणा से संपन्न।' बौद्धिक सघनता और वैचारिक प्रतिबद्धता में अंतर करते हुए साही कहते हैं कि 'सारे वाद और मत-मतांतर जायसी के चारों ओर वातावरण में फैले हुए थे।...जायसी इनके प्रति खुले हुए हैं। लेकिन प्रचलित मान्यताओं के इस पुंज का उपयोग अब

भी जायसी करते हैं, तो उनका उद्देश्य केवल कथा के विशिष्ट संदर्भ में अधिक जागरूक, अधिक संवेद्य, अधिक घनीभूत बनाना ही होता है। पद्मावत की कथा अपनी समरस तन्मयता के साथ आगे बढ़ती जाती है। विचारों या वादों के टुकड़े उससे जुड़कर केवल संपूर्ण भावात्मक संश्लेषण को अधिक तीव्र बनाते रहते हैं' (वही, पृ. 67)।

जायसी के पूर्व प्रेमाख्यान-परंपरा थी, सूफ़ी कविता भी, और उन्होंने इससे प्रेरणा पाई। पद्मावत के कथानक को लेकर इतिहास-कल्पना की दुहरी भूमिका का उल्लेख भी किया जाता है कि पूर्वार्द्ध कल्पित है और उत्तरार्ध में इतिहास की सामग्री का उपयोग। पर इस प्रकार का द्वैत रचना को दुर्बल करता है, यदि कवि-प्रतिभा में संयोजन की क्षमता न हो। समाहार, संयोजन तो प्रतिभा का कौशल है ही जो रचना को कला-कृति का रूप देता है, नहीं तो सब कुछ बिखरा-बिखरा होगा। कला में इसे अन्विति का कौशल कहा जाता है और रचना को उसकी समग्रता में देखने का आग्रह किया जाता है। अलाउद्दीन ख़ल्जी इतिहास में है और मेवाड़ के राजा रतनसिंह तथा उनकी रूपवती रानी पद्मिनी का उल्लेख भी किया जाता है। पर ऐसा प्रतीत होता है कि लोकगाथा रूप में यह कथा प्रचलित थी कि अलाउद्दीन ने पद्मिनी को पाने का प्रयास किया, जिसका उपयोग जायसी ने किया है। जायसी सल्तनत काल और मुग़लकाल के संधिस्थल पर मौजूद थे और पद्मिनी की कथा उस समय प्रचलित रही होगी। पद्मावती के लिए पदमिनी नाम का प्रयोग जायसी ने किया है : सिंघलदीप पदमिनी रानी/रतनसेन चितउर गढ़ आनी (स्तुति खंड) 'मानसरोदक खंड' के आरंभ में पद्मावती है : पद्मावति सब सखी बुलाई, पर इसी क्रम में उसे पदमिनी कहा गया है : सरवर रूप पदमिनी आई। पद्मावत नामकरण है, इसलिए आदि से अंत तक पद्मावती ही प्रमुख है। अंत में पद्मावती-नागमती सती खंड है, फिर उपसंहार : कहँ सुरूप पद्मावति रानी। जायसी सर्जनात्मक कल्पना से, इतिहास तथा लोकगाथा का संयोजन करते हैं, और कथा को मार्मिक संपन्नता तथा चरित्रों को व्यक्तित्व देते हैं।

भारत में सूफ़ी प्रेमाख्यानों की समृद्ध परंपरा है जिससे मध्यकालीन सांस्कृतिक-संवाद का बोध होता है। चंदायन (1379 : मुल्ला दाऊद), मृगावती (कुतुबन), पद्मावत (जायसी), मधुमालती (मंझन), चित्रावली (उसमान), ज्ञानदीप (शेखनबी), हंसजवाहर (कासिम शाह), इंद्रावती, अनुराग बाँसुरी, यूसुफजुलेखा (शेख निसार) से लेकर नूरजहाँ (1905 : ख़्वाज़ा अहमद) तक की लंबी सूची है। श्याममनोहर पाण्डेय, रामपूजन तिवारी, सरला शुक्ल, शिवसहाय पाठक आदि विद्वानों ने इस दिशा गें अनुसंधान कार्य किया है। जायसी सूफ़ी काव्य परंपरा में इस दृष्टि से विशिष्ट हैं कि वे संश्लिष्ट व्यक्तित्व का परिचय देते हैं। उनके पास समृद्ध लोकानुभव है, जिसका उपयोग वे रागात्मक दृष्टि से करते हैं। कथा कहना, विवरण-विस्तार में जाना प्रबंधकाव्य के आग्रह हैं, पर यह उनका मूल उद्देश्य नहीं है। इसके माध्यम से वे

सूफ़ी दर्शन का प्रतिपादन करके भी संतुष्ट नहीं हो जाते और न केवल प्रेम-कथा कहना उनका प्रयोजन है। वे प्रेम को व्यापक मानवीय संदर्भ में प्रस्तुत करते हैं और उसे उच्चतम धरातल पर पहुँचाते हैं। जायसी अपनी सीमाओं से परिचित हैं कि अवध के साधारण किसानी परिवार से जुड़े हैं। सल्तनत काल के अंतिम और मुग़लकाल के आरंभिक दौर में (पानीपत युद्ध, 1526) वे उपस्थित हैं। शेरशाह (शासन : 1539-1545) का उल्लेख पद्मावत के स्तुति खंड में है : सेरसाहि दिल्ली सुलतानू। लोदी राजवंश (1451-1526) से बाबर, हुमायूँ, शेरशाह तक का समय जायसी ने पार किया। निश्चय ही यह संघर्ष का समय था, जिसकी छाया काव्य में हो सकती है। पद्मावत में प्रेम के साथ संघर्ष की जो भूमिका है, वह इसी परिप्रेक्ष्य में देखी जानी चाहिए।

जायसी का काव्य-लक्ष्य क्या है, यह विचारणीय है क्योंकि इससे कवि की सामाजिक-सांस्कृतिक दृष्टि और समाजदर्शन को जाना जा सकता है। जायसी अपनी सीमाओं के बावजूद आत्मविश्वास के कवि हैं, जिन्हें आत्मसजग भी कहा गया। रचनाकार के आत्मविश्वास के अपने आधार होते हैं, जायसी को अपने राग-भाव, संवेदन पर विश्वास है, जिसमें उनकी लोकदृष्टि की भी भूमिका है। यहाँ दर्शन-विचार भी हैं और कवि का प्रयत्न यह कि वह कथा से संयोजित हो जाय, पर कई बार ऐसा नहीं हो पाता, जैसे योग-शब्दावली का प्रयोग करते हुए। ऐसा तो नहीं है कि जायसी अपनी जानकारी का उपयोग करना ही चाहते हैं, जैसे सिंहल द्वीप का वर्णन करते हुए योग-शब्दावली का प्रयोग। इसका आशय सिंहलगढ़ की दुर्जेयता का बोध कराना है, जहाँ विशिष्ट सौंदर्य-संपन्न पद्मावती रहती है। उसे पाने के लिए विकट संघर्ष करना होगा, जिसे 'तप' कहा गया। पर योग-सूफ़ी की इस सम्मिलित विचारभूमि के बीच काव्य-पंक्तियाँ हैं, वृहत्तर जीवन-दर्शन का संकेत करती—मुहम्मद-जीवन-जल भरन, रहंट-घरी कै रीति, घरी जो आई ज्यों भरी ढरी, जनम गा बीति। जीवन का यही क्रम है; जीवन-जल का घरिया में भरना और ढल जाना। जायसी ने सिंहल द्वीप को सर्वोत्तम माना है, क्योंकि पद्मावती वहाँ वास करती है : एकौ दीप न उत्तिम, सिंघलदीप समीप। ऐसी स्थिति में वर्णनात्मकता का सहारा लेते हुए कह दिया कि वहाँ सभी कुछ है—वनस्पति, पक्षी, सरोवर, हाट आदि। यह विवरण-मोह हो सकता है, पर जायसी का गंतव्य जीवन की उच्चतम मूल्य-भूमि है, जिसका आधार मानवीय प्रेम है, जो अपनी उदात्तता में ऐसी उठान प्राप्त करता है कि आध्यात्मिकता के संकेत भी प्राप्त हों। पद्मावत में प्रेम का रागभाव पूरी कथा में अनुस्यूत है, जिसे कवि ने परिभाषित भी किया है, और रचना में प्रमाणित भी : प्रेम-फांद जो परा न छूटा, जीउ दीन्ह पै फांद न टूटा (राजा-सुआ संवाद खंड); प्रेम-घाव दुख जान न कोई, जेहि लागै जानै तै सोई (प्रेम-खंड); जेंहि तन प्रेम, कहाँ तेहि मांसू, कया न रकत, नैन नहिं आंसू (जोगी खंड); प्रेम-समुद्र जो अति अवगाहा, जहाँ न बार न पार न

थाहा (राजा-गजपति-संवाद खंड) से लेकर प्रेम-कथा एहि भाँति बिचारहु (उपसंहार) तक। जायसी का गहरा आत्मविश्वास मानवीय प्रेम पर आश्रित है, जिसके केंद्र में लोक-संवेदन हैं और जिसकी उच्चतम भूमिका मानवमूल्य-संपन्न आध्यात्मिकता तक जाती है और जिसे कवि पद्मावत में मार्मिक प्रतिपादन दे सका :

केइ न जगत अस बेंचा, केइ न लीन्ह जस मोल।
जो यह पढ़ै कहानी, हम्ह सँवरै दुइ बोल।।

जायसी का व्यक्तित्व कुछ कठिनाइयाँ उपस्थित करता है, जिनका समाधान खोजना होगा। जीवन-रेखाओं के विवाद को छोड़ दें, क्योंकि वे प्रायः सभी भक्त कवियों के साथ किसी न किसी रूप में जुड़े हैं, जिन पर शोधकर्ता अपने ढंग से विचार करते रहे हैं, पर कुछ प्रश्न सामने हैं। जायसी में सूफ़ी दर्शन किस सीमा तक तथा किस रूप में आया है और ऐसा तो नहीं कि दर्शन अथवा विचार ने काव्य को बोझिल अथवा विरस किया है। कवि ने अपनी प्रतिभा से इनका संयोजन किस प्रकार किया है। यह प्रश्न इसलिए भी विचारणीय कि हर महत्त्वपूर्ण रचना से इसका संबंध है। रचना न कोरी भावुकता है, न केवल बौद्धिक व्यापार, वरन् इनके संतुलित संयोजन से उसका निर्माण होता है। जहाँ भाव की प्रमुख उपस्थिति होती है, जैसे रूमानी कवियों में, वहाँ भी कुछ विचार-बिंदु अंतःसलिला की भाँति प्रवाहित होते हैं। सब कुछ मिलकर काव्य-संवेदन बनता है, जिससे कवि-क्षमता का प्रमाण मिलता है और जायसी के संदर्भ में यह प्रश्न सर्वाधिक प्रासंगिक है। पद्मावत प्रबंधकाव्य है, जहाँ एक ऐसी घटना का संकेत है, जिसके लिए इतिहास का हवाला दिया जाता है। इसलिए इतिहास-कल्पना के संयोजन का निर्वाह जायसी ने किस प्रकार किया, यह भी विचारणीय है। यों इतिहास, रचना में विवरणों में नहीं आता और रचनाकार अपनी सर्जनात्मक कल्पना की क्षमता से चरित्रों को, समय के अनुरूप नया विन्यास देते हैं। शेक्सपियर का जूलियस सीज़र अतिरिक्त आत्मविश्वास का शिकार है और प्रसाद का चाणक्य बुद्धि-वैभव-संपन्न तो है ही, वह विरल प्रेमी भी है : 'समझदारी आने पर यौवन चला जाता है।' जायसी ने पात्रों को किस रूप में गढ़ा, यह भी जानने योग्य है। राजा रत्नसेन के माध्यम से कवि कहना क्या चाहता है और दो-दो नारियों को कथा-धार में सम्मिलित करने का आशय क्या है ? योग से संबद्ध शब्दावली, प्रतीक, रूपककाव्य में अंतर्भुक्त करने का प्रयत्न, कौन-सी विवशता है ? इससे कथा-प्रवाह में कुछ बाधाएँ भी उपस्थित हुई हैं।

पद्मावत के उपसंहार की चौपाइयों ने नई समस्याएँ उत्पन्न कीं : तन चितउर, मन राजा कीन्हा, हिय सिंघल, बुधि पदमिनि चीन्हा। पूरा अन्योक्ति क्रम है : तन चित्तौड़, मन राजा रत्नसेन, हृदय सिंहल द्वीप, बुद्धि पद्मिनी-पद्मावती, गुरु हीरामन सुग्गा, नागमती दुनिया-धंधा, राघव शैतान, अलाउद्दीन माया। आचार्य शुक्ल की ग्रंथावली में यह अंश है, पर डॉ. वासुदेवशरण अग्रवाल ने अपने संपादन में इसे छोड़

दिया है और उपसंहार का आरंभ दूसरे दोहे से करते हैं : मुहमद यहि कवि जोरि सुनावा, सुना जो पेम पीर गा पावा। यह अंश क्षेपक हो, तो कोई कठिनाई नहीं पर यदि जायसी ने ही इससे अन्योक्ति-संकेत करने का प्रयत्न किया है, तब भी यह कवि का मूल आशय नहीं है, प्रकारांतर है। कविता में आशय उसके मूल में निहित रहता है और निष्कर्षात्मक टिप्पणी गौण ही कही जाएगी। कई बार दार्शनिक-वैचारिक दबावों की भी विवशता होती है। प्रसाद ने 'कामायनी' के आमुख में लिखा कि 'यह आख्यान इतना प्राचीन है कि इतिहास में रूपक का भी अद्‌भुत मिश्रण हो गया है। इसलिए मनु, श्रद्धा और इड़ा इत्यादि अपना ऐतिहासिक अस्तित्व रखते हुए, सांकेतिक अर्थ की भी अभिव्यक्ति करें, तो मुझे कोई आपत्ति नहीं।' बस फिर क्या था हिंदी आलोचना में रूपक तत्त्व को लेकर कई प्रयत्न हुए। ऐसी दुर्घटनाएँ अतिरिक्त उत्साह से भी होती हैं, जब कविता का मूल आशय पृष्ठभूमि में चला जाता है तथा अवांतर प्रश्न सामने आ जाते हैं। पद्‌मावत की कथा के केंद्र में मनुष्य है, अपनी क्षमताओं, दुर्बलताओं के साथ, जिसके निर्माण में एक ओर सामंती परिवेश है, दूसरी ओर उसके अतिक्रमण में सजगता के साथ संलग्न कवि की प्रतिभा, जो राग-भाव से परिचालित है, विवेक-संपन्न रागात्मकता। हीरामन सुग्गा पद्‌मिनी के रूप का सादर स्मरण करते हुए कहता है : औ पाएउं मानुष कै भाषा, नाहिं त पंखि मूठ भर पांखा (राजा-सुआ-खंड)। मनुष्य की भाषा ही पक्षी की पूँजी है, नहीं तो उसके पास केवल मुट्ठी भर पंख हैं।

कई प्रश्नों के बीच जायसी के समाजदर्शन के संदर्भ में यह प्रश्न प्रासंगिक कि उन्हें कथाकाव्य की सुविधा थी, पर उनमें समय-समाज किस रूप में आए हैं। कोई यथार्थ उभरा है क्या और यदि हाँ तो किस रूप में ? उनमें कबीर जैसी प्रतिरोध-प्रवृत्ति न थी, पर अपने समय को कहे बिना तो वे परम काल्पनिक हो जाते। जायसी ने ऐसी कथा ली जिसके दो प्रमुख केंद्र हैं—सिंहल द्वीप और चित्तौड़। निश्चय ही जिस रूप में सिंहल द्वीप को गढ़ा गया है, वह विशिष्ट है, लगभग कवि-कल्पित, क्योंकि वहाँ पद्‌मावती वास करती है जिसे जायसी अपनी पूरी रागात्मकता से गढ़ते हैं : धनि सो दीप जहँ दीपक बारी, औ पदमिनि जो दई सँवारी (सिंहलद्वीप-वर्णन, खंड)। विधाता ने उसे अपने हाथों सजाया-सँवारा है, वह सौंदर्य की सीमा है : का सिंगार ओहि बरनौं राजा, ओहिक सिंगार ओही पै छाजा (नखशिख खंड)। सिंहल द्वीप कवि-कल्पित है, एक प्रकार से कवि का 'युटोपिया' और इस धुन में वे उसमें सब कुछ समो देते हैं। पर इसी के भीतर सामंती-समाज की छवियाँ भी हैं, जो मध्यकाल का संकेत करती हैं : अभेद्य गढ़, छप्पन कोटि कटक दल, सोलह सहस घुड़सवार, सात सहस हस्ती आदि। हाट के वर्णन से सामंती संपन्नता का बोध होता है : रतन पदारथ मानिक मोती, गढ़ की सुरक्षा के पूरे प्रयत्न हैं, जिसके भीतर महल है : साजा राजमंदिर कैलासू, सोने का सब धरति अकासू। यहीं रनिवास है, मध्यकालीन हरम :

बरनों राजमंदिर रनिवासू, जनु अछरीन्ह भरा कविलासू। सोरह सहस पदमिनी रानी, एक एक तैं रूप बखानी। मानसरोदक खंड के आरंभ में सौंदर्य-वाटिका (फुलवारि) के रूप में पद्मावती की सखियों का बखान करते हुए जायसी चंपा, कुंद, सुकेत, रसबेलि, मौलश्री, जुही, सेवंती, केसर, चमेली, कदम्ब आदि फूलों की उपमा का उपयोग करते हैं। यह सामंती परिवेश चित्तौड़गढ़ वर्णन खंड में भी है, जहाँ राजा रत्नसेन की सोलह सौ दासियों की बात कही गई है, जिनमें से चौरासी चयनित हुई हैं, अलाउद्दीन की परिचर्या के लिए। यहाँ भी जायसी ने 'फुलवारि' शब्द का प्रयोग किया है—जिनके वर्णन में स्वच्छंद भूमि है : यौवनारम्भ, नेत्र-बाण, कटाक्ष-संपन्न : काम कटाछ इनहिं चित हरनी, एक एक तें आगरि बरनी। भोज-वर्णन में भी सामंती विलास की छाया है।

जायसी में मध्यकाल उस प्रकार से अपने यथार्थ रूप में नहीं आ सका, जिसके लिए कबीर का उल्लेख किया जाता है और तुलसी के कलिकाल-वर्णन का भी। जायसी ने दूसरा रास्ता चुना, उन्होंने स्वयं को लोकजीवन से जोड़ा, विशेषतया ग्राम-समाज से। उसमें भी उनकी रुचि उस लोकसंस्कृति में अधिक है, जिसके विषय में कहा जाता है कि मध्यकालीन ग्राम-समाज स्वयंसंपूर्ण इकाई था और राजसत्ता की मुख्य धारा से पृथक् था, जिसका प्रतिनिधित्व नगर-समाज करता था। हर कवि की अपनी प्रवृत्ति होती है और उसी के अनुसार कविता विकसित होती है। जायसी का संवेदन अपने आस-पास के लोक जीवन में रमता है और यहाँ वे वर्णनात्मकता से आगे निकलकर रागात्मक होते हैं। वे अवध जनपद के कवि हैं, ग्राम-जीवन में रचे-बसे और पद्मावत में इसका उपयोग उन्होंने प्रामाणिकता से किया है। उद्धरणों के सहारे अवध के लोकजीवन के दृष्टांत प्रस्तुत करने का कार्य शोधार्थियों ने किया है : जाति, व्यवसाय, कृषि, उद्योग, संस्कार, लोक-प्रचलित विश्वास, आचार-विचार, उत्सव आदि। इनके विवरण में जाना अनिवार्य नहीं, पर यहाँ जायसी कई बार असंग भी दिखाई देते हैं, परंपरा का निर्वाह करते हुए, पर जहाँ वे संलग्न होते हैं, वहाँ दृश्य प्रभावी बनते हैं। कविता में सूचनाएँ अधिक अर्थ नहीं रखतीं, उन्हें संवेदन से जोड़कर किसी दृश्य अथवा अर्थ में बदलने का कौशल काव्य-कला है। जायसी ग्राम-जीवन को जानते हैं और उसके माध्यम से अपने अभीप्सित आशय का संकेत भी करते हैं। प्रकृति का ग्राम-परिवेश तो है ही, अपने सुख-दुख के साथ : चैत-वसंता होइ धमारी; फागु करहिं सब चांचरि चोरी; फर-फूलन सब डार ओढ़ाई आदि। षट्-ऋतु-वर्णन खंड केवल काव्य-परंपरा का निर्वाह नहीं है, यहाँ जायसी ग्राम-जीवन-दृश्य उभारते हैं, जिसका आरंभ आचार्य शुक्ल द्वारा संपादित पद्मावत में मांगलिक पूजन से होता है : कलस मानि हौं तेहि दिन आई, पूजा चलहु चढ़ावहिं जाई। पार्वती-महेश-खंड को लोकप्रचलित विश्वास के रूप में देखना उचित होगा। हनुमान से यह सुनकर कि रत्नसेन ने पद्मावती के वियोग में अपने लिए चिता बनाई है, शंकर उसके तप से प्रसन्न होते हैं : कहैन्हि

न रोव बहुत तैं रोवा, अब ईसर भा दारिद खोवा। स्पष्ट है कि लोक उपादानों का सक्षम उपयोग जायसी की रागात्मक लोकचेतना से जुड़ा है जो उनके काव्य को मार्मिकता देता है। विवरणों के अंश छोड़ भी दें तो जहाँ कवि को अवसर मिला है, उसने लोकउपादानों का प्रयोग काव्य-समृद्धि के लिए किया है। एक धरातल है भाव-संसार का, दूसरा है अभिव्यक्ति का, जहाँ लोकजीवन से पाया गया मुहावरा बड़ी मात्रा में प्रवेश पाता है : कुहुकि-कुहुकि जस कोयल रोई। इसके लिए नागमती का विरह-वर्णन अपनी मार्मिकता में सर्वाधिक उल्लेखनीय है।

परिवार भारतीय समाज का आधार रहा है और पद्मावत की कथा में इसकी भी भूमिका है। मध्यकाल में इसके रूप बदले, बहुपत्नी प्रथा का प्रचलन हुआ, पर जायसी नारी का पक्ष लेते हैं, कई प्रकार से और इस पर विचार करने से कवि के समाजदर्शन के कुछ बिंदु उद्घाटित होते हैं। नारियाँ कई रूपों में आती हैं—पद्मावती की सखियों से लेकर राजा की दासियों तक। पद्मावती-नागमती दोनों की उपस्थिति के बावजूद, जायसी दाम्पत्य-जीवन पर बल देते हैं। पर इसके पूर्व की स्थिति का वर्णन करते हुए, वे नारी की विवशता का संकेत भी करते हैं और कवि की सहानुभूति नारी के साथ है। 'मानसरोदक खंड' में विवाह के पूर्व पद्मावती मानसरोवर में स्नान करने जाती है और जल-क्रीड़ा करते हुए सखियाँ कहती हैं : पिता के घर चार दिन ही तो रहना है। जब तक पिता का राज है, जितना चाहो, मन-भर खेल लो। ससुराल चले जाने पर यह स्वतंत्रता कहाँ : सास-ननद-ससुर सबको सहना-झेलना होगा। मार्मिकता से इस प्रसंग को व्यक्त करते हुए, जायसी भारतीय समाज में नारी की परवश स्थिति का बोध कराते हैं—विवाह के पूर्व का चिंतारहित आज़ाद जीवन और उसके बाद की परवशता : झूलि लेहु नैहर जब ताईं, फिरि नहिं झूलन देइहि साईं। स्थिति यह होगी कि जैसे बंदी पक्षी होते हैं :

कित नैहर पुनि आउब, कित ससुरे यह खेल
आपु आपु कहं होइहि, परब पंखि जस डेल।

जायसी की सहानुभूति नारी के साथ है। क्यों ? इसलिए भी कि सामंती समाजों में सर्वाधिक पीड़ित-शोषित नारी ही होती है। शास्त्र को उद्धृत करें तो वह चिरंतन आश्रित है : विवाह के पूर्व माता-पिता, दाम्पत्य जीवन में पति और बाद के एकाकीपन में पुत्र। मेरा विचार है कि संवेदनशील जायसी की नारी-दृष्टि उनके समाजदर्शन का महत्त्वपूर्ण पक्ष है, यहाँ वे अपनी पूरी सहानुभूति नारी-वर्ग को देते हैं। भारत में बेटी की विदाई बड़ा करुण प्रसंग है और महाकवि कालिदास अभिज्ञान-शाकुन्तलम् में शकुन्तला की विदाई के समय ऋषि कण्व से कहलाते हैं : जब मुझ जैसे वनवासी को इतनी व्यथा हो रही है, तब उन गृहस्थों की क्या स्थिति होती होगी, जो पहली बार अपनी बेटी को विदा करते होंगे (चतुर्थ अंक, 6)। रत्नसेन-विदाई खंड में जायसी ने इस विस्तार से कहा है, प्रसंग को करुण, मार्मिक बनाते हुए। विदाई-क्षण का

आरंभ है : गवन-चार पद्मावति सुना, उठा धसकि जिउ औ सिर धुना। आँखों में आँसू भर आए, नैहर छूट रहा है : नैहर आइ काह सुख देखा ? जनु होइगा सपने का लेखा। जायसी यहाँ फिर सखियों को सम्मिलित कर करुण दृश्य को मार्मिकता देते हैं, जिसका संकेत वे मानसरोदक खंड में कर चुके हैं। विदाई के समय सखियाँ बिलखती हैं और पद्मावती कहती है :

मिलहु सखी, हम तंहवा जाहीं। जहाँ जाइ पुनि आउब नाहीं
सात समुद्र पार वह देसा। कित रे मिलन, कित आब संदेसा
अगम पंथ परदेस सिधारी। न जनौं कुसल कि बिथा हमारी
पितै न छोह कीन्ह हिय माहां। तहं को हमहिं राख गहि बाहां
हम तुम मिलि एकै संग खेला। अंत बिछोह आनि गिउ मेला
तुम्ह अस हित संघती पियारी। जियत जीउ नहिं करौं निनारी
कंत चलाई का करौं, आयसु जाइ न मेटि
पुनि हम मिलहिं कि ना मिलहिं, लेहु सहेली भेंट।

भारतीय जीवन के जिन पारिवारिक दृश्यों को जायसी ने संलग्नता से चित्रित किया है, जहाँ वृहत्तर समाज सम्मिलित है और जहाँ केवल वर्णन है, उसे परंपरा-निर्वाह के रूप में देखना होगा। ग्राम-जीवन से प्राप्त कुछ सामग्री का उपयोग वे काव्य-समृद्धि के लिए करते हैं और मनोवांछित आशय की व्यंजना के लिए भी। जहाँ उनका मन रमता है, वहाँ वे रुकते-ठहरते हैं, नहीं तो वर्णन करके आगे बढ़ जाते हैं। ग्राम-जीवन अपनी विपन्नता में प्रकृति को सहचरी रूप में देखता है; लोकाचार का निर्वाह वह करता है, रस्म-रिवाज का भी और लोकोत्सव, पर्व उसके जीवन को रसमयता देते हैं। संयोग-वियोग दोनों में इनका वर्णन हुआ है, एक में उल्लास का बोध कराता और दूसरे में परिवर्तित दृश्य की पीड़ा बताता। प्रिय की उपस्थिति में षट्-ऋतु-वर्णन-खंड में सब ऋतुएँ प्रीतिकर हैं : ऋतु ग्रीषम कै तपन न तहाँ, जेठ असाढ़ कंत घर जहाँ अथवा रितु पावस बरसै पिउ पावा, सावन भादौं अधिक सुहावा। पर पद्मावत में ठीक इसी के बाद नागमती-वियोग-खंड है, जहाँ दृश्य करुण है : चैत बसंता होइ धमारी, मोहिं लेखे संसार उजारी। जायसी मानव-भावनाओं की अभिव्यक्ति के लिए प्रकृति का भरपूर उपयोग करते हैं और प्रसंगों को मार्मिकता देते हैं।

जिसे जायसी का प्रेम पंथ कहा जाता है और जिसमें वियोग-विषाद का अपना महत्त्व है, उसी के साथ उनकी सौंदर्य दृष्टि भी संयोजित है। प्रेम का परिपाक वियोग में होता है, एक प्रकार से उसकी परीक्षा होती है, वह और भी प्रगाढ़ होता है। जायसी के ध्यान में 'बिछोह' का महत्त्व है, पर इसे वे देहवाद से ऊपर उठाने का प्रयत्न करते हैं और इसमें वे नारी-पुरुष दोनों को सम्मिलित करते हैं। राजा रत्नसेन पद्मावती की रूप-चर्चा सुनकर ही उसे पाना चाहता है, जोगी हो जाता है। पद्मावत में क्रम है : नखशिख खंड, प्रेम खंड और जोगी खंड। यह योग रत्नसेन को तप के निकट

लाता है और पद्मावती को पाने का यह आरंभिक ईमानदार प्रस्थान है, जबकि अलाउद्दीन उसे किसी भी प्रकार पाना चाहता है—छल-बल से ही सही। दोनों दो पृथक् जीवन-दृष्टियों के प्रतीक हैं—सच्चा प्रेम और सामंती देहवाद। जोगी खंड में सब राजा को समझाते हैं, पर रत्नसेन प्रेम-मार्ग पर अडिग है। मंडपगमन खंड की चौपाई है : 'मानुष पेम भएउ बैकुंठी, नाहिं त काह छार भर मूठी।' रत्नसेन तप-त्याग से अपने अभीप्सित लक्ष्य तक पहुँचता है—पद्मावती की प्राप्ति।

सौंदर्य-दृष्टि के लिए जायसी को दो सीमांतों से जूझना है—एक ओर सामंती समाज है जहाँ देह ही सब कुछ है और विलास ही काम्य है। उदारपंथी संवेदन-संपन्न कवि को इसका एहसास है कि यह नारी जाति का अनादर है, इसलिए वह इसका दूसरा पक्ष प्रस्तुत करता है—दिव्य और शोभन, जहाँ लौकिक से आध्यात्मिकता के संकेत भी मिलते हैं। जायसी की उदात्त प्रेम-सौंदर्य-दृष्टि सामंती समाज के देहवाद को ललकारती है। प्रेम श्रद्धा से होता हुआ भक्ति, उपासना तक की उत्तरोत्तर उत्कर्ष-यात्रा पार करता है। 'रत्नसेन-सूली-खंड' में जायसी की उदार दृष्टि का प्रतिनिधित्व है। सब पूछहिं कहु जोगी, जाति जनम औ नांव। रत्नसेन उत्तर देता है :

का पूछहु अब जाति हमारी। हम जोगी औ तपा भिखारी
जोगिहि कौन जाति हो राजा। गारि न कोह, मारि नहिं लाजा

जायसी के लिए प्रेम-सौंदर्य का उदात्त रूप ही मंगलकारी है और अपने इस वांछित आशय की अभिव्यक्ति के लिए उन्होंने पात्रों को माध्यम बनाया। कविता केवल वक्तव्य नहीं है, कथा-काव्य में उसे चरित्रों के कर्म से प्रमाणित भी करना होता है। पद्मावती सर्वोपरि चरित्र है, गुण-संपन्न, वैसी ज्योति और कहाँ : पुनि ओहि जोति और को दूजी। पर नागमती, जिसे साधारण माना गया, वह भी अपनी वियोग-स्थिति में हमारी सहानुभूति की पात्र है और उसमें भी इस दृष्टि से एक चारित्रिक सौंदर्य उभरता है कि वह पति की प्रतीक्षा करती है। कागा से कहती है कि सारा तन, सब मांस खा जाना पर : दो नैना मत खाइयो, पिया मिलन की आस। जायसी सौंदर्य-वर्णन में प्रचलित उपमाओं का प्रयोग करते हुए, परंपरा निभाते हैं, पर उनकी दृष्टि निरंतर गुण-धर्म पर है। इसलिए पद्मावती के लिए वे बराबर 'रूप' शब्द का प्रयोग करते हैं और गुणसंपन्न सौंदर्य ही रूप प्राप्त कर सकता है। जायसी के लिए प्रेम और सौंदर्य गुणमूलक हैं—मानवीय उदात्तता का बोध कराते : पावा रूप रूप जस चहा, ससि मुख जनु दरपन होइ रहा :

मुहमद कवि जो प्रेम का, ना तन रकत न मांसु
जेइं मुख देखा, तेहि हंसा, सुना तो आए आंसु

....

तीनि लोक चौदह खंड सबै परै मोहिं सूझि
पेम छाँड़ि नहि लोन किछु जो देखा मन बूझि

नयन जो देखा कंवल भा, निरमल नीर सरीर
हँसत जो देखा हंस भा, दसन जोति नग हीर

पद्मावती जायसी की अद्वितीय सृष्टि है, कवि की कल्पित समन्वित रूप-छवि। लगता है जैसे जायसी अपने संपूर्ण राग भाव को पद्मावती में संयोजित करते हैं। कोई बाध्यता नहीं है कि पद्मावती को अलौकिक ही माना जाय, वह अपनी छवि में ही लोकोत्तरता का बोध कराती है और इसे जायसी की सर्जनात्मक कल्पना की महान् सिद्धि कहना होगा। हम स्वीकारते हैं कि रूप-वर्णन के प्रसंग में पारंपरिक उपमानों का उपयोग हुआ है, पर जायसी इसे पार भी करते हैं। वे बार-बार इसके लिए 'रूप' शब्द का प्रयोग करते हैं—गुण-संपन्न विशिष्ट सौंदर्य : बिनु सेंदुर अस जानउ दीया, उजियर पंथ, रैनि महं कीआ। यह सौंदर्य आलोक देता है, प्रकाशमान है। पद्मावती सामंती समाज के रनिवास का लगभग विलोम है और उसे प्राप्त करने के लिए रत्नसेन को तप करना पड़ता है। पद्मावती का रूप-वर्णन एक से अधिक बार आया है, यद्यपि इसमें पुनरावृत्ति भी है, जैसे नखशिख खंड और पद्मावती रूप चर्चा खंड में। पहले का कथावाचक है ज्ञानी हीरामन सुग्गा, दूसरे का लोभी राघव चेतन और दोनों की 'दृष्टि' में अंतर है। हीरामन की दृष्टि गुण पर है, राघव चेतन की शरीर पर अधिक। पद्मावती का सौंदर्य जन्म खंड में ही संकेतित है जहाँ जन्म के स्थान पर अवतरण शब्द का प्रयोग है : पद्मावती औतरी :

इते रूप भै कन्या, जेहिं सर पूज न कोइ
धनि सो देस, रूपवंता, जहाँ जन्म अस होइ।
... ...
जग कोई दीठि न आवे, आछहिं नैन अकास
जोगी जती संन्यासी, तप साधहिं तेहि आस।

सिंहल द्वीप वर्णन के आरंभ में ही जायसी पद्मावत को 'निरमल दरपन भाँति बिसेखा' कहते हैं। पद्मावती के दिव्य सौंदर्य के बावजूद वे उसे मानुष-भूमि पर रखते हैं। उसमें सहज इच्छा-संसार है और हीरामन से बात करते हुए वह कामदेव के पर्यायवादी शब्दों तक का उपयोग करती है : देह-देह हम्ह लाग अनंगा। संयोग के क्षणों में भी उसका यह नारी-भाव सजग है, पातिव्रत धर्म के साथ : नेवछावरि अब सारौं तन मन जोबन जीउ (पद्मावती-रत्नसेन भेंट खंड)। हीरामन इस विशिष्ट सौंदर्य के लिए योग्य वर की तलाश में निकल पड़ता है, पर यह कार्य सरल नहीं। कई हाथों होकर जब वह रत्नसेन के पास पहुँचता है, तो पद्मावती के रूप-बखान (नखशिख खंड) के पूर्व, जायसी ने नागमती-सुआ संवाद खंड की नियोजना की है। नागमती रूपगर्विता है, दर्पण में अपना मुख देखकर हीरामन से प्रश्न करती है : बोलहु सुआ पियारे नाहाँ, मोरे रूप कोइ जग माहाँ। इतना ही नहीं, वह अपना प्रश्न दोहे में दुहराती है : है कोई एहि जगत महँ मोरे रूप समान। बुद्धिमान हीरा सर्वप्रथम पद्मावती

के 'रूप' का स्मरण करता है, फिर रानी नागमती की ओर देखता है। जायसी ने यहाँ सौंदर्य की दो इकाइयों का संकेत किया है—मात्र शरीर और दूसरी रूप-गुण-समन्वित :

सुमिरि रूप पदमावति केरा। हंसा सुआ, रानी मुख हेरा
जेहि सरवर महँ हंस न आवा। बगुला तेहि सर हंस कहावा
दई कीन्ह अस जगत अनूपा। एक एक तें आगरि रूपा
कै मन गरब न छाजा काहू। चाँद घटा औ लागेउ राहू
लोनि बिलोनि तहाँ को कहै। लोनी सोइ कंत जेहि चहै
का पूछहु सिंघल कै नारी। दिनहिं न पूजै निसि अंधियारी
पुहुप सुवास सो तिन्ह कै काया। जहाँ माथ का बरनौं पाया

यहाँ कुछ तथ्य जायसी की सौंदर्य-दृष्टि की समझ के लिए विचारणीय हैं। पहले पद्मावती के रूप का सादर स्मरण है, पर नागमती का मुख देखकर व्यंग्य-भरी हँसी कि दोनों में तुलना ही क्या ? और तीखा व्यंग्य कि जिस सरोवर में हंस नहीं आते वहाँ कमबख्त बगुले ही हंस कहे जाते हैं। एक नीर-क्षीर विवेकी, मुक्ता ग्रहण करने वाला हंस, दूसरा पाखंड का प्रतीक बगुला। संसार में सौंदर्य अनेक हैं, एक से एक बढ़कर। यों भी अहंकार न करना चाहिए, वह पतन की ओर ले जाता है। पद्मावती अविवाहिता है और नागमती परिणीता : परिणीता के सौंदर्य का प्रमाणपत्र उसके पति का प्रेम है। जहाँ तक सिंहल द्वीप की नारियों का प्रश्न है, तो दिवस और अँधियारी रात्रि की क्या तुलना। वे प्रसूनगंधा नारियाँ हैं, अपने व्यक्तित्व में सुवासित। दूसरों से तुलना क्या ? कहाँ मस्तक कहाँ चरण। सौंदर्य के प्रति यह तुलनात्मक दृष्टि सामंती देहवाद और उसके विलोम रूप में व्यंजित है, कवि के उक्ति-कौशल के साथ।

हीरामन सुग्गा 'राजा-सुआ-संवाद खंड' में पद्मावती का आरंभिक रूप-संकेत देता है कि 'पदुम-गंध ससि विधि औतारी'—सौंदर्य की अवतार : ससि-मुख अंग मलयगिरि रानी, कनक सुगंध दुआदस बानी—परम शुद्ध स्वर्ण ? इसका विस्तार नख-शिख-वर्णन में है, जहाँ परंपरा का निर्वाह है और उपमाएँ भी परिचित हैं। पर इसके माध्यम से कवि जिस अपरूप रूप का बोध कराना चाहता है, वह विशिष्ट है। पद्मावती अद्वितीय है और आरंभ ही हीरामन इस प्रकार करता है : का सिंगार ओहि बरनौं राजा, ओहिक सिंगार, ओही पै छाजा। शीश के कस्तूरी केश से लेकर कँवल-चरन तक। कई स्थलों पर शृंगार का खुला वर्णन भी है, पर कवि अपने महत् आशय के विषय में सजग है कि पद्मावती में नारी-सौंदर्य है, पर है वह विशिष्ट रूप। इसलिए संकेत-ध्वनि सामान्य नहीं है : बेनी छोरि झार जौं बारा, सरग पतार होइ अँधियारा (बेणी); बिनु सेंदुर अस जानउ दीआ, उजियर पंथ रैनि मह कीया अथवा सुरज-किरिन जनु गगन बिसेखी, जमुना मांह सुरसती देखी (मांग); कहै लिलार दुइज

कै जोती, दुइजहि जोति कहाँ जग ओती (ललाट); नैन बाँक सरि पूज न कोऊ, मानसरोदक उलछहिं दोऊ (नेत्र); नासिका देखकर स्वयं शुक (सुग्गा) लज्जित हो जाता है और पुहुप सुगंध करहिं एहि आसा, मकु हिरकाइ लेइ हम्ह पासा। पद्मावती बात कहती है तो फूल झरते हैं और विहँसत जगत होइ उजियारा। दशन-पंक्ति ऐसी कि जेहि दिन दसनजोति निरमई, बहुतै जोति जोति ओहि भई। पद्मावती का वैशिष्ट्य है, उसका चिरंतन प्रसन्नवदना रूप, वह सहज स्वभाव है : जहँ जहँ विहँसि सुभावहि हँसी, तहँ तहँ छिटकि जोति परगसी। रसना (वाणी) 'अमृत-बैन' संपन्न है जो प्रेम रस बोलती है। नखशिख के कुछ प्रसंगों में अतिरंजना भी है और अतिरिक्त खुलापन भी। पर जायसी सजग हैं कि पद्मावती विशिष्ट सौंदर्य है, इसलिए वे उसके व्यापक प्रभाव का संकेत भी करते हैं :

देखि अमिय-रस अधरन्ह, भएउ नासिका कीर
पौन बास पहुँचावै, अस रम छाँड़ न तीर।
... ...
हँसत दसन अस चमके, पाहन उठे झरक्कि
दारिउँ सरि जो न कै सका, फाटेउ हिया दरक्कि।

प्रायः प्रेम नेत्र से आरंभ होता है, पर जायसी ने इसे श्रवण से संबद्ध करके देखा। हीरामन सुग्गा पद्मावती का जो रूप-वर्णन करता है, उसी से रत्नसेन में राग-भाव का उदय होता है। वह योगी हो जाता है और समस्त बाधा-विघ्नों को पारकर पद्मावती के पास पहुँचता है। जायसी क्या संकेत करना चाहते हैं ? यही कि विशिष्ट सौंदर्य लोक का होकर भी, अपनी गुणवत्ता में विशिष्ट है, उसे प्राप्त करने के लिए साधना करनी होगी—इश्क मिज़ाज़ी से इश्क़ हक़ीक़ी की ओर आना होगा। पद्मावती का रूप वर्णन राघव चेतन भी करता है (पद्मावती-रूप-चर्चा-खंड), और इसमें पूर्ववर्ती सौंदर्य-वर्णन की पुनरावृत्ति भी पर्याप्त मात्रा में हुई है, किंतु 'दृष्टि' का अंतर है। हीरामन पवित्र भाव से उस अपरूप रूप को बखानता है, रत्नसेन में पूर्वराग जन्माने के लिए, पर राघव चेतन में प्रतिकार भाव है और वह अलाउद्दीन को उत्तेजित करता है। वह स्वयं भी मर्माहत है और इसी श्रेणी में देवपाल भी आता है। जायसी ने सौंदर्य के प्रति निर्मल दृष्टि की प्रतिष्ठा की है, उसे प्रेम का आलंबन-आश्रय मानकर, जिसे सामंती वासना का प्रतिवाद कहना उचित होगा।

पद्मावती लोक-भूमि पर प्रतिष्ठित है, पर अपने गुण-धर्म में लोकोत्तर का संकेत भी करती है। उसका अपना सहज इच्छा-संसार है, जिसे कई खंडों में देखा जा सकता है। पद्मावती-रत्नसेन भेंट खंड में दाम्पत्य जीवन से संबद्ध प्रेम-वार्तालाप विस्तार से आए हैं। पर पद्मावती के रूप के विषय में जायसी 'मानसरोदक खंड' में जिस व्यापक प्रभाव की चर्चा करते हैं, वह सर्वाधिक उल्लेखनीय है। मानसरोदक विस्मय-विमुग्ध है, और यह है, सौंदर्य की सामाजिक स्वीकृति :

सरवर रूप विमोहा, हिये हिलोरहि लेइ
पाँव छुवै मकु पावौं, एहि मिस लहरहि देइ।

समापन करते हुए जायसी कहते हैं : मानसर स्वयं को भाग्यशाली मानता है कि 'पारस रूप' यहाँ तक आया है और उसका रूपांतरण हो जाता है। इसके मूल में कवि का यह आशय अभिप्रेत है कि सच्चा सौंदर्य उद्दीपन नहीं, आलंबन है, वहाँ हम नतशिर होते हैं : पूरा प्रसंग प्रभावी है और जिसे बिंब-प्रतिबिंब भाव कहा जाता है, वह व्यक्तित्व का नया रूपांतरण है :

कहा मानसर चाह सो पाई। पारस रूप इहाँ लगि आई
भा निरमल तिन्ह पायन्ह परसे। पावा रूप रूप के दरसे
मलय समीर बास तन आई। भा सीतल गै तपनि बुझाई
न जनौं कौन पौन लेइ आवा। पुन्य-दसा भै पाप गँवावा
ततखन हार बेगि उतराना। पावा सखिन्ह चंद बिहँसाना
बिगसा कुमुद देखि ससि-रेखा। भै तहँ ओप जहाँ जोइ देखा
पावा रूप रूप जस चहा। ससि-मुख जनु दरपन होइ रहा
नयन जो देखा कँवल भा, निरमल नीर सरीर
हँसत जो देखा हंस भा, दसन-जोति नग हीर।

पद्मावती का व्यक्तित्व कुछ स्थलों पर खुलता है, जैसे वह रत्नसेन के तप को सराहती है और उसमें प्रेमी पति के प्रति गहरा राग-भाव है। कथा में एक मोड़ तब आता है जब राघव चेतन में वासना जागती है और वह प्रतिकार-भाव से अलाउद्दीन का दुरुपयोग करता है, पर वह भी 'पदमिनि-मानसर' कहकर उसके रूप को सराहता है (पद्मावती रूप-चर्चा खंड)। अलाउद्दीन दर्पण में पद्मावती का प्रतिबिंब देखता है : होतहि दरस परस भा लोना, धरती सरग भएउ सब सोना (चित्तौरगढ़ वर्णन खंड)। रत्नसेन के बंदी बना लिए जाने पर पद्मावती विलाप करती है, जिसमें नागमती भी सम्मिलित है। विषयी देवपाल के लिए पद्मावती की तीखी टिप्पणी है : रावन पाप जो जिउ धरा, दुवौ जगत मुँह कार, राम सत्त जो मन धरा, ताहि छरै को पार। बादशाह की दूती से भी वह कहती है : सून जगत सब लागे, ओहि बिनु किछु नहिं आहि। गोरा-बादल से प्रिय की मुक्ति में सहायक होने का निवेदन करते हुए वह कहती है : महूँ पंथ तेहि गवनब कंत गए जेहि बाट। रत्नसेन को पाकर प्रसन्न है : 'जीव काढ़ि नेवछावरि धरऊँ।' समापन अंश के सती खंड में वह प्रिय को संबोधित करती है। इस प्रकार जायसी पद्मावती के व्यक्तित्व को दीप्ति देते हैं, बार-बार उसे 'पारसमणि' कहते हैं, जिसके संपर्क से रूपांतरण होता है। वह वियोग की स्थितियों से भी गुजरती है, मानों अशोक वन-बंदिनी सीता हो : पद्मावति कहँ दुख तस बीता, जस अशोक-बीरौ तर सीता (लक्ष्मी-समुद्र खंड)। जायसी ने पद्मावती को अपनी रागात्मकता से निर्मित किया है और वह कवि की अद्वितीय सृष्टि है, लोक से लोकोत्तर

का संकेत करती, उच्चतर मूल्य-संसार और सौंदर्य से संपन्न।

नागमती को दुनिया-धंधा से संबद्ध कर देने से, इस व्यथा-डूबी नारी के साथ न्याय नहीं हो सकता। माना पद्मावती पारसमणि है, अपने अनिंद्य रूप-गुण में अप्रतिम, पर नागमती का अपना पक्ष है, पीड़ा का पक्ष। वह परिणीता है, प्रिय उसे छोड़कर चला जाता है, उसका क्या दोष। प्रिय की प्रतीक्षा में वह बारह मास व्यतीत करती है और पद्मावती को साथ लाने पर भी उसे संतोष कि पति घर आया है। उसका सहपत्नी से विवाद भी होता है, पर रत्नसेन के बंदी बना लिए जाने पर दोनों साथ-साथ विलाप करती हैं। अंतिम क्षणों में नागमती पद्मावती के साथ है, राग-विराग सब दूर। चिता में : लागी कंठ आगि देइ होरी, छार भई जरि, अंग न मोरी। जायसी ने नागमती के पातिव्रत धर्म के लिए ही जैसे 'नागमती-वियोग खंड' की योजना की। बारहमासा तो निमित्त मात्र है, पर कवि का आशय है, नागमती का पक्ष ईमानदारी से प्रस्तुत करना। यहाँ नागमती ऐसी एकनिष्ठ समर्पिता है, जिसके विषय में आचार्य रामचन्द्र शुक्ल ने लिखा है : 'नागमती का विरह-वर्णन हिंदी साहित्य में एक अद्वितीय वस्तु है।' आचार्य शुक्ल ने बारहमासा का विस्तार से विवेचन करते हुए कहा है कि इसमें 'वेदना का अत्यंत निर्मल और कोमल स्वरूप, हिंदू दांपत्य जीवन का अत्यंत मर्मस्पर्शी माधुर्य है, अपने चारों ओर की प्राकृतिक वस्तुओं और व्यापारों के साथ विशुद्ध भारतीय हृदय की साहचर्य भावना, तथा विषय के अनुरूप भाषा का अत्यंत स्निग्ध, सरल, मृदुल और अकृत्रिम प्रवाह देखने योग्य है' (जायसी ग्रंथावली : भूमिका, पृ. 43)। नागमती यहाँ भारतीय नारी की सहज भूमि पर है, अपने दाम्पत्य भाव से घनिष्ठ रूप में संबद्ध और मध्यकालीन सामंती समय की बहुपत्नी प्रथा पर टिप्पणी करते हुए, जायसी इसका आरंभ करते हैं : नागर काहु नारि बस परा, पर पातिव्रत धर्म में वह अडिग है : पिउ नहिं जात, जात बरु जीऊ। नारी का पक्ष 'बारहमासा' के माध्यम से प्रस्तुत करना जायसी का अभिप्रेत है, जिससे उनके समाजदर्शन का परिचय मिलता है, विशेषतया नारी-दृष्टि का, जहाँ वे सहानुभूति-परिचालित हैं।

नागमती वियोग-खंड में नागमती अपनी व्यथा व्यक्त करती हुई अपने स्वामी रत्नसेन को सीधे ही संबोधित करती है : तुम बिनु काँपै धनि हिया, तन तिनउर भा डोल; अबहू मया-दिस्टि करि; नाह निठुर घर आउ; तुम बिनु कंत न छाजनि छाजा आदि। वसंत में प्रिय का स्मरण करते हुए कहती है : बौरे आम फरै अब लागे, अबहुँ आउ घर, कंत सभागे। नागमती का वियोग भारतीय नारी की सहज वेदना है, जहाँ रानी इस दृष्टि से अपना राज-वर्ग भूल जाती है कि उसके विलाप में साधारण नारी का स्वर है। पूरा प्रसंग यदि एकालाप होता तो नारी पक्ष अधूरा रह जाता, पर जायसी ने नागमती को मध्यकालीन नारी के प्रतिनिधि स्वर-रूप में चुना, जिसे बहुपत्नी प्रथा की पीड़ा से गुजरना था। इस दृष्टि से यह वियोग-प्रसंग सामाजीकृत होता है, जिसमें पशु-पक्षी भी सम्मिलित हैं जो नारी-पीड़ा को बहुत करुण बनाते

हैं। राजमहल की नारी का सामान्यीकृत होना दर्शाता है कि कवि मध्यकालीन नारी की स्थिति के विषय में सजग है और अपनी सहानुभूति उसे देता है। जहाँ तक नारी-वेदना का प्रश्न है, नागमती-प्रसंग अत्यंत करुण और अवसादपूर्ण है। अतिरंजित अंशों को छोड़ दें, जो कई बार रूढ़िगत हैं तो वह पद्मावती से कहीं अधिक पीड़ा का भार झेलती है। उसके निर्माण में जायसी ने करुण रस का संचार किया है, नागमती अपनी विवशता में आहत है :

परबत समुद अगम बिच, बीहड़ घन बन ढाँख
किमि कै भेंटौं कंत तुम्ह, ना मोहि पाँव न पाँख।

नागमती वियोग-वर्णन वर्षा से आरंभ होता है, कालिदास के मेघदूत का स्मरण कराता—आषाढस्य प्रथम दिवसे। आरंभ के तीन कड़वक नारी-व्यथा दर्शाते हैं जहाँ नागमती अपने प्रिय के लौट आने की प्रतीक्षा में है। वह सोचती है, उसका तप अकारथ नहीं जाएगा : तपनि मृगसिरा जे सहैं, ते अद्रा पलुहंत। ऋतुओं से गुजरते हुए नागमती प्रकृति-दृश्य देखती है : वर्षा का जल, कार्तिक की चन्द्रिका, वसंत की आम्रमंजरी आदि। पर इसी के भीतर से उभरती है, नागमती की वियोग पीड़ा, जहाँ वह अपनी व्यथा व्यक्त करते हुए, अपने प्रिय रत्नसेन को संबोधित करती है। ऋतु वर्णन की परंपरा प्राचीन है, जिसमें वाल्मीकि जैसा प्रभावी प्रकृति-वर्णन है। कालिदास ने ग्रीष्म से आरंभ कर वसंत तक उसका निर्वाह 'ऋतुसंहार' में किया है, हर ऋतु को एक सर्ग में वर्णित करते हुए। प्रकृति के माध्यम से यहाँ उन्मुक्त शृंगार है, पूरे विस्तार में : तपस्वी भी विचलित हो जाते हैं : आसव से सुवासित स्त्रियों का कमल-मुख, लोध्र जैसे अरुणनेत्र, नव कुरबक प्रसून से सज्जित केशपाश, वक्ष-नितंब आदि (वसंत)। जीवन-दृष्टि का अंतर ऋतुओं के प्रति कवि-संवेदन को निर्धारित करता है, जैसे तुलसी की चौपाई की आरंभिक अर्धाली प्रकृति से संबद्ध है, पर दूसरे ही अंश में वे नैतिकता का प्रवचन करते हैं, जिससे दृश्य खंडित होता है। आरंभ की पहली चौपाई में राम सीता का स्मरण करते हैं : घन घमंड नभ गरजत घोरा, प्रियाहीन डरपत मन मोरा। पर आगे के पूरे प्रसंग में प्रकृति-दृश्य से नैतिक निष्कर्ष प्राप्त किए गए हैं, उत्प्रेक्षा (जिनि, जासु, जनु) के सहारे : क्षुद्र नदी भरि चलीं तोराई, जस थोरेहुँ धन खल इतराई अथवा कृषी निरावहिं चतुर सुजाना, जिमि बुध तजहिं मोह मद माना (किष्किंधाकांड)। पर जायसी संवेदन-संपन्नता से नागमती-प्रसंग को मार्मिकता देते हैं, जहाँ नारी-पीड़ा प्रधान है। सहचरी है, ग्राम-प्रकृति जिसे लोकजीवन से संबद्ध कर प्रस्तुत किया गया है। प्रकृति-दृश्य नागमती की व्यथा को उद्दीप्त करते हैं, वह उसमें सम्मिलित है, इस दृष्टि से कि बार-बार प्रिय का स्मरण करती है : भा भादौं अति दूभर भारी, कैसे भरौं रैन अँधियारी; भा परगास, कांस बन फूले, कंत न फिरे बिदेसहि भूले; अबहूँ निठुर आउ एहि बारा, परब देवारी होइ संसारा; बिहरत हिया करहु पिय टेका, दीठि-दवंगरा मेरवहु एका, आदि। पूरा परिवेश खुली ग्राम-प्रकृति का है, जायसी जिसके

सहभोक्ता हैं। संयोग में ऋतु का सुख है, पर नागमती की दशा है :

जिन्ह घर कंता ते सुखी, तिन्ह गारौ औ गर्ब
कंत पियारा बाहिरै, हम सुख भूला सर्ब।
... ...
सखि मानैं तिउहार सब गाइ देवारी खेलि
हौं का गावौं कंत बिनु, रही छार सिर मेलि।

बारहमासा निमित्त है, परंपरा-पालन का, जिसके माध्यम से जायसी नारी के करुण पक्ष को प्रस्तुत करना चाहते हैं, पर यहाँ उल्लेखनीय है लोकतत्त्वों की उपस्थिति। वाल्मीकि का सूक्ष्म प्रकृति-निरीक्षण, कालिदास का शृंगार भाव, तुलसी के नैतिक निष्कर्ष से जायसी अधिक मानवीय भूमि पर हैं, सामान्य नारी का पक्ष लेते हुए, और इसे उन्होंने पूरी मार्मिकता से व्यक्त किया है। बारहमासा के ठीक पहले षट्ऋतु वर्णन में जायसी ने पद्मावती के माध्यम से ऋतुओं का उपयोग संयोग शृंगार के लिए किया है, पर वह नागमती के बारहमासा की तुलना में यांत्रिक हैं : प्रथम वसंत नवल ऋतु आई, सुऋतु चैत बैसाख सोहाई आदि। इसकी तुलना में नागमती-प्रसंग करुण एवं मार्मिक है, जिसे प्रगाढ़ बनाने के लिए कवि ने लोकसंस्कृति का सक्षम उपयोग किया है। पूरा दृश्य कवि की लोकोन्मुखता को उजागर करता है : बरसै मघा झकोरि झकोरी, मोर दुइ नैन चुवैं जस ओरी; चहूँ खंड लागै अँधियारा, जौं घर नाहीं कंत पियारा; बरसै मेह चुवहिं नैनाहा, छपर-छपर होइ रहि बिनु नाहा। बारहमासा के समापन अंश में जायसी कहते हैं : रोइ गँवाए बारहमासा, सहस सहस दुख एक-एक साँसा। नागमती जीवित है, इस आशा में कि प्रिय आएगा और वह बार-बार प्रार्थना करती है कि प्रिय लौट आओ, दुख सुख में बदल जाएगा :

कवंल जो बिगसा मानसर, बिनु जल गएउ सुखाइ
अबहुँ बेलि फिर पलुहै, जो पिउ सींचै आइ।

जायसी का प्रयोजन बारहमासा वियोग-वर्णन के माध्यम से जिस नारी-पक्ष को प्रस्तुत करना है, उसमें कवि सम्मिलित है। जैसे पद्मावती का रूप-चित्र बनाते हुए, जायसी निरपेक्ष नहीं हैं, उनकी सौंदर्य-दृष्टि पूरी क्षमता में उपस्थित है। यहाँ वे मध्यकालीन नारी को साधारण देहवाद से हटाकर, उसे ज्योतिरूप प्रस्तुत करते हैं, 'पारसमणि' कहते हुए, जिसके प्रभाव में प्रकृति भी है। वह साधारण सौंदर्य राशि नहीं, अद्वितीय है, अपने समग्र वैभव में, इसलिए वह सरूपा रूप है, परम अपरूप : सहज किरन जो सुरुज दिपाई, देखि लिलार सोउ छपि जाई। इसी प्रकार नागमती में जायसी अपनी संलग्नता से उपस्थित हैं क्योंकि जिसे 'प्रेम की पीर' कहा जाता है, उसे व्यक्त करने के लिए कवि के पास एक अवसर है, और वह उसका उपयोग करना चाहता है। वैयक्तिक पीड़ा में प्रकृति को सम्मिलित कर जायसी उसे व्यापकत्व देते हैं, सघनता तो उसमें है ही। गहराई और विस्तार का जो प्रश्न उठाया जाता

है, उसकी पूर्ति बारहमासा करता है, चाहे उसे आंशिक ही कहा जाय। पद्मावती का एक पक्ष है—अनिंद्य सौंदर्य का, तो नागमती नारी का दूसरा पक्ष प्रस्तुत करती है, पतिव्रता की पीड़ा का। सामान्य लोक की उपस्थिति उसे मार्मिकता देती है, जिसे जायसी की संवेदन-सामर्थ्य तो माना ही गया है, पर समाजदर्शन की दृष्टि से नारी के प्रति कवि की यह उदार दृष्टि है। मध्यकालीन संदर्भ में यह रेखांकित करने योग्य है और लगता है जैसे जायसी देहवाद को नकारते हुए दो प्रतिनिधि नारी-चरित्र रच रहे हैं, जिन दोनों में प्रेम की भूमिकाएँ हैं, पर पृथक् रीति से। इसीलिए पद्मावत के अंत में सती खंड में जायसी पद्मावती-नागमती का पार्थक्य ही मिटा देते हैं : दुवौ सवति चढ़ि खाट बईठी। नागमती-वियोग के संदर्भ में जायसी के बहुउद्धृत दोहे कवि की क्षमता के प्रमाण हैं। पहला नागमती के निवेदन से संबंधित है और दूसरा उसके संपूर्ण राग-भाव से, जिसमें अंतिम आकांक्षा भी प्रिय-मिलन की है :

पिउ सौं कहेहु संदेसड़ा, हे भौंरा, हे काग
सो धनि बिरहै जरि मुई, तेहि क धुवाँ हम्ह लाग।

... ...

यह तन जारौं छार कै, कहौं कि पवन उड़ाव
मकु तेहि मारग उड़ि परै, कंत धरै जहँ पाव।

कवि माखनलाल चतुर्वेदी की 'एक पुष्प की अभिलाषा' की समापन-पंक्तियों का स्मरण हो आता है, जहाँ सारे लोभ नकारते हुए, कवि बलिपंथी भाव का वरण चाहता है : मुझे तोड़ लेना वनमाली, उस पथ पर तुम देना फेंक, मातृभूमि पर शीश चढ़ाने जिस पथ जावें वीर अनेक। 'नागमती संदेश खंड' में स्थिति है : 'नागमती दुख बिरह अपारा, धरती सरग जरै तेहि झारा।' नागमती का त्याग-भाव मध्यकालीन नारी के प्रति जायसी की सात्त्विक मूल्य-दृष्टि से संबद्ध है। उसे केवल गोरखधंधा से जोड़कर देखा जाना, नारी के साथ न्याय नहीं होगा। राजा रत्नसेन को सुविधा हो सकती है दो नारियों के साथ प्रेम निबाहने की; पर नागमती सर्वांग भाव से समर्पित है, एक प्रकार से उन्हें क्षमा करती हुई। यह है भारतीय नारी का वैशिष्ट्य जिसे सामंती समाज के संदर्भ में देखा जाय तो नारी-व्यक्तिव की गरिमा और भी उजागर होगी। इस्लाम में सती की अवधारणा नहीं, पर जायसी नागमती की व्यथा को सम्मान देते हुए उसके प्रेम की सराहना करते हैं। अपना नाम भी इस दोहे में सम्मिलित करते हैं और उसे पूरा मान देते हैं। पद्मावती का रूप प्रकृति को प्रभावित करता है, रूपांतरण होता है, पर नागमती की पीड़ा में भी प्रकृति सहभागिनी है : तेहि दुख भए परास निपाते, लोहू बूड़ि उठे होइ राते। जायसी की सराहना है :

गिरि, समुद्र, ससि, मेघ, रवि सहि न सकहिं वह आगि।
मुहमद सती सराहिए, जरै जो अस पिउ लागि।

राजा रत्नसेन सामंती समाज की उपज है, पर कवि ने उसके उन्नयन का

प्रयत्न भी किया है, जबकि इसकी तुलना में अलाउद्दीन, देवपाल, राघव चेतन सब देहासक्ति के सामंती पात्र हैं। रत्नसेन प्रेम के लिए त्याग-तप करना जानता है, जिससे उसके व्यक्तित्व को दीप्ति मिलती है। हीरामन सुग्गे से पद्मावती का रूप-वर्णन सुनकर उसे पाना चाहता है, यह स्वयं में कम चमत्कारी नहीं। पर पद्मावती के नखशिख वर्णन के पूर्व कवि ने 'राजा-सुआ-संवाद खंड' की नियोजना की है, जहाँ हीरामन उसे 'पदुम-गंध ससि बिधि औतारी' कहता है। वह सुवासित, प्रकाशित है, अपने समग्र व्यक्तित्व में एक प्रकार से अवतरण है और हीरामन बार-बार सुगंध और ज्योति का प्रयोग इस प्रसंग में करता है। कवि इस विशिष्ट सौंदर्य को प्रेम-भाव से जोड़ता है : 'पेम छाँड़ि नहिं लोन किछु, जो देखा मन बूझि।' इस दोहे के ठीक बाद की चौपाई में रत्नसेन का अनुराग-भाव है : 'कठिन प्रेम, सिर देइ तौ छाजा'। वह किसी भी त्याग के लिए तत्पर है और पद्मावती को 'अनूप' मानते हुए, प्रेम-पंथ पर चल पड़ता है। इस पूर्वानुराग और संकल्प के बाद जायसी ने नखशिख वर्णन की नियोजना की है, जिसका विवेचन पद्मावती के प्रसंग में हो चुका है। रत्नसेन के संदर्भ में यह विचारणीय कि इस रूप-वर्णन के बाद वह 'जोगी-रूप' ग्रहण करता है। जायसी के लिए प्रेम एक योग-साधना है और पद्मावत के प्रमुख पात्र इसे आचरित करते हैं। इस दृष्टि से रत्नसेन का संपूर्ण पंथ प्रेम और संघर्ष की सम्मिलित भूमि पर प्रतिष्ठित है, वह स्थितियों से टकराता है। जोगी खंड से लेकर अंतिम दृश्य तक इसे देखा जा सकता है। बार-बार वह प्रेम का स्मरण करता है, जैसे यही उसका पाथेय है और इसके लिए वह किसी भी संघर्ष के लिए तत्पर है। इस रूप में पद्मावत केवल 'प्रेम-कहानी' नहीं, वह प्रेम की संघर्ष गाथा भी है—मानसिक धरातल से लेकर बाह्य संघर्ष तक। सात समुद्र पार कर, रत्नसेन सिंहलद्वीप पहुँचता है और उसका विश्वास है : पुरुषहि चाहिअ ऊँच हिआऊ। यहाँ वह उन साधारण सामंतों से भिन्न है, जो सब कुछ युद्ध अथवा छल से पाना चाहते हैं। पद्मावती की प्राप्ति के लिए उसका तप है और उसके उच्च भाव हैं।

नारियों के जीवन में अंतःसंघर्ष प्रमुख है, पर रत्नसेन को बाहरी संघर्ष भी झेलना है। अतिरंजित प्रतीत होता है, पर रत्नसेन सती होने के लिए भी तत्पर है। 'रत्नसेन-सूली-खंड' में जायसी अपनी उदार धर्मनिरपेक्ष दृष्टि रेखांकित करते हैं। रत्नसेन कहता है : 'का पूछहु अब जाति हमारी, हम जोगी औ तपा भिखारी।' रत्नसेन पद्मावती को पाकर कहता है : मैं तुम्ह कारन, प्रेम-पियारी, राज छाँड़ि कै भएउँ भिखारी। प्रेम त्याग से मिलता है, यों ही नहीं और पद्मावती उसके 'सत भाव' को स्वीकारती है। रत्नसेन पद्मावती को पाने के बाद भी अन्य संघर्षों से गुजरता है, जैसे लक्ष्मी-समुद्र खंड में। अंतिम संघर्ष राघव चेतन और अलाउद्दीन के छल से है, जिसका कारण यह कि रत्नसेन सहज विश्वासी है, छला जाता है। उसका एक अंतःसंघर्ष भी है—पद्मावती-नागमती को लेकर, जिसका संकेत जायसी ने चित्तौर-आगमन खंड में

किया है। युद्ध-कौशल भी रत्नसेन जानता है और 'आठ बरस गढ़ छेंका रहा' के बाद भी अलाउद्दीन विजयी नहीं हो पाता (राजा-बादशाह युद्ध खंड)। पर वह सहज विश्वास में छला जाता है, बंदी बना लिया जाता है। गोरा-बादल की चतुराई से जब वह मुक्त होता है, तो : चढ़ा तुरंग सिंघ अस गाजा (गोरा-बादल-युद्ध खंड)। पद्मावती के प्रति उसका स्नेह अमिट है : जियत जीव नहि करौ निनारा (बंधन-मोक्ष)। रत्नसेन देवपाल को युद्ध में पराजित करता है, पर बैकुंठवास प्राप्त करता है। रत्नसेन के परिवेश में सामंती वैभव है—दुर्ग, दासी, सेना, संगीत, भोजन आदि, जिनका विवरण भी आया है। पर रत्नसेन को जायसी सामंती सीमाओं से बाहर लाने का प्रयत्न करते हैं और उसे प्रगाढ़ प्रेमी बनाकर अधिक मानवीय भूमि देना चाहते हैं।

अलाउद्दीन, राघव चेतन, देवपाल आदि वासना-संचालित हैं और उनकी भूमिका रत्नसेन के विलोम रूप में है। गोरा-बादल शौर्य, निष्ठा के प्रतीक हैं, पर पद्मावत में कई दृष्टियों से हीरामन सुग्गे की प्रमुख भूमिका है। पक्षी के रूप में पात्र का चयन नल-दमयंती-प्रसंग में हंस का भी है (श्रीहर्ष : नैषधीय चरित), पर पद्मावत में हीरामन सुग्गा कथा के विन्यास में महत्त्वपूर्ण भूमिका का निर्वाह करता है। वह विवेक-संपन्न है : रूपगर्विता नागमती के यह पूछने पर कि मोरे रूप कोइ जग माहाँ, उसका चतुर उत्तर है कि : जेहि सरवर महँ हंस न आवा, बगुला तेहि सर हंस कहावा तथा लोनि विलोनि तहाँ को कहै, लोनी सोइ कंत जेहि चहै। यह पूरा प्रसंग उसके बुद्धि-कौशल पर प्रकाश डालता है—पहले पद्मावती का रूप-स्मरण आदर-भाव है, फिर नागमती का मुख देखकर हँसना व्यंग्य है, विशेषतया यह टिप्पणी कि जिस जलाशय में हंस (नीर-क्षीर-विवेकी) नहीं आते, वहाँ बगुले (छद्म रूप) ही हंस कहलाते हैं। वह कहता है संसार में एक-से-एक बढ़कर सौंदर्य है, अहंकार न करना चाहिए, इससे पतन होता है। फिर उसका कथन बुद्धिमत्तापूर्ण है कि रानी तुम परिणीता हो, तुम्हारे सौंदर्य की यही सार्थकता है कि पति का प्रेम मिले। जहाँ तक पद्मावती का प्रश्न है, वह प्रसून-सुगंध से संपन्न है। दिवस-रात्रि में क्या समानता ? पद्मावती के रूप-वर्णन में हीरामन की प्रज्ञा कल्पना के साथ संयोजित होकर अपना कौशल दिखाती है, जहाँ लोक से लोकोत्तर के संकेत भी विचारणीय हैं। पूरे कथाचक्र में हीरामन सुग्गे की भूमिका रत्नसेन-पद्मावती-मिलन की है, जिसका निर्वाह वह सात्त्विक कर्तव्य-भाव से करता है। वह ईमानदार, विवेक-संपन्न पथ-प्रदर्शक है और जायसी ने पक्षी को 'मनुष्य की भाषा' दी तथा इस माध्यम से वे जीव-मैत्री का संकेत करते हैं। अपने दायित्व की पूर्ति के बाद वह दृश्य से हट जाता है और पद्मावती की सेवा में सुख मानता है :

हीरामन हौं तेहिक परेवा। कंठा फूट करति तेहि सेवा
औ पाएउँ मानुष कै भाषा। नाहिं त पंखि मूठि भरि पाँखा।
जौ लौं जिऔं रात दिन, सवँरौ ओहि कर नावं

मुख राता तन हरियर, कीन्हें ओहूं जगत लेइ जावं।

एक दृष्टि से हीरामन सुग्गा प्रेम के बीजारोपण का कर्ताधर्ता है और रत्नसेन-पद्मावती दोनों के हृदय में वह प्रेम का बीज-वपन करता है, उसके अंकुरण में सहायक है। जब भी आवश्यकता हो, वह छाया की तरह पूर्वार्द्ध में उपस्थित है, सक्रिय दायित्व निभाते हुए। फ़ारसी काव्य में पक्षी प्रेमी-प्रेमिका के मध्य संदेश-वाहक होते थे, पर जायसी का हीरामन मध्यस्थ नहीं, वह प्रेम-भाव का विवेक-संपन्न व्याख्याता और संचालक है। पद्मावती के रूप-वर्णन में वह कुशल है, नासिका का वर्णन करते हुए स्वयं को लज्जित मानता है : नासिक देखि लजानेउ सूआ, सूक आइ बेसरि होइ ऊआ। सुआ जो पिअर हिरामन लाजा, और भाव का बरनौं लाजा। हीरामन की अर्थ-ध्वनियाँ गहरी हैं : पुहुप सुगंध करहिं एहि आसा, मकु हिरकाइ लेइ हम्ह पासा। सुगंधित पुष्प भी आशा करते हैं कि पद्मावती की 'तिल पुहुप संवारी' नासिका किसी दिन हमें पास लाकर थोड़ा स्पर्श देगी। हीरामन पक्षी होकर भी, जायसी के समाजदर्शन को व्याख्यायित करता है—प्रेम-सौंदर्य के प्रभावी चित्र बनाते हुए।

कथा के माध्यम से काव्य-रचना में आशय की अभिव्यक्ति की सुविधा होती है। वर्णनात्मक प्रसंगों में, पात्रों को गढ़ते हुए, कवि अपने विचार व्यक्त करता चलता है। जायसी में कबीर-तुलसी की तरह मध्यकालीन समय-समाज अपने पूरे यथार्थ में नहीं आ पाता और उन्होंने दूसरी राह का चुनाव किया। जिस उदार सूफ़ी मत से वे संबद्ध थे, उसमें आक्रोश के लिए गुंजायश भी कम थी और उन्होंने अपनी रागात्मकता में लोकजीवन की छवियों का प्रवेश कराया, जिसमें वे स्वयं भी रचे-बसे थे। यदि कहा जाता है कि सूर में ब्रजमंडल अपनी पूरी जनसंस्कृति में उजागर हुआ है विशेषतया ग्वाल-जीवन, तो जायसी में अवध की जनपदीय लोकसंस्कृति अपनी रंगमयता में आई है। जायसी में कई विवरण जानकारी के आधार पर हैं, जैसे राज-भोज सामग्री, राज-दल आदि, जिनका संबंध उच्च सामंती समाज से है। पर उनकी चेतना संलग्न होती है, लोकजीवन के दृश्य बनाने में, जहाँ वे अपनी रागात्मकता के साथ हैं। गाँव के आत्मनिर्भर समाज में कृषि के साथ कई छोटे-मोटे काम हैं, पर जायसी बीच-बीच में जो संकेत करते हैं, वे भी विचारणीय हैं। कुम्भकार में वे आदि-निर्माता की छवि देखते हैं, सुंदरियाँ प्रसून-वाटिका प्रतीत होती हैं; नैहर भारतीय नारी को बहुत प्रिय है (मानसरोदक खंड, रत्नसेन बिदाई खंड आदि) पर उसके छूटने की पीड़ा भी है। प्रश्न है कि इसकी सांकेतिक व्यंजना को किस रूप में लिया जाय, जैसे कबीर का पद : 'बाबुल मोरो नैहर छूटो जाय' जिसमें इस प्रकार के संकेत हैं। जायसी में लोकसंस्कृति उनके अभीप्सित संसार के अनुरूप है, जहाँ लोकोत्सव राग-रंग के प्रतीक होते हैं : ग्राम-जीवन में वसंत, होली, दीपावली आदि। जायसी ने 'वसंत खंड' में प्रकृति-शोभा का वर्णन किया है और उस पीठिका पर पद्मावती के साथ सखियाँ उपस्थित हैं : वै वसंत सौं भूलीं, गा वसंत उन्ह भूलि। वसंतोत्सव है : झुंड बाँधि

कै पंचम गाई और पूरा दृश्य रागमय है—लोकोत्सव रूप में, जहाँ अनुराग की लालिमा है :

सेंदुर खंड उड़ा अस, गगन भएउ सब रात
राती सगरिउ धरती, राते बिरिछन्ह पात।

जायसी के समाजदर्शन में विकल्प की प्रस्तुति को, कवि के मूल्यवान प्रदेय के रूप में देखना चाहिए और यहाँ मध्यकाल, यथार्थ की अपेक्षा अपनी लोकसंस्कृति में अधिक व्यक्त हुआ है। अनेक लोकविश्वास यहाँ हैं—टोना-टटका, जादू, शकुन-अपशकुन, धर्म-व्रत, ज्योतिष-नक्षत्र आदि। पर जायसी का मन रमता है—लोकोत्सव में, क्योंकि वह उनकी संवेदनशीलता के समीप है, जहाँ वे रूमानी हैं, गीतात्मक, यद्यपि वे प्रबंधकाव्य की रचना कर रहे हैं। प्रतिभाओं का यह कौशल होता है कि वे अपने लिए उपयुक्त माध्यम खोजती हैं और कई बार उसके रूढ़िगत ढाँचे को तोड़ते हुए, उसका नया विन्यास करती हैं। नागमती रत्नसेन को संबोधित करते हुए कहती है कि मेरे प्रिय लौट आओ तो दुख सुख में बदल जाएगा : अबहूँ निठुर आउ एहि बारा, परब देवारी होइ संसारा। उसकी व्यथा है : चैत बसंता होइ धमारी, मोहि लेखे संसार उजारी। जायसी व्यापक अर्थ में लोककवि हैं, लोककथा, लोक उपादान, लोकभाषा का सक्षम उपयोग करते हुए, जिससे वे अपनी रचना को समृद्ध करते हैं। जायसी के समाजदर्शन की सही समझ में कुछ कठिनाइयाँ हैं, जैसे क्या सब कुछ सूफ़ी मत के माध्यम से ही जानना होगा ? रचना तथा दर्शन अथवा विचार के संदर्भ में कहा जा चुका है कि विलयन से कलाकृति बनती है और विचार को संवेदन-संपत्ति बनना ही होगा, जैसे भी हो। पद्मावत में योग-शब्दावली पर्याप्त मात्रा में आई है, जो काव्य के स्वाभाविक प्रवाह में बाधा बनती है जैसे सिंहल द्वीप वर्णन खंड, जोगी खंड, रत्नसेन सूली खंड आदि में पारिभाषिक शब्दावली का प्रयोग हुआ है : नव खंड, नव पौरी, बज्र केवार, चार बसेरे, दशम द्वार आदि (सिंहल द्वीप)। पर इसके निहितार्थ पर विचार करें तो जायसी प्रेम को सर्वोत्तम मूल्य के रूप में प्रतिपादित करते हुए उसे योग-साधना से अधिक व्यापक भूमि पर प्रतिष्ठित करते हैं। एक संवेदनशील कवि का यह ऐसा 'मानुष धर्म' है, जिसे मध्यकालीन सांस्कृतिक सौमनस्य के श्रेष्ठतम रूप में देखना चाहिए। रत्नसेन योगी है, किसी वैयक्तिक मोक्ष-कामना के लिए नहीं, वरन् उस पद्मावती तक पहुँचने के लिए, जिसे कवि चरम सौंदर्य के रूप में प्रतिपादित करता है। जोगी खंड के आरंभ में ही जायसी कहते हैं : तन विसंभर, मन बाउर लटा, अरुझा पेम, परी सिर जटा। रत्नसेन का संकल्प है : सिद्ध होइ पद्मावति, जेहि कर हिये वियोग। ज्योतिषी कहते हैं आज प्रस्थान का सही समय नहीं है, तो वह उत्तर देता है :

पेम पंथ दिन घरी न देखा। तब देखैं जब होइ सरेखा
तेहि तन पेम कहाँ तेहि मांसू। कया न रकत, नैन नहिं आंसू

पंडित भूल न जानै चालू। जीउ लेत दिन पूछ न कालू
सती कि बौरी, पूछहि पांड़े। औ घरि पैठि कि सैंतैं भांड़े
मरै जो चलै गंग-गति लेई। तेहि दिन कहाँ घरी को देई
मैं घर-बार कहाँ कर पावा। घरी के आपन अंत परावा
हौं रे पथिक पखेरू, जेहि बन मोर निबाहु
खेलि चला जेहि बन कहँ, तुम अपने घर जाहु।

जायसी के स्वप्नलोक में विकल्प के जो संकेत हैं, उन्हीं से उनका समाजदर्शन निर्मित है। उदार सूफ़ी पंथ ने उन्हें वह व्यापक दृष्टि दी, जहाँ सारे भेद मिट जाते हैं : का पूछहू अब जाति हमारी, राजि छाँड़ि कै भएउ भिखारी (रत्नसेन सूली खंड)। जिस बहुलता से वे भारतीय देवत्व का स्मरण करते हैं, वह उनका उदार पंथ है, उन्होंने विशेष रूप से पार्वती-महेश खंड की नियोजना की जहाँ अवढर दानी शंकर रत्नसेन पर कृपालु होते हैं : कहेन्हि न रोव, बहुत तैं रोवा, अब ईसर भा दारिद खोवा। लक्ष्मी-समुद्र खंड में लक्ष्मी पद्मावती को आशीषती है : 'ना मरु बहिन, मिलिहि तोर पीऊ।' पर्व, धार्मिक विश्वास, व्रत-उपवास आदि जायसी की उदार दृष्टि का परिचय देते हैं। 'मंडप गमन खंड' के आरंभ में ही रत्नसेन देवमूर्ति को प्रणाम करता है : नमो नमो नारायन देवा, का मैं जोग, करौं तोहि सेवा और बार-बार स्तुति-विनय कर दयामय से, कृपा की याचना करता है। जायसी के लिए इस प्रकार के प्रसंग केवल परंपरा-पालन नहीं हैं, वरन् उनकी उस उदार दृष्टि का बोध कराते हैं, जहाँ पार्थक्य के लिए स्थान नहीं है। जायसी की वाणी कबीर की तरह आक्रामक नहीं है, पर वे सरस भाव से जिस सांस्कृतिक सौमनस्य का संगीत रचते हैं, वह मध्यकाल में विरल है। लोकोत्तरता के संकेत के मूल में भी उच्चतर मूल्य-चिंताएँ हैं, भक्ति को प्रशस्त मानवीय आधार देती हुई। विवरणों को छोड़ दें, तो जहाँ कवि-मन रमता है, वहाँ कविता अपनी पूरी उठान और रसमयता में होती है। मनुष्य के साथ प्रकृति और पक्षी भी इसमें सम्मिलित हैं : बसहि पंखि बोलहिं बहु भाखा, करहिं हुलास देखि कै साखा। जिस प्रेमभाव का प्रतिपादन जायसी ने किया, वह मध्यकालीन सामंती समाज का विकल्प है, कई स्तरों पर जिसमें जातीय सौमनस्य से लेकर देहवाद से ऊपर उठने तक का अभिप्राय प्रतिपादित है। जीवन-प्रसंगों के भीतर से जायसी ने इसे संभव किया, यह उल्लेखनीय है और इससे उनकी लोकचेतना प्रमाणित होती है।

जायसी के काव्य में जो संसार उभरता है, उसमें कवि-अभीप्सा का बड़ा हिस्सा है, जिसे अध्यात्म-रहस्यवाद तक सीमित कर देने से पूर्ण न्याय नहीं हो पाता। उल्लेखनीय यह कि यहाँ जो कुछ भी है, वह लोकजीवन के भीतर से होकर आया है। कई बार अवांतर प्रसंग, विवरण-वृत्तांत इसमें बाधा बनते हैं, पर कवि-कौशल यह कि वह बराबर सजग है और बार-बार प्रेम की अपनी मूलभूमि पर लौटता है।

वर्णन के कारण जब कथा रुक-ठहर जाती है, तब कवि बीच-बीच में अपने उदारपंथी मंतव्य को प्रकाशित करने का अवसर निकाल लेता है। ऐसे प्रसंगों में कवि के दोहे विशेष रूप से विचारणीय हैं, जैसे वह अपने मंतव्य को रेखांकित करना चाहता है। परमानंद श्रीवास्तव ने जायसी के लिए 'लोकभाषा में संभव होने वाली कविता' का प्रयोग किया है : 'धार्मिक विश्वासों के कवि को जब हम ठेठ लोकानुभव में विश्वासों के ऊपरी भेद को विचलित करते हुए देखते हैं, तब हमें उसकी काव्य-संभावनाओं का पता लगता है। अनगढ़पन में माधुर्य की प्रतिष्ठा करके जायसी ने अपनी लोकदृष्टि के साथ कवि-दृष्टि का प्रमाण भी दिया है' (जायसी, पृ. 44)। जायसी स्वयं को अतिक्रांत कर एक सार्थक कवि बनते हैं, इस अर्थ में कि वे इस्लाम को पार करते हैं, वृहत्तर सांस्कृतिक मेल-जोल की धारा में स्वयं को प्रवाहित करते हैं। इसके लिए वे भारतीय प्रेम कहानी का चयन ही नहीं करते, अपनी पूरी संलग्नता से उसका सफल निर्वाह भी करते हैं। अपनी लोकसंवेदना की अभिव्यक्ति के लिए वे जनपदीय लोकसंस्कृति का सक्षम उपयोग करते हैं और लोकभाषा के माध्यम से बहुजन समाज को संबोधित करते हैं। उनका उदार सूफ़ी मत काव्यधारा में समरस होकर और भी विश्वसनीय बनता है, उसे कुछ उक्तियों में खोजना कोई अनिवार्यता नहीं, वह समग्र संवेदन-संपत्ति में उपस्थित है। 'पेम छाँड़ि नहिं लोन किछु, जो देखा मन बूझि' जायसी के समाजदर्शन का मूल स्वर है, जिसकी व्यापक अर्थ-ध्वनि है—व्यक्ति से लेकर समाज तक। इसमें मूल्यचिंता भी सन्निहित है, जिसे कवि का मानव-केंद्रित अध्यात्म भी कहा गया, पर मूलतः वह व्यापक प्रेम का उच्चतर मानवीय संसार है।

सूरदास :
कहाँ सुख ब्रज कौसौ संसार

सूरदास हिंदी भक्तिकाव्य के सबसे रागात्मक स्वर कहे जा सकते हैं। उन्होंने कृष्ण के जीवन की पूर्व-गाथा को अपने काव्य का विषय बनाया—वात्सल्य, शृंगार को प्रमुखता दी। महाभारत के सुदर्शनचक्रधारी कृष्ण उनके संवेदन का विषय नहीं बन सके। भागवत संपूर्ण भक्ति साहित्य का प्रस्थानग्रंथ है और उसे प्रस्थानत्रयी के क्रम में चतुर्थ प्रस्थान कहा गया। पर सूर भागवत का कथानक-आश्रय लेकर भी उसमें नई उद्भावनाएँ जगाते हैं, यह उनकी मौलिक सर्जन क्षमता का प्रमाण है। उन्होंने पारंपरिक रीति से कथा-वाचन नहीं किया और वर्णनात्मकता के स्थान पर भाव-संवेदन का आधार ग्रहण किया। गीतिकाव्य, पदशैली के माध्यम से कृष्ण के व्यक्तित्व को उजागर किया गया, यह स्वयं में एक अभिनव प्रयत्न है। सूर के काव्य के साथ संपूर्ण न्याय नहीं हो सका, यद्यपि आचार्य रामचन्द्र ने सूरसागर को रससागर कहा, पर उनका वैशिष्ट्य सीमित कर दिया कि 'वात्सल्य और शृंगार के क्षेत्रों का जितना अधिक उद्घाटन सूर ने अपनी बंद आँखों से किया, उतना किसी और कवि ने नहीं' (सूरदास, पृ. 123)। आचार्य शुक्ल ने प्रबंधात्मकता को काव्य-निकष माना, इसलिए तुलसी उनके लिए सर्वोपरि हैं। सूर के भक्तजन ने उन्हें भागवत, वल्लभ-संप्रदाय के भाष्यकार के रूप में देखा और उनके काव्य-मर्म को उद्घाटित करने का प्रयत्न कम हुआ। प्रगतिवादियों की समस्या पर्याप्त समय तक यह थी कि उसमें समय-समाज को खोजने की कठिनाई थी। आचार्य रामचन्द्र शुक्ल से लेकर, शोधप्रबंधों से होती हुई, मैनेजर पाण्डेय तक, सूर-समीक्षा की यात्रा है। पर सूर के नए विवेचन की संभावना अब भी बनी हुई है कि मध्यकाल में रचना करते हुए, क्या उनके लिए यह संभव है कि वे उससे पूर्णतया पलायन कर जायँ ? और इसी से जुड़ा प्रश्न यह भी कि अपने समकालीन समानधर्मा भक्त कवियों की तरह काव्य-मूल्य के रूप में कोई समाजदर्शन

उनके पास है क्या ? है, तो कैसा ?

सूर की जीवन-रेखाओं के लिए प्रायः वल्लभाचार्य के पौत्र गोकुलनाथ के जीवनी साहित्य 'चौरासी वैष्णवों की वार्ता' का आधार लिया जाता है, जिसमें कुछ चमत्कारी घटनाओं का भी प्रवेश है। सूर (1478-1581) अपने समकालीन वल्लभाचार्य (1478-1530) द्वारा दीक्षित हुए थे, यह सर्वविदित है। सर्वाधिक विवाद सूर की जन्मान्धता को लेकर है, जिसका एक कारण स्वयं उनका नामकरण सूरदास भी है, जिसे नेत्रहीनों के लिए भी प्रयुक्त किया जाता है। इन शोधी विवादों को छोड़कर हम इस मूल बिंदु पर आते हैं कि वल्लभाचार्य के सिद्धांतों ने उन्हें किस रूप में प्रभावित किया। कहा जाता है कि यों तो रामानुजाचार्य की परंपरा के रामानन्द ने संपूर्ण हिंदी भक्तिकाव्य को प्रभावित किया, पर रामभक्ति उनसे विशेष प्रेरणा प्राप्त करती है। रामकाव्य के प्रस्थान में जो भूमिका रामानन्द की है, कृष्णकाव्य में वही वल्लभाचार्य की। वल्लभाचार्य के सिद्धांत पक्ष को 'शुद्धाद्वैत' कहा गया और साधना पक्ष को पुष्टि मार्ग। अद्वैत के साथ शुद्ध का प्रयोग कर वल्लभाचार्य ने स्थापना की कि परब्रह्म सच्चिदानंद रूप है और माया उसके वश में है, इसलिए वह शुद्ध है। कृष्ण परब्रह्म हैं, जो बैकुंठवासी हैं और जीव के सुख-कल्याण के लिए अवतरित होते हैं, जिसे उनकी 'लीला' कहा गया। पुष्टि का संबंध 'अनुग्रह' से है, जिसे भगवत्कृपा कहा जाता है। ईश के अनुग्रह से भक्ति पुष्टि होती है, जो रामानुज के प्रपत्ति-दर्शन का एक नया आयाम है। इससे प्रेम लक्षणा भक्ति का विकास होता है क्योंकि यहाँ ईशकृपा, ईशप्रेम ही काम्य है, मोक्ष नहीं। पुष्टि सबके लिए है, हर वर्ण, जाति, वर्ग के लिए, जिससे भक्ति को नया सामाजिक प्रस्थान मिला। सूर ने प्रेम-लीला को अपने काव्य का आधार बनाया, जो भक्तिकाव्य में विशिष्ट प्रदेय है और जिसमें आगे चलकर मीराबाई का नाम आता है। प्रेम का पर्यवसान निष्काम भक्ति में होता है जिसके आधार आनंदरूप कृष्ण हैं। गोपिकाएँ कहती हैं : 'ऊधो मन नाहीं दस बीस, एक हुतो सो गयो हरि के संग, को अराध तुव ईस ?' (भ्रमरगीत, पद 210)।

भागवत भक्ति का प्रस्थानग्रंथ है, पर सूरदास का विवेचन करते हुए, इस तथ्य को ध्यान में रखना होगा कि वहाँ राधा अनुपस्थित हैं, जबकि सूर में वह समर्पित कृष्णप्रिया है, जिसके लिए 'परम गोपी भाव' विशेषण प्रयुक्त किया जाता है। आचार्य हजारीप्रसाद द्विवेदी के शब्दों में : 'भारतवर्ष के किसी कवि ने राधा का वर्णन इस पूर्णता के साथ नहीं किया। बाल-प्रेम की चंचल लीलाओं की इस प्रकार की परिणति सचमुच आश्चर्यजनक है। संयोग की रस-वर्षा के समय जिस तरल प्रेम की नदी बह रही थी, वियोग की आँच में वही प्रेम सांद्र-गाढ़ हो उठा। सूरदास की यह सृष्टि अद्वितीय है। विश्व-साहित्य में ऐसी प्रेमिका नहीं है—नहीं है' (सूर-साहित्य, पृ. 111)। सूरदास ने राधा को प्रेमलक्षणा भक्ति के सर्वोत्तम माध्यम के रूप में चुना, गोपिकाओं से किंचित् पृथक् भूमि पर रखते हुए। भागवतकार सजग हैं कि लीला के आध्यात्मिक

संकेत भी प्रतिपादित होते रहने चाहिए और एकादश स्कंध में भक्तजन-लक्षण, सत्संग-महिमा, भक्ति-योग, वर्णाश्रम व्यवस्था, भक्ति-ज्ञान-कर्म आदि का विवेचन है। भागवत में महारास के आरंभ में कृष्ण को योगेश्वर कृष्ण कहकर संबोधित किया गया है (10-33-3)। उन्हें 'भगवांस्ताभिरात्मारामोऽपि लीलया' कहा गया है—आत्माराम भगवान (वही 20)। पर सूर के लिए ऐसी कोई बाध्यता नहीं कि आध्यात्मिक संकेत आरोपित करें; वे प्रेम को उच्चतम भूमि पर स्थापित कर, उसे भक्ति में पर्यवसित करते हैं। इस प्रकार सूर को भागवत-प्रस्थान और वल्लभाचार्य के मतवाद से किंचित् पृथक् भूमि पर ले जाकर देखना उचित होगा। जो कुछ है, वह कवि के संवेदन-जगत् में विलयित है। वल्लभ-दर्शन से सूर ने जो वैचारिक आधार प्राप्त किया, उसे उन्होंने अपनी भक्ति-चेतना में संयोजित किया, इसलिए उसकी पृथक् उपस्थिति की खोज अप्रासंगिक हो जाती है। कृष्णकाव्य को उदार मानवीयता की ओर ले जाते हुए, सूर उसे ऐसी रागात्मकता से संपन्न करते हैं कि वहाँ पूरा परिदृश्य सहज और विश्वसनीय प्रतीत होता है, चेतना का समीपी। जायसी को 'प्रेम की पीर' का कवि कहा जाता है, पर वास्तविकता यह है कि सूर का प्रेम-भाव खुली भूमि पर संचरित होकर अधिक व्यापक बनता है : कृष्ण के बालजीवन से लेकर रास-लीला और मथुरा-गमन तक। वार्ता के आधार पर यह भी कहा जाता है कि वल्लभाचार्य ने सूरदास को श्रीनाथ मंदिर में अष्टयाम के लिए पद-गायन का आदेश दिया था। अष्टयाम हैं : मंगल, शृंगार, ग्वाल, राजभोग, उत्थान, भोग, आरती और शयन।

सूरसागर के पूर्व कृष्णगाथा की परंपरा है, जिसके प्रस्थान रूप में भागवत को स्वीकार किया जाता है, जिसका वर्तमान रूप कभी छठी-नौवीं शताब्दी के बीच स्थिर हुआ। इसी समय दक्षिण के आलवार संत सक्रिय थे जिन्होंने कृष्ण की तल्लीन भक्ति से लोकप्रियता प्राप्त की। कृष्ण-कथा कहना उनका उद्देश्य नहीं है, मूलतः वे भाव-तन्मयता के कवि हैं। संस्कृत, प्राकृत, अपभ्रंश से होती हुई कृष्णकाव्य परंपरा हिंदी में प्रवेश करती है और हाल की 'गाहा सतसई' (गाथा सप्तशती) का विशेष उल्लेख किया जाता है, जिसमें शृंगार की प्रमुखता है। जयदेव का गीतगोविन्द राधा-कृष्ण-संबंधों को लौकिक भूमि पर प्रतिष्ठित करता है, जिससे कृष्णकाव्य में नई संभावनाओं के द्वार खुलते हैं। इस दृष्टि से कि उन्हें देवत्व से अलगाकर अधिक खुली मानवीय भूमि पर लाया जा सकता है, यद्यपि इससे रीतिकालीन दुर्घटना भी हुई कि राधा-कृष्ण स्मरण का बहाना बनकर रह गए, उन्हें नायक-नायिका रूप दिया गया। सूरसागर का कौशल यह कि यहाँ कथा कहना सूर का मुख्य प्रयोजन नहीं और अधिकांश अवसरों पर वे अवर्णनात्मक हैं। प्रेम-लीला का रागात्मक चित्रण उनकी अभीप्सा है, जिस माध्यम से वे भक्ति-भावना की नियोजना करते हैं। कृष्ण की लीलाएँ यहाँ प्रमुखता प्राप्त करती हैं और उन्हें गीतात्मकता के माध्यम से व्यक्त किया गया है। कथा-सूत्र के क्रम-स्थापन में वर्णनात्मकता का सहारा लिया गया है, जो कवि-

चेतना के बहुत समीप नहीं है। सूर का मन सर्वाधिक रमता है, कृष्ण की बाल लीलाओं में, जिसमें यशोदा, ग्वाल-बाल, गोपी, माखन-चोरी आदि के प्रसंग हैं। गोचारण को मध्यकाल की कृषि-चरागाही संस्कृति के संदर्भ में रखकर देखने पर सूर की रागात्मक लोक-दृष्टि का परिचय मिलता है। कृष्ण-गोपी-राधा के घनिष्ठ मिलन-प्रसंग रासलीला और महारास के अंतर्गत आते हैं, जहाँ सूर लोक-संबंधों की तन्मयता के द्वारा ही उदात्त का बोध कराते हैं, किसी आध्यात्मिक आरोपण की अनिवार्यता उन्हें नहीं प्रतीत होती। भ्रमरगीत इसी प्रेम का परिपाक है, जहाँ गोपियों का प्रेम परीक्षित होता है। गोपिकाएँ कहती हैं : ऊधो भली करी तुम आए, बिधि कुलाल कीन्हें कांचे घट, ते तुम्ह आनि पकाए। कृष्ण में बहुरंगी व्यक्तित्व है, अनेक छवियों से संपन्न—सोलह कला अवतार; उनमें रूप के साथ गुण भी हैं कि वे वंशीवादक हैं, तथा उस जनसमाज के रक्षक हैं, जो उन्हें प्रेम करता है। सामाजिक सामर्थ्य से सौंदर्य प्रामाणित होता है, जिसे कर्म का सौंदर्य कहा जाता है। सूर ने कृष्ण का पूर्ण मानुषीकरण किया और सूरसागर की विभिन्न लीलाओं में इसे प्रामाणिकता दी।

विनय भक्ति का अविभाज्य अंश है और सूरसागर का आरंभ विनय पदों से होता है : चरण-कमल बंदौं हरि राइ। अगले पद में सूर का तर्क विचारणीय है कि सगुण क्यों ? इसलिए कि निर्गुण अव्यक्त है, उसके रूप का ग्रहण सरल नहीं—उसका आस्वाद तो लिया जा सकता है, 'गूँगे के लिए मीठे फल के रस' की तरह, पर व्यक्त कर पाना कठिन। तर्क है : रूप-रेख-गुन-जाति-जुगति बिनु, निरालंब कित धावै, सब बिधि अगम बिचारहिं तातैं सूर सगुन-पद गावै। सूर के प्रार्थना-भाव में जाति-वर्गहीन भक्ति का स्वरूप है : जाति, गोत, कुल, नाम, गनत नहिं, रंक होइ कै रानौं (पद 11), जिसे कवि के उदार भक्ति-प्रस्थान के रूप में देखना होगा। ग्वाल-बाल गोपी कृष्ण के जीवन में सुख लेते हैं, यही उनका प्राप्य है और कृष्ण भक्तों को जातिविहीन संज्ञा के रूप में देखते हैं। सूर ने इस जातिहीनता को कई प्रसंगों में दुहराया है, जिस ओर हमारा ध्यान जाना चाहिए : जाति-पांति-कुल-कानि न मानत, वेद-पुराननि साखे (पद 15)। स्याम गरीबन हूँ के गाहक, नाथ अनाथनि ही के संगी, हमारे निर्धन के धन राम आदि पदों में कवि के प्रार्थना-भाव का मूल स्वर यही है कि भक्ति जाति-वर्गविहीन राग-व्यवस्था हैं और ईश्वर समदर्शी हैं। प्रार्थना-पदों के माध्यम से सूर का जो समर्पण भाव व्यक्त होता है, उसकी ध्वनि यही प्रतीत होती है कि जीवन की सार्थकता हरि-भजन में है : जा दिन मन पंछी उड़ि जैहै (86), नहिं अस जनम बारंबार (88), कीजै प्रभु अपने विरद की लाज (108) आदि। कहीं-कहीं सूर-तुलसी में ऐसा भाव-साम्य मिलता है कि आश्चर्य होता है, जैसे : प्रभु मेरे गुन-अवगुन न विचारो (111), प्रभु हों सब पतितन कौ टीकौ (138) आदि में। आसक्ति के संसार से मुक्ति की कामना और भक्ति में संलग्नता इस प्रार्थना-भाव के मुख्य स्वर हैं। यदि वार्ता-साहित्य के आधार पर स्वीकार कर लिया जाय कि वल्लभाचार्य की प्रेरणा

से सूर दैन्यभाव से कृष्णलीला की ओर आए, तो यह तथ्य उल्लेखनीय है कि लीला-गान में उपास्य और उपासक की बराबर की साझेदारी है। दान-प्रतिदान भाव उनके संबंधों को ऐसी प्रगाढ़ता देता है, जो अन्यत्र विरल है। कृष्ण स्वीकारते हैं कि ऊधौ मोहि ब्रज बिसरत नाहीं। सूर के प्रार्थना-भाव में तुलसी की विनयपत्रिका जैसा परिष्कारकामी विनय-भाव नही है, जिसे प्रपत्ति, समर्पण से संबद्ध किया जाता है। इसके लिए वे राधा-गोपी-ग्वाल-बाल-यशोदा को माध्यम बनाते हैं, जिनकी भावनाओं में भक्ति के उपादान संयोजित हैं, वात्सल्य से लेकर शृंगार तक।

कहा जाता है कि कृष्ण के वात्सल्य, शृंगार ने सूर की सामाजिक चेतना को सीमित कर दिया और उनमें जीवन-यथार्थ के प्रवेश के अवसर नहीं हैं। गोपियों का प्रेमभाव इतना प्रगाढ़ हो गया है कि वास्तविकता के लिए गुंजायश कम रह जाती है। सूर की गीतात्मकता ने भी यथार्थ जीवन की मुखर अभिव्यक्ति को बाधित किया। इस प्रकार सूर की रचनाशीलता को लगभग यथार्थ-विरहित कहने की भूल की जाती है। प्रश्न है कि कैसा-कौन-सा यथार्थ ? हम इस पर समग्रता से विचार करेंगे, पर सैद्धांतिक प्रश्न यह कि मध्यकालीन सामंती समाज को कवियों ने एक ही कोण से देखा-परखा नहीं है। उसे व्यक्त करने की पद्धतियाँ तो अलग-अलग हैं ही, उसके प्रति कवियों की दृष्टि भी एक-सी नहीं है। यह संभव नहीं कि एक ही समय में उपस्थित सार्थक भक्त कवियों में किसी की बनावट यथार्थवादी हो, और अन्य की पूर्णतया अयथार्थवादी। सूर का मार्ग दूसरा है और लोक-जीवन की दृष्टि से वे जायसी के समीपी हैं। जायसी में अवध जनपद अपनी लोकछवि में उपस्थित है और सूर में ब्रजमंडल अपने राग-रंग में समाया है, जिसकी चर्चा यथा-स्थान की जाएगी। इसी प्रकार यह प्रश्न भी कि जिस कृष्णगाथा और उससे संबद्ध चरित्रों को सूर ने लिया है, उन्हें अपनी सर्जनात्मक कल्पना से क्या रूप देना चाहा है।

कृष्ण सूर के काव्य-नायक हैं, जिनकी परंपरा प्राचीन है, पर मध्यकाल तक आते-आते उनके स्वरूप में कई परिवर्तन हो चुके थे। वैदिक युग के सर्वोपरि देव इन्द्र, (जिन्हें देवेन्द्र भी कहा गया) का स्थान विष्णु को मिला, जिनके दो प्रमुख अवतार राम और कृष्ण हैं। कृष्ण को केंद्र में रखकर सूर जो लीला-चक्र रचते हैं, उसका सर्वाधिक उल्लेखनीय पक्ष है, कृष्ण का पूर्ण मानुषीकरण। देवत्व की मानव रूप में कल्पना पुराण युग में भी सक्रिय थी, पर सूर के कृष्ण अधिक खुली भूमि पर हैं और कवि कोई ऐसी बाध्यता नहीं देखता कि बार-बार उनके देवत्व का संकेत भी करता चले, अथवा बाह्यारोपण का अध्यात्मवादी प्रयास किया जाय। कृष्ण का मानव-रूप में अवतरण स्वयं में प्रीतिकर है और उनके माध्यम से कृष्ण-लीला आह्लादकारी। भक्तिशास्त्र रचने का प्रयत्न करने वाले मनीषियों ने भागवत का आधार लेते हुए कहा है कि ईश्वर की लीला मनुष्य के कल्याण के लिए है और वे स्वयं उसमें लिप्त नहीं होते। ईश्वर का जीव के प्रति यह जो प्रेम-भाव है, वही लीला का

प्रमुख प्रस्थान है और सूर के कृष्ण के प्रति सबका आकर्षण भी इसी प्रेम-भाव के अन्योन्याश्रित संबंध पर आश्रित है। सूर ने कृष्ण के लिए अनेक पर्यायवाची शब्दों का प्रयोग किया है, पर वे समानार्थी मात्र नहीं हैं, उनसे कृष्ण के विशिष्ट गुणों का बोध होता है—माखनचोर, मुरलीमनोहर, गिरिधर आदि। नवम् स्कंध तक वर्णनात्मक अंश हैं, जहाँ महाभारत के कुछ प्रसंग, अवतार-चर्चा, भक्ति-विवेचन है और सात कांडों की संक्षिप्त रामकथा भी। पर वर्णनात्मकता के बीच कृष्ण के प्रति भक्तिभाव का निवेदन है : जो सुख होत गुपालहिं गाएँ/सो सुख होत न जप-तप कीन्हें, कोटिक तीरथ न्हाएँ (349)।

सूर बालकृष्ण से सौंदर्य का आरंभ करते हैं जिससे मानव रूप के उद्घाटन में सुविधा होती है। कृष्ण-जन्म स्वयं में आनंद-उल्लास का क्षण है, जिसमें सब सम्मिलित हैं, कवि स्वयं भी। जिस तल्लीनता से ये दृश्य उरेहे गए हैं, उससे प्रमाणित होता है कि कवि अपनी पूरी रागात्मकता के साथ यहाँ उपस्थित है। यही प्रेमभाव भक्तिभाव का प्रस्थान है : उठी सखी सब मंगल गाइ/...सूरदास, ब्रजबासी हरषे, गनत न राजा राइ। कृष्ण के जन्म में ही सूर सामाजिक चेतना का बीज-वपन करते हैं। कृष्ण-जन्म में ऐसा सुख कि वर्गगत दूरियाँ मिट जाती हैं। सामाजिक सुख का यह दृश्य सूर ने गोकुल के नर-नारी-समाज की उल्लासपूर्ण प्रतिक्रियाओं द्वारा व्यक्त किया है : 'आज नंद के द्वारैं भीर' (643) और आपस में ही सामूहिक निर्णय कि (638) :

आजु बन कोऊ वै जनि जाइ
सब गाइनि बछरन समेत, लै आनहु चित्र बनाइ
ढोटा है रे भयौ महर कैं, कहत सुनाइ-सुनाइ
सबहि घोष मैं भयौ कुलाहल, आनंद उर न समाइ

गोकुल की स्वतःस्फूर्त सहज प्रसन्नता के मूल में कृषि-चरवाहा समाज की कबीलाई संस्कृति भी है, जहाँ सब सुख-दुख के समभागी होते हैं। एक संपूर्ण अखंडित समाज होता है, जिसे व्यापक अर्थ में आदिम साम्यवाद भी कहा गया। नन्द-यशोदा के घर पुत्र-जन्म किसी सामंत के प्रति विवश प्रदर्शन नहीं है, सूर इसे सहज भूमि पर प्रतिष्ठित कर, पूरे प्रसंग को सामाजिकता देते हैं और इसलिए 'गनत न राजा राइ' पंक्ति एक से अधिक बार आती है। भाव-प्रसार होता है, कृष्ण के सौंदर्य-वर्णन से, जिसमें सूर निश्चित ही सबसे कुशल कवियों में हैं। वे कृष्ण को 'शोभा-सिंधु' कहकर संबोधित करते हैं : 'सोभा-सिंधु न अंत रही री, नंद-भवन भरि पूरि उमंग चलि, ब्रज की बीथिनि फिरति बही री,...सूरदास प्रभु इन्द्र-नीलमनि, ब्रज-बनिता उर लाइ गही री' (पद 647)। प्रथम दर्शन में प्रेम की यह परिकल्पना सूर के उस रागभाव की द्योतक है, जो अपनी उदात्तता में सर्वोत्तम धरातल पर जाता है, सब कुछ को अतिक्रमित करता हुआ। ऐसे निर्मल सौंदर्य के प्रति अर्पित होकर, सर्वप्रथम हम उस

अहं से मुक्त होते हैं, जिसे विकार का आधार कहा जाता है। माना गया है कि बाल-वर्णन में सूर अद्वितीय हैं, अप्रतिम। बालक कृष्ण का गतिमय चित्रण, उनकी नाना छवियाँ उभारता है और उस राग-भाव को विकास मिलता है, जो सूर का प्रतिपाद्य है। इसी के बीच कृष्ण की चमत्कारी लीलाएँ हैं—पूतना-वध आदि पर सूर की एकाग्रता बाल-सौंदर्य में बनी हुई है। माँ यशोदा के साथ, गोकुल इसमें सम्मिलित है और इस दृष्टि से बालक कृष्ण का रूप सामाजीकृत है। उनके विकास के साथ जन-समाज का राग-भाव विकसित होता है : जो सुख ब्रज में एक घरी, सो सुख तीनि लोक में नाहीं, धनि यह घोष पुरी (पद 687)। नामकरण, अन्नप्राशन, वर्षगांठ आदि का वर्णन करते हुए सूर गोकुल को सम्मिलित करते हैं : आजु भोर तमचुर के रोल, गोकुल में आनंद होत है, मंगल धुनि महराने टोल (पद 712)।

प्रेम का विकास सूरदास में सहज प्रक्रिया से होता है, जिसमें माखन-प्रसंग, गो-दोहन, गो-चारण आदि आते हैं और आगे चलकर मुरली-वादन, रास-प्रसंग हैं। सूरदास में इन लीलाओं को कृषक-चरवाहा संस्कृति से संबद्ध करके देखना उचित होगा। यहाँ ब्रजमंडल अपनी प्राकृतिक सुषमा और संस्कारों में उपस्थित है जिससे इस आरोप का खंडन होता है कि सूर में जीवन-यथार्थ के संपर्क नहीं हैं। यथार्थ के कई परिदृश्य होते हैं, जिनमें एक को कबीर ने ग्रहण किया और दूसरे को जायसी-सूर आदि कवियों ने। लोकजीवन के दृश्य यहाँ प्रमुखता पाते हैं और समय की वास्तविकता का एक वृत्त पूर्ण होता है। कवि से हर प्रकार की माँग करना भी बहुत उचित नहीं है क्योंकि वह अपनी चेतना की बनावट के अनुसार चयन करता है और उसी के सहारे अपने काव्य-आशय तक पहुँचना चाहता है। इस दृष्टि से सूर के संवेदन-संसार की एक सम्मिलित भूमि है, जिस ओर हमारा ध्यान जाना चाहिए। कृष्ण का मानुषिकरण रचनाशीलता का प्रमुख आधार है, जिसे केंद्र में रखकर संपूर्ण चरित-संसार की सृष्टि की गई है। कृष्ण की सहज लीला स्वयं में ब्रजमंडल के आकर्षण का केंद्र है, जिसके लिए मनोहारी जैसे विशेषणों का प्रयोग किया गया है। बीच-बीच में उनके देवत्व के संकेत हैं, पर यदि न भी हों तो कृष्ण का रूप, गुण से संबद्ध होकर जिस समग्र सौंदर्य की सृष्टि करता है, वह अभिभूत करने के लिए पर्याप्त है। फिर ब्रज की संस्कृति भी उन्हीं के माध्यम से अभिव्यक्ति पाती है, इस अर्थ में कि वे केवल काव्य-नायक नहीं हैं, लीलाओं के माध्यम से उसमें सम्मिलित हैं। सूर ने रागात्मकता से कृष्ण के बाल-विकास के चित्र बनाए हैं और ब्रजमंडल को इसमें सम्मिलित किया है, जिससे पूरे लीला-दृश्य को एक सामाजिक स्वीकृति मिलती है। यशोदा के लिए यह स्वाभाविक है कि वह बालक का विकास देखकर प्रसन्न है : चलत देखि जसुमति सुख पावै। पर इस वात्सल्य को सूर ग्वाल-समाज, गोपीजन के रागभाव में बदलते हैं : जब तैं आँगन खेलत देख्यौ, मैं जसुदा कौ पूत री, तब तैं गृह सौं नातौं टूट्यौ, जैसे काँचो सूत री (पद 754)।

सूर कृष्ण के बाल-वर्णन में गतिमयता लाने में सजग प्रतीत होते हैं ताकि वह स्थिर चित्र बनकर न रह जाए। इसीलिए वे बाल-लीला का वर्णन तो करते ही हैं, ग्वाल-समाज को भी उसमें सम्मिलित करते हैं। सूर ने कृष्ण के रूप-वर्णन में बार-बार छवि, शोभा, रूप आदि शब्दों का प्रयोग किया है जिससे सौंदर्य के अधिक व्यापक स्वरूप का बोध होता है। इस शोभा-छवि का संबंध कृष्ण की लीलाओं से जुड़ जाता है, जो हैं तो मानुष जैसी ही, पर अपने प्रभाव में वशीकरण उपजाती हैं और इस दृष्टि से माखन-लीला का विशेष महत्त्व है। ग्वाल-बाल जीवन, जो कृषि-चरागाही संस्कृति से संबद्ध है और जिसका आधार पशुधन है, उसके लिए दधि-माखन एक प्रकार से पूँजी ही नहीं, संस्कृति भी है और गो-चारण आदि को भी इसी संदर्भ में देखना चाहिए। कृष्ण का रूप-चित्र है : शोभित कर नवनीत लिए, घुटुरनि चलत रेनु-तन-मंडित मुख दधि लेप किए। पर यह दृश्य गतिशील होता है, जब माखन-लीला के माध्यम से गोपिकाओं का राग-भाव विकसित होता है। सूर ने बाल-कृष्ण के मनोहारी रूप-चित्र बनाए हैं : कहाँ लौं बरनौं सुंदरताई (726), हरि जू की बाल-छवि कहौं बरनि (727) आदि। पर इस सौंदर्य में वृद्धि होती है, विभिन्न लीलाओं द्वारा क्योंकि कृष्ण और ग्वाल-बाल, गोपियों में समीपता बढ़ती है। गोपिकाएँ अनेक प्रकार से कृष्ण के प्रति अपने राग-भाव की अभिव्यक्ति करती हैं : अद्भुत इक चितयौ हौं सजनी, नंद महर के आँगन री, सो मैं निरखि अपनपौ खोयौ, गई मथानी माँगन री—कहँ लगि कहौं बनाइ बरनि छवि, निरखत मति-गति हारी री, सूर स्याम के एक रोम पर देउँ प्रान बलिहारी री (755)।

माखन-लीला, गो-चारण ब्रजमंडल की कृषि-चरागाही संस्कृति से संबद्ध प्रसंग हैं, जिनका उपयोग सूर ने कृष्ण और ग्वाल समाज, गोपियों से निकट संबंध स्थापित करने में किया है। पर इसी के माध्यम से ब्रज की कृषक-चरवाहा संस्कृति अपनी लोक-चेतना के साथ उजागर होती है, जहाँ सूरदास की कविता का समाजशास्त्र है और समाजदर्शन भी। सूरदास ने कटु जीवन-यथार्थ के स्थान पर, उस लोकोत्सव का राग-रंग चुना जो अभावों में भी जीवित रहता है और जहाँ अमिश्रित संवेदन व्यक्त होते हैं। माखन-लीला के साथ कृष्ण के प्रति जिस राग-भाव का विकास होता है उसे सूरदास रेखांकित करते हैं। आगे चलकर रास-प्रसंग आदि से जुड़कर वह और भी प्रगाढ़ होता है, जिसे साहचर्यजन्य प्रेम कहा गया : लरिकाई कौं प्रेम, अहौ अलि छूटैं कैसे ? सूर गोपिकाओं की इस इच्छा को कई रूपों में व्यक्त करते हैं कि कृष्ण की माखन-चोरी, उनके रूप-दर्शन का एक नायाब अवसर है। यहाँ भी कृष्ण का रूप सामाजीकृत है क्योंकि ग्वाल-बाल साथ हैं : सखा-सहित गए माखन-चोरी (888)। कई पदों में यह आकांक्षा व्यक्त हुई है कि कृष्ण के आगमन का स्वागत है : ब्रज-बनिता यह सुनि मन हरषित, सदन हमारे आवैं (890), गोपालहिं माखन खान दै, (891)। गोपिकाएँ बार-बार उस रूप-राशि को निहारती हैं, सुख मानती हैं :

सूर स्याम मुख निरखि थकित भईं, कहत न बनै, रही मन दै हरि (900)। सूर ने कई प्रकार से गोपिकाओं के इस प्रेम-भाव को अभिव्यक्ति दी है और माखन-चोरी प्रकरण को विस्तार से वर्णित करने के मूल में आशय यह कि कृष्ण-लीला के माध्यम से राग-भाव का विकास हो रहा है। उपालंभ आदि के प्रसंग भी इसी के अंतर्गत आते हैं, जब गोपियाँ यशोदा के पास उलाहना के लिए जाती हैं : कान्हहि बरजत किन नंदरानी। पर यशोदा भी जानती हैं : आवति सूर उरहने कैं मिस, देखि कुँवर मुसुकानी।

माखन-प्रसंग में सूर ने एक-साथ कई संकेत किए हैं, जिससे कवि की सामाजिक चेतना का आभास मिलता है। राग-भाव में वृद्धि होती है, जिसमें सभी सम्मिलित हैं—यशोदा, ग्वाल-बाल, गोपी आदि। कृष्ण की बाल-विनोद वृत्ति के संकेत भी यहाँ मिलते हैं : ख्याल परें ये सखा सबै मिलि, मेरों मुख लपटायौ (952)। सूर 'गोरस' आदि शब्दों के प्रयोग से गोकुल की कृषि-सभ्यता का बोध कराना चाहते हैं (पद 944), पूरे प्रसंग को खुलेपन से व्यक्त करते हैं, जहाँ दृश्य सामाजीकृत होता है और प्रेम को विस्तार मिलता है : ब्रज-जुवती स्यामहिं उर लावति, बारंबार निरखि कोमल तनु, कर जोरति, विधि कौं जु मनावत (पद 1008)। गो-चारण प्रसंग इस दृष्टि से राग-भाव का नया विस्तार है कि यहाँ कृष्ण गोकुल की सीमा से आगे बढ़कर वृंदावन में प्रवेश करते हैं और प्रकृति की खुली भूमि में संचरित होते हैं। वृंदावन को तीर्थ के समान माना गया है क्योंकि इसका संबंध कृष्ण की उस सक्रियता से है, जहाँ उनका पौरुष रूप देखा जा सकता है : बकासुर वध से लेकर कालीदह प्रसंग तक। गो-चारण प्रसंग कृष्ण के व्यक्तित्व को एक नया विस्तार देता है, सामाजीकरण की प्रक्रिया में वृद्धि होती है। उनका व्यक्तित्व नई दीप्ति पाता है, वे बाल-लीलाओं से आगे निकलकर चरवाहा समाज में सम्मिलित होते हैं। नन्द सामंत रूप हैं, पर कृष्ण इसे अतिक्रमित करते हैं। उनमें उत्साह है : आजु मैं गाइ चरावन जैहौं, वृंदावन के भाँति-भाँति फल, अपने कर मैं खैहौं (1029), मैं अपनी सब गाइ चरैहौं (1038)। सूर ने गो-चारण प्रसंग में कृष्ण के मार्मिक चित्र बनाए हैं : बन तैं आवत धेनु चराए, संध्या समय साँवरे मुख पर, गो-पद-रज लपटाए (1035)। वृंदावन कृष्ण की गोचारण लीला-भूमि है, इसलिए पवित्र : धनि यह वृंदावन की रेनु, नंद-किशोर चरावत गैयाँ, मुखहिं बजावत बेनु (1109)। कृष्ण को वृंदावन प्रिय है (पद 1067) :

> वृंदावन मौकौं अति भावत
> सुनहु सखा तुम सुबल, श्रीदामा, ब्रज तैं बन गौ-चारन आवत
> कामधेनु, सुरतरु सुख जितने, रमा सहित बैकुंठ भुलावत
> इहि वृंदावन, इहि जुमना-तट, ये सुरभी अति सुखद चरावत
> पुनि-पुनि कहत स्याम श्रीमुख सों, तुम मेरे मन अतिहिं सुहावत
> सूरदास सुनि ग्वाल चकित भए, यह लीला हरि प्रगट दिखावत

वृंदावन की, सूर-काव्य में महत्त्वपूर्ण भूमिका है और सामाजीकृत होते कृष्ण के व्यक्तित्व के माध्यम से सूर ग्वालजन के चरवाहा जीवन के विविध चित्र बनाते हैं, जिससे लोक संस्कृति के दृश्य उभरते हैं। कई प्रकार की गायें—धौरी, धूमरि, राती, रौंछी, पियरी, भौरी, गौरी, गैनी, खैरी, कजरी, दुलही, फुलही, भौंरी, भूरी (1063), जमुना जल, वृक्ष की छाया में कलेऊ, काली कमली। इस दृश्य में दो नई आकृतियाँ जुड़ती हैं—मोर-मुकुट और वंशी-वादन, जो कृष्ण के वशीकरण रूप से संबद्ध हो जाते हैं : वै मुरली की टेर सुनावत, वृंदावन सब बासर बसि निसि-आगम, जानि चले ब्रज आवत (1124)। वृंदावन कृष्ण की लीला को जो नई दीप्ति देता है, उसके विषय में सूर का पद है : माधौ मोहि करौ वृंदावन-रेनु, जिहिं चरननि डोलत नंद-नंदन, दिन प्रति बन-बन चारत धेनु (1107)। इस प्रकार के भाव कृष्ण-भक्त कवियों में प्राप्त होते हैं। गो-चारण के प्रसंग में कृष्ण के रूपचित्र बनाते हुए, सूर का ध्यान उनके सहज सौंदर्य पर है : मोर-मुकुट बनमाल बिराजत, पीतांबर फहराए, संध्या समय साँवरे मुख पर, गो-पद-रज लपटाए।

मुरली कृष्ण के व्यक्तित्व को गुण-संपन्न करती है, रूपवान तो वे हैं ही। मुरली का आकर्षण ऐसा कि सब इसके स्वर में बद्ध हो जाते हैं जिसे सूर ने कई प्रकार से व्यक्त किया है। वल्लभाचार्य के 'वेणुगीत' में वेणु के छः ऐश्वर्य हैं। भारतेन्दु ने अपनी रचना का नामकरण किया—वेणु-गीति। मुरली की आध्यात्मिक व्याख्याएँ भी हुई हैं, और सूर ने भी इसके अलौकिक प्रभाव का संकेत किया है : मुरली धुनि बैकुंठ गई (1682)। सूर में वह राग-भाव के स्थायीकरण का सार्थक उपादान है और रूप के साथ गुण का संयोजन कृष्ण के प्रति जो प्रेमभाव उपजाता है, वह चिरंतन है—स्थायी भाव है; रागात्मकता निरंतर गहराती है। कृष्ण के मुरली-वादन की सूचना गो-चारण प्रसंग में मिल जाती है, यहाँ तक कि गौओं को बुलाने के लिए भी वे इसका उपयोग करते हैं। मुरली को सूर ने कृष्ण के व्यक्तित्व के गुण-विस्तार रूप में प्रस्तुत किया है, जिसका व्यापक प्रभाव है। यह केवल मनुष्यमात्र तक सीमित नहीं है, इसके प्रभाव में सब आते हैं, जैसे वशीकरण मंत्र हो और गोपिकाएँ मर्यादाओं का अतिक्रमण करते हुए, मुरली-ध्वनि सुनकर दौड़ पड़ती हैं। भागवत (10-29-5) में रासलीला के आरंभ में वंशी के आकर्षण का विस्तृत वर्णन है; यहाँ तक कि शिशुओं को स्तन-पान कराना छोड़कर वे भागीं (6)। इस माध्यम से भागवतकार कृष्ण की वंशी के व्यापक प्रभाव का वर्णन करना चाहते हैं। सूर ने मुरली को कृष्ण के व्यक्तित्व की गुणमयता के रूप में प्रस्तुत किया है, जिसके आकर्षण में सब बद्ध हैं, यहाँ तक कि प्रकृति भी मुग्ध है और देवत्व भी—यमुना का जल स्थिर हो गया है; खग-मृग सब स्तब्ध हैं; पशु-सुरभी पागुर करना भूल गए हैं; शुक-सनक आदि भी मोहग्रस्त (पद 1238)। सूर ने गोपिकाओं को मुरली-वशवन्दिनी बताते हुए उसके व्यापक प्रभाव का वर्णन किया है (1277) :

जब हरि मुरली अधर धरी
गृह-ब्यौहार तजे आरज-पथ, चलत न संक करी
पद-रिपु-पट अंटक्यो न सम्हारति, उलट न पलट खरी
...   .
मिलिहैं स्यामहिं हंस-सुता तट, आनंद उमंग भरी
सूर स्याम कौं मिलीं परस्पर, प्रेम-प्रबाह ढरी।

सूर ने अनेक प्रकार से मुरली-वादन के प्रभाव को व्यक्त किया है, जिसमें चर-अचर सब सम्मिलित हैं। यहाँ तक कि गोपिकाओं को उससे ईर्ष्या होती है कि कृष्ण को अनेक प्रकार से नचाते हुए भी, वह उन पर असाधारण अधिकार रखती है। कृष्ण और मुरली सूर में इतने संयोजित हैं कि 'कहियत भिन्न न भिन्न' की स्थिति है। रास-लीला का प्रसंग मुरली से नई छवि पा जाता है, और सूर ने उसे लगभग पात्र का रूप देते हुए, गोपिकाओं से उसका वार्तालाप कराया है, जो पर्याप्त विस्तार से है (पद 1834-1985)। गोपिकाओं की ईर्ष्या का उत्तर देते हुए, सूर मुरली के 'तप' की सराहना करते हैं : 'मुरली की सरि जनि करौ, वह तप अधिकारिनि' (1961)। यह तप कई पदों में दुहराया गया है, जिससे सूर प्रेम में त्याग-तत्त्व का आग्रह करते प्रतीत होते हैं (1960, 1964, 1966, 1982)। इसके माध्यम से गोपिकाओं का नया रूपांतरण होता है, वे सामाजीकृत होती हैं (1980) :

मुरली दिन-दिन भली भई
बन की रहनि नहीं अब यामैं, मधु ही पागि गई
अमिय समान कहत है बानी, नीकैं जानि लई
जैसी संगति बुधि तैसीयै, ह्वै गई सुधामई
जब आई तब औरै लागी, सो निठुरई हई
सूर-स्याम अधरनि के परसैं, सोभा भई नई।

रास-लीला सूरसागर का सबसे चुनौती-भरा प्रसंग कहा जा सकता है, इस दृष्टि से कि उसकी व्याख्या को लेकर पर्याप्त विवाद हैं। रास कृष्ण की सर्वोपरि लीलाओं में परिगणित है, जहाँ शृंगार अपने चरम पर पहुँचता है। इसका मधुर भाव में पर्यवसान भक्त-कवियों में विचारणीय है। विद्वानों का विचार है कि राधा-कृष्ण की लौकिक चेष्टाएँ अलौकिक संकेत देती हैं और कृष्ण-लीला का आध्यात्मिक पक्ष महत्त्वपूर्ण है। रूपगोस्वामी ने शृंगारमूलक भक्तिरस को उज्ज्वल रस कहकर निरूपित किया है (उज्ज्वलनीलमणि)। मधुसूदन सरस्वती ने 'श्रीभगवद्भक्ति रसायन' में लौकिक-अलौकिक का प्रश्न उठाते हुए लिखा है : 'काव्य-अर्थ के रति आदि भाव लौकिक हैं और रसानुभविता सामाजिक में यही स्थायी भाव अलौकिक हैं' (3-4)। कृष्णभक्ति-काव्य से संबद्ध कवियों और विद्वानों को अनुमान है कि लीला की सही व्याख्या के लिए, दार्शनिक पीठिका के साथ, उसके आध्यात्मिक संकेत का निरूपण आवश्यक है।

भागवत के दशम् स्कंध में उन्तीस से तैंतीस अध्याय तक 'रासपंचाध्यायी' है, जिसका अनुगमन कवियों ने किया है। आरंभ में ही शुकदेव ने कृष्ण की 'योगमाया' का उल्लेख करते हुए, उनकी अलौकिकता का संकेत किया है (29:1)। प्रकृति के खुले मंच पर रास रचाते हुए, भागवतकार ने स्थान-स्थान पर अध्यात्म-बोधक शब्दों का प्रयोग किया है : भगवान, दिव्य, कान्त, योगेश्वर, भागवत आदि। कृष्ण स्वयं गोपियों को ब्रज लौट जाने का परामर्श देते हैं (29:22) और पातिव्रत धर्म की शिक्षा देते हैं (29:26), पर गोपिकाओं का निवेदन है कि हमें भक्त रूप स्वीकारो (29:31)। काव्य-भाषा में भागवतकार ने गोपिकाओं के प्रेम-भाव का वर्णन किया है। रास-लीला का चित्रण विस्तार से है और गर्विता गोपियों की अहंकार-मुक्ति के लिए कृष्ण अंतर्धान हो जाते हैं : गोपियाँ विरह में डूब जाती हैं (अध्याय 30-31), फिर कृष्ण प्रकट होते हैं, अच्युत भाव में (32:10)। तैंतीसवाँ अध्याय महारास का है, जहाँ लीला के आध्यात्मिक संकेत हैं (33:37)। समापन अंश में रास को कृष्ण की दिव्यलीला कहा गया है, जहाँ कृष्ण अपनी योगमाया से जीवात्मा गोपिकाओं को सुख देते हैं। रासलीला के इन आध्यात्मिक संकेतों के मूल में यह प्रयोजन है कि इस प्रसंग को शरीरवाद से जोड़कर न देखा जाय। चीर-हरण आदि ऐसे ही प्रकरण हैं, जिसका अभिप्रेत है, आच्छद की समाप्ति और जीव तथा चिन्मय कृष्ण का भावात्मक मिलन, जिसमें कृष्ण स्थितप्रज्ञ की स्थिति में हैं। प्रसंगों की उदात्त व्याख्या प्रतिभा की माँग करती है, जिससे लीला को सही संदर्भ में देखा जा सके।

समाजदर्शन की दृष्टि से कृष्ण की लीलाएँ—माखन-चोरी, वृंदावन गो-चारण, रासलीला आदि का सामाजिक पक्ष अधिक विचारणीय है, जिसमें अतिरिक्त आध्यात्मिक आरोपण की अनिवार्यता नहीं है। प्रेम और शृंगार भाव कृष्ण के मानुषीकरण से संभव हुए हैं और सूर अपनी पूरी रागात्मकता से इनमें रुचि लेते हैं। वे इसके माध्यम से कृष्ण और गोपियों के राग-भाव को चरमोत्कर्ष पर पहुँचाते हैं और भागवत की रासपंचाध्यायी को अपने ढंग से व्याख्यायित करते हैं। आरंभ में प्रकृति का रमणीय परिवेश है—शरद-निशा, यमुना-तट, परम उज्ज्वल रात्रि, कुसुमित प्रसून, सुंदर बयार आदि। इस पीठिका में कृष्ण का मुरली-वादन, गोपिकाओं के लिए वशीकरण है : सुनहु हरि मुरली मधुर बजाई, मोहे सुर-नर-नाग निरंतर, ब्रज बनिता उठि धाई (1608)। मुरली के लिए कई पद रचे गए हैं, क्योंकि वह कृष्ण के व्यक्तित्व में गुण-बोधक है। मुरली का निमंत्रण ऐसा कि गोपिकाएँ विवश-निरुपाय हो जाती है और सूर ने विस्तार से उस मनादेशा के गतिमान चित्र बनाए हैं, जिसमें ब्रज-बनिताएँ मुरली-ध्वनि सुनकर, दौड़ पड़ती हैं (1611)। यहाँ कवि का आशय लोक-संबंधों का अतिक्रमण है, जिसके लिए भक्तिकाव्य में मीरा का विशिष्ट स्थान है : मेरो तौ गिरधर गोपाल दूसरो न कोई रे, जाके सिर मोर मुकुट मेरो पति सोई रे। सूर की गोपिकाएँ कुल-कानि मर्यादा का अतिक्रमण करती हैं (1614) :

मुरली मधुर बजाई स्याम
मन हरि लियौ भवन नहिं भावै, व्याकुल ब्रज की बाम
भोजन, भूषन की सुधि नाहीं, तनु की नहीं सम्हार
गृह गुरु-लाज सूत सौं तोरयौ, डरी नहीं व्यवहार
करत सिंगार बिबस भई सुंदरि, अंगनि गई भुलाइ
सूर-स्याम बन बेनु बजावत, चित हित-रास समाइ

सूर ने रास के प्रसंग का उपयोग गोपिकाओं के सामाजीकृत व्यक्तित्व का चित्रण करने में इस अर्थ में किया है कि प्रेम सीमाओं को अतिक्रमित करने का साहस रखता है। परिवार-कुल का निषेध कर गोपिकाएँ कृष्ण के पास पहुँचती हैं और कृष्ण उन्हें घर लौट जाने का परामर्श भी देते हैं, पर गोपिकाएँ अपने स्नेह में अडिग हैं। वे कृष्ण को 'ब्रज का परम हितैषी' कहती हैं (1639), उन्हें कृपानिधान मानती हैं (1644)। रास के प्रसंग में घनिष्ठ मिलन-चित्र आए हैं, 'काम' शब्द का प्रयोग भी हुआ है, पर सूर इस दिशा में सावधान प्रतीत होते हैं कि पूरा प्रकरण साधारण श्रृंगार मात्र बनकर न रह जाय। इसलिए वे प्रेमभाव और भक्तिभाव में संयोजन का सजग प्रयत्न करते हैं और देवता भी आकाश से इसे देखते हैं—अद्भुत राच्यौ रास (1662)। यहाँ तक कि मुरली-धुनि बैकुंठ गई, नारायन-कमला-सुनि दंपति, अति रुचि हृदय भई (1682)। सूर ने राधा का प्रवेश भी कराया है : रासमंडल-मध्य स्याम राधा (1670), जो परम गोपी भाव है। रास का संपूर्ण प्रसंग रागात्मकता की चरम परिणति है, जिसमें मुरली-ध्वनि की उपस्थिति उल्लेखनीय है, जिसका व्यापक भाव है (पद 1686) :

मुरली सुनत अचल चले
थके चर, जल झरत पाहन, विफल बृच्छ फले
पय स्रवत गोधननि थन तैं, प्रेम पुलकित गात
झुरे छ्रुम अंकुरित पल्लव, विटप चंचल पात
सुनत खग-मृग मौन साध्यौ, चित्र की अनुहारि
धरनि उमंगि न माति उर मैं, जती, जोग बिसारि
ग्वाल गृह-गृह सबै सोवत, उहैं सहज सुभाइ
सूर-प्रभु, रस-रास के हित, सुखद रैनि बढ़ाइ।

रासलीला के प्रसंग में राधाकृष्ण का गंधर्व-विवाह वर्णनात्मक रीति से आया हैं। पर 'अंतर्धान' प्रसंग में राधा वियोग-डूबी प्रिया है : कनक बेलि सी क्यों मुरझानी, क्यों बन मांझ अकेली है (1726), अथवा रुदन करति वृषभानु-कुमारी (1730)। रास की परिणति महारास में होती है जो राग-भाव का चरमोत्कर्ष है, जहाँ गोपिकाओं का अहंकार विलयित होता है, वे संपूर्ण कृष्णार्पिता होती हैं—प्रवृत्ति, शरणागति भाव से। इसे सूर ने विशिष्ट रास कहा है : मोहन रच्यौ अद्भुत रास (1751), जिससे

व्यक्तित्व का नया रूपान्तरण होता है : आजु हरि ऐसौ रास रच्यौ, स्रवन सुन्यौ न, कहूँ अवलोक्यौ, यह सुख अब लौं कहाँ संच्यौ। इसमें सूर ने अहंकार के नष्ट होने का संकेत किया है, जिससे भक्ति का मार्ग प्रशस्त होता है (1757)। रास के माध्यम से सूर कृष्ण को ऐसी लोकभूमि पर प्रतिष्ठित करते हैं कि उनका मानुष रूप अकुंठित भाव से अभिव्यक्ति पाता है। रसिकता के दृश्य बनाते हुए वे घनिष्ठतम मिलन-चित्रों का उपयोग करते हैं, पर सावधानी से इस तथ्य का संकेत करते चलते हैं कि कृष्ण का प्रभाव प्रकृति में भी देखा जा सकता है। प्रसंगों के बीच एक उदात्त भाव की ओर बार-बार लौटना सूर की सजगता का बोध कराता है और यहाँ कवि तथा भक्त का संयोजन विचारणीय है। शृंगार के स्थलों में कविता खुली भूमि पर है, पर सूर को कृष्ण के विशिष्ट, निर्लिप्त व्यक्तित्व का ध्यान भी है, इसलिए वे पनघट-लीला और दान-लीला में भी कृष्ण के वैशिष्ट्य का संकेत करते हैं : हरि त्रिलोकपति पूरनकामी, घट-घट व्यापक अंतरजामी (2017) अथवा भक्तनि के सुखदायक स्याम (2078)।

राधा सूर की विशिष्ट सृष्टि है, कवि की सर्जनात्मक कल्पना की सर्वोत्तम निर्मिति। भागवत में राधा की अनुपस्थिति ने विकास-क्रम की खोज में कठिनाई उपस्थित की, पर जयदेव, विद्यापति, चंडीदास, सूर में राधा केंद्रीय चरित्र के रूप में विद्यमान है। परवर्ती पद्मपुराण, देवी भागवत, ब्रह्मवैवर्त पुराण में राधा को स्थान मिला और ब्रह्मवैवर्त में विस्तार भी। सूर की राधा का प्रमुख प्रस्थान यह कि वह कृष्णप्रिया है, नित्यप्रिया, परमस्वकीया। वृषभानु की बेटी, वह सौन्दर्य का अक्षय कोष है—रूपराशि : चंपक कनक कलवेर की दुति (1815)। सूर ने राधा का चित्र बनाते हुए अपनी जिस जाग्रत सौंदर्य दृष्टि का परिचय दिया है, उसमें आग्रह हृदय की शुचिता पर है—'परम निर्मल नारि' (2461)। ऐसा प्रतीत होता है कि राधा को सर्जित करने में सूर अपनी सौंदर्य चेतना के साथ तो उपस्थित हैं ही, वे उसमें जिस प्रगाढ़ प्रेमभाव का प्रवेश कराते हैं, वह इतनी उदात्त भूमि पर संचरित है कि भक्ति में पर्यवसित होता है। इसलिए यह प्रश्न ही व्यर्थ है कि राधा स्वकीया है अथवा परकीया। आचार्य नन्ददुलारे वाजपेयी राधा-कृष्ण-संबंध को उच्चतम प्रेमी-प्रेमिका संबंध के रूप में देखते हैं जो सामाजीकृत होकर भक्ति तक पहुँचता है—प्रेमी कृष्ण की आराध्य रूप में भी स्वीकृति (महाकवि सूरदास : पृ. 152)। सूर की राधा अनिंद्य सौंदर्य की स्वामिनी है और अप्रतिम प्रेम-प्रतिमा। इसलिए गोपिकाओं के लिए गोपी-भाव का प्रयोग किया गया, पर राधा के लिए परम गोपी-भाव। वह नित्यप्रिया है, चिरंतन कृष्णप्रिया और सूर ने उसके व्यक्तित्व को इस सीमा तक विकसित किया कि वह व्यक्ति-संज्ञा से आगे जाकर, विशेषण-प्रतीक-बिंब बन गई। प्रेम से भक्ति का यह ऊर्ध्वमुखी प्रयाण भक्तिकाव्य में उल्लेखनीय है और यहाँ सूर पूर्ववर्ती कवियों से कहीं अधिक उदात्त भूमि पर स्थित हैं।

राधा के आरंभिक सौंदर्य-चित्रों से लेकर अंत तक उसके रूप वर्णन में जो

पक्ष सर्वाधिक मुखर होकर आया है, वह है उसका निश्छल समर्पण भाव। उसके माध्यम से जैसे सूर ब्रज-युवती की सहज-सरल अद्वितीय प्रतिमा अंकित करना चाहते हैं। उसकी तुलना में प्रेमी कृष्ण चतुर सुजान हैं : 'सूरदास प्रभु रसिक-सिरोमनि, बातनि भुरइ राधिका भोरी' (1291)। प्रायः राधिका के सौंदर्य पर ध्यान इतना केंद्रित हो जाता है कि यह तथ्य भुला दिया जाता है कि शरीर आकर्षण का प्रस्थान हो सकता है, पर विकास और संवर्धन के लिए रागात्मक भाव की अपेक्षा होती है। राधा का रूपचित्र निर्मित करते हुए सूर परंपरित उपमानों का भी आश्रय लेते हैं, पर अंत में कहते हैं : 'भुवन चतुर्दस की सुंदरता, राधे मुखहिं रचाई'। इसी विस्तृत सौंदर्य-वर्णन में राधा उच्चतर आशय से संबद्ध की गई है : रूप-रासि, सुख-रासि राधिके, सील महा गुनरासी (पद 1673) अथवा राधा निर्मल चंद्रिका है, वह कृष्ण को प्रिय है, यही उसके सौंदर्य की स्वीकृति है : तुम सी तुमहीं राधा, स्यामहिं मन-भाइ (1694)। राधा के रूप-निर्माण में सूर की सौंदर्य-दृष्टि इस दिशा में सजग कि वह साधारण सुंदरी नहीं, कृष्णप्रिया है, उन जैसे रसिकेश्वर-रसिक-शिरोमणि को आकृष्ट करा सकने की क्षमता उस व्यक्तित्व में है : पद 'राधे तेरौ बदन बिराजत नीको' से आरंभ होता है, और समापन-पंक्ति है : सूरदास, प्रभु बिबिधि भाँति करि, मन रिझ्यो हरि पी कौ (2320)। सूर ने राधा-कृष्ण के घनिष्ठ मिलन-चित्र बनाए हैं, उद्दाम शृंगार के, पर प्रेम-भाव की प्रगाढ़ता के लिए नाट्यकौशल का उपयोग भी किया है, जिसमें यशोदा, गोपिकाएँ सब सम्मिलित हैं, यहाँ तक कि राधा की माँ भी। सूर इस अद्वितीय प्रेम को ऐकान्तिक भूमि से निकालकर, पारिवारिक-सामाजिक भूमि पर प्रतिष्ठित करते हैं, जो उनकी सांस्कृतिक-सामाजिक चेतना का प्रमाण है। यशोदा राधा से पूछती है : बेटी कौन महर की है तू, को तेरी महतारी/धन्य कोख जिहिं तोकों राख्यौ, धनि घरि जिहिं अवतारी (1321)। यशोदा स्वयं उसे सँवारती है (1322) और यह है सौंदर्य की सामाजिक स्वीकृति।

राधा-कृष्ण का प्रेम किशोर-वय का प्रेम है—निर्मल, पवित्र। प्रथम दर्शन में ही प्रेम हो जाता है : सूर स्याम देखत ही रीझे, नैन-नैन मिलि परी ठगोरी (1290)। प्रेम में नेत्रों की प्रमुख भूमिका को बार-बार रेखांकित किया गया है : नैन-नैन कीन्हीं सब बातैं (1292) और राधा के नेत्रों की विशालता है : अति बिसाल चंचल अनियारे, हरि-हाथनि न समाए (1293)। शब्दों से कम कहा गया है, नेत्रों से अधिक। विचारणीय यह कि सूरदास की राधा कम बोलती है, उसका समर्पित मौन-भाव है, यहाँ तक कि वियोगक्षणों में भी : तुम्हारे बिरह ब्रजनाथ राधिका नैननि नदी बढ़ी (पद 4731)। सूर का कौशल यह कि उन्होंने राधा-कृष्ण के प्रेम को खुली भूमि पर प्रतिष्ठित करते हुए, ब्रजजीवन, ग्वाल-संस्कृति से उसे संबद्ध किया है। वैयक्तिक सीमाओं को अतिक्रांत करना कवि के समाजदर्शन का उल्लेखनीय पक्ष है, जहाँ संबंधों को सामाजिक स्वीकृति मिलती है। प्रेम का विकास बाल-क्रीड़ा, गो-दोहन के साथ होता है, जिसकी जानकारी

माँ को है और संगी-साथियों को भी। यशोदा प्रसन्न है कि राधा मुग्ध भाव से कृष्ण को निहारती है : रीतौ माठ बिलोवई, चित जहाँ कन्हाई (1333)। गो-दोहन के माध्यम से राधा-कृष्ण के प्रेम का पल्लवन सूर की सामाजिक चेतना की उपज है : हरि सौं धेनु दुहावति प्यारी (1351), दुहि दीन्हीं राधा की गाइ (1355)। इस प्रसंग के अनंतर राधा की स्थिति यह है कि चलन चहति पग चलै न घर कौं (1356)। सूर ने व्यंजित किया है (1354) :

धेनु दुहत अतिहीं रति बाढ़ी
एक धार दोहनि पहुँचावत, एक धार जहँ प्यारी ठाढ़ी
मोहन-कर तैं धार चलति, परि मोहनि-मुख अतिहीं छवि गाढ़ी
मनु जलधर जलधार वृष्टि-लघु, पुनि, पुनि प्रेम चंद पर बाढ़ी
सखी संग की निरखतिं यह छवि, भईं व्याकुल मन्मथ की डाढ़ी
सूरदास प्रभु के रस-बस सब, भवन काज तैं भईं उचाढ़ी

राधा-कृष्ण-प्रेम के माध्यम से सूर राग-भाव को उसकी चरम उदात्तता में व्यक्त करते हैं, पर पूरी लोक छवि के साथ। यहाँ कोई आरोपित आध्यात्मिकता नहीं है, जिससे लोकसंपृक्ति दुर्बल होती है; प्रेम-व्यापार प्रकृति के खुले मंच पर है, पूरा गोकुल जिसका साक्षी है। राधा-कृष्ण का अन्योन्याश्रित प्रेम जिस भक्ति-भावना का संकेत करता है, उसका निहितार्थ यह भी है कि ईश्वर प्रेम का प्रतिदान करना जानते हैं। राधा हरि-अनुराग-भरी है और 'लोक-सकुच-संका नहिं मानति, स्यामहिं रंग ढरी।' सखियाँ उसे बावली कहती हैं, पर इसे उसकी चिंता नहीं है (2518)। कृष्ण के प्रति राधा के राग-भाव को वे मान देती हैं : धन्य-धन्य बड़ भागिनि राधा (2477)। गोपिकाएँ मुरली से ईर्ष्या करती हैं कि वह कृष्ण को वश में रखती है, पर राधा के भाग्य को सराहती हैं। यहाँ सूरदास स्वीकृति और निषेध से समाजदर्शन का संकेत करते हैं। एक में है, बहुपत्नीप्रथा के सामंती समाज पर परोक्ष टिप्पणी और दूसरे में मूल्य-स्तर पर उससे उबरने का साहस, जिसके लिए उसने कृष्णप्रिया राधा का चयन किया है जो रसिकेश्वर की स्वकीया प्रिया ही नहीं, अपने गुण-धर्म में इतनी उदात्त कि सबकी प्रेरणा बनती है—राधा-भाव के रूप में। लीला-प्रसंग में राधा-कृष्ण मध्य में हैं और वृत्त बनाती गोपिकाएँ चारों ओर। राधा की मान-लीला भी क्षम्य है, जिससे प्रेम और प्रगाढ़ होता है। इस प्रसंग को सूर ने विस्तार दिया है, संभव है जिस पर मध्यकालीन दबाव हों। पर कृष्ण स्वीकारते हैं कि : लोक चतुर्दस नीरस लागत, तू रस-रासि-रची (3066)। रास प्रसंग में राधिका की विशिष्ट स्थिति है : दुलहिनि दूलह स्यामा स्याम (1762)—दाम्पत्य की युगल छवि।

सूर राधा के माध्यम से प्रेम को जिस सर्वोच्च धरातल पर प्रतिष्ठित करना चाहते हैं, उससे भक्तिभाव का निष्पादन होता है। इसे पुरातन, नित्य प्रेम कहा गया है और इसके परिपाक के लिए कृष्णप्रिया के प्रेम की परीक्षा अनिवार्य थी। अंतर्धान,

मान आदि प्रसंगों में आकुलता के संकेत मिलते हैं, पर प्रेम की पूर्ण परीक्षा होती है, कृष्ण के मथुरा चले जाने पर। भ्रमरगीत प्रसंग में राधा का प्रेम परीक्षित होकर अपनी पूर्णता पर पहुँचता है और इस माध्यम से सूर मध्यकालीन देहवाद का सजग अतिक्रमण करते हैं। आचार्य हजारीप्रसाद द्विवेदी के शब्दों में : 'संयोग की रस-वर्षा के समय जिस तरल प्रेम की नदी बह रही थी, वियोग की आँच से वही प्रेम सांद्र-गाढ़ हो उठा।' कृष्ण के मथुरा चले जाने पर यशोदा और गोपिकाओं की पीड़ा आरंभ में ही वर्णित है : नाथ अनाथनि की सुधि लीजै, गोपी, ग्वाल, माइ, गोसुत सब, दीन मलीन दिनहिं दिन छीजै, नैननिं जलधारा बाढ़ी अति, बूड़त ब्रज किन कर गहि लीजै (पद 3808)। दशम् स्कंध में उद्धव-ब्रज-आगमन प्रसंग के आरंभ में ही एक पद है, जिसमें राधा का उल्लेख है : कहाँ सुख ब्रज कौसौ संसार, कहाँ सुखद बंसी बट जमुना, यह मन सदा बिचार, कहाँ बन धाम कहाँ राधा संग, कहाँ संग ब्रज बाम (4034)। उद्धव के आगमन की प्रथम सूचना गोपी राधा को देती है (4076)। गोपिकाएँ अपनी व्यथा-कथा कह देती हैं, निर्गुण के प्रति आक्रामक भी हैं। गोकुल में बात फैल जाती है : कोउ माई मधुबन तैं आयो (4130)। आचार्य रामचन्द्र शुक्ल ने गोपिकाओं की वचन-वक्रता का उल्लेख किया है (भ्रमरगीत-सार, पृ. 71)। मुखर गोपिकाओं की तुलना में राधा मौन है, जैसे वे ही उसकी पीड़ा का भी प्रतिनिधित्व कर रही हैं : सुनहु स्याम सुजान, तिय गज गामिनी की पीर (4727), उमँगि चले दोउ नैन बिसाल (4729), नाहीं कछु सुधि रही हिए (4736) आदि। गोपिकाएँ बहिया का दृश्य प्रस्तुत करते हुए कहती हैं : तुम्हारे बिरह ब्रजनाथ राधिका नैनन नदी बढ़ी, लीने जात निमेष कूल दोउ, एते मान चढ़ी (4731)। वियोग-डूबी राधा का विषाद-चित्र (4691) :

अति मलीन वृषभानु-कुमारी
हरि स्रम-जल भींज्यौ उर-अंचल तिहिं लालच न धुवावति सारी
अध मुख रहति अनत नहिं चितवति, ज्यौं गथ हारे थकित जुवारी
छूढे चिकुर बदन कुम्हिलाने, ज्यौं नलिनी हिमकर की मारी
हरि संदेस सुनि सहज मृतक भइ, इक बिरहिनि दूजे अलि जारी
सूरदास कैसैं करि जीवैं, ब्रज बनिता बिन स्याम दुखारी।

गोपिकाएँ ऊधो से कृष्ण को संदेश भेजते हुए प्रश्न करती हैं : जसुमति-जननी, प्रिया राधिका देखे औरहुँ देस ? राधा अप्रतिम प्रेमिका है, सर्वांग समर्पित। इसी पद में (4696) राधा की भाव-विह्वलता का चित्र है, स्मृति के माध्यम से :

मुख मृदु छबि मुरली रव पूरत, गोरज करबुर केस
नट-नायक गति बिकट लटक तब, बन तैं कियो प्रवेश
अति आतुर अकुलाय धाइ पिय, पोंछत नयन कुसेस
कुम्हिलानौ मुख पद्म परस करि देखत छबिहिं बिसेस।

ऊधौ कई पदों में राधा की वियोग-व्यथा कृष्ण से कहते हैं (4722-4736), जिनमें वह मार्मिक पद भी : तुम्हारे बिरह ब्रजनाथ राधिका नैननि नदी बढ़ी (4731)। कुरुक्षेत्र में रुक्मिणी की जिज्ञासा है : हरि सौं बूझति रुक्मिनि इनमें को वृषभानु किसोरी, बारक हमें दिखावहु अपने बालापन की जोरी (4903)। राधा-रुक्मिणी का मिलन सूर की अद्वितीय सृष्टि है, जहाँ वे मध्यकालीन सामंती समाज की बहुपत्नी प्रथा से जन्मे असूया भाव को तिलांजलि देते हैं : रुक्मिनि राधा ऐसैं भेंटी, जैसे बहुत दिनन की बिछुरी, एक बाप की बेटी (पद 4909)। राधा अपने मौन में ही महान् है और कृष्ण के प्रति उसका समर्पित राग भाव प्रपत्ति का सर्वोच्च धरातल निर्मित करता है। भागवत में राधा की अनुपस्थिति के बावजूद, महाकवि सूरदास ऐसी अप्रतिम कृष्णप्रिया रच सके, यह उनकी सर्जन-क्षमता का असंदिग्ध प्रमाण है। अपने रूप-गुण में वह अद्वितीय है, और निश्छल समर्पण भाव में परवर्ती भक्ति-दर्शन और रचनाशीलता के लिए प्रेरणा बनती है। कृष्ण के साथ ही राधा का स्मरण किया जाता है और वह मध्यकालीन कला-संसार में अभिव्यक्ति पाती है : लोकगीत, संगीत, चित्र, स्थापत्य, मूर्ति, नृत्य आदि में। राधा के माध्यम से सूर का समाजदर्शन एक ऐसी नारी-प्रतिमा गढ़ता है जो लोक में संचरित होकर भी, अपने समग्र व्यक्तित्व में इतनी उदात्त है कि देवी रूप प्राप्त करती है। सूर की राधा मध्यकालीन देहवाद का निषेध है, जहाँ नारी केवल शरीर अथवा शृंगार बनकर रह गई थी। वह कवि सूर का सराहनीय विकल्प है, रचना-स्तर पर जिसे सुधारस, अमृत कहा गया। वह है : जगनायक, जगदीस-पियारी, जगत-जननि जगरानी, नित विहार गोपाल लाल संग, वृन्दावन रजधानी (1673)।

कृष्णकाव्य में कृष्ण के व्यक्तित्व को केंद्रीयता है और राधा चिरंतन प्रिया है। पर कृष्णलीला की पूर्णता के लिए गोपिकाएँ भी अनिवार्य हैं, जिन्हें जीव-रूप कहा गया और आध्यात्मिक संकेत की प्रतिष्ठा की गई। भागवतकार भी इस दिशा में सावधान है कि गोपिकाएँ लोकसंपृक्ति के बावजूद समर्पण की उदात्त भूमि का संकेत करती रहें और स्थान-स्थान पर यह प्रयत्न है। दशम् स्कन्ध में रास-प्रसंग में भी कृष्ण के लिए योगेश्वर शब्द का प्रयोग हुआ है। अध्याय बत्तीस में प्रेम का जो विवेचन है, उसके समापन में कृष्ण स्वयं गोपिकाओं के प्रेम की सराहना करते हैं। सूरसागर की कृष्णकथा में गोपिकाएँ रागभाव का मुख्य आधार हैं जिसमें सूरदास एक ओर लोकसंवेदन की निर्बंध अभिव्यक्ति करते हैं, दूसरी ओर उसी के माध्यम से उच्चतर उदात्त भाव का प्रतिपादन करना चाहते हैं, जिसे भक्ति कहा गया। यह कार्य यदि किसी अतिरिक्त बाह्यारोपण से होता तो काव्य के सहज प्रवाह में बाधा उपस्थित होती, पर सूर भावावेग के बावजूद जिस भाव-संतुलन का निर्वाह, कला के स्तर पर करते हैं, वह उनकी प्रतिभा का प्रमाण है। कई बार गोपियों का प्रेम व्यापार और उनके उद्‌गार उन्मुक्त प्रतीत होते हैं, इस सीमा तक कि मर्यादा टूटती दिखाई देती

है। पर गोपिकाएँ कृष्ण के प्रेम के लिए लौकिक संबंधों का निषेध कर चुकी हैं, इसका उल्लेख सूर कई प्रकार से करते हैं : मेटि कुलकानि मरजाद बिधि वेद की, त्याग गृह-नेह, सुनि बेनु धाईं (1753)। रास-प्रसंग में 'काम' शब्द कई बार आता है, पर इसके अतिक्रमण का प्रयत्न भी है, विशेषतया वियोग-स्थिति में रूप-दर्शन की लालसा। ऐसा प्रतीत होता है कि गोपिकाओं के माध्यम से सूर जिस प्रेम-दर्शन की नियोजना करते हैं, वह भक्तिदर्शन का प्रमुख आधार है। पर यह किसी रहस्य-संसार की ओर अग्रसर नहीं होता, इसमें लोकजीवन के माध्यम से ही उदात्ततम धरातल पर जाने का प्रयत्न है। गोपिकाओं के लिए कृष्ण प्रत्येक क्षण प्रिय रूप में चेतना में विद्यमान हैं : हमारैं हरि हारिल की लकरी, मनक्रम बचन नंद-नंदन-उर, यह दृढ़ करि पकरी, जागत, सोवत स्वप्न दिवस-निसि, कान्ह-कान्ह जकरी (पद 4606)।

गोपिकाओं के प्रेम का विकास इस दृष्टि से विचारणीय है कि वह 'लरिकाई कौं प्रेम' है। कृष्ण-जन्म से लेकर मथुरा-गमन और कुरुक्षेत्र-द्वारका प्रवास तक इस राग-भाव का प्रसार है, जो निरंतर प्रगाढ़ होता हुआ, भक्ति की चरम परिणति तक पहुँचता है। सूर ने इसे प्रेम-पुरातन, जन्म-जन्मान्तर का प्रेम कहा है (4902)। गोपिकाओं का प्रेम कृष्ण के व्यक्तित्व के साथ विकास पाता है, उनके हर क्रिया-कलाप में; वे राग-भाव से सम्मिलित नारियाँ हैं। कृष्ण का जन्म होता है तो गोपिकाएँ पारस्परिक वार्तालाप में उस सौन्दर्य को सराहती हैं : सोभा-सिंधु न अंत रही री, नंद-भवन भरि पूरि उमंग चलि, ब्रज की बीथिनि फिरति बही री (647)। बालकृष्ण के सौंदर्य के असंख्य चित्र सूर ने बनाए हैं, और इस क्षेत्र में विश्वकाव्य में वे विशिष्ट स्थान के अधिकारी हैं। ये सापेक्ष चित्र हैं, जहाँ यशोदा के साथ ग्वाल-बाल और गोपिकाएँ विशेष रूप से सम्मिलित हैं। सूर इसे अद्वितीय सुख कहते हैं : जो सुख ब्रज मैं एक घरी, सो सुख तीन लोक मैं नाहीं, धनि यह घोष पुरी (687)। कृष्ण के नामकरण, अन्नप्राशन, वर्षगाँठ, कनछेदन हर उत्सव में गोपिकाएँ रागात्मकता से सम्मिलित हैं और सौंदर्य की यह चर्चा पूरे गोकुल में व्याप जाती है। कवि सूर कृष्ण-सौंदर्य, कृष्ण-लीला को सामाजीकृत करते हैं, यह कृष्णकाव्य में उनका मौलिक प्रदेय है और उनके समाजदर्शन का वैशिष्ट्य प्रमाणित करता है। कृष्ण के हर लीला-दृश्य में गोपिकाएँ सहभागिनी हैं, जैसे यह संलग्न यात्रा है : गोपी-ग्वाल करत कौतूहल घर-घर बजत बधैया (773)। माता यशोदा का वात्सल्य तो स्वाभाविक है, पर गोपिकाएँ और ग्वाल-बालों की, उस सुख में सहभागिता कृष्ण के व्यक्तित्व को जो सामाजिकता देती है, वह उल्लेखनीय है। गो-चारण, वृंदावन-प्रसंग में प्रमुखता ग्वाल-बाल समाज की है और माखन-चोरी प्रसंग में गोपिकाओं की। कृष्ण ब्रज को अपना मानते हैं : सूरदास प्रभु कहत प्रेम सौं, ये मेरे ब्रज-लोग (886)। यह अपनापा अथवा अपनापन सामंती सीमाओं को मिटाता चलता है, यहाँ वर्ग-भेद मिट जाते हैं, सहयोग की समन्वित भूमि निर्मित होती है। माखन-चोरी के आरंभिक चरण में सब साथ हैं : सखा सहित

गए माखन चोरी (888)। सूर ने इस प्रसंग के माध्यम से गोपिकाओं के प्रेम-भाव को विकास दिया है; यहाँ तक कि उनके उपालंभ में भी स्नेह है—कृष्ण-दर्शन का बहाना। गोकृल-वृंदावन में मध्यकाल में जो कृषक-चरवाहा संस्कृति थी, उसे व्यक्त करने का प्रयास भी सूर ने इस माध्यम से किया है। यहाँ गोपिकाएँ अकुंठित भूमि पर हैं और उनके खुलेपन को चरागाही सभ्यता के संदर्भ में रखकर देखना अधिक प्रासंगिक होगा। सूर कहते हैं : ग्वालिनि उरहन कैं मिस आई, नंद-नंदन तन-मन हरि लीन्हौ, बिनु देखैं छिन रह्यौ न जाई (921)।

सूर ने गोपिकाओं की रूपासक्ति का वर्णन कई प्रकार से किया है, पर कृष्ण की 'मुख-छबि' वहाँ आकर्षण-केन्द्र है : मुख-छबि कहा कहौं बनाइ, निरखि निस-पति-बदन-सोभा, गयौ गगन दुराइ (970)। नेत्र से प्रेम का आरम्भ होता है, वह चेतना में व्याप जाता है। मुरली गोपिकाओं के राग-भाव को उद्दीप्त करती है, उसे स्थायित्व देती है—रूप और गुण मिलकर 'समग्र छबि' बनाते हैं। प्रेम के परिपाक में वंशी/मुरली की भूमिका महत्त्वपूर्ण है और कृष्ण वृंदावन से लौटते हैं, तो गोकुल उनकी प्रतीक्षा करता है : बन तैं आवत धेनु चराए, संध्या समय साँवरे मुख पर, गो-पद-रज लपटाए (1035)। मेरा विचार है कि मुरली के माध्यम से सूर कृष्ण के व्यक्तित्व को जो गुण-दीप्ति देना चाहते हैं, वह प्रेम-भाव को ऐसी उदात्तता देती है कि उसका भक्ति में पर्यवसान सहजता से हो जाता है, किसी अतिरिक्त आरोपण की आवश्यकता नहीं होती। गोपिकाएँ अपने निर्बंध प्रेम में सबसे पहले कुल-कानि, गृह-व्यवहार का निषेध कर अपनी भावना को स्वतंत्र, खुली भूमि पर प्रतिष्ठित करती है : छुटि सब लाज गई कुल-कानी, सुत-पति-आरज पंथ भुलानी (1607)। इसका विकास माखन-लीला से होते हुए, रास-प्रसंग में अपनी पूर्णता पर पहुँचता है। सूर ने गोपिकाओं का जो नामोल्लेख किया है (पद 2626) उसका आधार पौराणिक है, पर कृष्ण की लीलाओं की सहभागिनी रूप में वे समान भाव से सम्मिलित हैं। सूर ने उनके सौंदर्य का वर्णन अकुंठित भाव से किया है, जिस पर कृष्ण भी रीझते हैं : छवि की उपमा कहि न परति है, या छवि की जु छबीली (917)।

रास शृंगार की पूर्णता का प्रतीक है, जो किसी भी कवि के लिए परीक्षा का क्षण है। कालिदास, रवींद्र जैसे सौंदर्यस्रष्टा कवियों ने सौंदर्य-शृंगार के चित्र निर्मित किए हैं, पर प्रायः उनके पास कथा-प्रसंग भी हैं। रवींद्र ने देव-कचयानी, उर्वशी, अभिसार जैसी कविताएँ रची हैं, जहाँ कवि के समक्ष चुनौती है कि प्रचलित प्रसंग में सौंदर्य-प्रेम को संयोजित कैसे करें ? 'उर्वशी' को वे अकुंठित, वृंतहीन पुष्प, अनंत यौवना, अपूर्व शोभना, भुवनमोहिनी आदि कहते हैं। पर 'अभिसार' में संन्यासी का मनोजगत् बदलता है : इतने दिनों बाद क्या आज उनकी अभिसार-रात्रि आई है ? सूर रासलीला-प्रसंग को विस्तार देते हुए प्रकृति के खुले मंच का उपयोग करते हैं, मध्यकालीन सामंती सीमाएँ तोड़ते हैं और यमुना उसका साक्ष्य है। उल्लेखनीय यह कि रास में यमुना-तट

पर प्रकृति की रमणीय भूमिका है और निमंत्रण देता है वंशी-वादन : हरि-मुख सुनत बेनु रसाल, बिरह व्याकुल भई बाला, चली जहँ गोपाल (1613)। मुरली-ध्वनि के कई पद सूर ने इस प्रंसग में रचे हैं। कुल-कानि वेद-मर्यादा के अतिक्रांत की चर्चा कई बार आई है, जिसके माध्यम से सूर वैयक्तिकता का निषेध कर, सामाजिक चेतना का संकेत भी करना चाहते हैं (1621) :

चली बन बेनु सुनत जब धाइ
मातु-पिता बांधव अति त्रासत, जाति कहाँ अकुलाइ
सकुच नहीं, संका कुछ नाहीं, रैनि कहाँ तुम जाति
जननी कहति दई की घाली, काहे कौं इतराति
मानति नाहिं और रिस पावति, निकसी नातौ तोरि
जैसे जल-प्रवाह भादौं कौ, सो को सकै बहोरि
ज्यौं केंचुरी भुअंगम त्यागत, मात-पिता यौं त्यागे
सूर स्याम कैं हाथ बिकानी, अलि अंबुज अनुरागे

शृंगार, प्रेम का निर्वाह जिस प्रतिभा की माँग करता है, उसमें यह आवश्यक है कि देहवाद रचना पर हावी न हो जाय और कवि उदात्त संकेत की स्थापना कर सके। भक्तिकाव्य में तो यह और भी अनिवार्य है। गोपिकाएँ जब लौकिक बंधनों का निषेध करती हैं, तब निश्चय ही उनकी स्वच्छंदता एक ओर चरागाही संस्कृति की उपज है, दूसरी ओर यह संकेत भी कि कृष्ण के लिए उनका राग-भाव अधिक उदात्त भूमि पर है। वे गुण-रूप के प्रति समर्पित हैं, अपनी संपूर्ण निष्ठा में; जिसे भक्ति में प्रपत्ति, शरणागति भाव कहा गया, वह यहाँ रागात्मक भाव है। भागवत में भक्ति की जो कोटियाँ हैं, उनमें गोपिकाएँ पूर्णतया निःस्वार्थ भाव से कृष्ण को समर्पित हैं, यदि कोई स्वार्थ कहा जा सकता है, तो वह है, कृष्ण-दर्शन की लालसा। इसके लिए भ्रमरगीत-प्रसंग को समझना होगा जिसे कई बार सगुण का मंडन और निर्गुण का खंडन कह दिया जाता है। इसके मूल में गोपिकाओं की दर्शन-लालसा है, कृष्ण निर्गुण-रूप होंगे, तो फिर दर्शन किसका ? भ्रमरगीत में सर्वाधिक चर्चा नेत्रों की है—उन्हीं से प्रेम का आरंभ हुआ और पीड़ा का भार सर्वाधिक वे ही वहन करते हैं। इन्हें सूर ने पात्र की तरह जीवंत किया है : और सकल अंगनि तैं ऊधौ, अँखियाँ अधिक दुखारी, अतिहिं पिरातिं सिरातिं न कबहूँ, बहुत जतन करि हारी (4188), अँखियाँ हरि दरसन की भूखी (4175), अँखियाँ हरि दरसन की प्यासी (4176), पूरनता इन नैननिं पूरे (4194), हरि मुख निरखि निमेष बिसारे, ता दिन तैं ये भए दिगंबर, इन नैननि के तारे (4184)। एक पद में सूर ने नेत्रों की व्यथा का मार्मिक चित्र खींचा है (4196) :

मधुकर सुनौ लोचन बात
रोकि राखे अंग अंगनि, तऊ उड़ि-उड़ि जात

ज्यौं कपोत वियोग आकुल, जात है तजि धाम
जात यौं दृग फिरि न आवत, बिना दरसन स्याम
... ...
स्रवन सुनि जस रहत हरि कौ मन रहत धरि ध्यान
रहति रसना नाम रटि-रटि, कंठ कर गुनि-गान
कछुक दियौ सुहाग इनकौं, तौ सबै ये लेत
सूर स्याम बिना बिलोकैं, नैन चैन न देत।

सूर ने भ्रमरगीत को गोपिकाओं की प्रेम-परीक्षा के लिए भी प्रयुक्त किया है। इससे प्रेम परीक्षित होकर, प्रगाढ़ होता है और सामंती देहवाद से मुक्ति की यह मार्मिक परिकल्पना है। सूर ने गोपिकाओं के नेत्रों में चिरंतन वर्षा ऋतु की कल्पना की है : सखी इन नैननि तैं घन हारे अथवा निसि दिन बरसत नैन हमारे/सदा रहत बरसा-ऋतु हम पर जब तैं स्याम सिधारे (3854)। भ्रमरगीत-प्रसंग में नेत्रों की व्यथा के इतने मार्मिक प्रसंग प्रमाणित करते हैं कि गोपिकाओं की दर्शन-लालसा ही उनकी अभीप्सा है। एक पद में वे कहती हैं : ब्रजलोचन बिनु लोचन कैसे ? नेत्रों की सार्थकता कृष्ण-रूप-माधुरी के दर्शन में है। जब कृष्ण गोकुल से मथुरा चले जाते हैं, अथवा कुरुक्षेत्र-द्वारका तब उनका एक भावुक तर्क है कि हमें सम्राट के नहीं, उस मुरलीधारी के दर्शन चाहिए जिसे हमने अपनी चेतना में बसा रखा है। सम्राटत्व का निषेध गोपिकाओं की सहज प्रेममयता पर आश्रित है, जिसमें गोकुल-परिवेश की भूमिका है, जहाँ उनके संस्कार निर्मित हुए। इसीलिए वे बार-बार कृष्ण के उसी रूप का ध्यान करती हैं, जो उनका सहज मानवीय रूप है : मेरौ मन वैसीयै सुरति करै (3899)। गोपिकाओं का भावावेग प्रेमाश्रित है और उनके तर्क भावपरिचालित, पर इसके पीछे उनका निश्छल प्रेम है, अडिग-अटूट। वे कहती हैं, सब सुख कृष्ण के साथ चले गए : सबै सुख लै जु गए ब्रजनाथ (4026)। पर भ्रमरगीत-प्रसंग में गोपिकाओं का एक पक्ष सर्वाधिक विचारणीय है कि वे कृष्ण को उसी रूप में देखना-पाना चाहती हैं, जिसे उन्होंने गोकुल-वृंदावन में जाना था। वे निर्गुण को भावाश्रित तर्क से काटने का यत्न करती हैं जो कई बार तर्कहीन प्रतीत होता है : निरगुन कौन देस कौ बासी/मधुकर कहि समुझाइ सौंह दै, बूझति साँच न हाँसी (4249)। भ्रमरगीत इस प्रकार के कुतर्कों से भरा है, जिसके मूल में गोपिकाओं की व्यथा-कथा है। उन्हें तो यह भी विश्वास नहीं कि कृष्ण ने उद्धव को भेजा होगा : स्याम तुमहिं ह्याँ कौं नहिं पठयौ, तुम हौ बीच भुलाने। वे चतुर कृष्ण को जानती हैं, उद्धव से पूछती हैं : सूर स्याम जब तुमहिं पठायौ, तब नैंकहुं मुसकाने (4139)।

गोपिकाएँ सूर के उदात्त प्रेमभाव का आधार हैं, जिस माध्यम से वे भक्तिदर्शन का प्रतिपादन करते हैं। यहाँ वे अपनी भावनामयता में उपस्थित हैं, गोपियों के साथ हैं। दर्शन-विचार की चरितार्थता चरित्रों के आचरण में होती है क्योंकि वक्तव्य कई

बार बेअसर होते हैं। गोपिकाएँ कथनी-करनी के द्वैत को पाटती हैं—समर्पण की निःस्वार्थ भूमि अपनाती हैं। अकारण नहीं कि सूरसागर में वर्षा-ऋतु के कई पद हैं, जहाँ गोपिकाओं का वियोग चरम पर है (पद 3915-3959)। गोपिकाओं का कथन है : सुनि सखि वा ब्रजराज बिना, सब फीकौ लागत चाहि (3963)। सूर का एक पक्ष यह भी विचारणीय कि जब गोपिकाएँ कुब्जा के प्रति आक्रोश व्यक्त करती हैं, तो वह साधारण सहपत्नीत्व भाव नहीं है। इस माध्यम से सूर ग्राम-नगर की मानसिकता के अंतर का संकेत भी करना चाहते हैं। गोपिकाएँ मथुरा को 'काजर की ओबरी' अथवा कोठरी कहती हैं : वह मथुरा काजर की ओबरी, जै आवैं ते कारे (4380)। मथुरा की नागरिकाओं को वे चतुर सुजान कहती हैं, जिनकी तुलना में गोपिकाएँ भोली-भाली हैं, इसीलिए छली गईं। उनका तर्क है कि निर्गुण सामान्यजन के लिए अग्राह्य है, यह तो नागरिकाओं के उपयुक्त है। और वे कहती हैं कि हमारे लिए तो योग का आरम्भ उसी क्षण हो गया, जब कृष्ण गोकुल से चले गए : ता दिन तैं सब छोह मोह गयो, सुत-पति हेतु भुलान्यौ (4314)। कुब्जा और मथुरा-नागरिकाओं पर व्यंग्य ग्राम-नगर द्वन्द्व का संकेत करता है, आंशिक ही सही, जिसे मध्यकालीन वर्ग-भेद में देखा जा सकता है। गोपिकाएँ अपनी निश्छलता के विषय में कहती हैं : हम अजान, मति भोरी (4171), हम अहीर अबला ब्रजबासी। कृष्ण मथुरा जाकर भ्रमरवृत्ति में उलझ गए, गोकुल को भुला दिया। वे तीखे व्यंग्य करती हैं : लौंडी के घर डौंडी बाजी, स्याम राग अनुराग (4270), मधुकर तुम रस-लंपट लोग (4599)। गोपिकाओं का आत्मविश्वास है कि मधुकर हम न होहिं वे बेली (4126)। एक पद में चुनौती है : जसुमति-जननी, प्रिया-राधिका, देखे औरहुँ देस (4696)। सूर ने पूरी संलग्नता से गोपिकाओं का प्रेम-भाव चित्रित किया है, जिसका संश्लिष्ट रूप है—राग, स्मृति, विषाद, आक्षेप, असहमति, व्यंग्य, कटाक्ष, और इन सबसे मिलकर प्रेम-वृत्त पूर्ण होता है। कृष्ण प्रेम का प्रतिदान करते हैं, यह गोपिकाओं के स्नेह की असंदिग्ध स्वीकृति है (4775) :

ऊधौ मोहिं ब्रज बिसरत नाहीं
हंस-सुता की सुंदर कगरी, अरु कुंजन की छाहीं
वै सुरभी वै बच्छ दोहनी, खरिक दुहावन जाहीं
ग्वाल-बाल मिलि करत कुलाहल नाचत गहि गहि बाँही
यह मथुरा कंचन की नगरी, मनि मुक्ताहल जाहीं
जबहिं सुरत आवति वा सुख की, जिय उमगत तन नाहीं
अनगन भाँति करी बहु लीला, जसुदा नंद निबाहीं
सूरदास प्रभु रहे मौन ह्वै, यह कहि कहि पछताहीं।

कृष्ण को लेकर सगुण-निर्गुण के अतिरिक्त कुछ अन्य प्रश्न भी उठते रहे हैं, जैसे उनमें लोकरंजक की प्रधानता है और लोकरक्षक पक्ष राम में अधिक उभरा है।

इसका एक कारण यह कि सूर में महाभारत-प्रसंग गौण है, लीलाएँ प्रमुखता पाती हैं। पर इन्हीं के बीच पूतना, कगासुर, बकासुर आदि का वध तथा कुछ चमत्कारी कार्य हैं। गोवर्धन-प्रसंग पर विशेष रूप से विचार करना होगा जहाँ लोकरंजक-लोकरक्षक का द्वैत ही समाप्त हो जाता है। यों भी काव्य-नायक में सौंदर्य की सार्थकता तभी है, जब वह गुण-संपन्न हो और मुरली-वादन इसका साक्ष्य है, जिसके आकर्षण में सब बँध जाते हैं। गोवर्धन-प्रंसग को सूर ने विस्तार से कहा है—पद 1429 से पद 1605 तक। आचार्य नंददुलारे वाजपेयी द्वारा संपादित सूरसागर के काशी नागरी प्रचारिणी सभा संस्करण में रासपंचाध्यायी गोवर्धन लीला के बाद आती है। सूर कृष्ण के लोकरक्षक की स्थापना पहले करते हैं, रास-प्रसंग बाद में। भागवत में अध्याय तेईस से अट्ठाईस तक यह प्रसंग है और उनतीस से रासलीला का आरम्भ। सूरसागर में प्रसंग है : नंद महर सौं कहति जसोदा, सुरपति की पूजा बिसराई (1429)। इंद्र गोकुल में कुलदेवता के रूप में पूजित हैं और स्वाभाविक है कि कृषक समाज में जलदेवता की आराधना हो। पर सात वर्ष के बालक कृष्ण को यह स्वीकार नहीं कि अदृश्य देव का पूजन-अर्चन किया जाय और सामने जो गोवर्धन पर्वत है, उसका निरादर किया जाय। बात फैल जाती है कि कृष्ण : सुरपति की पूजा कौं मैटत, गोवर्धन की करत बड़ाई (1438)। कृष्ण का तर्क है : जो चाहौ ब्रज की कुसलाई तो गोवर्धन मानौ। आखिर सुरपति से क्या मिलता है (1439)।

गोवर्धन-लीला के माध्यम से सूरदास कृष्ण के व्यक्तित्व को एक नई दीप्ति देना चाहते हैं कि वे केवल लोकरंजक नहीं, लोकरक्षक भी हैं। कृष्ण गोकुल का आवाहन करते हैं : छाँड़ि देहु सुरपति की पूजा, कान्ह कह्यौ गिरि गोवर्धन तैं और देव नहिं दूजा (1440)। सूरदास ने कृष्ण की इस ललकार को गोकुल के उत्साह में बदल दिया है और वर्णनात्मक प्रसंग को काव्य का रूप दिया है। कई पद इसका बखान करते हैं : अति आनन्द ब्रजवासी लोग आदि। गोवर्धन पर्वत इस आराधन को स्वीकारता है, पर देवाधिदेव इंद्र का अहंकार आहत होता है और वे गोकुल को वर्षा की राशि में जलमग्न कर देना चाहते हैं—लघु प्रलय जैसा दृश्य : कहा होत जल महा प्रलै कौ (1498)। सूर ने इस घनघोर वर्षा का वर्णन कई पदों में किया है, जो इंद्र के कुपित होने का प्रतीक है। ग्वाल-बाल सब पारस्परिक वार्तालाप करते हैं कि कृष्ण ने इंद्र से व्यर्थ ही संघर्ष किया, पर कृष्ण अपने संकल्प को उचित मानते हैं। मेघों की पराजय और स्वयं इंद्र के क्रोध का उल्लेख किंचित् विस्तार से करते हुए, सूर कृष्ण को लोकरक्षक की भूमि पर प्रतिष्ठित करते हैं। वर्षा से रक्षा के लिए कृष्ण गोवर्धन पर्वत को अंगुली पर उठा लेते हैं (1557)। इस प्रसंग का वर्णन सूर ने कृष्ण-इंद्र के संघर्ष रूप में किया है। कृष्ण ब्रजमंडल के रक्षक बनते हैं और इंद्र की पराजय होती है। कृष्ण गोवर्धन का पूजन दूसरी बार कराते हैं : स्याम कह्यौ बहुरौ गिरि पूजहु, ब्रजजन लिए उबारि (1574)। इंद्र शरणागत होते हैं : सुरपति चरन पर्‍यौ

गहि धाइ (1595), पूरे गोकुल में उत्सव का वातावरण है (1579) :

घरनि-घरनि ब्रज होति बधाई
सात बरस कौ कुँवर कन्हैया, गिरिधर धरि जीत्यौ सुरराई
गर्व सहित आयौ ब्रज बोरन, यह कहि मेरी भक्ति घटाई
सात दिवस जल बरषि सिरान्यौ, तब आयौ पाइनि तर घाई
कहाँ कहाँ नहिं संकट मेटत, नर-नारी सब करत बड़ाई
सूर स्याम अब कैं ब्रज राख्यौ, ग्वाल करत सब नंद दोहाई।

गोवर्धन-पूजा केवल कृष्ण-लीला का चमत्कार नहीं है, पर इसके माध्यम से सूर कई संकेत करना चाहते हैं, जिससे उनकी सजग सामाजिक चेतना का बोध होता है (प्रेमशंकर : कृष्णकाव्य और सूर, पृ. 91)। मूल प्रश्न है कि अगोचर देवता का पूजन क्यों ? और फिर आराधन का आधार श्रद्धा हो, भय नहीं। इसीलिए कृष्ण इंद्र को चुनौती देते हैं, जिसका वैचारिक आधार है। इंद्र कभी देवेंद्र थे, देवाधिदेव, पर कालान्तर में उनका स्थान विष्णु ने प्राप्त किया (सुवीरा जायसवाल : ओरिजन एंड डेवलपमेंट ऑफ़ वैष्णविज़्म, पृ. 21)। आगे चलकर जलदेवता के रूप में वरुण को स्वीकृति मिली। कृष्ण एक ऐसी मूर्ति को अपने पुरुषार्थ से खंडित करना चाहते हैं, जो अगोचर है और त्रास दिखाकर शासन करती है। इसके स्थान पर वे सामने उपस्थित गोचर गोवर्धन की पूजन-परंपरा का शुभारंभ करते हैं। इससे कृष्ण के रक्षक व्यक्तित्व की प्रतिष्ठा होती है, उनकी जय-जयकार होती है और गोपिकाएँ : दधि अच्छत रोचन धरि थारनि, हरषि स्याम-सिर तिलक बनावति (1576)। मेरे विचार से किसी महान् काव्य-नायक के संबंध में लोकरंजक-लोकरक्षक का प्रश्न उठाना ही बहुत प्रासंगिक नहीं है। प्रश्न अनुपात का हो सकता है, जिसके मूल में कवि की अपनी सामाजिक दृष्टि सक्रिय रहती है, पर व्यक्तित्व में सौंदर्य की आभा लोककर्म की महानता के बिना प्रतिष्ठित ही कैसे होगी ? उच्चतर मानवमूल्यों से परिचालित, लोक-कल्याण के लिए किए गए कर्म ही तो सौंदर्य बनते हैं। सूर के कृष्ण की कई भूमियाँ हैं और यह सराहनीय है कि कवि ने सौंदर्य-चित्रण, रूपांकन, प्रेम-भाव, लीला आदि के साथ समर्थ सामाजिकता का निष्पादन किया है, जिसे लोकधर्म अथवा लोकमंगल कहा गया।

भक्तिकाव्य मूलतः लोकजीवन की पीठिका पर उपजा काव्य है और मध्यकालीन सामंती समाज से टकराते हुए, अग्रसर होता है। कवियों ने अपनी दृष्टि और चेतना की बनावट के अनुसार उसे रचना में प्रक्षेपित किया है। मार्ग अलग-अलग हो सकते हैं, पर गन्तव्य में अधिक अंतर नहीं प्रतीत होता क्योंकि लोक से लोकोत्तर अथवा उच्चतर मूल्य-संसार की कामना सब कवियों में समान है; जिसे आध्यात्मिकता कहकर संबोधित किया गया, पर यह लोक-सापेक्ष्य है, इसे रेखांकित करना होगा। आचार्य शुक्ल ने तुलसी को काव्य-प्रतिमान के रूप में स्वीकार किया, इसलिए उन्होंने शृंगार

वात्सल्य के क्षेत्र में सूर का असंदिग्ध महत्त्व स्वीकारते हुए भी टिप्पणी की कि भगवान की तीन विभूतियों—शक्ति, शील और सौंदर्य में से उन्होंने स्वयं को सौंदर्य तक सीमित रखा। सूर को अपने भाव में मग्न रहने वाले कवि के रूप में देखते हैं, जिन्होंने लोक की ओर अधिक ध्यान नहीं दिया (सूरदास, पृ. 157)। आचार्यश्री की सौंदर्य की अपनी व्याख्या है, पर वे स्वयं स्वीकार करते हैं कि लोककर्म में, लोकधर्म में सौंदर्य होता है। सूर का माध्यम गीत है और कृष्ण की संपूर्ण कथा कहना उनका मुख्य प्रयोजन भी नहीं है। प्रमुख लीलाएँ उनकी दृष्टि में हैं, जिसका आधार भागवत है। गीतात्मकता ने सूर के संवेदन-संसार की सीमाएँ निश्चित कर दीं, इसे हम स्वीकारते हैं और यह भी कि वे शृंगार में अधिक रमते हैं, यह उनकी चेतना के अधिक समीप है। पर क्या यह संभव है कि कृष्ण जैसे काव्य-नायक को लोकसंपृक्ति से गुजारे बिना उसके व्यक्तित्व को कोई वृहत्तर दीप्ति दी जा सकती है ?

सूर में लोकजीवन की संपृक्ति का धरातल अन्य कवियों से किंचित् भिन्न है। कृष्ण-लीलाएँ हैं, जिनमें चमत्कार अंश भी हैं, जिसके लिए प्रायः महाकाव्यों का स्मरण किया जाता है। पर भागवत तथा कृष्णगाथा से संबद्ध अन्य पुराणों में जो कृष्णलीला वर्णित है, उसका उपयोग सूर ने अपनी कल्पना-क्षमता से किया है। यदि शृंगार का अतिरेक है, तो उसका एक प्रयोजन यह भी कि महाकवि पूरे प्रसंग को मानुषीकृत करना चाहते हैं, अकुंठित भाव से। इस मानुष गाथा के बीच से ही कृष्ण के विराट व्यक्तित्व का बोध कराना कवि के समक्ष चुनौती है और चुनौती भी सही शब्द नहीं है, कवि के लिए अग्नि-परीक्षा जैसी है। सूर अतिक्रांत करके इन अवरोधों को पार कर सके, यह उनकी विजय है, सर्जनात्मक धरातल पर। रागात्मकता, गहनतम रागात्मकता को उच्चतम मानवीय धरातल पर ले जाना और उसमें उदात्त भक्तिभावना का प्रवेश कराना सूर की असाधारण प्रतिभा का असंदिग्ध प्रमाण है। इसे सही परिप्रेक्ष्य में देखना चाहिए, बिना किसी पूर्वाग्रह के और किसी कवि के चारों ओर शर्तों की बाड़ लगाना अथवा किसी भी मंशा से, मनमानी माँग करना, एक प्रकार से सर्जनात्मक प्रतिभा की अवमानना भी है। सूर लोकरंजक-लोकरक्षक का द्वैत पाटते चलते हैं, यह उनकी उदात्त मानवीय दृष्टि से ही संभव हो सका। सूर के कृष्ण, राधा, ग्वाल-बाल, गोपिकाएँ, नंद यशोदा सब मानुष-भूमि पर संचरित हैं, यही महाकवि का लोकधर्म है। यशोदा जानती हैं कि कान्हा देवकी की कोख से जन्मा है, पर उनका वात्सल्य अप्रतिम है, विश्वकाव्य में बेजोड़। कृष्ण की बाल-लीला की वे सात्त्विक साक्ष्य हैं, ममतालु माँ। हर लीला में सूर इसे दुहराते चलते हैं कि माँ यशोदा परम सुख मानती हैं : चलत देखि जसुमति सुख पावै (744)। वे बालक कृष्ण को राम-कथा सुनाती हैं, जो स्वयं में एक प्रयोग है—राम-कृष्ण के द्वैत को समाप्त करता, क्योंकि दोनों विष्णु अवतार हैं। अपने वात्सल्य में वह नंद को भी क्षमा नहीं करतीं, कहती हैं : दरकि न गई बज्र की छाती, कत यह सूल सह्यौ (3752)। यशोदा संदेश भिजवाती

हैं : संदेसो देवकी सौं कहियौ, हौं तौ धाइ तिहारे सुत की, मया करत ही रहियौ (3793)। यशोदा का वात्सल्य और राधा-गोपिकाओं का प्रेम-भाव वात्सल्य और शृंगार से होकर एक ही बिंदु पर पहुँचते हैं, जहाँ इनका पार्थक्य समाप्त हो जाता है। सूर जैसे महाकवि को किसी सुरक्षा की अपेक्षा नहीं और उन्होंने घनिष्ठ मिलन-चित्र और कुछ अतिरंजित दृश्य भी बनाए हैं, विशेषतया वियोग के, पर विचारणीय यह कि कवि का प्रयोजन उदात्त भूमि पर पहुँचता है, जिसे प्रेमलक्षणा भक्ति कहा गया। मैनेजर पांडेय के शब्दों में : 'सूरदास ने अपने काव्य में सौंदर्य-बोध के माध्यम से नैतिक मूल्यों के विकास का प्रयास किया है। सूरदास की सौंदर्य चेतना और नैतिक चेतना में कोई अंतराल नहीं है' (भक्ति आंदोलन और सूरदास का काव्य, पृ. 250)।

सूर के काव्य का वैशिष्ट्य यह कि उसमें सौंदर्य के व्यापक आयाम हैं जहाँ प्रेम का पूर्ण परिपाक होता है, सामंती देहवाद का निषेध करता। जिस सहज मानुष भूमि पर सूर की गीतात्मकता संचरित होती है, वह संपूर्ण ब्रजमंडल को अपने भीतर समोए हुए है, और यह उनके काव्य का उल्लेखनीय लोक पक्ष है। कहा जा सकता है कि सूर के काव्य में कृषि-चरागाही सभ्यता का रागात्मक सन्निवेश हुआ है, जिसका प्रतिनिधित्व ब्रजमंडल करता है। यह विश्वसनीय दृश्यांकन सूर के काव्य का लोकपक्ष है, जिस ओर ध्यान दिया जाना चाहिए। जीवन-यथार्थ के दयनीय दृश्य यहाँ कम हैं, जो बात जायसी के लिए भी कही जा सकती है। पर एक जनपदीय लोकजीवन अपने संस्कार, उत्सव, व्यवहार, परंपरा, राग-रंग के साथ यहाँ उपस्थित है, इसे ही सूर के लोक-चित्रण के रूप में स्वीकारना होगा। संकेतों में यथार्थ की स्थितियाँ भी हैं, पर उन पर बल न देकर, यदि सूर के काव्य में ब्रजमंडल की उपस्थिति को उसकी रागात्मकता में देखा जाय तो अधिक उचित होगा। पशु-पालन, गो-चारण, वृंदावन, माखन-लीला, वंशी, यमुना-तट विहार सब ब्रजमंडल की किसानी-चरागाही संस्कृति का दृश्य उपस्थित करते हैं। इतने विस्तार से ये दृश्य वहाँ भी कठिनाई से मिलेंगे, जिसे 'पैस्टोरल काव्य' कहा जाता है और जहाँ वर्णनात्मकता की सुविधा भी है। रमेशकुन्तल मेघ ने मत व्यक्त किया है कि गो-चारण वाली इस यूटोपिया के लिए यथार्थ-संदर्भ मिलने का कार्य सरल नहीं था। उनका विचार है कि 'सूर ने अनेक प्रसंगों में सामंतों का विलासी संसार भी कृष्णमय करके चित्रित किया है। तथापि मथुरा के पवित्र सेक्टर में कीर्तन-सेवा करने वाले सूरदास का असली संसार ग्रामीणों का सहज दैनिक संसार था' (मन खंजन किनके, पृ. 124)।

सूर लोकउपादानों से अपनी सौंदर्य-दृष्टि रचते हैं, इसलिए उनका काव्य नागरिक सौंदर्य के आभिजात्य का निषेध करता है। अलंकरण के स्थान पर यहाँ सहजमयता है, और जीवन की निर्बंध भूमि देखी जा सकती है। गोपिकाएँ मथुरा की चतुर नगर नवेलियों पर व्यंग्य करती हुई, वहाँ के लोगों को रस-लंपट कहती हैं, भ्रमर से उनकी तुलना करते हुए स्वयं को सहज-सरल कहती हैं। वे अपने प्रेम मार्ग के विषय में

आश्वस्त हैं, उसे सीधा मार्ग कहती हैं : काहे कौं रोकत मारग सूधौ (4508)। भ्रमरगीत भागवत की परंपरा के क्रम में है, पर इसे ग्राम-नगर के वैचारिक द्वंद्व के रूप में भी देखा जाना चाहिए, जिसे गोपिकाओं की उक्तियों से समझा जा सकता है। इस दृष्टि से सूर का भ्रमरगीत स्वतंत्र विवेचन की माँग करता है जहाँ भ्रमर की लंपटता, सामंती समाज, नगर-देहवाद पर टिप्पणियाँ भी हैं। गोपिकाओं का व्यंग्य है : मधुबन सब कृतज्ञ धरमीले, अति उदार परहित डोलत हैं, बोलत बचन सुरीले (4212), मुख औरै अंतरगति औरै (4209), वह मथुरा काजर की ओबरी है, जिससे यमुना भी काली हो गई (4380) :

बिलगि जनि मानौ ऊधौ कारे
वह मथुरा काजर की ओबरी, जे आवैं ते कारे
तुम कारे सुफलक सुत कारे, कारे कुटिल सँवारे
कमलनैन की कौन चलावै, सबहिनि मैं मनियारे
मानौ नील माट तैं काढ़े, जमुना आइ पखारे
तातैं स्याम भई कालिंदी, सूर स्याम गुन न्यारे।

लोक रचना को समृद्धि देता है और कवि अपनी अभीप्सा के अनुसार इसका उपयोग करते हैं। सूर में लोकजीवन प्रायः ब्रजमण्डल को लेकर प्रक्षेपित हुआ है, यद्यपि उसकी व्यापक अर्थध्वनियाँ भी हैं, इस दृष्टि से कि जहाँ कहीं जीवन की खुली कृषि-चरागाही सभ्यता होगी, वहाँ भौगोलिक परिवर्तनों के साथ इस प्रकार के कुछ दृश्य देखे जा सकते हैं। कठिनाई यह कि कई बार लोक को उस यथार्थ तक सीमित करने की भूल की गई, जिसे जीवन का दैन्य कहा जाता है। सूर का संसार रागात्मकता तथा सौंदर्य का है और उसी परिप्रेक्ष्य में वे लोकजीवन को अपने काव्य में उभारते हैं। उसमें सर्वाधिक अंश ब्रजमंडल की मोहक प्रकृति का है, जिसका साक्ष्य यमुना नदी है। फिर ब्रज के असंख्य संस्कारों तथा किसान-चरवाहा जीवन को प्रकृति की इसी मनोरम पीठिका पर दर्शाया गया है। इसमें कहीं-कहीं परम उन्मुक्तता भी आ गई। पर इसे एक स्वच्छंद प्रवृत्ति की चरागाही संस्कृति के संदर्भ में देखना अधिक प्रासंगिक होगा। जिसे 'पेस्टोरल' कविता कहा जाता है, वह 'शेफ़र्ड' (चरवाहा, गड़रिया) के लिए लैटिन शब्द है जिसका आरंभ विद्वान तीसरी ई.पू. से मानते हुए सिसली के कवि थियॉक्रिटीज का उल्लेख करते हैं। वर्जिल से आगे बढ़ती इस चरवाहा-प्रवृत्ति ने शेक्सपियर जैसे कवि-नाटककार तक को प्रभावित किया (ए हैंडबुक टु लिटरेचर, पृ. 342-43)।

सूर में गोचारण प्रसंग को लेकर विद्वानों के विचारों में मतभेद है, पर प्रायः अधिकांश ने स्वीकारा है कि सूर में ब्रजमंडल अपने खुलेपन में उपस्थित है। गोधन यहाँ प्रमुख है और उससे जुड़े हुए अधिकांश प्रसंग अभिव्यक्ति पाते हैं। पर सब प्रसंगों को सूर कृष्ण के प्रति अनुराग भाव से संबद्ध कर प्रस्तुत करते हैं और इस

दृष्टि से दृश्य-सापेक्ष हैं, निरपेक्ष प्रकृति-वर्णन कम। गो-दोहन, गो-चारण, वृंदावन-विहार, माखनलीला, गोवर्धन-प्रसंग से लेकर रासलीला तक के दृश्यों में कृष्ण की केंद्रीय उपस्थिति है। पर प्रायः वे अकेले नहीं हैं, उनके साथ ग्वाल-बाल हैं अथवा गोपिकाएँ। इससे उनके व्यक्तित्व को सामाजिक दीप्ति मिलती है, जिसमें माँ यशोदा तक सम्मिलित हैं, वात्सल्य की प्रतिनिधि बनकर। जिस प्रकार के गतिमान चित्र सूर ने बनाए हैं, वे वर्णन की औपचारिक सीमाओं का अतिक्रमण करते हैं और ग्वाल-जीवन को उजागर करते हैं : चले सब गाइ चरावन ग्वाल, हेरी टेर सुनत लरकनि के, दौरि गए नंदलाल (1031), चरावत बृंदाबन हरि धेनु, ग्वाल-सखा, सब संग लगाए, खेलत हैं, करि चैनु (1066)। बीच-बीच में कृष्ण के रूठने के भी प्रसंग हैं : मैया हौं न चरैहौं गाइ, सिगरे ग्वाल घिरावत मोसौं मेरे पाइ पिराइं (1128)। यशोदा का वात्सल्य-भरा तर्क है : तुम कत गाइ चरावन जात, पिता तुम्हारौ नंद महर सौ अरु जसुमति सी जाकी मात, खेलत रहौ आपने घर मैं, माखन दधि भावै सौ खात (1127)। पर फिर कृष्ण का व्यक्तित्व लोक में प्रसरित कैसे होगा ? ब्रज की खुली भूमि में कृष्ण लीलाएँ उन्हें लोक से संबद्ध करती हैं, उनके चरित्र को व्यापकत्व मिलता है। रास जो कि शृंगार का चरम क्षण है, वह यमुना के कूल-कछार में रचाया जाता है : जमुना-नीर-प्रवाह थकित भयौ, पवन रह्यौ मुरझाई (1608)। सूर ने इसे 'जमुना का सुभग पुलिन' कहा है (1656)। यमुना कृष्ण-लीला का साक्ष्य है, जहाँ शृंगार के साथ वीरता भी है, जैसे कालीदह-प्रसंग में।

जनपदीय संस्कृति की अपनी विशेषताएँ होती हैं, जिसके निर्माण में भौगोलिक स्थितियों की भूमिका होती है। ब्रज का इतिहास लिखते हुए श्री कृष्णदत्त वाजपेयी ने ब्रज के लोकजीवन का विशेष उल्लेख किया है, जो वहाँ के लोकसाहित्य की पृष्ठभूमि में है और जिसने कृष्णकाव्य को गहरे स्तर पर प्रभावित किया। इसमें ग्वाल-जीवन तथा उससे संबद्ध उत्सवों की विशेष भूमिका है और संगीत, नृत्य, चित्र, मूर्ति, साहित्य पर इसका व्यापक प्रभाव रहा है। सूरदास ने इस लोकप्रचलित सामग्री का भरपूर उपयोग किया है : जन्म, नामकरण, अन्नप्राशन से लेकर विवाह तक के संस्कार। कृष्ण जन्म का समय है : जसुदा नार न छेदन दैहौं, मनिमय जटित हार ग्रीवा कौ, वहै आजु हौं लैहौं (633)। झूलन, बसंत आदि के दृश्य यहाँ आए हैं जिनके माध्यम से सूर ब्रज की संस्कृति का प्रकाशन करना चाहते हैं। पर यह आभिजात्य से भिन्न भूमि पर स्थिति लोक-संस्कृति है। रास, चीर-हरण, पनघट, दान, जल आदि की क्रीड़ाएँ इसी लोकदृष्टि से उपजी हैं। इस अकुंठित स्वच्छंदता को लेकर टिप्पणियाँ की जा सकती हैं, पर जो लोकजीवन में व्याप्त है, उसे सूर जैसा गीतस्रष्टा बरा भी कैसे सकता है ? लोक में जो व्यक्त है, उसके ग्रहण के मूल में रचनाकार की अपनी जीवन-दृष्टि सर्वाधिक सक्रिय होती है, जिसे वह सर्जनात्मक कल्पना की क्षमता से नया विन्यास देता है। ऐसा प्रतीत होता है कि लोक परंपरा में जो कुछ प्रचलित

था, उससे सूर सुपरिचित थे और अपने भावों की अभिव्यक्ति के लिए उन्होंने उसका सक्षम उपयोग किया। लोकोत्सव के दृश्य, लोकगीतों की लय के साथ यहाँ उपस्थित हैं। शास्त्रीय संगीत और लोकगीतों की समन्वित भूमि पर निर्मित सूर के पद वाचिक परंपरा का अविभाज्य अंग बन गए, और भजन-गायन, कीर्तन से जुड़कर लोक में व्याप गए।

लोकउपादानों के उपयोग से सूर ने अपने काव्य को वस्तु-वर्णन के स्तर पर सांस्कृतिक प्रामाणिकता से संपन्न करने का प्रयत्न किया है पर वहाँ वैसी वर्णनात्मकता नहीं है, जैसी जायसी में प्राप्त होती है। उनमें दृष्टि-भेद भी है और काव्य-माध्यम का अंतर भी। जायसी के यहाँ तो खान-पान, भोजन, वनस्पति आदि की पूर्ण सूचियाँ ही मिल जाती हैं पर सूर ने लोकउपादानों का उपयोग अपनी अभिव्यक्ति की समृद्धि के लिए किया है। यहाँ वृक्ष, लता, पुष्प, उत्सव, लोकविश्वास, संगीत, पशु-पक्षी, वस्त्र-आभूषण आदि का उल्लेख पर्याप्त मात्रा में आया है। पर किसी कवि का कौशल यह कि वह वस्तुओं को संवेदन में अन्तर्भुक्त कैसे करे कि वह काव्य-संपत्ति में विलयित हो जाय। शोधकर्ताओं ने सूचियाँ बनाई हैं जिससे प्रमाणित करने का प्रयत्न किया है कि सूर के काव्य में ब्रज उपस्थित है। पर कवि रूप में उनका कौशल यह कि लोकजीवन उनकी रागात्मकता का एक अंग है, आंशिक रूप में ही सही। भाव-परिवर्तन के साथ दृश्य बदलते हैं क्योंकि मनोजगत् दूसरा हो जाता है। जो वृंदावन गोपिकाओं के लिए कृष्ण-लीला का प्रमुख स्थल रहा है, उसी के प्रति वियोग में एक दूसरी मनःस्थिति है : मधुबन तुम क्यों रहत हरे, बिरह बियोग स्यामसुंदर के, ठाढ़े क्यौं न जरे (3828)। सूर का लोकसंसार प्रायः वहाँ अधिक रमता है, जिसे 'गोप-संस्कृति' भी कहा जा सकता है, जहाँ तथाकथित नैतिकता की जड़ अवधारणा नहीं है। ब्रजमंडल में मथुरा-कला का उल्लेख विद्वानों ने किया है और उनका विचार है कि 'गुप्तों' के समय कला में एक नया मोड़ आया और भाव-सौंदर्य की ओर अधिक ध्यान दिया जाने लगा। सौंदर्य के मानदंड बदले और मूर्ति, चित्र, साहित्य आदि में इसे देखा जा सकता है (नीलकण्ठ पुरुषोत्तम जोशी : मथुरा की मूर्तिकला, पृ. 27)। मध्यकाल तक आते-आते सौंदर्य दृष्टि में जो परिवर्तन हुए, उन्हें भी ध्यान में रखना होगा, जिससे सूर की लोकदृष्टि प्रभावित हुई। एस.टी. नरसिंहाचारी ने इसका विवेचन किया है : 'सूरसागर में सौंदर्य के वस्तून्मुख निरूपण की अपेक्षा अनुभूति और प्रभावमूलक अभिव्यक्ति को अधिक विस्तार मिलता है। इस तरह श्रव्य भाषा में दृश्य रूप को मूर्त करने की कठिनाई दूर हो जाती है' (सूर की सौंदर्य चेतना, पृ. 261)। सूर जिस जनसंस्कृति को अभिव्यक्ति देते हैं, उसमें कृष्ण के माध्यम से पूरा गोकुल सम्मिलित है। इस दृष्टि से वे सामूहिक चेतना के गायक-कवि हैं और हर दृश्य में समाज को लेकर चलना चाहते हैं, जिसका एक प्रमाण कृष्ण की बाल-लीला है। डॉ. वीरेंद्र मोहन इसे कबीलाई संस्कृति से जोड़कर देखते हैं (तुलसी और सूर : मानव-मूल्य, पृ. 85)।

गो-चारण प्रसंग में भी सब सम्मिलित हैं और लोकजीवन का जो दृश्य उभरता है, वह सामूहिक है, वैयक्तिक सीमाओं को नकारता हुआ।

सूर मूलतः रागात्मकता के कवि हैं और उनके समाजदर्शन का मूल स्वर यही है कि प्रेम अपने उच्चतम धरातल पर पहुँचकर भक्ति का रूप ग्रहण करता है। राधा-गोपिकाएँ जिस प्रेम में मग्न हैं, उसे वे जीवन-सत्य की भाँति सँजोती हैं और इसलिए उसे एकांगी कहना सूर के भक्तिदर्शन की अनदेखी करना है। वस्तु-वर्णन की सीमाएँ हैं, यह हम स्वीकारते हैं, पर समय-समाज पूर्णतया अनुपस्थित हो जाए, यह संभव नहीं। सूर ने अपनी लोकदृष्टि की संपन्नता के लिए भाषा और मुहावरे को लोकजीवन से प्राप्त किया है, जिससे उनके काव्य को कलात्मक समृद्धि मिली है। यह स्वतंत्र चर्चा का विषय है, पर सूरसागर की शब्दावली बताती है कि लोकभाषा को काव्यभाषा के रूप में प्रयुक्त किया जा सकता है। कहने की भंगिमा, जिसका निर्वाह करने में सूर ने लोकप्रचलित मुहावरों का उपयोग किया है, विशेष रूप से विचारणीय है। गोपिकाएँ भ्रमरगीत प्रसंग में इसका मार्मिक उपयोग करती हैं : जिय उपजत सोइ कहत न लाजत सूधे बोल न बोलत; आलापहु, गावहु कै नाचहु दाँव परे लै मारि; सुन सठ रीति, सुरभि पयदायक, क्यों न लेत हल फारे; ताको कहा परेखो कीजै, जानत छाछ न दूधौ, बूचिहि खुभी आँधरी काजर, नकदी पहिरै बैसरि आदि। सूर में लोकजीवन की व्याप्ति उनके भाषा-संसार में भी देखी जानी चाहिए। कुछ स्थलों पर तो प्रचलित लोकगीतों को ही रचना में अंतर्भुक्त कर दिया गया है, जैसे कृष्ण-जन्म के प्रसंग में, अथवा लोरी गाती यशोदा के वात्सल्य में; जसुदा मदन गुपाल सोवावै; जसोदा हरि पालनैं झुलावै आदि। कृष्ण के मथुरा चले जाने पर यशोदा अपने वात्सल्य में मार्मिक व्यथा व्यक्त करती हैं : मथुरा क्यौं न रहे जदुनंदन, जो पै कान्ह देवकी जाए (4702)। सूर में यशोदा वात्सल्य की अप्रतिम मूर्ति है।

लोकसाहित्य के प्रति सही दृष्टि से, रचना में लोक-जीवन को विश्वसनीयता मिलती है और भक्त कवियों ने इसका उपयोग अपने ढंग से किया है। सूरदास की रागात्मक दृष्टि लोकउपादानों के राग-रंग भरे प्रसंगों में अधिक रमती है, पर वहाँ जीवन यथार्थ भी है, इसी माध्यम से। यदि सूर की काव्य-भाषा और उसमें प्रयुक्त मुहावरे पर विचार करें तो ज्ञात होगा कि उसमें जीवन-यथार्थ के संकेत भी हैं, आंशिक अथवा परोक्ष ही सही। गो-पालन, गो-चारण प्रसंग में इसकी चर्चा हुई है। पर एक प्रासंगिक प्रश्न यह कि सूर के विनय-प्रार्थना-भाव को क्या केवल वैयक्तिक निवेदन के रूप में ही स्वीकारना अलम् होगा ? कुछ स्थलों पर सामंती समाज की विषमता के दृश्यों के संकेत मिलते हैं और कृष्ण उदात्त विकल्प बनते हैं। वासुदेव भक्त-वत्सल हैं : बिनु बदले उपकार करत हैं, स्वारथ बिना मिताई (पद 3), जाति, गोत, कुल, नाम गनत नहिं, रंक होइ कै रानौ (11), राज-मान-मद टारत (12)। कृष्ण को वे 'बिसंभर साहब' कहकर संबोधित करते हैं, कहते हैं : महाराज, रिषिराज, राजमुनि

देखत रहे लजाई (40); धन-मद, कुल-मद, तरुनी के मद, भव-मद हरि बिसरायौ (58)। माया से मध्यकालीन सामंती विलास का संकेत भी है : माया-लोभ-मोह हैं चांड़े काल नदी की धार (84)। जिस पतन का उल्लेख कई बार आया है, उसमें भी समय की वेदना सम्मिलित है : अबकी बार मनुष्य-देह धरि, कियौ न कछू उपाइ (155)। आग्रह ज्ञान-विवेक-समन्वित रागानुगा भक्ति पर है (176)। सूर एक वैकल्पिक संसार की कल्पना करते हुए भक्ति-दर्शन का प्रतिपादन करते है (337) :

चकई री चलि चरन-सरोबर, जहाँ न प्रेम-बियोग
जहँ भ्रम-निसा होति नहिं कबहूँ, सोइ सायर सुख जोग
जहाँ सनक-सिव हँस, मीन मुनि, नख रवि-प्रभा प्रकास
प्रफुलित कमल, निमिष नहीं ससि-डर, गुंजत निगम सुबास
जिहिं सर सुभग मुक्ति-मुक्ताफल, सुकृत-अमृत-रस पीजै
सो सर छाँड़ि कुबुद्धि विहंगम, इहाँ कहा रहि कीजै
लछमी-सहित होति नित क्रीड़ा, सोभित सूरजदास
अब न सुहात विषय-रस-छीलर, वा समुद्र की आस।

इसी क्रम में वे राम का स्मरण भी करते हैं : सुवा चलि ता बन को रस पीजै, जा बन राम-नाम अम्रित रस, स्रवन पात्र भरि लीजै (340)। सूर कल्पनाजीवी यथार्थ-विरहित कवि नहीं हैं, यद्यपि रागात्मकता का भाव उनमें प्रगाढ़ है। सूरसागर में यथार्थ के संकेत बताते हैं कि वे अपने समय से बेख़बर नहीं हैं, पर उनकी राग-वृत्ति में उसका आंशिक प्रवेश ही हो पाता है और वे लोकजीवन की रागात्मकता में अधिक रमते हैं, जायसी की तरह। गोपियाँ जब उद्धव के प्रति आक्रामक वाक्यों का प्रयोग करती हैं, तो वे कई बार ठेठ ग्राम-बाला रूप में आती हैं : सहायक, सखा राजपदवी मिलि, दिन दस कछुक कमावते; आपुन को उपचार करौ कछु तब औरनि को सिख देहु; कत तट पर गोता मारत हौ, निरे भूँड के खेत आदि। वार्तालाप शैली में जीवन-यथार्थ का जो मुहावरा सूर ने प्रयुक्त किया है, उस पर ध्यान देना होगा। प्रतीक-बिंब संसार भी लोकजीवन से लिया गया है, जिससे सूर की कविता विस्तार पाती है, सामान्यजन की स्मृति का अंश बनती है। 'प्रभुजू यों कीन्हीं हम खेती' एक बहुउद्धृत पद है, जिसमें कृषि शब्दावली प्रयुक्त हुई है (185)। विद्वानों ने राजनीति के कुछ टुकड़े भी तलाशे हैं और जीवन दैन्य के दृश्य भी, पर मेरा विनम्र निवेदन यह कि सूर ने अपनी चेतना की बनावट के अनुरूप विषय का निर्वाह किया है। उन्हें समग्रता में देखना-समझना अधिक उपादेय होगा और रूमानी दृष्टि से भक्त कवि के रूप में देखना, भागवत अथवा वल्लभ-दर्शन के भाष्य रूप में समझना एक ऐसे कवि के साथ न्याय नहीं होगा जो अपनी रागात्मकता में लोकजीवन को समेटता हुआ, उच्चतर मूल्य-आशय का निष्पादन करता है, जिसे भक्ति कहा गया।

सूरदास के समाजदर्शन और भक्तिदर्शन को संयोजित रूप में देखना अधिक

उचित होगा। सूर में यथार्थ के विवरण-वृत्तांत नहीं हैं, उनका ध्यान ब्रज के राग-रंगी लोकजीवन पर केंद्रित है और कृष्ण-राधा, गोपिकाएँ, ग्वाल-बाल इस वृत्त को पूरा करते हैं। पर सूर ने सामंती देहवादी, राजसी व्यवस्था को तिरस्कृत करते हुए एक वैकल्पिक काव्य-स्वप्न की परिकल्पना की, जो उनके समाजदर्शन का प्रदेय है और जो उच्चतम धरातल का भक्तिदर्शन है। वल्लभ संप्रदाय में दीक्षित होकर उन्होंने रागानुरागी भक्ति का वरण किया, पर शास्त्र की सीमाएँ पार करते हुए उसे काव्यसंवेदन का रूप दिया और चरित्रों के माध्यम से प्रमाणित किया। सूर में भागवत की प्रेरणा को भी स्वीकारना होगा, पर उन्होंने राधा की प्रेममयी प्रतिमा गढ़ी जो हर दृष्टि से अप्रतिम है : रूप, आकर्षण, निर्मल मन, समर्पण और त्याग। वह कृष्ण की नित्य प्रिया है, चिरंतन प्रिया, जिसे कृष्ण की आह्लादिनी शक्ति कहा गया। वियोग में उसका व्यक्तित्व अपनी पूर्ण दीप्ति पर पहुँचता है। ऊधौ कहते हैं : उमँगि चले दोउ नैन बिसाल, सुनि-सुनि यह संदेस स्याम-घन, सुमिरि तुम्हारे गुन गोपाल (4730)। राधा प्रेम का सर्वोपरि प्रतिमान है, मध्यकालीन देहवाद का निषेध करती। इसलिए राधा-कृष्ण एक साथ स्वीकृत हुए—राधावल्लभ संप्रदाय बना। राधा-गोपिकाओं की परिकल्पना सूर ने उदात्त प्रेम रूप में की और यशोदा को वात्सल्य मूर्ति बनाया। ये सब उनके अभीप्सित विकल्प हैं और परंपरा से ग्रहण करते हुए, उन्होंने इन्हें नया स्वरूप दिया। कृष्ण रसिकेश्वर हैं, पर अपनी लीलाओं में वे रक्षण की सामर्थ्य का प्रमाण देते हैं। उल्लेखनीय यह कि प्रेम एकपक्षीय नहीं है, कृष्ण प्रतिदान करते हैं, जिससे सूर की कृष्ण-कथा का पूरा वृत्त सार्थकता प्राप्त करता है। गोपिकाओं का निवेदन है : नाथ अनाथन की सुधि लीजै (3808), फिर ब्रज आइयै गोपाल, नंद-नृपति कुमार कहिहैं, अब न कहिहैं ग्वाल (3845)। कृष्ण के सहज प्रतिदान-भाव से भक्ति का पूर्ण परिपाक होता है, एक समग्र रस-दर्शन की निष्पत्ति होती है : जो जन ऊधौ मोहिं न बिसारत, तिहिं न बिसारौं एक घरी (4777)। सूर ने गोकुल, वृंदावन को 'बैकुण्ठ' की संज्ञा दी है, भक्त कवि का आदर्श-लोक। गोवर्धन पूजन से प्रमाणित है कि बैकुण्ठ यहीं है जहाँ कृष्ण मानुष रूप में विहार करते हैं, और समस्त ब्रजमंडल उनके नायकत्व में अभय है, सुरक्षित है। जिस सहजता और अकुंठित भाव से सूर अपने काव्य-मंतव्य को, उदात्त प्रेम-भाव के माध्यम से प्रतिपादित करने में सक्षम होते हैं, उसे व्यापक स्वीकृति मिली और वे लोक-कंठ में प्रवेश पा गए।

तुलसीदास :
सुरसरि सम सब कहँ हित होई

तुलसी हिन्दी के सबसे जनप्रिय कवियों में जिनकी व्याप्ति ऐसी कि रामकथा को, उनमें एक नया विस्तार मिला और वह लोकसाहित्य में भी रागात्मकता से स्वीकारी गई। चित्र, संगीत, मूर्ति, नाट्य आदि में रामकथा व्यक्त हुई और इस प्रकार वह पोथियों से बाहर निकलकर विराट लोकसंवेदन का अविभाज्य अंश बनी, लगभग तदाकार हो गई। पर यह कहना तुलसी के साथ न्याय नहीं होगा कि महाकवि को रामगाथा का पूरा लाभ मिला और व्यापक संवाद में सुविधा हुई। यह एक अंश तक ही सही हो सकता है, पर वास्तविकता यह है कि क्लासिकी भाषा संस्कृत के वर्चस्व को तोड़ते हुए उन्होंने लोकभाषा में रचना की और इस प्रकार वृहत्तर जनसमुदाय को संबोधित करने का प्रयत्न किया। वे पंडिताई और शास्त्र की सीमाएँ समझते थे, इसलिए उन्होंने जनभाषा का चुनाव किया। वाल्मीकि, कालिदास, भवभूति से चली आती रामकाव्य परंपरा को उन्होंने नयी अर्थ-व्यंजनाएँ दीं, काव्य-नायक राम को मध्यकाल की उस भूमि पर प्रस्तुत किया, जिसमें वे रचना कर रहे थे और यहाँ तुलसी के राम वाल्मीकि से पृथक् हो जाते हैं। वाल्मीकि रामायण का आरंभ ही महाकवि की इस जिज्ञासा से है कि इस समय संसार में गुणवान, वीर्यवान, धर्मज्ञ, कृतज्ञ, सत्यवादी, दृढ़व्रती, सदाचारी, सर्वकल्याणकारी, विद्वान्, प्रियदर्शन, आत्मवान, जितक्रोध, कान्तिमान कौन है ? नारद विस्तार से राम के गुणों का बखान करते हैं। वाल्मीकि और तुलसी में समय तथा दृष्टि का जो अंतर है, वह उनके काव्य में परिलक्षित है, इसे ध्यान में रखना होगा। रामचरितमानस में तुलसी सावधान हैं और वे सीता-निष्कासन का प्रसंग छोड़ देते हैं क्योंकि उससे राम की मर्यादा पर आँच आती थी। गीतावली के अंत में इससे संबद्ध कुछ अंश अवश्य आए हैं, वाल्मीकि का स्मरण करते हुए।

तुलसी की सही पहचान और वस्तुपरक मूल्यांकन में कई बाधाएँ अरसे तक रही हैं। उन्हें धार्मिक, यहाँ तक कि संप्रदायगत कर्मकांडी दृष्टि से देखा गया जिससे महाकवि की विराट प्रतिभा को उचित परिप्रेक्ष्य में देखने में कठिनाई हुई। एक पूर्वाग्रह-भरी दृष्टि वह भी थी कि उनके विचार प्रतिगामी हैं और उनका जनवादी चरित्र दुर्बल है। इनसे अलग हटकर अकादमिक शोधी प्रयत्न हैं जहाँ तुलसी ने कहाँ से क्या ग्रहण किया है, इसी में पूरी शक्ति लगाई गई। शुभ यह कि उदार तुलसी के नए मूल्यांकन के प्रयत्न हुए और प्रगतिपंथियों ने ही कई भ्रांतियों को तोड़ने का प्रयत्न किया। आचार्य रामचंद्र शुक्ल ने तुलसी के विवेचन को सही बौद्धिक आधार देते हुए, जिस गहरी संलग्नता से उनके संवेदन-संसार को परखा था, उसे नयी दिशाएँ देने का प्रयत्न किया गया। तुलसी आचार्य शुक्ल के काव्य-व्यक्तित्व के प्रतिमान हैं, जिनके लिए वे हमारे गोस्वामीजी, बाबाजी आदि संबोधनों का प्रयोग करते हुए उन्हें अपना अत्यंत समीपी पाते हैं। लगता है जैसे वे महाकवि के समर्थ पैरवीकार हैं, पर तर्क और प्रमाण के साथ। शुक्लजी तुलसी के साथ अंतरंग यात्रा करते हैं, गहराई में उतरते हैं और फिर उनका विवेचन आलोचना-सामर्थ्य के साथ करते हैं। तुलसी की समाज-सापेक्ष स्थिति स्वीकारते हुए आचार्य शुक्ल ने 'लोक-धर्म' का विवेचन किया, जिसे डॉ. रामविलास शर्मा, विश्वनाथ त्रिपाठी आदि प्रगतिवादी समीक्षकों ने लोकवाद, मानववाद आदि कहकर विवेचित किया। आचार्य शुक्ल ने लिखा है कि 'भगवान का जो प्रतीक तुलसीदासजी ने लोक के सम्मुख रखा है, भक्ति का जो प्रकृत आलंबन उन्होंने खड़ा किया है, उसमें सौंदर्य, शक्ति और शील तीनों विभूतियों की पराकाष्ठा है' (गोस्वामी तुलसीदास, पृ. 53)। तुलसी की गहरी भावुकता का विवेचन करते हुए वे कहते हैं : 'कवि की पूर्ण भावुकता इसमें है कि वह प्रत्येक मानव स्थिति में अपने को डालकर उसके अनुरूप भाव का अनुभव करे। इस शक्ति की परीक्षा का रामचरित से बढ़कर विस्तृत क्षेत्र और कहाँ मिल सकता है। जीवन स्थिति के इतने भेद और कहाँ दिखाई पड़ते हैं' (वही, पृ. 84)। विस्तार तथा गहराई के संयोजन के उत्कृष्ट उदाहरण रूप में रामचरितमानस को प्रस्तुत किया जाता है। तुलसी के विषय में व्याप्त कतिपय भ्रांतियाँ और उन पर लगाए गए आक्षेपों का उत्तर देते हुए डॉ. रामविलास शर्मा ने उन्हें सर्वोपरि जनकवि के रूप में निरूपित किया : 'तुलसी हमारे जनजातीय जन-जागरण के सर्वश्रेष्ठ कवि हैं। उनकी कविता की आधारशिला जनता की एकता है। ...तुलसी का साहित्य कला की शिक्षा देने के लिए अक्षय निधि है। उनसे हमें बार-बार सीखना चाहिए, कैसे उनकी वाणी जनता को इतनी गहराई से आंदोलित कर सकी। उनसे हमें गंभीर मानव-सहानुभूति और उच्च विचारों की शिक्षा लेनी चाहिए जिनसे साहित्य महान् होता है' (परंपरा का मूल्यांकन, पृ. 88)। तुलसी सामान्यजन को संबोधित करते चलते हैं, निकट संवाद स्थापित करते हैं और बौद्धिक वर्ग को ललकारते हैं, यह कहते हुए कि रामचरित जे सुनत अघाहीं, रस

बिसेस जाना तिन्ह नाहीं। ऐसा बहुआयामी रचना-व्यक्तित्व विरल प्रतिभाओं में होता है जहाँ धर्म-अध्यात्म, नीति-दर्शन, विचार-भाव एक साथ हों, पर सब कुछ काव्य के वृहत्तर संवेदन-संसार में विलयित होकर, सौंदर्य रचाते हुए।

रामकथा की लंबी परंपरा का संकेत करते हुए तुलसी रामचरितमानस के बाल काण्ड के आरंभिक अंश में कहते हैं : रामकथा कै मिति जग नाहीं, असि प्रतीत तिन्ह के मन माहीं/नाना भाँति राम अवतारा, रामायन सत कोटि अपारा। ऐसी स्थिति में भारतीय मध्यकाल में रामचरितमानस की रचना करने के मूल में तुलसी का प्रयोजन क्या है ? अन्य रचनाएँ भी रामकथा का बखान करती हैं : कवितावली, गीतावली, रामलला नहछू, रामाज्ञा प्रश्न, जानकीमंगल आदि। विनयपत्रिका राम की सेवा में प्रस्तुत है : श्रीरामचंद्र कृपालु भजु मन हरण भवभय दारुणं, नवकंज लोचन कंजमुख, करकंज पदकंजारुणं। तुलसी कथावाचक नहीं हैं, वे सजग-सचेत कवि हैं और रामकथा के माध्यम से, अपने समय—मध्यकाल से टकराते हुए, कथा को नए आशय से संपन्न करना चाहते हैं। तुलसी ने सोलहवीं शताब्दी के पूर्वार्ध से लेकर सत्रहवीं शताब्दी के पूर्वार्ध का लंबा समय पार किया। इतिहास की दृष्टि से यह मुग़लकाल के विस्तार का समय है जिसे अकबर के शासनकाल में पूर्णता मिली। सामंती दबावों की चर्चा संपूर्ण भक्तिकाल के प्रसंग में की जाती है, जिसके विस्तार में जाने की आवश्यकता नहीं। पर तुलसी ने कई रूपों में इस विषम वर्ग-व्यवस्था, घनघोर जातिवाद, पाखंड, टूटती मर्यादा, मूल्यहीनता, अनाचार आदि का उल्लेख किया है। मध्यकाल को सांस्कृतिक दृष्टि से एक आंदोलित समय अथवा उथल-पुथल का काल कहा गया है। जातियाँ भारत में आती रही हैं, पर वे क्रमशः मूल सामाजिक धारा में सम्मिलित हो गईं। पर जब इस्लाम आया तो उसका स्वरूप भिन्न था और वह विजेता रूप में आया। एकदेववाद, मूर्तिपूजा का विरोध, एक बिरादरी, आक्रामकता, धर्म-परिवर्तन आदि उसे भारतीय चिंतन से अलगाते हैं। पर आरंभिक टकराहट के बाद जब सामाजिक-सांस्कृतिक संवाद की प्रक्रिया आरंभ हुई तो विचार-विनिमय का ऐसा वातावरण निर्मित हुआ कि भारतीय रचनाशीलता को उसकी स्वाभाविक प्रक्रिया में विकसित होने का नया अवसर मिला। सूबेदारों के संरक्षण में देसी भाषाओं को जो सक्रियता मिली, यह भक्तिकाव्य के उत्कर्ष में विशेष उल्लेखनीय है। तुलसी संस्कृत के पंडित थे, जिसका साक्ष्य उनकी रचनाएँ हैं, पर उन्होंने एक बड़े समाज को संबोधित करने का संकल्प लिया। रामचरितमानस के आरंभ में कहा : भाषा भनिति भोरि मति मोरी। देसी भाषा में रचना के मूल में उनके सामाजिक-सांस्कृतिक आशय हैं, जिसे उन्होंने स्पष्ट किया है।

रामकथा के आरंभ में ही तुलसी अपने काव्य-आशय का संकेत करते हैं। हर समय में यह प्रश्न प्रासंगिक है कि आखिर रचना की अभीप्सा क्या है ? उसका गंतव्य क्या है ? कवि किसे संबोधित कर रहा है और किस प्रयोजन से ? यहीं कवि की

रचना-दृष्टि का परिचय मिलता है, जिससे उसके समाजदर्शन का निर्माण होता है। तुलसी का प्रस्थान वैचारिक है, उच्चतर आशय की ओर अग्रसर होता हुआ, जहाँ वे रामकथा के माध्यम से श्रेष्ठतम मानव-मूल्यों का निष्पादन करते हैं। आरंभ में ही वे रिक्थ, परंपरा का ऋण स्वीकार करते हैं : नाना पुराण निगमागम सम्मतं यद्। पर इसमें अन्यत्र से भी कुछ प्राप्त किया गया है और इसे देसी भाषा अवधी में व्यक्त किया जा रहा है, जो स्वयं में साहस है—कवि के सांस्कृतिक आशय को स्पष्ट करता। तुलसी विनय भाव से स्वीकारते हैं कि कवित बिबेक एक नहिं मोरे, सत्य कहउँ लिखि कागद कोरे। मेरा विनम्र विचार है कि रचना के वृहत्तर सांस्कृतिक आशय से परिचालित आत्मविश्वासी कवि ही ऐसे सच्चे विनय-भाव की पंक्तियाँ रच सकता है। तुलसी सबसे पहले अपने अहंकार से लड़ते हैं क्योंकि वे जानते हैं कि स्वयं को पार किए बिना वृहत्तर संसार में संचरित हो पाना संभव नहीं। मानस 'स्वान्तः सुखाय' है, पर इसमें सब सम्मिलित हैं, क्योंकि तुलसी रचना के आत्मसंघर्ष को पार कर सकने की सामर्थ्य रखते हैं, जिसे व्यक्तित्व को अतिक्रांत करना कहा गया है। तुलसी की संघर्षगाथा है, जिसका उल्लेख विद्वानों ने किया है : बारैं तैं ललात-बिललात द्वार-द्वार दीन, जानत हौ चारि फल चार ही चनक कौ; मातु-पिता जग जाइ तज्यो, बिधिहूँ न लिखी कछु भाल भलाई (कवितावली उत्तर.) आदि। वैयक्तिक प्रसंग तुलसी को तोड़कर नहीं चले जाते, कवि को इनसे जीवनधार में प्रवाहित होने की नई प्रेरणा मिलती है। जिस सामन्ती समय से महाकवि गुज़र रहे थे, उसकी चर्चा अनेक प्रकार से है, जिसे एक सजग प्रतिभा का आत्मविस्तार कहा जाएगा। तुलसी ने स्वयं को पार किया और समय को भी, इस अर्थ में कि उन्होंने एक उदात्त सामाजिक-सांस्कृतिक दृष्टि विकसित की और रचना की ऊर्जा से उसे व्यापक समाज तक पहुँचाने में सफलता पाई। यह निश्चय ही चुनौती-भरा कठिन रचना-कर्म है और तुलसी ने इसे संभव किया। मूल्य-स्तर पर वे अपने समय के सामंती परिवेश से टकराते हैं, और विकल्प का संकेत भी करते हैं, जिसके लिए कलिकाल और रामराज्य शब्दों का प्रयोग उन्होंने किया है। एक है मध्यकाल का भयावह यथार्थ और दूसरा है कवि का वैकल्पिक स्वप्न-लोक।

कविता के आशय को तुलसी ने आरंभ में ही स्पष्ट कर दिया है ताकि कोई भ्रांति न रहे कि वे बस कथा कहने का उपक्रम कर रहे हैं। उन्होंने कहा कि उनकी सात्त्विक आकांक्षा है कि साधु-समाज में उनकी कविता को स्वीकृति मिले और बुद्धिमानों का आदर : साधु समाज भनिति सनमानू और जो प्रबंध बुध नहिं आदरहीं, सो श्रम बादि बालकवि करहीं। उनके लिए कीर्ति, कविता और संपत्ति तीनों तभी सार्थक हैं जब गंगा के समान सबके हित में नियोजित हों : कीरति, भनिति, भूति भल सोई, सुरसरि सम सब कहँ हित होई। इस प्रकार तुलसी कविता के महत् सांस्कृतिक गंतव्य को विवेचित करते हैं और तब आगे बढ़ते हैं। पर वे यह भी जानते हैं कि

कवि-कर्म कठिन है, विशेषतया एक ऐसे जटिल समय में जब दृश्य स्पष्ट न हों, कई मत-मतांतर हों और रचना पर तरह-तरह के दबाव। पर तुलसी संकल्पी कवि हैं और जानते हैं कि सांस्कृतिक गंतव्य तक पहुँचना ही होगा, जिसे निराला ने इन शब्दों में व्यक्त किया है : करना होगा यह तिमिर पार, देखना सत्य का मिहिर द्वार (तुलसीदास)। रचना में कथ्य, विषय-वस्तु की भूमिका महत्त्वपूर्ण होती है और तुलसी ने रामकथा का चयन किया तथा चरितनायक राम को केंद्र में रखकर कथा का ताना-बाना रचा। कवि रूप में उनका कौशल यह कि वे कथानायक राम को, अपनी काव्य-क्षमता से काव्य-नायक पद पर प्रतिष्ठित करने में सफल होते हैं। विनय-भाव से तुलसी ने कहा कि मुझमें कोई गुण नहीं, पर मुझे राम का आश्रय है : भनिति मोर सब गुन रहित, बिस्व बिदित गुन एक। पर यह कवि की भक्ति-भावना मात्र नहीं है, यहाँ राम के विराट व्यक्तित्व को रेखांकित किया गया है, जिसे केंद्र में रखकर काव्य को सार्थकता दी जा सकती है। काव्य में राम का चरित्रांकन उसकी मूल संपत्ति है, सही प्रस्थान : एहि महँ रघुपति नाम उदारा, अति पावन पुरान श्रुति सारा। इसे उन्होंने गुणों से समन्वित किया, परम कल्याणकारी रूप में : मंगल भवन अमंगल हारी, उमा सहित जेहि जपत पुरारी। शंकर-पार्वती को राम-उपासक रूप में चित्रित कर तुलसी मध्यकाल के शैव-वैष्णव वैचारिक द्वंद्व का भी समाधान पाना चाहते हैं, और यह प्रयत्न पूरे रामचरितमानस में अनस्यूत है। शंकर कथा कहते हैं, पार्वती सुनती हैं और राम सेतुबंध रामेश्वरम् में शिवलिंग की स्थापना करते हैं : लिंग थापि बिधिवत् करि पूजा, सिव समान प्रिय मोहि न दूजा (लंकाकांड का आरंभ)। राम-शिव में अन्योन्याश्रित संबंध है, वैचारिक संघर्ष को पाटते हुए।

तुलसी ने अपने समय को देखा-समझा-जाना कि राजाश्रय की अभ्यर्थना विद्या की देवी का ही अनादर है। प्रतिभा की सार्थकता उसके व्यापक सांस्कृतिक प्रयोजन में है। आइने अकबरी की सूची में यदि भक्तिकाव्य के प्रमुख स्वर सम्मिलित नहीं हैं तो इससे यह भी प्रमाणित होता है कि अपने समय की सार्थक प्रतिभाएँ कई बार राजकीय स्तर पर अनपुजी ही रह जाती हैं, जबकि सामान्यजन में उन्हें व्यापक स्वीकृति मिलती है। आधुनिक समय में निराला ऐसे ही हैं। तुलसी ने कहा कि 'कीन्हें प्राकृत जन गुन गाना, सिर धुनि गिरा लगत पछिताना'। इसलिए राम का काव्य-विषय रूप में चयन किया, उन्हें परिभाषित करते हुए। यह कोरा भाववाद नहीं है और न वैयक्तिक मुक्ति कामना से परिचालित अंध भक्ति अथवा कर्मकांड का व्यवसाय; इसके मूल में कवि की गहरी सांस्कृतिक दृष्टि है। वे बौद्धिकता का उल्लेख करते हैं जिससे रचना को पुष्ट वैचारिक आधार मिलता है; बुद्धिमान के लिए हृदय समुद्र, बुद्धि सीप और सरस्वती स्वाति नक्षत्र है। इसमें श्रेष्ठ विचारों की जलवृष्टि हो तो मुक्तामणि सदृश सुंदर कविता होगी : जौं बरषइ वर बारि बिचारू, होहिं कबित मुक्तामनि चारू। तुलसी ने दर्शन के संप्रदायगत विभाजन को अस्वीकार करते हुए, ऐसी भक्ति का

मार्ग तलाशा जिसका आधार वैचारिक है, पर मात्र तर्काश्रित नहीं, उसमें 'विमल विवेक' की प्रधानता है। विवेक, ज्ञान बार-बार तुलसी में अनेक रूपों में आते हैं और इन्हें महाकवि की रचनाशीलता का मूलाधार कहा जा सकता है। कोरा भाववाद निष्प्रयोजन होता है, पुरोहितवाद-कर्मकांड को व्यवसाय की भी सुविधा देता है, इसलिए तुलसी ने रचना का पुष्ट वैचारिक आधार निर्मित किया, उसे व्यापक जीवन से संबद्ध किया और रामकथा में उसे चरितार्थ किया, चरित्रों के कर्म-भरे व्यक्तित्व से। तुलसी कहते हैं कि उन्हें राम का बल है : तेहि बल मैं रघुपति गुन गाथा, कहिहउँ नाइ राम पद माथा। रामकथा के सभी रामभक्त पात्र कर्मवान हैं, पर सारा श्रेय वे राम को समर्पित करते हैं। इसका यह अर्थ नहीं कि राम का उपयोग किसी चमत्कार के रूप में है, यद्यपि राम का वैशिष्ट्य अपने स्थान पर सुरक्षित है, पर पात्रों के अहंकार का विलयन व्यक्तित्व के सामाजीकरण के लिए आवश्यक है। परशुराम का भी अहंकार टूटता है : अनुचित बहुत कहेउँ अग्याता, छमहु छमा मंदिर दोउ भ्राता। रावण मूर्तिमान दंभ है, उसे समझाया-बुझाया जाता है, चेतावनी दी जाती है, पर वह नहीं मानता और राम द्वारा मारा जाता है। पार्वती का प्रश्न स्वाभाविक है कि एक ओर राम हैं जो शंकर के उपास्य हैं, दूसरी ओर रावण है जो स्वयं को शंकर-उपासक कहता है। होगा क्या ? शंकर का उत्तर है : जानि गरल जे संग्रह करहीं, कहहु उमा तैं काह न मरहीं। जानबूझकर विष का संग्रही मरेगा क्यों नहीं ? अवश्य मरेगा।

तुलसी ने एक कठिन समय में कवि-कर्म का निर्वाह किया, और इसे उनके व्यापक सांस्कृतिक दायित्व के संदर्भ में देखना चाहिए। इस दृष्टि से उनके कई रूप उभरते हैं : संत, समाज-सुधारक से लेकर उनके काव्य-कौशल तक। रचनाओं में अनेक दार्शनिक-वैचारिक प्रसंग हैं : नवधा भक्ति, सगुण-निर्गुण, ज्ञान-भक्ति, संत-असंत, कर्म-वैराग्य, वर्ण-जाति आदि। जीवन को वैविध्य में स्वीकारते हुए, एक सजग विचारक के रूप में वे टिप्पणियाँ करते हैं, जिनमें कुछ को लेकर विवाद भी उपजे हैं, जैसे ब्राह्मण, शूद्र, नारी, वर्ण आदि के विषय में उनकी कुछ पंक्तियाँ। सीमाएँ सबकी होती हैं, जिसमें समय की भी भूमिका होती है। और इस दृष्टि से महाकवि की हर टिप्पणी का औचित्य बताना आवश्यक नहीं है। पर समग्रता में देखें तो उनकी समाजदृष्टि उदात्त दिखाई देती है, खंड-खंड देखना और मनचाही व्याख्या करना एक प्रकार का कुतर्क है। तुलसी के मानववाद को विवेचित करते हुए डॉ. रामविलास शर्मा कहते हैं : 'वर्ण और जाति को चुनौती देता हुआ तुलसी का व्यंग्य स्वर : कौन धौं सोमयागी अजामिल अधम कौन गजराज धौं बाजपेयी। इससे स्पष्ट है कि तुलसी भक्ति सभी जातियों और वर्णों के लोगों को मिलाने वाली थी' (परंपरा का मूल्यांकन, पृ. 77)। तुलसी की प्राणवान रचनाशीलता स्वयं समर्थ है, जो कई शताब्दियाँ पार कर हम तक चली आई है, और सामान्यजन में व्यापक धरातल पर स्वीकृत है, उसे किसी पैरवीकार की अपेक्षा नहीं। पर उनकी नारी-दृष्टि को लेकर जो टिप्पणियाँ की

जाती हैं, उसका एक कारण उन्हें संदर्भ से काटकर देखने की भूल है। मायारूप में नारी भक्ति, ज्ञान, विवेक के मार्ग में एकमात्र बाधा नहीं हैं, पंचमकार हैं और माया-मोह के अनेक विकार हैं, जिनमें मध्यकालीन शरीरवाद से उपजा भोग-विलास भी है। ऐसी स्थिति में तुलसी को नारी-निंदक कहना अपने पूर्वग्रह को कुतर्क से प्रमाणित करने का प्रयत्न है। तुलसी ने सीता, पार्वती जैसी नारियाँ रचीं और पार्वती का तप ऐसा कि विरागी शंकर उनका वरण करने के लिए स्वयं प्रिया के पास पहुँचते हैं। पार्वती के माध्यम से तुलसी ने तप (साधना) का विस्तृत बखान किया है : रिषिन्ह गौरि देखी तहँ कैसी, मूरतिमंत तपस्या जैसी। सीता जगद्जननी हैं, उनका स्वरूप ऐसा कि वर्णनातीत : सुंदरता कहँ सुंदर करई, छबिगृह दीपसिखा जनु बरई। तुलसी ने वक्तव्यों में कहा, पात्रों के संवादों का उपयोग करते हुए, नाटकीय कौशल के साथ। पर वे जानते हैं कि वक्तव्य और शब्द की सीमा होती है, इसलिए उन्होंने रामकथा में प्रवाहित पात्रों के माध्यम से गुणों को चरितार्थता प्रदान की। उन मानव-मूल्यों को आचरण की भूमि पर प्रतिष्ठित किया, जिन्हें वे सामंती समय के विकल्प रूप में प्रस्तुत करते हैं। इस अर्थ में तुलसी के पात्र प्रतीकत्व ग्रहण करते हैं : राम का गुण-समुच्चय, भरत की भायप भक्ति, सीता का पातिव्रत धर्म, लक्ष्मण का सेवा-भाव, हनुमान का विवेक-संपन्न समर्पण आदि। ये सारे चरित्र स्वयं को चरितार्थ करते हैं, सामाजिक स्वीकृति पाते हैं। राम हनुमान को 'सुत' कहकर संबोधित करते हैं : सुन सुत तोहि उरिन मैं नाहीं, देखउँ करि विचारि मन माहीं।

तुलसी भारतीय मध्यकाल को गहरे स्तर पर जानते हैं और उनके काव्य के समाजदर्शन की पहचान के लिए, इसकी समझ आवश्यक है। जिसे भारतीय इतिहास का स्वर्णकाल तक कहा जाता है, उसमें सांस्कृतिक संवाद की प्रक्रिया को गति मिली, कला-साहित्य के शिखर निर्मित हुए, यह निर्विवाद है। पर इस सबके बीच सामान्यजन का समाज है जो हर असमतावादी समय में अभावों से जूझता है और जिसके लिए स्वर्णमृग एक छलावा ही रहता है। तुलसी की दृष्टि इस सामान्य वर्ग की ओर है जो प्रायः ग्रामवासी था और शहरों से अलग-थलग था। तुलसी ने अपने समय को अभिव्यक्ति देने के लिए वर्णनात्मकता का सहारा, विवरण वृत्तांत के रूप में अधिक नहीं लिया, इसलिए उसकी पहचान का कार्य सरल नहीं रह जाता। कई बार महाकवि के भक्तिदर्शन की चर्चा करते हुए उनकी सामाजिक यथार्थ दृष्टि की अनदेखी कर दी जाती है। तुलसी ने 'कलिकाल' का प्रतीक चुना जिसकी परंपरा पुराण, विशेषतया भक्ति के प्रस्थानग्रंथ भागवत में मिलती है, भविष्य-वर्णन के रूप में। विवेचन के पूर्व यह जानना उपादेय है कि तुलसी मध्यकाल के लिए जिस 'कलिकाल' बिंब का उपयोग करते हैं, उसे वे एक से अधिक स्तरों में देखते हैं और वे ऊपर-ऊपर तैर कर नहीं रह जाते, यथार्थ की गहराई में प्रवेश करते हैं। कवि रूप में वे अपने गहरे संवेदन के साथ उपस्थित हैं और व्यापक चिंताओं से परिचालित हैं। यह सामंती

समाज है, जहाँ शासक वर्ग कर्तव्यच्युत है, अपने सामाजिक दायित्व का पालन नहीं करता। तुलसी राजकाज को 'कुपथ्य' के रूप में देखते हैं और कहते हैं कि सब भोग-विलास में डूबे हुए हैं : राजकाज कुपथु, कुसाजु भोग रोग ही के (कवितावली, उत्तर.)। वे निर्मम दुष्ट स्वामियों पर टिप्पणी करते हैं : ब्योम, रसातल भूमि भरे नृप कूर, कुसाहेब सेंतिहुँ खारे। ऐसे नरेशों से माँगा भी क्या जाय : जाचै को नरेश, देस-देस को कलेसु करै, देहैं तो प्रसन्न ह्वै बड़ी बड़ाई बौंड़िए (वही)। विनयपत्रिका (पद 177) के अंत में वे राजाओं को चोर कहकर तीखी टिप्पणी करते हैं : भूमि चौर भए नृप। राजत्व सामंती समाज का प्रतिनिधि है, जो अपने दायित्व का निर्वाह नहीं करता। रावण और उसकी लंका को पौराणिक संदर्भों से थोड़ा अलगाकर देखें तो उसमें मध्यकालीन सामंतवाद की छाया मौजूद है : शरीरवादी, अहंकारी, छली-कपटी, विलासी। जो लोग रावण को म्लेच्छ रूप में देखते हुए, सांप्रदायिक संकेत करना चाहते हैं, वे तुलसी की गहरी सांस्कृतिक दृष्टि को नहीं समझते। तुलसी ने सामंती समाज के शासक को दायित्वविहीन कहा है और उनका विचार है कि : जासु राजु प्रिय प्रजा दुखारी, सो नृप अवस नरक अधिकारी। इतिहास दायित्वहीन शासकों को क्षमा नहीं करता।

तुलसी की राजनीतिक चिंताओं से कहीं अधिक बड़ी है, उनकी सामाजिक-सांस्कृतिक चिंता। राजनीति का एक तात्कालिक पक्ष होता है, अथवा सत्ता पक्ष, पर समाज के प्रश्न कहीं अधिक जटिल होते हैं और उनके छोटे उत्तर खोजना भूल होगी। सजग संवेदनशील कवि के रूप में तुलसी इसे जानते हैं कि रचना की भूमिका कहीं अधिक दायित्वपूर्ण है। इसलिए मध्यकालीन समय-समाज के संदर्भ में उनकी सर्वाधिक चिंता टूटती मूल्य-मर्यादा को लेकर है। वर्णाश्रम-व्यवस्था के टूटने के विषय में उनकी चिंता को लेकर कुछ विद्वान् उनसे अपनी असहमति भी व्यक्त करते हैं। पर उदार दृष्टि से देखें तो पाएँगे कि श्रम-विभाजन पर आधारित वर्ण व्यवस्था कर्म का आग्रह करती है। आगे चलकर सुविधाभोगी समाज ने उसे जन्म से संबद्ध कर दिया और वर्ण स्थायी हो गए। दुर्घटना यह हुई कि वर्ण ने जाति का रूप ग्रहण किया और जातियाँ असंख्य उपजातियों में विभाजित हो गईं। जिस विप्र, ब्राह्मण वर्ग के समर्थन के लिए तुलसी पर आक्षेप किए जाते हैं, वहाँ यह भुला दिया जाता है कि तुलसी के लिए दायित्व-पालन सर्वोपरि है। गीता (अध्याय तीन) में कहा गया कि अपने धर्म में मरण भी कल्याणकारी है। यहाँ धर्म दायित्वबोध के अर्थ में प्रयुक्त हुआ है : श्रेयान्स्वधर्मो विगुणः परधर्मात्स्वनुष्ठितात्। स्वधर्मे निधनं श्रेयः परधर्मो भयावहः। तुलसी की चिंता यह कि समाज की विभिन्न इकाइयाँ अपना कर्तव्य-पालन नहीं कर रही हैं, एक अराजक स्थिति है। शासक प्रजापालक नहीं है और बुद्धिजीवी ब्राह्मण वर्ग विवेकसंपन्न नहीं। रामचरितमानस के उत्तरकांड में काकभुशुण्डि गरुड़ को कथा सुनाते हुए कहते हैं : 'कलियुग मल मूल'—पापों का मूल कलियुग। ब्राह्मण वर्ग व्यापारी

है : द्विज श्रुति बेचक और विनयपत्रिका (139) के लंबे पद में तथाकथित उच्च वर्ग की पतनशील स्थिति है :

प्रभु के बचन, बेद-बुध-सम्मत, 'मम मूरति महिदेवमई है'
तिनकी मति रिस-राग-मोह-मद, लोभ लालची लीलि लई है।
राज-समाज कुसाज कोटि कटु कलपित कलुष कुचाल नई है
नीति, प्रतीति प्रीति परमित पति हेतुबाद हठि हेरि हई है।

तुलसी सवर्णों, विशेषतया ब्राह्मणवर्ग के समर्थन में अंध-भाव से उसी प्रकार प्रस्तुत नहीं हैं, जैसे वे दायित्वविहीन राजाश्रय को स्वीकृति नहीं देते। प्रमाण यह कि उन्होंने जाति-संप्रदायविहीन व्यवस्था के रूप में ज्ञानसमन्वित भक्तिमार्ग का संधान किया और राजाश्रय को ठुकराते हुए, रचना के सांस्कृतिक दायित्व में अग्रसर हुए। मध्यकालीन समय को लेकर महाकवि की मूल चिंता मूल्य-मर्यादा संसार को लेकर है। यदि उच्चतर मानव-मूल्य नहीं होंगे, तो मनुष्यता का क्या होगा ? और यदि सामाजिक नैतिक मर्यादाओं का पालन नहीं किया जायगा तो स्थिति अराजक होगी। मेरा विचार है कि हर समय में सजग प्रतिभा अपने वर्तमान से विक्षुब्ध और असंतुष्ट भी होती है, इसलिए अपना प्रतिकार/प्रतिवाद भाव व्यक्त करती है। इस दृष्टि से सार्थक रचना एक ईमानदार प्रतिपक्ष भी है, सांस्कृतिक स्तर पर। विनयपत्रिका के इसी पद में मूल्य-मर्यादाओं के विनष्ट होने के प्रति कवि की चिंता है : विश्वास, प्रेम, मर्यादा, लोकाचार, सत्य, शान्ति, उपकार, ज्ञान-भक्ति सब बिला गए हैं। चिंता है कि पृथ्वी आनन्द-मंगल से शून्य हो जाएगी : मही मोद मंगल रितई है। इसी में एक पंक्ति आती है कि ऐसा अन्यायी समय कि सज्जन कष्ट में, दुष्ट मगन : शांति सत्य, सुभ रीति गई घटि, बढ़ी कुरीति, कपट-कलई है। सीदति साधु, साधुता सोचति, खल बिलसत, हुलसति खलई है। यह वस्तुस्थिति है, एक मूल्यहीन समय-समाज की और मध्यकालीन यथार्थ के संकेत, समय के प्रति तुलसी की सजग दृष्टि के प्रमाण हैं। कबीर की तुलना में उनका आक्रोश अधिक संयत है, पर उनकी सजगता और कवि-प्रतिबद्धता निर्विवाद है। जहाँ कहीं तुलसी को अवसर मिला है, उन्होंने समाज की विसंगतियों पर टिप्पणी की है, पर उनकी विचारणा और समाजदर्शन में उसके सुधार की चिंता भी है, यह उल्लेखनीय है।

समाज में मर्यादाओं की स्थापना को तुलसी आवश्यक मानते हैं, पर इसका यह अर्थ नहीं कि वे किसी ऐसी रूढ़ि का समर्थन करते हैं, जिससे निहित स्वार्थों की पूर्ति होती हो। बुद्धिजीवी ब्राह्मण वर्ग की प्रज्ञा शिथिल होती है, तो वह कर्मकाण्डी पुरोहितवाद की ओर मुड़ जाता है और एक अवांछित व्यवसाय का आरंभ होता है : पुरोहितिहिं करम अति मंदा। कर्मकांड में बौद्धिक तत्त्व निकल जाता है और उसका स्थान अंधविश्वास, पाखंड को मिल जाता है। धर्म-दायित्वबोध है, विवेकपूर्ण श्रद्धा का प्रतीक, पर यदि उसका स्थान आतंक और भय ले लें तो दुर्घटना होगी। तुलसी

कलिकाल को 'अवगुण आगार' कहते हैं तो उनकी चिंता मूल्य-संसार को लेकर है। राजनीतिक व्यवस्था ऊपरी ढाँचा है, जो दिखाई देता है, पर इससे कहीं अधिक महत्त्वपूर्ण हैं सामाजिक-सांस्कृतिक मूल्यचिंताएँ, जिनसे मनुष्य मनुष्य कहलाता है। तुलसी ने आडंबर, पाखंड, मिथ्याचार पर टिप्पणियाँ की हैं और संभव है उनका स्वर सिद्ध-नाथ, कबीर जैसा तीखा न हो, पर वे अपने असंतोष को निर्भय वाणी देते हैं : पंडित सोइ जो गाल बजावा; नर अरु नारि अधर्मरत; धन मद मत्त परम बाचाला, उग्रबुद्धि उर दंभ बिसाला, मोह-लोभ बस, झूठ-मसखरी, अपकारी, कामवश आदि।

समाज की ऐसी मूल्यहीन स्थिति में सर्वाधिक दुर्दशा सामान्यजन की होती है, इसे तुलसी जानते हैं। कलिकाल के प्रसंग में उन्होंने कहा है : कलि बारहिं बार दुकाल परै, बिन्नु अन्न दुखी सब लोग मरै (मानस : उतर.)। कवितावली में भी यह दुकाल है, दारिद्र्य के साथ : दिन-दिन दूनौ देखि दारिदु, दुकालु दुख, दुरित, दुराजु, सुख-सुकृत सकोच है/मागैं पैंत पावत पचारि पातकी प्रचंड, काल की करालता, भले को होत पोच है। यहाँ तुलसी 'दुकाल' शब्द का प्रयोग करते हैं, जिससे व्यापक दारिद्र्य, अभाव, असमय की ध्वनि आती है। जहाँ तक अकाल अथवा दुर्भिक्ष का प्रश्न है, इतिहासकार अबुलफ़ज़ल ने इसका उल्लेख किया है कि जिस वर्ष अकबर सिंहासन पर बैठा (1556) उसी वर्ष भीषण अकाल पड़ा। अन्य इतिहासकार भी अनावृष्टि से उपजे कई अकालों का उल्लेख करते हैं (आर.सी. मजूमदार सं. : द मुग़ल इम्पायर, पृ. 735)। तुलसी दुकाल शब्द का चुनाव करते हैं, कुसमय का बोध कराने के लिए। काकभुशुण्डि को इस दुकाल में अयोध्या छोड़नी पड़ी थी : तेहि कलिकाल बरष बहु बसेउँ अवध विहगेस, परेउ दुकाल विपति बस तब मैं गयउँ बिदेस (मानस : उत्तर.)। इस दुकाल में सामान्यजन की जो दुर्गति होती है, वह उसे भीतर से तोड़ देती है : आगि बड़वागि तें बड़ी है आगि पेट की (कवितावली)। भूख की ज्वाला में जलता हुआ सर्वहारा ही इसे जानता है कि प्राकृतिक विपदाओं को तो किसी प्रकार सहा जा सकता है, क्योंकि कई बार वे आकस्मिक भी होती हैं और उनसे बचाव भी सरल नहीं पर दो जून की रोटी तो चाहिए ही। यों भी निर्धन की रक्षा राम के बिना करेगा कौन ? पर तुलसी चिरंतन दुकाल को देखते हैं, जो मध्यकालीन सामंती व्यवस्था में व्यापा है। ग्राम-बहुल समाज-व्यवस्था कृषि-आधारित है, वहाँ निर्धनता है : कृसगात ललात जो रोटिन को, घरबात धरो खुरपा-खरिया (कवितावली : उत्तर.) : शरीर के नाम पर अस्थिपंजर, रोटी के लिए बिलबिलाते नर-कंकाल और पूंजी के नाम पर खुरपा-खरिया। यह है मध्यकाल का भयावह यथार्थ, जिसे तुलसी ने कलिकाल, दुकाल कहकर संबोधित किया। महाकवि ने संवेदन के गहरे स्तर पर इसका अनुभव किया और कुछ स्थलों पर उसे शासक रूप में देखा : सुनिए कराल कलिकाल भूमिपाल तुम्ह, जाहि घालो चाहिए, कहौ धौं राखै ताहि को (कवितावली : उतर.)।

मध्यकाल की जो सामाजिक-आर्थिक स्थितियाँ थीं, वे सामान्यजन के लिए विषम थीं, और तुलसी ने एक सजग स्रष्टा के रूप में उन्हें निकट से जाना ही नहीं था, भोगा भी था। तुलसी की जिन पंक्तियों से उनकी जीवन-रेखाएँ बनाने का प्रयत्न किया जाता है, वह अपने स्थान पर सही है। किन्तु इसमें व्यापक विपन्न समाज भी सम्मिलित है, तुलसी जिसके प्रवक्ता हैं। मुक्तिबोध जिसे व्यक्ति-संवेदन और समाज-संवेदन का संयोजन कहते हैं, उसे तुलसी के सामाजिक यथार्थ में देखा जा सकता है। कवितावली में तुलसी कहते हैं : पेट की आग के कारण मैंने जाति, सुजाति, कुजाति के टुकड़े माँगकर खाए हैं : जाति के, सुजाति के, कुजाति के पेटागि बस, खाए टूक सबके। बारे तैं ललात-बिललात द्वार-द्वार दीन (कवितावली); असन बसन हीन, विषम विषाद लीन (हनुमानबाहुक) आदि में सामाजिक पीड़ा भी सन्निहित है, इसे ध्यान में रखने पर ही तुलसी के सजग सामाजिक बोध को समझा जा सकता है। व्यापक अर्थ में व्यक्ति का अनुभव रचना का आरंभिक प्रस्थान है, पर सजग प्रतिभा यहीं रुक-ठहर नहीं जाती, वह इसे वृहत्तर जीवनानुभव से जोड़ती है, स्वयं को पार करती है और अधिक बड़े समाज को सम्मिलित करने में सफल होती है। इस दृष्टि से 'विनयपत्रिका' का भाव-संसार विचारणीय है कि क्या इसे संतकवि का वैयक्तिक निवेदन कहकर संतोष कर लिया जाय ? मेरे विनम्र विचार से यह अधूरा साक्षात्कार होगा और महाकवि की सामाजिक चेतना के साथ न्याय नहीं हो सकेगा। कवितावली (उत्तरकांड) के अंत में काशी की महामारी यथार्थ है : बिकल बिलोकियत, नगरी बिहाल की (169)।

विनयपत्रिका के आरंभ में गणेश-स्तुति है और अनेक स्तुतियों (जिनमें गंगा, काशी, चित्रकूट की स्तुति भी है) से होते हुए तुलसी अपने प्रिय आराध्य राम तक आते हैं। सभी देव राम-कथा से संबद्ध हैं और कवि उन्हें इसी रूप में देखता है। यहाँ कवि के जीवनी-संदर्भ भी हैं : राम को गुलाम, नाम रामबोला राख्यौ राम। पर विनय-भक्ति के बीच में कलिकाल के संकेत हैं : कलि कराल दुकाल दारुन, सब भाँति कुसाजु (पद 219)। विनयपत्रिका के एक लंबे वर्णनात्मक प्रसंग में कलियुग का उल्लेख किंचित् विस्तार से है, जिसमें विकृत समय-समाज की चर्चा है : तिहुँ ताप तई, सब सुख हानि, रिस-राग-मोह-मद, राज-समाज कुसाज, कलुष कुचाल, लोक-बेद-मरजाद गई, पतित प्रजा, पाखंड पापरत आदि। विनयपत्रिका में कई स्थलों पर कलिकाल शब्द (पद 169, 170, 173, 184, 265 आदि) संकेत करता है कि संत कवि वृहत्तर सामाजिक-सांस्कृतिक भावना से परिचालित हैं। वैयक्तिक मोक्ष महाकवि की अभीप्सा नहीं है, वे सबकी मुक्ति की कामना करते हैं। इस आशय को भी उन्होंने स्पष्ट किया कि क्षुद्रता, पाप, मूल्यहीनता आदि विकारों से मुक्ति ही सच्ची मुक्ति है। कलिकाल के लंबे पद में तुलसी राम को महान् मुक्तिदाता के रूप में देखते हैं, जिससे चेतना का नया रूपांतरण होता है (139) :

दीजै दादि देखि ना तौ बलि, मही मोद-मंगल रितई है
भरे भाग अनुराग लोग कहैं, राम-कृपा-चितवनि चितई है।
बिनती सुनि सानन्द हेरि हँसि, करुणा-बारि भूमि भिजई है
राम-राज भयो काज, सगुन सुभ, राजाराम जगत बिजई है।
समरथ बड़ो, सुजान सुसाहब, सुकृत-सैन हारत जितई है
सुजन सुभाव, सराहत सादर, अनायास साँसति बितई है।
उथपे थपन, उजारि बसावन, गई बहोरि बिरद सदई है
तुलसी प्रभु आरत-आरतिहर, अभय बाँह केहि केहि न दई है।

तुलसी में दैन्य-समर्पण कई रूपों में है जिसे प्रपत्ति, शरणागति भाव का संवेदन-संस्करण कहना होगा, सूर का समीपी। पर इसके मूल में कवि का सामाजिक प्रयोजन है, जिससे भक्तिभाव को मानववादी अवधारणा से संबद्ध किया जा सकता है। तुलसी के विनय-प्रार्थना भाव में वृहत्तर समाज सम्मिलित है, जो समय-समाज से विक्षुब्ध है : दीन दयालु, दुरित दारिद दुख दुनी दुसह तिहुँ ताप तई है, देव दुवार पुकारत आरत सबकी सब सुख हानि भई है। इस दृष्टि से कहा जा सकता है कि राम की प्रार्थना कवि का सामाजिक भाव है, जैसे गोपिकाओं की रागात्मकता में सूर भी सम्मिलित हैं। तुलसी ने भक्ति को समय के विकल्प रूप में देखा, मूल्य-स्तर पर और राम को वैकल्पिक काव्य-नायक के रूप में प्रतिष्ठित किया। एक ओर है मध्यकालीन सामंती समाज, जो शरीर पर जीता है, दूसरी ओर सामान्यजन हैं, जिनकी स्थिति दयनीय है। वनवासी समाज—कोल किरात भिल्ल आदि की दीन दशा स्वयं उनके मुख से कहलाई गई है :

तुम्ह प्रिय पाहुने बन पगु धारे। सेवा जोग न भाग हमारे
देब काह हम तुम्हहि गोसांईं। ईंधन पात किरात मिताई
यह हमारि अति बड़ि सेवकाई। लेहिं न बासन बसन चोराई
हम जड़ जीव जीव गन घाती। कुटिल कुचाली कुमति कुजाती
पाप करत निसि बासर जाहीं। नहिं पट कटि नहिं पेट अघाहीं
सपनेहुं धरमबुद्धि कस काऊ। यह रघुनंदन दरस प्रभाऊ

काव्यनायक राम को तुलसी अपने समय के विकल्प रूप में गढ़ते हैं और परंपरा से जो कुछ प्राप्त किया है, उसे नया विन्यास देते हैं। आदिकवि के शंबूक, सीता-निष्कासन आदि के प्रसंग राम की मर्यादा खंडित करते हैं, इसलिए इन्हें बराया जा सकता है। संभव है महर्षि वाल्मीकि के अवचेतन में अभीप्सा रही हो कि वे रामकथा के समापन अंश में उपस्थित रहें : वाल्मीकि आश्रम की योजना, महर्षि द्वारा राम-पुत्रों का लव-कुश नामकरण और राम के यज्ञ में उन्हें रामायण-गान का आदेश। गायन की वाचिक परंपरा से जोड़कर वाल्मीकि काव्य को जन-जन तक पहुँचाना चाहते हैं। रामायण-गान का प्रभाव है : ततः प्रवृतं मधुरं गांधर्वमतिमानुषम्। न च

तृप्तिं ययुः सर्व श्रोतारो गेयसंपदा : मधुर संगीत का क्रम बँध गया, अलौकिक गान था। गेय-संपत्ति से श्रोता मुग्ध हो गए, तृप्ति ही न होती थी। तुलसी वाल्मीकि, भवभूति की करुणा से प्रभावित हैं, जो रामचरितमानस में अंतर्भुक्त है, पर वे अपने काव्यनायक राम की सामाजिकता का विशेष ध्यान रखते हैं। जिसे राम का लोकपक्ष, मर्यादावाद, शील आदि कहा गया, वह तुलसी की रचनाशीलता का उल्लेखनीय विधान है। बालकाण्ड में राम-महिमा का बखान करते हुए तुलसी कहते हैं कि कलियुग में न कर्म, न भक्ति, न ज्ञान, केवल राम नाम ही आधार है : नहि कलि करम न भगति बिबेकू, राम नाम अवलंबन एकू। यही राम अपने कर्मवान व्यक्तित्व से स्वयं को प्रमाणित करते हैं : कहा गया कि राम नाम नृसिंह अवतार है, कलियुग हिरण्यकशिपु और राम नाम जपने वाले भक्तजन प्रहलाद। पर तुलसी सजग हैं कि राम केवल मंत्र-जाप बनकर न रह जायँ, इसलिए वे उनका संपूर्ण व्यक्तित्व विकसित करते हैं और उन्हें विश्वसनीयता देते हैं। ऐसा तभी संभव है जब उनमें मूल्य-समन्वित सुकर्मों को निष्पादित किया जाय। उन्होंने राम से अपना संबंध स्थापित किया—सुस्वामी और कुसेवक का। राम की श्रेष्ठता प्रतिपादित की, उन्हें मात्र स्वामी नहीं, सुस्वामी, सुसाहिब कहा—दयानिधान, करुणासागर, गरीबनेवाज और स्वयं को साधारणजन माना, दुर्बलताओं से युक्त। राम नाम की महिमा का विस्तार से वर्णन करते हुए तुलसी सही पृष्ठभूमि निर्मित करते हैं, जिस पर राम का व्यक्तित्व लीला-कर्म के माध्यम से अग्रसर होता है। राम अपने व्यक्तित्व को चरितार्थ करते हैं, तब उनका नाम प्रतीकत्व प्राप्त करता है, इसलिए जाप मात्र से जीवन-संघर्ष पार नहीं किया जा सकता, उसे आचरण के परिप्रेक्ष्य में देखना-समझना होगा। अपने गुरु का सादर स्मरण करते हुए उन्होंने कहा कि राम की कथा गहन है, श्रोता-वक्ता दोनों ज्ञानी चाहिए : श्रोता बकता ग्यान निधि, कथा राम कै गूढ़, किमि समुझौ मैं जीव जड़ कलि मल ग्रसित बिमूढ़। मध्यकालीन कलिकाल में परिवेश ही लड़खड़ा गया, ऐसे में व्यक्ति के विवेक की रक्षा भी सरल नहीं, पर तुलसी ने इसे पार करने का स्वप्न देखा, राम-चरित्र के माध्यम से।

तुलसी ने राम का काव्यनायक रूप गढ़ते हुए, उनका जो मानुषीकरण किया, वह इस दृष्टि से विचारणीय कि वे उनकी प्रतिष्ठा समानांतर वैकल्पिक चरितनायक के रूप में करना चाहते हैं। तुलसी अपने समय की सामंती व्यवस्था से परिचित हैं और विनय-पत्रिका, कवितावली आदि में उनके जीवनसंघर्ष के जो संकेत मिलते हैं, उन्हें केवल वैयक्तिक पीड़ा के रूप में नहीं देखना चाहिए, उसमें वृहत्तर समाज भी सम्मिलित है। यहाँ बार-बार कलिकाल शब्द का प्रयोग हुआ है, समय की भयावहता को व्यंजित करते। तुलसी कहते हैं : कहा न कियो, कहाँ न गयो, सीस काहि न नायो (विनय. 276) अथवा तोहि माँगि माँगनो न माँगनो कहायो आदि। एक ओर सामंती समाज है, जो कलिकाल का प्रतिनिधित्व करता, दानव वर्ग के रूप में, जो-

अन्याय अत्याचार पर टिका है। तुलसी अपने समय की विभीषिका का संकेत करके रह जाते तो उनका सांस्कृतिक व्यक्तित्व अधूरा रह जाता। इसे लेकर बहस हो सकती है कि क्या कविता का प्रयोजन समाधान तलाशना भी है ? पर तुलसी के संदर्भ में यह विचारणीय कि वे मात्र कवि नहीं हैं, सामाजिक चेतना से संपन्न प्रतिभा-पुरुष हैं। उन्होंने अपने जीवनकाल में ही रामलीला, रामकथा-गायन आदि के माध्यम से अपनी कविता को वाचिक परंपरा से जोड़ लिया था। रामचरितमानस का विन्यास प्रमाणित करता है कि वह श्रव्यकाव्य से आगे बढ़कर दृश्यकाव्य है, इस अर्थ में कि तुलसी दृश्य-विधान रचते हैं और संबोधित करते चलते हैं। यह सब होता है—राम को काव्य के केंद्र में रखकर और विनयपत्रिका उन्हीं के प्रति निवेदन-भाव है। तुलसी आश्वस्त हैं कि कर्मवान राम उद्धार करेंगे, उन्हीं से सबकी मुक्ति संभव है। लगता है जैसे कवि के माध्यम से एक वृहत्तर समाज जो दीन-दुखी है, राम से प्रार्थना कर रहा है। विनय-पत्रिका के एक पद में तुलसी राम को कल्पतरु कहकर संबोधित करते हैं : कलि नाम कामतरु राम को, दलनिहार दारिद दुकाल दुख, दोष घोर घन घाम को (पद 156)। उन्हें वे 'सुसाहिब' कहते हैं—सर्वोत्तम स्वामी। राम के समान है ही कौन : दीन को दयालु दानि, दूसरो न कोऊ (पद 78); केवल राम का आश्रय है (263); राम माता-पिता, सुजन-सनेही, गुरु-साहिब, सखा-सुहृद सब कुछ हैं (254)। जैसे सारे संबंध राम से परिभाषित होते हैं : वे समरथ स्वामी हैं (253), छोटे की छोटाई दूर करते हैं (183), गरीब पर अधिक कृपालु (165), अति कोमल करुनानिधान बिनु कारन पर उपकारी (166) आदि।

राम के लिए तुलसी ने जिन विरुदों का प्रयोग किया है, उनसे काव्य-नायक का मानवीय पक्ष उजागर होता है। कुछ अतिलौकिक प्रसंगों को छोड़ दें, जिनमें चमत्कारी अंश भी हैं, पर राम मर्यादा पुरुषोत्तम के रूप में आचरित होकर सर्वप्रिय बनते हैं। इस दृष्टि से रामचरितमानस और विनयपत्रिका में संगति है कि भाव कर्म से प्रमाणित होते हैं। तुलसी राम से चाहते क्या हैं, यह विचारणीय है, क्योंकि इससे कवि का समाजदर्शन उद्घाटित होता है। तुलसी पूरे समाज के लिए कलिकाल से मुक्ति की कामना करते हैं, वह कलिकाल जो 'अवगुन-आगार' है, जहाँ मूल्य-मर्यादाएँ बिला गई हैं। तुलसी अपने समय-समाज को उच्चतर मूल्य-संसार में ले चलने के आकांक्षी हैं, जिसे उदात्त भक्तिभाव कहा गया। यह भक्तिभाव कर्म और आचरण पर आश्रित है और रामकथा में इसे देखा जा सकता है, विशेषतया मानसिक रूपांतरण में। बालि से राम कहते हैं : अचल करौं तनु राखहु प्राना। पर बालि केवल राम में अनुराग की कामना करता है : जेहि जोनि जन्मौं कर्म बस तहँ राम पद अनुरागहूँ। रामभक्ति का अर्थ कर्मकांड नहीं है, राम को प्रेरणा-पुरुष मानकर उनके आचरण का अनुगमन है। राम में कर्म, मूल्यभरे कर्म की जो सामाजिक चेतना है, वह उन्हें सौंदर्य देती है और सौंदर्य सामाजिक कर्म में होता है, शारीरिक इकाइयों में नहीं। राम सामाजिक

क्रोध के प्रतीक हैं, गीता के 'परित्राणाय साधूनां, विनाशाय च दुष्कृताम्, अभ्युत्थानं धर्मस्य' को चरितार्थ करते। रामचरितमानस में राम अवतरण का सामाजिक आशय स्पष्ट है (बालकांड, दोहा 121) :

जब जब होइ धरम कै हानी। बाढ़हिं असुर अधम अभिमानी
करहिं अनीति जाइ नहिं बरनी। सीदहिं बिप्र धेनु सुर धरनी
तब तब प्रभु धरि बिबिध सरीरा। हरहिं कृपानिधि सज्जन पीरा
असुर मारि थापहिं सुरन्ह, राखहिं निज श्रुति सेतु
जग बिस्तारहिं बिसद जस राम जन्म कर हेतु।

राम को मध्यकाल के समानांतर चरितनायक के रूप में परिकल्पित करते हुए, तुलसी उन्हें विचार और कर्म की समन्वित भूमि देते हैं। यह सच है कि राम वक्तव्यों में कम कहते हैं, कर्म से अधिक प्रमाणित करते हैं, पर तुलसी अन्य प्रसंगों में पात्रों के द्वारा अथवा स्वयं भी राम के रामत्व का संकेत करते चलते हैं। इसमें कहीं-कहीं अलौकिक रेखाएँ भी हैं, पर महाकवि सावधान हैं कि राम का मर्यादा पुरुषोत्तम रूप सुरक्षित रहे क्योंकि वह समाज को प्रेरित-प्रभावित करता है। राम का अवतरण हुआ है : बिप्र धेनु सुर संत हित लीन्ह मनुज अवतार। मनुष्य रूप में राम का आगमन सामाजिक मर्यादाओं की प्रतिष्ठा के लिए है, जिसके लिए सुर-संत आदि वर्गों का चयन तुलसी ने किया है। राम का एक मूल्य-संसार है, जो उनके व्यक्तित्व को परिचालित करता है और जिसे व्यापक सामाजिक स्वीकृति मिलती है। बालि राम के 'समदरसी' रूप पर टिप्पणी करता है : धर्म हेतु अवतरेहु गोसाईं, मारेहु मोहि ब्याध की नाईं/मैं बैरी सुग्रीव पियारा, अवगुन कवन नाथ मोहि मारा। राम का मूल्य-आश्रित तर्क है : अनुज-बधू, भगिनी, सुत-नारी, सुनु सठ कन्या सम ए चारी/इन्हहि कुदृष्टि बिलोकइ जोई, ताहि बधें कछु पाप न होई। विचारवान राम का विवेक-आधारित मूल्य-संसार है जिससे उनके सामाजिक कर्म निष्पादित होते हैं। राम-रावण संघर्ष इसीलिए वैयक्तिक नहीं कहलाता और सीता-हरण तो एक निमित्त बनता है। विचारणीय यह कि राम एकाधिक बार रावण को चेतावनी देते हैं—हनुमान, अंगद द्वारा। एक के बाद एक उसके प्रिय समाप्त होते जाते हैं, पर वह नहीं मानता। यहाँ तक कि माल्यवान, मंदोदरी आदि भी समझाते हैं, पर उसका अनियंत्रित अहंकार उसे अंधा कर देता है। उत्तरकांड के कलिकाल वर्णन में अहंकार को बड़ा विकार माना गया है : अभिमान, बिरोध, अकारनहीं और रावण इसका मूर्तिमान रूप। वह व्यक्तिवाचक संज्ञा नहीं है, मूल्यहीन आसुरी वृत्तियों का प्रतीक है—विकारों का ढेर। अंतिम क्षणों में रावण का सारथी उसे समझाता है : तेहिं पद गहि बहु बिधि समझावा, पर रावण मानता ही नहीं। पत्नी के रूप में मंदोदरी रावण के लिए विलाप करती हुई, उसके पराक्रम का स्मरण करती है : तब बल नाथ डोल नित धरनी, तेज हीन पावक ससि तरनी। पर विनाश का कारण है : राम विमुख अस हाल तुम्हारा, रहा

न कोउ कुल रोबनिहारा।

राम-सीता का व्यक्तित्व निर्मित करते हुए, तुलसी के समक्ष कुछ चुनौतियाँ भी हैं। वे इन्हें अपने समय-संदर्भ में सामाजिक दृष्टि से सार्थक बनाना चाहते हैं, पर यह अभीप्सा भी कि समय को पार करते हुए, उनमें एक निरंतरता बनी रहे। समय बदलेगा, अवधारणाओं में परिवर्तन होगा, पर काव्यनायक के व्यक्तित्व की कुछ इकाइयाँ ऐसी होनी ही चाहिए, जो लंबे काल तक विद्यमान रहें। राम का देवत्व मनुष्य रूप में सामाजीकृत होता है, जिससे साधारणीकरण में कठिनाई नहीं उपस्थित होती। सीता हरण, लक्ष्मण-मूर्छा आदि प्रसंगों में तुलसी राम को सहज मानुष भूमि पर संचरित करते हैं जिससे उनका व्यक्तित्व सामान्यजन का समीपी बनता है। वे अपनी करुणा को समाज के लिए अर्पित करते हैं, सराहनीय होते हैं और संघर्ष में विजय प्राप्त कर सबके वंदनीय बनते हैं। इस प्रकार एक ही राम में व्यक्तित्व की कई इकाइयाँ संयोजित होकर उन्हें पूर्णता देती हैं। उनमें कृष्ण की खुली रंगारंग भूमि नहीं है क्योंकि तुलसी राम को मूल्य-मर्यादा की भूमि पर रचते हैं, पर उनकी सामाजिक विश्वसनीयता और स्वीकृति व्यापक है। सीता के लिए विलाप करते हुए राम विषाद-डूबे मनुष्य हैं : आश्रम देखि जानकी हीना, भए बिकल जस प्राकृत दीना। 'गुन खानि' कहकर वे सीता के गुणों का स्मरण करते हैं : रूप सील ब्रत नेम पुनीता। फिर प्रिया का रूप याद आता है और मनःस्थिति ऐसी अवसादग्रस्त कि पशु-पक्षी भी उसमें सम्मिलित हैं : हे खग-मृग हे मधुकर श्रेनी, तुम्ह देखी सीता मृगनैनी। तुलसी राम को मनुष्य की नितांत सहजभूमि पर लाते हैं : एहि विधि खोजत बिलपत स्वामी, मनहुँ महा बिरही अति कामी। राम का अवतारी देवत्व मानुष रूप में प्रभावी बनता है, विश्वसनीय और उसमें सब सम्मिलित होते हैं। लक्ष्मण-मूर्छा के समय करुण प्रसंग है : उहाँ राम लछिमनहि निहारी, बोले बचन मनुज अनुसारी। फिर राम की पीड़ा है : बहु विधि सोचत सोच बिमोचन, स्रवत सलिल राजिव दल लोचन। तुलसी जानते हैं कि राम को मानुष रूप में सहज भाव से संचरित कर ही उनकी विश्वसनीयता प्रमाणित की जा सकती है। पर उनका रूप कृष्ण से इस अर्थ में भिन्न है कि यहाँ मर्यादा की रेखाएँ निश्चित हैं और इन्हें पार करते हुए भी, वे सजग-सावधान हैं। मर्यादाओं का यह निर्वाह राम के व्यक्तित्व को प्रणम्य बनाता है, इसलिए स्वामि-दास भाव तुलसी का प्रतिपाद्य है, पर सूर को सखा-भाव की सुविधा है। जीवन-दृष्टि से कविता की दिशा निर्धारित होती है और ऐसा प्रतीत होता है कि तुलसी समय के विकल्प रूप में तुलसी का चरित्रांकन करते हुए, मर्यादा-मूल्य से परिचालित हैं जिसे नैतिकता कहा गया।

राम को विचार और कर्म से संयोजित कर तुलसी उनके व्यक्तित्व को पूर्णता देते हैं। विचार ही कर्म निष्पादित करते हैं, जिससे दीप्त आती है। मूल्यहीन कर्म निष्प्रयोजन हैं, जिसे देव-दानव संघर्ष में देखा जा सकता हैं। संभवतः इसीलिए तुलसी

ने संत-असंत, सुर-असुर की प्रवृत्ति-चर्चा विस्तार से की है। रामचरितमानस के आरंभ में संतों की सराहना करते हुए कहा गया है : मुद मंगलमय संत समाजू, जो जग जंगम तीरथ राजू। संत-समाज आनन्दमय, कल्याणमय है, गतिमय तीर्थराज जिसमें गंगा की भक्ति है और ब्रह्म का विचार पक्ष। तीर्थराज शब्द का प्रयोग एक से अधिक बार हुआ, संतों के निर्मल विवेक, पवित्र आचरण का बोध कराते हुए। कहा गया कि : बिनु सतसंत बिबेक न होई और विवेक के अभाव में जीवन व्यर्थ। एक ही स्थान पर संत-असंत की तुलना की गई : बिछुरत एक प्रान हरि लेहीं, मिलत एक दुख दारुन देहीं। जल में कमल और जोंक दोनों का जन्म होता है, पर प्रवृत्तियाँ कितनी पृथक् हैं : उपजहिं एक संग जल माँही, जलज जोंक जिमि गुन बिलगाहीं। अरण्यकांड के अंत में राम नारद से संतों का वर्णन करते हैं कि वे विकाररहित हैं : षट विकार जित अनघ अकामा, अचल अकिंचन सुचि सुखधामा/अमितबोध अनीह मितभोगी, सत्यसार कवि कोबिद-जोगी। उनके गुण हैं : जप-तप, व्रत-दम, संयम-नियम, श्रद्धा-क्षमा, मैत्री-दया, मुदिता-भक्ति, विवेक-विनय, विज्ञान-संपन्न तथा दंभ-मान-मद रहित। तुलसी ने संत की जो अवधारणा की है, वह यूटोपियाई कही जा सकती है, पर यह कवि की उच्च कल्पना से निर्मित है, एक संतकवि की अभीप्सा भी। अयोध्याकांड में राम महर्षि वाल्मीकि से प्रश्न करते हैं कि वनवास के लिए उपयुक्त स्थान क्या होगा और वाल्मीकि का दार्शनिक उत्तर है : जहँ न होउ तहँ देहु कहि, तुम्हहि देखावौं ठाउँ (दोहा 127) सर्वव्यापी राम को कौन-सा स्थान बताया जाय ? पर इस अवसर का उपयोग करते हुए तुलसी महर्षि वाल्मीकि से उन भक्तजन की चर्चा करते हैं, जिनकी चेतना में राम वास करते हैं। यह प्रवृत्तिगत, मूल्यगत वर्णन है जिसमें प्रपत्ति अथवा शरणागति भाव के साथ मूल्य-निष्पादित कर्मों की विवेचना है, जहाँ जाति-पाँत-धन-धरम-बड़ाई निष्प्रयोजन हैं :

काम कोह मद मान न मोहा। लोभ न छोभ न राग न द्रोहा
जिन्ह कें कपट दंभ नहिं माया। तिन्ह कें हृदय बसहु रघुराया
सब के प्रिय सब के हितकारी। दुख सुख सरिस प्रसंसा गारी
तुम्हहि छाड़ि गति दूसर नाहीं। राम बसहु तिन्ह के मन माहीं
जननी सम जानहिं परनारी। धनु पराव विष तें विष भारी
जे हरषहिं पर संपति देखी। दुखित होहिं पर विपति बिसेषी
जिन्हहिं राम तुम प्रानपियारे। तिन्ह के मन सुभ सदन तुम्हारे

राम को सामाजीकृत करते हुए तुलसी भक्तों का जो संसार रचते हैं, वहाँ पुरोहित-परिचालित कर्मकांड को स्वीकृति नहीं है। लोकप्रचलित विश्वासों के रूप में उसके कुछ वर्णनात्मक प्रसंग भर आए हैं, जिससे भारतीय लोकजीवन का वृत्त पूरा होता है। जटायु, शबरी, अजामिल, अहिल्या के प्रति राम का करुणा-भाव उनके व्यक्तित्व को परम उदारता से संपन्न कराता है। कई बार लगता है जैसे राम 'वज्र

से कठोर और कुसुम से कोमल' एक साथ हैं—सामाजिक स्तर पर अन्याय-अत्याचार का विरोध करते और मानवीय धरातल पर परम कृपालु। 'विनयपत्रिका' में तुलसी ने राम के लिए जिन विरुदों का सर्वाधिक उपयोग किया है, वे कृपानिधान के समानार्थी हैं और राम की शक्ति-सामर्थ्य के साथ उनकी करुणा में आस्था उन्हें प्रभावी बनाती है। इस दृष्टि से उनका जनतांत्रिक रूप है और वे सहयोगियों की सराहना करते हैं। तुलसी ने अयोध्याकांड में राम-भरत-संवाद के प्रसंग में दोनों पर तुलनात्मक दृष्टि डालते हुए एक चौपाई में कहा है कि भरत प्रेम-ममता की सीमा हैं और राम समता की : भरतु अवधि सनेह समता की, जद्यपि रामु सीम समता की। भरत भाव की जिस गहराई से राम को संबोधित करते हैं, उसका उत्तर दे पाना सरल नहीं। तुलसी स्वयं अभिव्यक्ति की सीमा स्वीकारते हुए कहते हैं : आप छोटि महिमा बड़ि जानी, कबिकुल कानि मानि सकुचानी। भरत की महिमा का वर्णन लगभग असंभव है और राम सराहना करते हुए उन्हें धर्म की धुरी धारण करने वाला कहते हैं जिनमें कर्म, वचन, मन की निर्मलता अप्रतिम है : तात भरत तुम्ह धरम धुरीना, लोक बेद बिद प्रेम प्रवीना। यह है भाई के प्रेम की स्वीकृति, पर राम के समक्ष कर्तव्यबोध निरंतर उपस्थित है। कहते हैं कि प्रजा का पालन निष्ठा से करो : करहु प्रजा परिवारु सुखारी। संबंधों का निर्वाह राम सामाजिक दृष्टि के साथ करते हैं, सहज कृतज्ञता भाव से दूसरों का ऋण स्वीकारते हैं, प्रतिदान भाव के साथ। निषाद जैसे सामान्य वर्ग के पात्र से कहते हैं : तुम्ह मम सखा भरत सम भ्राता। हनुमान के विवेक में उनकी आस्था है और कठिन से कठिन कार्य के लिए, वे उनका चुनाव करते हैं। चित्रों में हनुमान निरंतर राम के साथ हैं, वे उन्हें पुत्र कहकर संबोधित करते हैं : सुन सुत तोहि उरन मैं नाहीं, देखउँ करि बिचारि मन माँहीं और तुलसी निषाद को 'रामसखा' कहकर गौरव देते हैं। राम जानते हैं कि उन्होंने युद्ध केवल अपने चमत्कार से नहीं जीता था, इसमें वानरी सेना का योगदान है। अयोध्या लौटने पर गुरु वशिष्ठ से उनकी सराहना करते हैं कि ये मुझे भरत से भी अधिक प्रिय हैं : ए सब सखा सुनहु मुनि मेरे, भए समर सागर कहं बेरे/मम हित लागि जनम इन्ह हारे, भरतहुँ तैं मोहि अधिक पियारे। यह है महापुरुष का प्रतिदान-भाव और दूसरों के महत्त्व का स्वीकार।

तुलसी ने राम की राममयता गढ़ने में स्वयं को भाववाद से मुक्त रखने का प्रयत्न किया है। वे जानते हैं कि काव्य-नायक को प्रमाणित करना है, कर्म-आचरण के सौंदर्य से। 'विनयपत्रिका' में तो जैसे तुलसी की परीक्षा ही है कि विनय-भक्ति भाव से सीधे ही राम को संबोधित किया जा रहा है, फिर इसमें राम की छवि कैसे उभारी जाय। पर इस कार्य को तुलसी ने निष्पादित करने के लिए सर्वप्रथम भाव, विचार को संयोजित किया। स्वयं को समय के प्रतिनिधि रूप में रखा, जो कलिकाल से दुखी है, कष्ट में है। संकल्प कवि का साथी है : अब लौं नसानी, अब न नसैहौं। राम को कलिकाल के उद्धारक रूप में प्रस्तुत करते हुए, तुलसी उनमें कर्म-भरे गुणों

का प्रतिपादन करते हैं, जिनमें प्रमुख हैं—करुणानिधान भक्तवत्सल। एक पद है, मानव जीवन की सार्थकता को लेकर, जिसमें विकारों की चर्चा है, और राम के माध्यम से मुक्ति का उपाय (विनयपत्रिका, पद 201) :

लाभ कहा मानुष-तनु पाए
काय बचन-मन सपनेहुँ कबहुँक घटत न काज पराए
जो सुख सुरपुर-नरक गेह बन आवत बिनहिं बुलाए
तेहि सुख कहँ बहुजतन करत मन, समुझत नहिं समुझाए
पर दारा, पर द्रोह, मोहबस किए मूढ़ मन भाए
गरभबास दुखरासि जातना तीव्र बिपति बिसराए
भय-निद्रा, मैथुन-अहार, सबके समान जग जाए
सुर-दुरलभ तनु धरि न भजे, हरि मद अभिमान गवांए
गई न निज-पर-बुद्धि शुद्ध ह्वै रहे न राम-लय लाए
तुलसिदास यह अवसर बीते, का पुनि के पछिताए।

तुलसी की राममयता स्वतंत्र विवेचन की माँग करती है क्योंकि वे 'गुणसमुच्चय' के रूप में प्रतिष्ठित हैं, शुभ कर्म की भूमि पर संचरित और उन्हें पाकर सब आश्वस्त हैं। मनुष्य रूप में जीवन-धार में प्रवाहित राम के साथ पूरा समाज है जो उनसे रागात्मकता का अनुभव करता है। अयोध्या उनके जन्म में उत्सवनिमग्न है और कवितावली का आरंभ राम के बाल-वर्णन से होता है : अवलौकि हौं सोच विमोचन को ठगि-सी रही, जे न ठगे धिक से। वह शोकहारी बालक है और उसके रूप पर जो मोहित न हो, उसका जीवन ही व्यर्थ है जैसे। सही विवेकी समर्पण का एक सुख है, इसे वही जानता है जो समर्पित होता है। राम के हर क्रिया-कलाप में समाज सम्मिलित है, जिससे उनके व्यक्तित्व को सामाजिकता मिलती है, जो सबकी सहज स्वीकृति से निर्मित होती है। अयोध्या तो उनका अपना स्थान है, यहाँ की प्रसन्नता स्वाभाविक है, पर जनकपुर के नर-नारी काम-धाम छोड़कर देखने निकल पड़ते हैं। सखियाँ पारस्परिक बातचीत से अपने भाव प्रकट करती हैं और धनुषयज्ञ के पूर्व ही सीता के पति रूप में उनका चयन करती हैं। इस प्रसंग को तुलसी ने रामचरितमानस में विस्तार दिया है जहाँ सराहना, असमंजस, रागभाव सब एक साथ हैं : बरनत छवि जहँ-तहँ सब लोगू, अवसि देखिअहिं देखन जोगू। इसी क्रम में राम-सीता का पूर्वानुराग है, जिसे तुलसी ने मार्मिक संवेदनशीलता से रचा है :

चितवति चकित चहूँ दिसि सीता। कहँ गए नृप किसोर मनु चिंता
जहँ बिलोक मृग सावक नैनी। जनु तहँ बरिस कमल सित श्रेनी
लता ओट तब सखिन्ह लखाए। स्यामल गौर किसोर सुहाए
देखि रूप लोचन ललचाने। हरषे जनु निज निधि पहिचाने
थके नयन रघुपति छवि देखें। पलकन्हिहूँ परिहरीं निमेषें

अधिक सनेहं देह भै भोरी। सरद ससिहि जनु चितव चकोरी
लोचन मग रामहि उर आनी। दीन्हे पलक कपाट सयानी
जब सिय सखिन्ह प्रेमबस जानी। कहि न सकहिं कछु मन सकुचानी

धनुषभंग के पूर्व ही सीता मन ही मन राम का वरण कर लेती हैं, पार्वती से प्रार्थना करती हैं : मोर मनोरथ जानहुँ नीके और उन्हें वर भी मिल जाता है। साधारण प्रसंग होता तो राम-सीता दोनों की मर्यादा खंडित होती, पर तुलसी जानते हैं कि जिन्हें उन्होंने पिता-माता रूप में देखा है, उनके मानुषीकरण के बिना, व्यापक स्वीकृति का अध्याय अधूरा रह जाएगा। इस प्रसंग को थोड़ा आगे चलकर देखें, धनुषयज्ञ के समय : रामहि चितव भायं जेहि सीया, सो सनेहु सुखु नहिं कमनीया। सीता जिस राग-भाव से राम को देख रही हैं, वह सुख वर्णनातीत है। सीता भी साधारण नहीं, अद्वितीय हैं : सिय सोभा नहिं जाइ बखानी, जगदंबिका रूप गुन खानी। राम के प्रति सीता का राग-भाव ऐसा कि वे गणनायक से प्रार्थना करती हैं कि 'करहु चाप गुरुता अति थोरी।' इस प्रकार राम के समीपी पात्र उनसे बँध जाते हैं, उन्हें चेतना से स्वीकारते हैं और इस स्वीकृति को तुलसी ने प्रेम भाव से आरंभ कर श्रद्धा-भक्ति में पर्यवसित किया। उत्तरकांड में राम स्वयं संत-प्रवृत्ति का वर्णन करते हैं और उन्हें असंतों से अलगाते हैं। असंत हर समय में होंगे ही, पर कलियुग के पतित समाज में उनकी संख्या बढ़ जाती है : काम, क्रोध, मद, लोभ-परायन, निर्दय कपटी कुटिल मलायन। वे मूर्तिमान असत्य हैं : झूठइ लेना झूठइ देना, झूठइ भोजन झूठ चबेना। राम मानवधर्म की स्थापना करते हैं, कहते हैं दूसरे के उपकार से बढ़कर कोई धर्म नहीं है : परहित सरिस धर्म नहिं भाई, पर पीड़ा सम नहिं अधमाई। नरसी मेहता ने वैष्णवता को परिभाषित करते हुए कहा : 'वैष्णवजन तें तेनें कहिए, जे पीर पराई जानै रे।' जो दूसरों की पीड़ा में सहभागी है, वह सच्चा वैष्णव है।

तुलसी ने अपने लोकवादी-मानववादी समाजदर्शन के केंद्र में काव्य-नायक राम को रखा और उनमें बुद्धि-विवेक, सत्कर्म, मर्यादित आचरण, अयाचित स्नेह, उदार करुणा आदि मानवीय गुणों का प्रतिपादन किया। पर उनसे संबद्ध पात्रों को प्रतीकत्व दिया और सबको रामकथा में सार्थकता दी। लक्ष्मण का त्याग सराहनीय है और वे राम के साथ वन को प्रस्थान करते हैं, जैसे हरिण की मुक्ति : बागुर विषम तोराइ, मनुहँ भाग मृगु भाग बस। उनका स्वाभिमान देखने योग्य है, और वे धुनषयज्ञ के प्रसंग में दो बार रघुकुल की यशस्वी परंपरा का उल्लेख करते हैं, दंशरथ से और फिर परशुराम से। सेवा की इसी श्रेणी में कई और हैं, अंगद आदि, पर सर्वोपरि हैं विवेकसंपन्न हनुमान, जिनके अभाव में रामकथा ही रुक-ठहर जाती। इसीलिए वे सदैव राम के साथ हैं और उपास्य राम तथा भक्त के मध्य सही सेतु भी हैं। भरत तुलसी के समाजदर्शन का महत्त्वपूर्ण आधार हैं, इस अर्थ में कि कवि ने उन्हें प्रतीकत्व दिया है। उनके संदर्भ में 'भायप भगति' की बात की जाती है—भक्ति के

स्तर तक पहुँचता भ्रातृत्व भाव। ग्लानि-डूबे भरत जब चित्रकूट पहुँचते हैं, तो वह पूरा प्रसंग ही अत्यंत मार्मिक है : भरत चरित कीरति करतूती, धरम सील गुन विमल विभूती। राम को संबोधित करते हुए भरत कहते हैं : प्रान प्रान के जीव के जिव सुख के सुख राम। ग्लानि और विषाद में डूबे भरत जब राम से अयोध्या लौट चलने के लिए अनुनय-विनय करते हैं, तो तुलसी की संवेदनशीलता अपने चरम शिखर पर है, जैसे वे भी इस भावना में सम्मिलित हैं। जिस मध्यकाल में सामन्तों की रक्तपाती टकराहट हो, ऐसे में भरत का त्याग एक सामाजिक मर्यादा की स्थापना करता है। क्या होगा सिंहासन और रत्नजड़ित राजमुकुट लेकर ? सर्वोपरि है, वह मूल्य संसार जिसके आचरण से मनुष्य मनुष्य है, अन्यथा शेष है ही क्या ? तुलसी ने भरत के भावों को चित्रित करते हुए जिस उपमा का उपयोग किया है, वह विचारणीय है :

भरत बचन सुनि देखि सुभाऊ। सहित समाज सराहत राऊ
सुगम अगम मृदु मंजु कठोरे। अरथु अमित अति आखर थोरे
ज्यों मुखु मुकुर मुकुर निज पानी। गहि न जाइ अस अद्भुत बानी।

भरत, राम के अनंतर तुलसी की सर्वोतम निर्मिति हैं, जहाँ महाकवि भक्ति को पूर्णता पर पहुँचाते हैं। सीता के प्रति कवि का आदर भाव, एक दूरी-सी बनाए रखता है। वे माँ को पूज्य मानकर संकेत से ही कहते हैं, पर भरत को वे प्रतीक की संपूर्णता तक पहुँचाना चाहते हैं। एक ओर वे सामंती मूल्यों का निषेध करते हैं, दूसरी ओर भक्ति का अन्यतम प्रतिमान बनते हैं। राम को भरत सर्वस्व मानकर उनके लिए एक साथ अनेक सम्मानसूचक संबोधनों का उपयोग करते हैं : प्रभु पितु मातु सुहृद गुरु स्वामी, पूज्य परम हित अंतरजामी/सरल सुसाहिब सील निधानू, प्रनतपाल सर्बग्य सुजानू/ समरथ सरनागत हितकारी, गुनगाहकु अवगुन अघ हारी। राम सर्वोपरि हैं : सो गोसाइं नहिं दूसर कोपी, भुजा उठाइ कहउँ पन रोपी। तुलसी ने इस प्रसंग को विस्तार दिया, अपने भक्तिदर्शन की व्याख्या के लिए, जिसमें कवि का समाजदर्शन भी सन्निहित है। 'विनयपत्रिका' का कवि इस प्रसंग में अपनी पूरी संलग्नता से उपस्थित है, भरत के साथ। राम की चरणपादुकाओं के सहारे नन्दिग्राम की पर्णकुटी से भरत अयोध्या की व्यवस्था देखते हैं और उनके इस तपस्वी रूप का वर्णन तुलसी ने विस्तार से किया है : कीन्ह निवास धरम धुरि धीरा; तेहिं पुर बसत भरत बिनु रागा, चंचरीक जिमि चंपक बागा। ऐसा त्याग समाज में एक अनुकरणीय प्रतिमान है और उत्तरकांड में भरत का चित्र है : राम राम रघुपति जपत, स्रवत नयन जलजात। राम-भरत का मिलन है : परे भूमि नहिं उठत उठाए, बर करि कृपासिंधु उर लाए। तुलसी ने भरत में प्रेम-विनय-त्याग, भक्ति का संयोजन किया है, उन्हें त्याग-तप के उच्चतर वैकल्पिक मूल्य के रूप में स्थापित किया है। अयोध्याकांड का समापन अंश उल्लेखनीय है जिसमें तुलसी भरत जैसे उदात्ततम चरित्र को प्रश्न के उत्तर रूप में देखते हैं :

सिय राम प्रेम पियूष पूरन होत जनमु न भरत को
मुनि मन अगम जम नियम सम दम विषम ब्रत आचरत को
दुख दाह दारिद दंभ दूषन सुजस मिस अपहरत को
कलिकाल तुलसी से सठिन्ह हठि राम सनमुख करत को।

प्रायः तुलसी की नारी-दृष्टि को लेकर टिप्पणियाँ की जाती हैं और उन्हें प्रतिगामी संस्कारों का व्यक्ति घोषित किया जाता है। जिस सामंती समाज में तुलसी जी रहे थे, उसमें स्त्रियों की स्थिति चिन्त्य थी, इसमें संदेह नहीं। इतिहासकार इसका उल्लेख करते हैं कि भोग-विलास के साथ सामंती समाज में बहुपत्नी प्रथा का प्रचलन था, यहाँ तक कि बड़े हरम भी थे (ए. रशीद : सोसायटी एंड कल्चर ऑफ़ इंडिया, पृ. 141)। तुलसी स्थितियों से अपरिचित नहीं थे। मैना पार्वती को विदा करते हुए कहती है : कत बिधि सृजी नारि जग माहीं, पराधीन सपनेहुँ सुख नाहीं। कुछ अन्य उक्तियों को संदर्भ से काटकर प्रस्तुत किया जाता है, जिसका समाधान किया जा चुका है कि इसमें कुछ अंश मायावाद का हो सकता है अथवा लोकोक्तियों का और कुछ सामंती समाज के विषय में टिप्पणी के रूप में। पर तुलसी नारी वैशिष्ट्य के रूप में रामचरितमानस के आरंभ में पार्वती का तप बखानते हैं और सीता की परिकल्पना सर्वोपरि नारी के रूप में करते हैं—जगज्जननी। सीता का रूप-वर्णन संभव नहीं, कवियों ने व्यर्थ प्रयास किया : विधाता ने मानों अपने संपूर्ण कौशल से इस रूप का निर्माण किया : छबिगृह दीपसिखा जनु बरई। सीता-राम के पूर्वानुराग की चर्चा हो चुकी है, पर यहाँ विचारणीय है सीता का मर्यादा भाव, जिसका उल्लेख इसलिए क्योंकि मध्यकाल में मर्यादाएँ टूटी थीं। तुलसी सीता को नारी-पवित्रता के प्रतिमान रूप में गढ़ते हैं, उन्हें 'छबि सुधा पयोनिधि' अथवा 'सुंदरता सुख मूल' के रूप में देखते हैं। सीता मन ही मन राम का वरण कर चुकी हैं, पर उद्विग्न हैं, जिस गौरी को पूजकर आई हैं, उससे प्रार्थना करती हैं कि धनुष का भार कुछ कम कर दो, जिससे राम धनुर्भंग भी कर सकेंगे और राम का रामत्व भी बना रहेगा। स्नेह और मर्यादा का एक साथ निर्वाह कठिन होता है। प्रसाद की कहानी 'पुरस्कार' की मधूलिका ने कहानी के अंत में यह कहकर इसे संभव किया कि 'तो मुझे भी प्राणदंड मिले।' सीता पिता के प्रण का स्मरण कर चिंता में हैं : नीकें निरखि नयनि भरि सोभा, पितु पन सुमिरि बहुरि मन छोभा। कहाँ बज्र से भी कठोर धनुष और कहाँ राम का स्यामल किशोर मृदुगात और उद्विग्नता का भाव है : बिधि केहि भाँति धरौं उर धीरा, सिरस सुमन कन बेधिअ हीरा : शिरीष के कोमल प्रसून से रत्न बेधने का प्रयास। और तब सीता शिवधनुष से ही प्रार्थना करती हैं : अब मोहि संभु चाप गति तोरी। इस प्रसंग में तुलसी सीता की उद्विग्नता को संयमित करते हैं, उन्हें मर्यादित करते हैं : गिरा अलिनि मुख पंकज रोकी, प्रगट न लाज निसा अवलोकी/ लोचन जल रहु लोचन कोना, जैसे परम कृपन कर सोना। सीता को विश्वास है कि जेहि कें जेह

पर सत्य सनेहू, सो तेहि मिलइ न कछु संदेहू। राम-सीता एक-दूसरे को निहारते हैं : प्रभु तन चितइ प्रेम तन ठाना, कृपानिधान राम सबु जाना/सियहि बिलोकि तकेउ धनु कैसे, चितव गरुरु लघु ब्यालहि जैसे। प्रेम प्रेरणा भी है, शक्ति भी। धनुर्भंग के ठीक पहले यही दृश्य है, जहाँ राम सीता को देखते हैं, संकल्पी अनुराग के साथ :

देखी बिपुल बिकल वैदेही, निमिष बिहात कलप सम तेही
तृषित बारि बिनु जो तन त्यागा, मुएँ करइ का सुधा तड़ागा
का बरषा सब कृषी सुखानें, समय चुकें पुनि का पछितानें
अस जियं जानि जानकी देखी, प्रभु पुलके लखि प्रीति बिसेषी

राम, सीता, भरत, हनुमान, लक्ष्मण आदि किसी न किसी रूप में समय के विकल्प रूप में प्रस्तुत हैं और मूल्य-संचालित होने के कारण वे प्रतिष्ठित होते हैं। समय का अतिक्रमण जो मूल्य-संसार रचता है, वह कवि की सजग सामाजिक चेतना को बिंबित करता है, समाजदर्शन का अंश है, चरित्रों के माध्यम से। अनसूया के माध्यम से तुलसी ने पातिव्रत धर्म की चर्चा की है, जिसके कुछ अंश अवांछनीय हो सकते हैं, जैसे दीन-हीन पति के अपमान से यमपुर जाना। नारी का अपना पक्ष होता है, वह भी विचारणीय है। पर नारी धैर्य, धर्म, मित्र की कोटि में है, जिसकी परीक्षा विपत्ति में होती है, अर्थात् वह सच्ची सहधर्मिणी है : धीरज धर्म मित्र अरु नारी, आपद काल परिखिअहिं चारी। अनसूया सीता को पातिव्रत का प्रतिमान मानती हैं, पार्वती के समान : सुनु सीता तब नाम सुमिरि नारि पतिब्रत करहिं। सीता की अग्नि-परीक्षा तो तुलसी एक बार कराते हैं, इस संदर्भ के साथ कि जब वे स्वर्णमृग के पीछे भागे थे, तो सुरक्षा की दृष्टि से सीता को अग्नि में रखा था : सीता प्रथम अनल महुँ राखी, प्रगट कीन्ह यह अंतर साखी। सीता का भी पातिव्रत विश्वास कि अग्नि चन्दन के समान शीतल : श्रीखंड सम पावक प्रबेस कियो सुमिरि प्रभु मैथिली, जब कोसलेस महेस बंदित चरन रति अति निर्मली। अग्नि-परीक्षा संक्षेप में एक बार, पर निष्कलंक सीता के व्यक्तित्व की परीक्षा तो बार-बार होती है। धनुषयज्ञ की चर्चा की जा चुकी है, जहाँ विवाह के उपरान्त सीता के राग-भाव के विषय में कवितावली (बाल. 17) का छंद है : राम को रूप निहारति जानकी कंकन के नग की परछाहीं, यातें सबै सुधि भूलि गई कर टेकि रही, पल टारत नाहीं। सीता कंगन के नग में राम का प्रतिबिम्ब देखने में मग्न हैं, सब कुछ भूल गई हैं। सीता के इस प्रगाढ़ भाव की निरन्तरता नारी-व्यक्तित्व को गरिमा देती है और तुलसी इसे मध्यकालीन देहवाद के विकल्प रूप में देखते हैं।

सीता का व्यक्तित्व खुलता है, वनवास के समाचार से। राम के लिए तो यह स्वाभाविक है क्योंकि वे हर्ष-विषाद के परे हैं—और कैकेयी को माँ कहकर संबोधित करते हैं : सुनु जननी सोइ सुतु बड़भागी, जो पितु मातु बचन अनुरागी/तनय मातु पितु तोषनि हारा, दुर्लभ जननि सकल संसारा। तर्क भी है : मुनिगन मिलनु बिसेषि

बन, सबहि भाँति हित मोर। इसीलिए कवितावली में राम के विषय में कहा गया : राजिवलोचन राम चले, तजि बाप को राज बटाउ की नाईं। पर सीता की स्थिति भिन्न है कि उन्हें वनवास की आज्ञा नहीं दी गई है। दशरथ सुमंत्र से कहते हैं कि सीता को समझाना : सासु ससुर अस कहेउ संदेसू, पुत्रि फिरिअ बन बहुत क्लेसू। कौशल्या सीता को 'रूप रासि गुन सील सुहाई' पुत्रवधू के रूप में देखती हैं, सभी उन्हें अयोध्या में रोकना चाहते हैं। राम माता से वनगमन की आज्ञा लेने गए हैं, इसलिए सीता से कुछ कहने में संकोच करते हैं : आपन मोर नीक जौं चहहू, बचनु हमार मानि गृह रहहूँ। वे अनेक प्रकार से समझाते-बुझाते हैं—सास-ससुर की सेवा से लेकर वन की कठिनाइयों तक, पर सीता अडिग हैं। राम कहते हैं : वन की भयंकरता के स्मरण से धीर पुरुष भी काँप जाते हैं और : मृगलोचनि तुम भीरु सुभाएँ। उनके स्नेह-भरे शब्द हैं : हंसगवनि तुम्ह नहिं बन जोगू, सुनि अपजसु मोहि देइहि लोगू/मानस सलिल सुधा प्रतिपाली, जियहि कि लवन पयोधि मराली। मानसरोवर के अमृत जल की हंसिनी लवण समुद्र में कैसे रहेगी ? नव आम्रवन की विहारिणी कोकिला करील वन में नहीं सुशोभित होती : नव रसाल बन बिहरन सीला, सोह कि कोकिल बिपिन करीला और अंत में कहते हैं : रहहु भवन अस हृदयँ बिचारी, चंदबदनि दुखु कानन भारी। इसके पूर्व तुलसी सीता की उद्विग्नता का संकेत कर चुके हैं : बैठि नमितमुख सोचति सीता, रूपरासि पति प्रेम पुनीता। तुलसी ने मनोरम उपमा के माध्यम से इसे व्यक्त किया है, जैसे धनुर्भंग के पूर्व की स्थिति लौटी हो; चारु चरन नख लेखति धरनी, नूपुर मुखर मधुर कवि बरनी/मनहुँ प्रेम बस बिनती करहीं, हमहिं सीय पद जनि परिहरहीं। पहले कौशल्या समझाती हैं कि देवसरोवर के कमलवन की हंसिनी क्या तलैया के योग्य है और फिर राम का उपदेश है, सीता को। पर सीता का तर्क केवल भावुकतावश नहीं है, वह इस दृष्टि से अकाट्य है कि सब संबंध राम से परिभाषित हैं : तनु, धनु धाम धरनि पुर राजू, पतिविहीन सब सोक समाजू। बिना पुरुष के जीवन ऐसा ही जैसे प्राणविहीन शरीर और जल के बिना नदी। बातें नारी समाज की ओर से कही गई हैं, इसलिए मध्यकाल के संदर्भ में अधिक प्रासंगिक हैं। जिस वन की भयानकता की चर्चा राम ने की थी, उसे सीता नयी दिशा देते हुए कहती हैं कि पशु-पक्षी कुटुम्बी होंगे, वनदेवता-वनदेवी सास-ससुर और कन्द-मूल-फल अमृत जैसे आहार होंगे। तुलसी ने सीता का पक्ष विस्तार से प्रस्तुत किया है, जिसकी ध्वनि है कि राम की वनवास यात्रा में उनका साथ सहधर्मिणी का सबसे बड़ा सुख है। इसे सीता बार-बार दुहराती हैं : चरण सरोज निहारते हुए पथ की थकावट नहीं आएगी; मार्ग में श्रम-परिहार करूँगी : बार-बार मृदु मूरति जोही, लागिहि तात बयारि न मोही। सहधर्मिणी का तर्क है : मैं सुकुमारि नाथ बन जोगू, तुम्हहि उचित तप मो कहुँ भोगू ? इस रूप में सीता का व्यक्तित्व उठान लेता है और कवितावली में राम-सीता-स्नेह का दृश्य है : तिय की लखि आतुरता पिय की अँखियाँ अति चारु चलीं जल च्वै।

सीता-पक्ष की चर्चा इसलिए कि तुलसी को नारी-निंदक कहने की भूल न की जाय, वह महाकवि की मूल धारणा के प्रति अन्याय होगा। वनवास में सीता का व्यक्तित्व नई दीप्ति पाता है, माता सुनयना से भेंट के समय सीता का चित्र है : सब सिय राम प्रीति कि सि मूरति, जनु करुना बहु बेष बिसूरति। अशोक वनवन्दिनी सीता की पीड़ा को त्रिजटा जानती है : राम चरन रति निपुन बिबेका। सीता रावण को खद्योत कहती हैं और उनका निर्भय स्वर है : सठ सूनें हरि आनेहि मोही, अधम निलज्ज लाज नहिं तोही। सीता विलाप करती हैं कि माँ त्रिजटा काठ लाकर चिता बना दो और उसमें आग लगा दो, कहती हैं न आग मिलेगी, न पीड़ा मिटेगी। अशोक से प्रार्थना करती हैं, सुनहि विनय मम बिटप अशोका, सत्य नाम करु हरु मम सोका। अशोक के नए पात अग्नि के समान हैं, सहायक हो सकते हैं : नूतन किसलय अनल समाना, देहि अगिनि जनि करहि निदाना। इस संदर्भ में भवभूति का स्मरण हो आता है, जहाँ सप्तम अंक में सीता पृथिवी माता से प्रार्थना करती हैं कि मुझे अपने अंगों में विलीन कर लो। सीता की इस यातना के समय तुलसी हनुमान का प्रवेश कराते हैं और मुद्रिका देखकर सीता की स्थिति है : हरष विषाद हृदय अकुलानी। हनुमान से उनका वार्तालाप सीता की व्यथा-कथा है जिससे हनुमान भी द्रवित होते हैं। सीता विषादमग्न हैं : वचनु न आव नयन भरे बारी, अहह नाथ हौं निपट बिसारी। राम के संघर्ष पर ध्यान केंद्रित होने के कारण अशोक-वनवंदिनी सीता की व्यथा का मर्म पूरी तरह नहीं समझा जाता, पर वास्तविकता यह कि नारी-पक्ष विचारणीय है। सीता को तुलसी ने सर्वोत्तम नारी प्रतिमा के रूप में गढ़ा है और उन्हें सब माँ, जननी, अंब आदि कहकर संबोधित करते हैं, जो भारतीय नारीत्व का सर्वोपरि रूप है। कैकेयी सीता, कौशल्या का विलोम जैसी प्रतीत होती हैं यद्यपि किसी सीमा तक निर्दोष है क्योंकि देवों ने अपने स्वार्थ के लिए मंथरा का उपयोग किया। राम अयोध्या में रह जाएँगे तो राक्षसों का विनाश कैसे होगा ? पर चक्रवर्ती दशरथ का जो अंतिम समय है, शाप (श्रवणकुमार कथा) उसका एक पक्ष है, पर कैकेयी के प्रति उनकी आसक्ति भी कारण है और यह प्रसंग दशरथ की दुर्बलता दर्शाता है। वे कैकेयी को सुमुखि, सुलोचनि, पिकबचनि, गजगामिनी कहकर संबोधित करते हैं, यथार्थ से बेखबर हैं। तुलसी कहते हैं : अस कहि कुटिलि भई उठि ठाढ़ी, मानहु रोष तरंगिनि बाढ़ी, जैसा क्रोध की नदी उमड़ पड़ी हो। राम कैकेयी को माँ कहकर संबोधित करते हैं पर वह सीधा उत्तर नहीं देती : सुनहु राम सबु कारन एहू, राजहि तुम पर बहुत सनेहू। तुलसी ने उसके आत्मघाती निष्ठुर व्यवहार का विस्तृत वर्णन किया है, कौशल्या-सीता आदि के विलोम जैसा : चलइ जोंक जल बक्रगति जद्यपि सलिल समान। पर राम महान हैं और अयोध्याकांड के भरत-मिलन प्रसंग में वे पहले कैकेयी से मिलते हैं : पग परि कीन्ह प्रबोधु बहोरी, काल करम बिधि सिर धरि खोरी।

तुलसी मूलतः ग्राम-समाज और सामान्यजन के प्रवक्ता हैं जिन्हें उन्होंने निकट

से जाना है। एक प्रकार से वह आभिजात्य से मुक्ति का काव्य है, इस दृष्टि से कि वे स्वयं को व्यापक लोक से संबद्ध करके रचना करते हैं। इसलिए उनका समाजदर्शन वैचारिकता में सामान्यजन को सम्मिलित करके अग्रसर होता है, वह देखा गया यथार्थ है, मध्यकालीन समाज में। एक प्रकार से यहाँ भी सूर जैसा ग्राम-नगर समाज का द्वंद्व देखा जा सकता है। रामवनगमन राम के व्यक्तित्व को नई दीप्ति देता है, पर उसके मूल में केवल शाप अथवा देवताओं के निहित स्वार्थ नहीं हैं, वरन् अंतःपुर के कलह का भी संकेत है। स्वर्ण की लंका तो जैसे भोग-विलास-आधारित अनैतिकता का मूर्तिमान रूप ही है। जिस दानव-नगरी में विभीषण-त्रिजटा आदि अपवाद हैं, शेष रावण के आतंक में जीते हैं। ग्राम जीवन को उरेहते हुए, तुलसी उस लोकसंस्कृति का सक्षम उपयोग करते हैं, जो उनमें रची-पगी है। जैसे सूर में ब्रजमंडल उपस्थित है, वैसे ही जायसी में अवध जनपद और तुलसी में उत्तरभारत। इसके विस्तार में जा पाना संभव नहीं, पर तुलसी की 'लोकदृष्टि' की समझ के लिए उसकी पहचान आवश्यक है। ग्राम-चित्र, प्रकृति, लोकविश्वास, उक्तियाँ, रीति-रिवाज़ सब वहाँ उपस्थित हैं, पर जरूरी नहीं कि सर्वत्र कवि की आस्था भी इनमें हो। शकुन-अपशकुन आदि तो लोकविश्वास के रूप में आए हैं, महाकवि के मूल्य तो राम को केंद्र में रखकर संचरित होते हैं। उनका प्रभाव ऐसा कि प्रकृति भी सौंदर्य पा जाती है : जब तें आइ रहे रघुनायक, तब तें भयउ बन मंगलदायक (चित्रकूट)। तुलसी का कौशल यह कि राम को सामाजीकृत करते हुए, वे वृहत्तर समुदाय को रामगाथा से जोड़ते हैं और कथा कहते हुए नाटकीय दृश्य-विधान का सहारा लेते हैं, कहीं वार्तालाप का और कहीं स्थिति-परिवर्तन का। सामान्यजन की प्रतिक्रियाएँ तुलसी की लोकधर्मिता से उपजी हैं कि किसी घटना के विषय में वृहत्तर जन-मानस क्या सोचता है, इसे व्यक्त किया जाना चाहिए।

तुलसी ने वक्ता श्रोता युग्म की परिकल्पना की और उन्हें ज्ञाननिधि कहा। आरंभ में ही इसका उल्लेख है कि शिवजी ने इसे रचा और सही समय पर पार्वती को सुनाया, इसीलिए इसका नाम रामचरितमानस है : रचि महेस निज मानस राखा, पाइ सुसमउ सिवा सन भाषा/तातें रामचरितमानस बर, धरेउ नाम हियँ हेरि हरषि हरि। शिव ने यह सुहावना चरित्र रचा और पार्वती श्रोता बनीं। शिव ने इसे काकभुशुंडि को दिया जिन्होंने याज्ञवल्क्य को यह कथा सुनाई, फिर याज्ञवल्क्य ने भरद्वाज को। वक्ता श्रोता के युग्म हैं : शिव-पार्वती, काकभुशुंडि-गरुड़, याज्ञवल्क्य-भरद्वाज, तुलसी और संतजन। स्वयं तुलसी ने यह कथा अपने गुरु से सुनी थी : मैं पुनि निज गुरु सुनी कथा सो सूकरखेत, समुझी नहिं तस बालपन, तब अति रहेउँ अचेत। कथा की इस श्रोता-वक्ता पद्धति से तुलसी को कई प्रसंगों का विन्यास करने, उन्हें विस्तार देने में सहायता मिलती है; जैसे वे बार-बार संबोधित करते चलते हैं, श्रव्य को दृश्य बनाते। श्रोता श्रोता ही नहीं रहते, वे दर्शक भी बनते हैं और इस प्रकार काव्य की

सामाजिकता में वृद्धि होती है। कुछ ही दृश्यों का संकेत किया जा सकता है, जो विभिन्न स्थितियों से संबद्ध हैं। अयोध्या के नगरवासी राम के राज्याभिषेक से प्रसन्न हैं, पर वनवास का समाचार सुनकर दृश्य, हर्ष से विषाद में बदल जाता है : नगर ब्यापि गई बात सुतीछी, छुअत चढ़ी जनु सब तन बीछी। सारा समाज व्याकुल है, वनखंडी में जैसे आग लगी हो : सुनि भए बिकल सकल नर-नारी, बेलि बिटप जिमि देखि दवारी। तुलसी जनसमाज की विभिन्न प्रतिक्रियाओं को व्यक्त करते हैं, लोग कैकेयी के लिए अपशब्दों का प्रयोग करते हैं, जैसे : निज कर नयनि काढ़ि, चह दीखा, डारि सुधा बिषु चाहत चीखा। वे कहते हैं कि राजा दशरथ ने भी ठीक नहीं किया कि कुटिल कैकेयीं को वर दिया। भरत के विषय में बहुमत का विचार है कि चन्द्रमा चाहे अग्नि-वर्षा करे, किंतु भरत निर्मल हैं : सपनेहुँ कबहुँ न करहिं किछु भरतु राम प्रतिकूल। अंत में विधाता पर सब कुछ छोड़ दिया जाता है : खरभरु नगर सोचु सब काहू, दुसह दाहु उर मिटा उछाहू। यह प्रंसग विस्तार से है जिसमें कैकेयी, सीता, राम सबके विषय में प्रतिक्रियाएँ व्यक्त की गई हैं। यह अयोध्या का समाज है, जो तमसा तीर तक उनके साथ है : बिषय बियोग न जाइ बखाना, अवधि आस सब राखहिं प्राना।

सामान्यजन की उपस्थिति तुलसी की जिस लोकचेतना का प्रकाशन करती है, उसका सर्वोत्तम उदाहरण वनवास के समय दिखाई देता है। विद्वानों ने रामवनगमन के समय ग्राम-जन, आदिवासी समाज की प्रतिक्रियाओं का विशेष उल्लेख किया है। आचार्य रामचंद्र शुक्ल ने तुलसी की गहरी भावुकता के व्यापक संदर्भ में इसका विवेचन करते हुए लिखा है : 'एक सुंदर राजकुमार के छोटे भाई और स्त्री को लेकर—घर से निकलने और वन-वन फिरने से अधिक मर्मस्पर्शी दृश्य क्या हो सकता है ? इस दृश्य का गोस्वामीजी ने मानस, कवितावली और गीतावली तीनों में अत्यंत सहृदयता के साथ वर्णन किया है। गीतावली में तो इस प्रसंग के सबसे अधिक पद हैं। ऐसा दृश्य स्त्रियों के हृदय को सबसे अधिक स्पर्श करने वाला, उनकी प्रीति, दया और आत्मत्याग को उभारने वाला होता है, यह बात समझकर मार्ग में उन्होंने ग्राम-वधुओं का सन्निवेश किया है' (तुलसीदास, पृ. 79)। वन-मार्ग में सामान्यजन की प्रतिक्रियाएँ सहज-अकृत्रिम हैं और यहाँ तक कहा गया कि यदि राम-सीता लक्ष्मण पैदल चल रहे हैं, तो ज्योतिषशास्त्र झूठा है : मारग चलहु पयादेहि पाएँ, ज्योतिष झूठ हमारे भाएँ। तुलसी ने इस प्रसंग को विस्तार देकर कई अभीप्साओं की पूर्ति की है। वनवास राम के व्यक्तित्व को पूर्ण विकास देता है, वह उनकी संघर्ष-गाथा है, जिससे उन्हें दीप्ति मिलती है। वनमार्ग में सामान्यजन के लिए यह सौभाग्य का क्षण है : जहँ जहँ राम चरन चलि जाहीं, तिन्ह समान अमरावति नाहीं। सब राम के शील-सौजन्य को सराहते हैं और सीता-लक्ष्मण के त्याग की प्रशंसा करते हैं। प्रकृति भी इसमें सम्मिलित है—नदी, ताल, वृक्ष सब सौभाग्यशाली हैं : जे सर सरित राम अवगाहहिं,

तिन्हहिं देव सर सरित सराहहिं। राम-सीता-लक्ष्मण के आगमन का समाचार सुनकर, सब उनके दर्शन के लिए दौड़ पड़ते हैं : राम लखन सिय रूप निहारी, पाइ नयन फलु होहिं सुखारी। वे हर प्रकार से उनकी सेवा करते हैं और उनका शील-स्वभाव ग्रामजन को बाँध लेता है। तुलसी कहते हैं इस प्रेमभाव का वर्णन असंभव है, लोग कहते हैं कि नेत्रों को सार्थक कर लो, जैसा कि गोपियों ने कहा था—ब्रजलोचन बिनु लोचन कैसे, कुछ इसी प्रकार का। और ये सामान्यजन हैं : बरनि न जाइ दसा तिन्ह केरी, लहि जनु रंकन्ह सुर मनि ढेरी/एकन्ह एक बोलि सिख देहीं, लोचन लाहु लेहु छन एहीं। गांधी की देशव्यापी यात्राओं का स्मरण करें तो जहाँ-जहाँ वह भारतीय किसान का प्रतीक 'अधनंगा फ़कीर' जाता था, वहाँ भीड़ उमड़ पड़ती थी। ग्रामजन उन्हें अवतार रूप में देखते थे और कहा तो यहाँ तक जाता है कि उनके चरणों की धूलि तक बटोरकर रख लेते थे, स्मृति-चिह्न के रूप में। वनमार्ग में ग्रामजन की सहज प्रतिक्रियाएँ तुलसी की उस सामाजिक चेतना से उपजी हैं, जहाँ देवत्व की स्वीकृति भी उसके मानुषीकरण में है। सामाजिक मान्यता ही सही मान्यता है, दरबार की नहीं। सामान्यजन स्वीकारें तब वह देवता है, नहीं तो शासकों के चाटुकारों की किसी भी समय में कोई कमी नहीं। इसी दृश्य के बीच राम का सीता के प्रति प्रगाढ़ अनुराग-भाव का संकेत है : जानी श्रमित सीय मन माहीं, घरिक बिलुंब कीन्ह बट छाहीं। कवितावली की पंक्ति है : तिय की लखि आतुरता पिय की अंखियाँ अति चारु चलीं जल च्वै।

वन-मार्ग में ग्राम-नारियों की प्रतिक्रियाएँ तुलसी ने भावना की संपूर्ण क्षमता से व्यक्त की हैं और यहाँ कविता का संवेदन-धरातल पूर्णता पर है : थके नारि-नर प्रेम पियासे, मनहुँ मृगी मृग देखि दियासे, जैसे मृग-मृगी रूप की मशाल देखकर स्तब्ध रह गए हों। ग्रामनारियाँ स्नेह भरे संकोच में हैं कि सीता से पूछें भी तो कैसे ? स्वयं को गँवार तक कहती हैं, पर संबंध जानने की सहज जिज्ञासा है : स्वामिनि अबिनय छमबि हमारी, बिलगु न मानब जानि गवाँरी और फिर प्रश्न : कोटि मनोज लजावनि हारे, सुमुखि कहहु को आहिं तुम्हारे। ग्रामनारियों के प्रश्न की सहजता उनकी निश्छलता का बोध कराती है, पर सीता के उत्तर में शील, मर्यादा की उत्कृष्ट व्यंजना है, जिसके लिए राम का स्मरण किया जाता है। सीता का स्नेही शील-स्वभाव वरेण्य है और महाकवि ने इसे मार्मिकता दी है :

> तिन्हहिं बिलोकि बिलोकति धरनी। दुहुँ सकोच सकुचति बर बरनी
> सकुचि सप्रेम बाल मृग नयनी। बोली मधुर बचन पिकबयनी
> सहज सुभाय सुभग तन गोरे। नामु लखनु लघु देवर मोरे
> बहुरि बदनु बिधु अंचल ढाँकी। पिय तन चितइ भौंह करि बांकी
> खंजन मंजु तिरीछे नयननि। निज पति कहेउ तिन्हहि सियं सयननि
> भईं मुदित सब ग्रामबधूटीं। रंकन्ह राय रासि जनु लूटीं।

तुलसी को राम-वनगमन का यह प्रसंग प्रिय है, जैसे अंतःप्रेरणा से जन्मा हो और वह उन्हें भीतर से उद्वेलित करता है, जैसे वे स्वयं सामान्यजन की प्रतिक्रियाओं में सम्मिलित हैं। कवितावली, गीतावली में गीतात्मकता के लिए अवसर है और तुलसी इस स्नेहपूर्ण प्रसंग का पूरा उपयोग करते हैं। कवितावली में ग्राम-समाज आपस में बातचीत करता है कि ऐसा सौंदर्य जैसे इन्हें निहार कर नेत्र सार्थक होते हैं। ग्राम-वधुएँ एक-दूसरे से बतियाते हुए अपनी भावना व्यक्त करती हैं : मगजोगु न कोमल क्यों चलिहै, सकुचाति मही पदपंकज छ्वै। कोमल बनिता सीता, जिनके चरण-कमल के स्पर्श से पृथ्वी भी संकुचित है। एक कारण संभवतः यह भी कि सीता 'पृथ्वी-तनया' (निराला) हैं, अपनी बेटी को इस रूप में देखकर उदास है। ग्राम वधुओं को तब तक राम-वनवास का कारण भी ज्ञात हो गया है। वे कैकेयी को कोसती हैं : पबि पाहनहू तें कठोर हियो है और कहती हैं राजा (दशरथ) ने यह ठीक नहीं किया : आँखिन में सखि राखिबै जोगु, इन्हैं किमि कै बनबासु दियो है। सीता से उनका सहज प्रश्न : पूंछति ग्रामबधू सिय सों, कहौ, साँवरे-से सखि रावरे को हैं। सीता का उत्तर संकेत में है : 'तिरछे करि नैन दै सैन तिन्हैं समुझाइ कछू मुसुकाइ चलीं।' गीतावली में वन-मार्ग का प्रसंग विस्तार से आया है, लगभग तीस पदों में। सखियाँ पारस्परिक वार्तालाप में अपने भाव व्यक्त करती हैं और दर्शन से नेत्रों को सार्थक करना चाहती हैं। नेत्र से आरंभ होकर प्रेम, चेतना में प्रवेश करता है और स्थायी होकर श्रद्धा-भक्ति का रूप ग्रहण करता है, शर्त यह कि रूप के साथ गुण भी हों। गीतावली में ग्रामजन का यह समर्पण-भाव देवताओं को भी आश्चर्य में डाल देता है कि जो कौड़ियों के लिए तरस रहे थे, उन्हें राम की पारसमणि मिल गई, रूपान्तरण हो गया (अयो. 32) :

> जेहि जेहि मग सिय-राम-लखन गए
> तहँ तहँ नर-नारि बिनु छर छरिगे।
> निरखि निकाई-अधिकाई बिथकित भए
> बच, बिय-नैन-सर सोभा-सुधा भरिगे।
> जोते बिनु, बए बिनु, निफन निराए बिनु
> सुकृत-सुखेत सुख-सालि फूलि फरिगे।
> मुनिहुं मनोरथ को अगम अलभ्य लाभ
> सुगम सो राम लघु लोगनि को करिगे।

निराला ने लिखा है कि बादल-राग से : हँसते हैं छोटे गौधे लघुभार तथा विप्लव-रव से छोटे ही हैं शोभा पाते। धनुषयज्ञ प्रसंग में राम जब धनुर्भंग करते हैं तो सब प्रसन्न होते हैं, पर दुष्ट उदास होते हैं। पराजित सामंती की स्थिति यह कि धनुष तोड़ने से क्या होगा : तोरें धनुष चांड़ नहिं सरई, जीवत हमहि कुँअरि को बरई। पर सज्जनों के माध्यम से तुलसी की टिप्पणी है : बलु, प्रताप बीरता

बड़ाई, नाक पिनाकहि संग सिधाई। सारी वीरता धनुष के साथ बिला गई, अब तो एक ही मार्ग है कि यथार्थ को स्वीकारो और : देखहु रामहि नयन भरि तजि इरिषा मद मोह। तुलसी के समक्ष वृहत्तर उदार समाज और अल्पमत के दुष्ट आमने-सामने प्रस्तुत हैं। तुलसी हर ऐसे अवसर का उपयोग करना चाहते हैं, जहाँ सामान्यजन की प्रतिक्रियाओं से दृश्य और स्पष्ट होता है। हनुमान द्वारा लंका-दहन एक ऐसा ही प्रसंग है, जिसमें पहले मनोरंजन है : कौतुक कहँ आए पुरवासी, मारहिं चरन करहिं बहु हाँसी। पर जब लंका भस्म होने लगती है तो दृश्य बदल जाता है : तात मातु हाँ सुनिअ पुकारा, एहिं अवसर को हमहि उबारा। कवितावली में लंकावासियों की इस विकलता का वर्णन विस्तार से आया है और जनता की प्रतिक्रिया है कि यह तो राम-दूत का कमाल है, स्वामी को तो अभी आना है : 'तुलसी सयाने जातुधान पछिताने कहैं, जाको ऐसो दूत सो तो साहेबु अबै आबनो' (सुंदरकांड)। तुलसी जनसमूह की उपस्थिति से राम-कथा को जो सामाजिकता देते हैं, वह उनके समाजदर्शन का महत्त्वपूर्ण अंग है। इसी के साथ लोकप्रचलित अनेक उपादान हैं, जिन्हें प्रायः वर्णन के रूप में प्रस्तुत किया गया है—बारात, जेवनार आदि जिसके लिए जायसी का भी स्मरण किया जाता है। लोक तुलसी की चेतना में ऐसा व्याप्त है कि वे विचार-संवेदन, दृश्य-विधान से लेकर कला-संसार तक में उसे अभिव्यक्ति देते हैं। उल्लेखनीय यह कि इस लोक में प्रकृति सहभागिनी है और इसके जितने चित्र तुलसी ने उरेहे हैं, उतने अन्यत्र कठिनाई से मिलेंगे। चित्रकूट की छवि सघन दृश्य के रूप में गीतावली में कई पदों में आई है, जिससे कवि का, प्रकृति के प्रति राग-भाव का प्रमाण मिलता है : सब दिन चित्रकूट नीको लागत, बरषा ऋतु प्रबेस बिसेष गिरि, देखत मन अनुरागत (अयोध्याकांड)।

तुलसी ने अपने समय के कुछ महत्त्वपूर्ण प्रश्नों पर बौद्धिक ढंग से विचार का प्रयत्न भी किया है और उन्हें संवेदन-धारा में संयोजित कर काव्य-संपत्ति बनाया है। समय-समाज के अतिरिक्त सगुण-निर्गुण, ज्ञान-भक्ति, संत-असंत, धर्म-नीति, जीव-ब्रह्म आदि ऐसे कई प्रश्न हैं जिन पर तुलसी ने सोचा-विचारा है और जिससे समाजदर्शन का उनका वृत्त पूरा होता है। उन्हें दर्शन-विचार की श्रेणियों में विभाजित करने का प्रयत्न भी किया गया है, पर विचारणीय पक्ष यह कि तुलसी मूलतः कवि हैं, जिन्हें संत-भक्त कोई भी विशेषण दे दिया जाय, किंतु वे प्रवचनकर्त्ता उपदेशक नहीं हैं। काव्य की संपन्नता यही कि सब कुछ वृहतर संवेदन-जगत् में विलयित हो जाय, पृथक् से आरोपित न हो। इसी संदर्भ में कविता के संदर्भ में दर्शन-विचारधारा आदि के प्रश्न उठाए जाते हैं। जिसे काव्य-सत्य कहा जाता है, वह कोरा भाववाद नहीं है, उसमें विचार सन्निहित हैं, पर संवेदन का अंश बनकर। रामचरितमानस में तुलसी ने शंका-समाधान के लिए पात्रों का उपयोग किया है और ऐसे भी अवसर हैं जब तात्त्विक विवेचन वर्णनात्मक ढंग से हुआ है, दर्शन को निरूपित करता। पर

तुलसी का कौशल यह कि वे उसे मुख्य कथाधारा से जोड़ते हैं और इसलिए प्रसंगानुकूल उसकी व्यवस्था करते हैं और सब कुछ राम से संबद्ध हो, इसका भी उन्हें ध्यान है। उनका प्रयत्न यह भी कि प्रकरण इतना नीरस न हो जाय कि तार्किक की भाषा प्रतीत हो, इसलिए वे उसे काव्य-रीति से कहते हैं। मानस के आरंभ में संत-असंत का वर्णन है, जिसकी चर्चा हो चुकी है और इसके मूल में सामयिक संदर्भ भी हैं, इसे स्वीकारना होगा। नवधा भक्ति (अरण्य.) का आधार भागवत है, पर अन्यत्र भक्ति का विवेचन करते हुए तुलसी भक्तिचिंतन की लंबी परंपरा से परिचित प्रतीत होते हैं।

तुलसी ने भक्ति के लिए कुछ समानार्थी शब्दों का प्रयोग किया है, जिनमें प्रीति, प्रेम, अनुराग सर्वोपरि हैं। वास्तव में भक्ति को शास्त्रीय विवेचन की सीमाओं से निकाल कर, महाकवि उसे जीवन-चिंतन से संबद्ध करते हैं। संस्कृत के पंडित थे, दर्शन के ज्ञाता थे, उन्हें सुविधा थी कि प्रस्थानत्रयी तथा भागवत पर भाष्य लिखकर नए वैष्णवाचार्य बन सकते थे, पर वे कवि हैं और संवेदन-संसार उनके लिए प्रमुख है। तुलसी का जिस प्रेम पर आग्रह है, वह शरीरवाद-देहवाद के अतिक्रमण से उपजा है, उच्चतम धरातल पर पहुँचता। प्रेम सहज होना चाहिए, निःस्वार्थ, तभी उसकी सार्थकता है। निषाद का प्रसंग है : सुनि केवट के बैन, प्रेम लपेटे अटपटे, बिहसें करुणा ऐन चितै जानकी-लखन तन। संतों के प्रसंग में कहा जा चुका है कि राम निष्काम, विकाररहित मन में वास करते हैं। नारदीय भक्तिसूत्र भक्ति-विवेचन के लिए प्रसिद्ध है और नारद श्रेष्ठ भक्तों में परिगणित हैं। रामचरितमानस में तुलसी ने अरण्यकांड में उन्हें मोहमुक्त जिज्ञासु के रूप में प्रस्तुत किया है। राम कहते हैं : मैं सज्जन में वास करता हूँ, जो सरल स्वभाव के होते हैं : सम सीतल नहिं त्यागहिं नीती, सरल सुभाव सबहिं सन प्रीती। भक्ति के लिए विकारमुक्ति अनिवार्य है। प्रायः ज्ञान-भक्ति में भिन्नता देखी जाती है, पर वास्तव में वे एक-दूसरे के पूरक हैं, इस दृष्टि से कि बिना ज्ञान के भक्ति अंधी है और बिना भक्ति के ज्ञान पंगु। उत्तरकांड में पक्षिराज गरुड़ काकभुशुंडि से अपनी जिज्ञासा इस विषय में प्रस्तुत करते हैं : ग्यानहि भगतिहि अंतर केता, सकल कहहु प्रभु कृपा निकेता। यह प्रसंग विस्तार से है, जिसमें जीव-ब्रह्म संबंधों की चर्चा भी है। माया-मोह-विकार से मुक्ति भक्तिमार्ग की अनिवार्यता है और इसमें ज्ञान-विवेक सहायक हैं। ज्ञान पंथ को तुलसी कृपाण की धार कहते हैं, जिस पर विरले ही चल सकते हैं। पर भक्ति का मार्ग इसी से प्रशस्त होता है और भक्ति को तुलसी 'चिंतामणि' कहते हैं जिससे मन का अंधकार मिट जाता है। तुलसी यहाँ 'मानस रोग' शब्द का प्रयोग करते हैं जो आंतरिक विकारों की उपज है। विचारणीय यह कि तुलसी के समक्ष विराट जीवन उपस्थित है, इसलिए वे दर्शन-विचार-सिद्धांत के विषय में पुस्तकीय अथवा कोरे तर्कवादी ढंग से विचार नहीं करते। वे कहते हैं कि दरिद्रता सबसे बड़ा दुख है : नहिं दरिद्र सम दुख जग

माहीं, संत मिलन सम सुख जग नाहीं। ज्ञान-भक्ति प्रसंग विस्तार से है जिसे विवेचित करने के लिए तुलसी ने उपमाओं-बिम्बों का भी आश्रय लिया है। वे दोनों में संगति पाते हैं : भगतिहि ग्यानहि नहिं कछु भेदा, उभय हरहिं भव संभव खेदा। रामकथा के पात्र इसे चरितार्थ करते हैं कि विवेकपूर्ण ज्ञान-संपन्न सात्त्विक भक्ति ही सच्ची भक्ति है। हनुमान विवेक के प्रतीक हैं और भरत जिनसे भक्ति परिभाषित होती है, वे तप-त्याग को भक्ति का मूल स्वर मानते हैं।

तुलसी की भक्ति में प्रेम, प्रीति और उसके समानार्थी शब्द बार-बार आते हैं, कई रूपों में, पर वे परिभाषित हैं, वैचारिक स्तर पर और फिर पात्रों के आचरण में, जिससे जटायु पक्षी भी मुक्ति पा जाता है। साधारण पात्रों की बड़ी संख्या तो राम-कथा में है ही, जिसमें वानरी सेना भी सम्मिलित है। जिसे प्रपत्ति अथवा शरणागति भाव कहा गया और जिसे रामानुजाचार्य, रामानंद जैसे वैष्णवाचार्यों ने विवेचित किया, उसमें निष्काम भाव की अनिवार्यता है। कई साधन हैं, जिनकी चर्चा तुलसी ने की है, जिनमें आग्रह सत्संगति का है, जो संत में ही सुलभ है। इस प्रकार संत का साहचर्य भक्ति का प्रस्थान बनता है, जिसमें गुरु भी एक है। तुलसी का सर्वाधिक बल 'विमल विवेक' पर है, जो निर्मल ज्ञान का प्रतीक है। यह मिलेगा कैसे : बिनु सतसंग बिबेक न होई और गुरु ज्ञानी है : उघरहिं बिमल बिलोचन ही के। तुलसी ने सात्त्विक ज्ञान, सात्त्विक श्रद्धा आदि शब्दों का प्रयोग किया है, जो विवेकी भक्ति के समीपी हैं। मानस के मंगलाचरण में ही कहा गया : भवानीशंकरौ बन्दे श्रद्धाविश्वास रूपिणौ। शंकर को बोधमय-ज्ञानमय कहा गया और वाल्मीकि, हनुमान के संदर्भ में 'विशुद्ध विज्ञानौ' शब्द का प्रयोग किया गया। तुलसी के भक्तिदर्शन को केवल शास्त्रीय मापदंड से देखना उचित नहीं होगा। वे शास्त्र-पांडित्य-परिचालित भक्तिचिंतन को सामान्यजन तक पहुँचाना चाहते हैं, पर भाववाद के संकट को भी जानते हैं, जिससे कर्मकांड-पुरोहितवाद आदि फलते-फूलते हैं, समाज में मिथ्याचार बढ़ते हैं और सत्य गायब हो जाता है। इसलिए वे भक्ति-ज्ञान का संयोजन करते हैं, आग्रह 'विवेक' पर है, जो विमल होना चाहिए। किंचित् भावुकता से कहते हैं कि विमल विवेक से ही रामकथा का प्रणयन संभव है : गुरु पद रज मृदु मंजुल अंजन, नयन अमिय दृग दोष विभंजन/ तेहिं कर बिमल बिबेक बिलोचन, बरनउं रामचरित भव-मोचन। अन्यत्र वे कहते हैं : उघरहिं बिमल बिलोचन हिय के। जब विवेक खंडित होता है, तो दुर्घटना होती है कि रावण जैसा शंकरभक्त भी विनाश की ओर अग्रसर होता है। मानस के प्रारंभ में पार्वती की जो कथा किंचित् विस्तार से है, उसमें भी विवेक की लड़खड़ाहट है कि उनमें संशय जन्म लेता है। नारद-मोह में भी इसी प्रकार की स्थिति है, यद्यपि एक में जिज्ञासा है, दूसरे में आसक्ति। विवेक, निर्मल ज्ञान तुलसी की भक्ति के मूलाधार हैं जिन्हें वे निष्काम प्रेम भावना से संयोजित करते हैं और विनयपत्रिका स्वयं इसे प्रतिपादित करती चलती है। मध्यकालीन समय-समाज की स्थितियाँ भी

यहाँ मौजूद हैं, पर तुलसी की उदात्त विवेकी भक्ति इसे पार करती है। पश्चात्ताप तो है, पर सब कुछ को पारकर भक्ति के उच्चतम मूल्यसंसार को पाने का संकल्प भी (पद 115) :

तुलसिदास हरि-गुरु-करुना बिनु बिमल बिबेक न होई
बिनु बिबेक संसार घोर निधि पार न पावै कोई।

भक्ति का गंतव्य भक्ति है—निष्काम भक्ति, फिर कोई अन्य कामना शेष नहीं रह जाती। तुलसी कहते हैं कि मानुष-तन पाने से क्या लाभ ? सुर-दुर्लभ तन मिला और मद-अभिमान में व्यर्थ गँवा दिया गया। भेद-बुद्धि नष्ट हो, शुद्ध मन से राम में प्रेम हो, तभी जीवन की सार्थकता है (पद 201)। तुलसी भक्ति को अपने समय के वैकल्पिक मूल्य-संसार के रूप में प्रतिपादित करना चाहते हैं, इसलिए वे शास्त्र-पांडित्य को अतिक्रांत करते हैं। जानते हैं कि सामान्यजन को इससे कोई लाभ नहीं होगा और वाद-विवाद, खंडन-मंडन का वितंडावाद चलता रहेगा। 'विनयपत्रिका' के ही प्रसिद्ध पद (केशव कहि न जाइ का कहिये) में वे दार्शनिक व्याख्या और भाष्य को अपूर्ण मानते हैं, कहते हैं : कोउ कह सत्य, झूठ कह कोऊ, जुगल प्रबल करि मानै, तुलसिदास परिहरै तीन भ्रम सो आपन पहिचानै। भक्ति के प्रति तुलसी की यह उदार दृष्टि उनकी सजग सामाजिक चेतना की उपज है, इसे ध्यान में रखना होगा। कवि का भक्तिचिंतन उनके समाजदर्शन का ही एक अंग है जिसका उपयोग वे व्यापक हित में करना चाहते हैं और इसके लिए पात्रों की चरितार्थता में गहरी रुचि लेते हैं। विनयपत्रिका के लंबे पद (139) में कलिकाल का वर्णन सप्रयोजन है, जिसमें तुलसी टूटते-बिखरते मूल्यों पर गहरी चिंता व्यक्त करते हैं : कामधेनु धरनी कलि-गोमर-बिबस बिकल जामति न बई है। भक्ति को वे वैकल्पिक मूल्य-रूप में प्रतिष्ठित करते हैं और जिस राम को उन्होंने उपास्य कहा, जहाँ संपूर्ण भक्ति समर्पित होती है, उसे 'गुण समुच्चय' बनाया, उसमें शुभ कर्म का सौंदर्य बसाया ताकि उनकी विश्वसनीयता प्रमाणित हो। वे राम के प्रति जिस विरुदावली का प्रयोग करते हैं, वह उल्लेखनीय है : ऐसे को उदार जग माँहीं, एकै दानि-सिरोमनि साँचों; कृपासिंधु जन दीन दुवारे आदि। तुलसी में भक्ति केवल दर्शन नहीं है, वह संपूर्ण जीवन-दृष्टि से संबद्ध है जिसे महाकवि ने वैकल्पिक मूल्य-संसार के रूप में रचा है और जो आचरण से ही प्रमाणित होती है। चातक के माध्यम से भी वे भक्ति का प्रतिपादन करते हैं जो सर्वोपरि भक्तों में है : एक राम घनस्याम हित, चातक तुलसीदास।

भक्ति के संबंध में द्वैत-अद्वैत, सगुण-निर्गुण के प्रश्न प्रायः उठाए जाते हैं और कहा जाता है कि तुलसी रामानुज-रामानंद की परंपरा में दार्शनिक स्तर पर 'विशिष्टाद्वैतवाद' को स्वीकारते हैं। यहाँ इस विवाद में जाने का न अवसर है न औचित्य पर रचना में दर्शन-विचार के प्रवेश की प्रक्रिया संश्लिष्ट होती है, जिसकी चर्चा हो चुकी है। रामानुज ने प्रपत्ति अथवा शरणागति दर्शन को प्रधानता दी तथा

भक्ति के द्वार सभी जातियों के लिए उन्मुक्त किए। उनकी प्रपत्ति दास्य भाव को अग्रसर करती है जिसे वे भक्ति का सार मानते हैं। रामानंद मध्यकाल में उदार भक्तिचिंतन की परिकल्पना करते हैं और उन्हें स्वतंत्रचेता आचार्य कहकर संबोधित किया गया है। उनकी शिष्य परंपरा में निम्नतम वर्ग है—जुलाहा, चर्मकार, नापित, स्त्री सभी। उनकी दृष्टि सुधारवादी है और वे अपने समय के सामाजिक चेतना-संपन्न विचारक हैं : 'रामानंद ने भक्ति की धारा को नई सर्जनात्मक दिशा देने में ऐतिहासिक भूमिका का निर्वाह किया। निश्चित ही वे रामानुजाचार्य-राघवानंद की परंपरा से जुड़े हैं, पर अपनी सामाजिक भूमिका के प्रति वे मध्यकाल के सबसे सचेत संत हैं' (प्रेमशंकर : भक्तिकाव्य की भूमिका, पृ. 125)। तुलसी की रचनाशीलता के केंद्र-पुरुष राम हैं जो ब्रह्म रूप हैं, पर विष्णु अवतार—एक उनका रूप है, दूसरा उनका अवतरण। राम विश्वरूप हैं और उनमें सब कुछ समाया हुआ है : कोटि-कोटि ब्रह्मांड। इसलिए यह सामाजिक शंका कि वे सगुण हैं अथवा निर्गुण। पर तुलसी इनमें टकराहट नहीं देखते और बालकांड के आरंभिक अंश में ही कहते हैं कि ये दोनों ब्रह्म के स्वरूप हैं : अगुन-सगुन दुइ ब्रह्म सरूपा, अकथ अगाध अनादि अनूपा। पर उनके लिए राम नाम इन दोनों से बढ़कर है : मोरें मत बड़ नाम दुहू तें, किए जेहिं जुग निज बस निज बूतें। इस प्रकरण को आगे बढ़ाते हुए वे कहते हैं कि निर्गुण-सगुण ब्रह्म का ज्ञान अग्नि के समान है—अप्रकट और प्रत्यक्ष। तुलसी सगुण अवतारी राम को केंद्र में रखकर संपूर्ण लीला-कर्म का विन्यास करते हैं, पर वे कहते हैं : सगुनहिं-निगुनहिं नहिं कछु भेदा, गावहिं मुनि पुरान बुधि वेदा। जो निर्गुण अरूप, अलख, अजन्मा है, वह भक्त के प्रेमवश सगुण हो जाता है। जैसे जल और हिम उपल में कोई भेद नहीं होता, वही स्थिति इन रूपों की है। 'कामायनी' में जलप्लावन के लिए कहा गया : एक तत्त्व की ही प्रधानता, कहो उसे जड़ या चेतन। तुलसी राम को 'सच्चिदानन्द' रूप देखते हैं, उन्हें सर्वगुणसंपन्न विभूषित करते हैं और शंकर-पार्वती की कथा इस संशय पर आश्रित है जिसमें पार्वती सीता का रूप धारण कर राम के समक्ष प्रस्तुत होती हैं। आगे चलकर शंकर टिप्पणी करते हैं कि विवेक न होने से कठिनाई होती है : जिन्हकें अगुन न सगुन बिबेका, जल्पहिं कल्पित बचन अनेका। बालकांड के आरंभ में ही तुलसी ने अपने समय के इस जटिल दार्शनिक प्रश्न को सुलझाने का प्रयास किया है और उनके राम सगुण-निर्गुण से संयोजित हैं, पर दोनों का अतिक्रमण करते, श्रेष्ठतर। राम के लिए प्रयुक्त अनेक विरुद उनकी उच्चतम मानवीयता प्रमाणित करते हैं।

तुलसी के भक्तिचिंतन का व्यापक स्वरूप है और उसमें कई विरोधी प्रतीत होने वाली अवधारणाएँ विलयित होती हैं। इसका यह अर्थ नहीं कि वे किसी भी प्रकार के समन्वयवाद के लिए तत्पर थे, अथवा किसी मध्यमार्ग की तलाश में थे। तुलसी का संवेदनशील कवि रूप, उनकी सजग सामाजिक चेतना, दर्शन-विचार को

सर्जनात्मक धरातल पर रचना में अंतर्भुक्त करते हैं। इसलिए खंड-खंड पंक्तियों के आधार पर उन्हें किसी संप्रदाय से बाँधा नहीं जा सकता। वे स्वयं एकाधिक बार इसका निषेध कर चुके हैं, इसे कुतर्क कहा है, हठ भी। उनका आग्रह 'विमल विवेक' पर है, जिससे प्रेम उपजता है और भक्ति की ओर अग्रसर होता है। भक्ति-विवेचन की सुदीर्घ परंपरा है, जिसके लिए विद्वानों ने श्रम किया है, नारदीय भक्तिसूत्र, भागवत से लेकर वैष्णवाचार्यों तक। रूपगोस्वामी ने 'हरिभक्तिरसामृतसिंधु' तथा 'उज्ज्वलनीलमणि' में भक्तिरस के प्रतिपादन का प्रयत्न किया। पर मूलतः वह शांत रस के अंतर्गत ही परिगणित होता रहा है, जिसका स्थायी भाव निर्वेद है (अभिनवगुप्त)। तुलसी का सामाजिक-सांस्कृतिक प्रयोजन भी है, इसे ध्यान में रखना होगा। वे अपने समय के विकारों से खिन्न हैं और नयी विचारभूमि खोजते हैं। पर सजग विचारक के रूप में वे यह भी जानते हैं कि केवल दार्शनिक चर्चा से प्रश्नों के संपूर्ण उत्तर नहीं मिलते, समस्या का समाधान नहीं होता। बड़ा प्रश्न स्थितियों के बदलाव और सामाजिक रूपांतरण का है, जिसके लिए वे राम का चयन करते हैं। डॉ. उदयभानुसिंह का कथन है कि ' 'विनयपत्रिका' भक्तिरस का उत्स है और रामचरितमानस का मुख्य प्रतिपाद्य रस भक्तिरस ही है' (तुलसी-दर्शन मीमांसा, पृ. 385)। शास्त्रीय वाद-विवाद हमारा विषय नहीं है, पर तुलसी के भक्तिचिंतन के मूल में जो सामाजिक-सांस्कृतिक आशय हैं, उस ओर भी दृष्टि जानी चाहिए। समाज में जो मत-मतांतर व्याप्त थे, उनके बीच से तुलसी ने उदार भक्ति का मार्ग तलाशा और इसे उच्चतर मानव-मूल्य के रूप में प्रतिष्ठित किया। भक्ति उनके लिए वैराग्य से पृथक्, एक ऐसा कर्मवान मार्ग है, जिसे कोई भी निष्ठावान अपना सकता है, सामाजिक आचरण से चरितार्थ करता।

तुलसी वैचारिक स्तर पर विकल्प की खोज करते हैं, यह उनका उल्लेखनीय पक्ष है, यद्यपि प्रश्न किया जा सकता है कि समस्या का समाधान किसी कवि से अपेक्षित है क्या ? रचना अपने समय से टकराती है, जिसे तुलसी ने कलिकाल कहा—मध्यकाल का यथार्थ, पर उनके सामने भी समस्या है कि आखिर इसे पार कैसे किया जाय। इसके लिए उन्होंने उदात्त पात्रों की सृष्टि की और शरीर-केंद्रित राक्षसी सभ्यता से उनके संघर्ष का भी चित्रण किया। इस प्रकार का देव-दानव, पुण्य-पाप विभाजन कठिन है, पर तुलसी जिस समय-समाज से जूझ रहे थे, उसमें किसी अंश तक यह संभव था। तुलसी दूरदृष्टि के कवि हैं, कई बार भविष्यद्रष्टा, भविष्यवक्ता भी, इसलिए उनकी कवि कल्पना में एक विराट 'विज़न' है, जिसके लिए महान् कवियों का स्मरण किया जाता है। रामचरितमानस के समापन दोहों पर ध्यान दें, जहाँ मध्यकाल के विगलित मूल्यों पर टिप्पणी है : शरीर पर जीते हुए काम-वासना के व्यक्ति हैं जिनके लिए नारी केवल देह है अथवा लोभीजन हैं जिनकी इच्छाएँ अर्थ-केंद्रित हैं। तुलसी दोनों का निषेध करते हुए कहते हैं कि मेरी अभीप्सा राम की है, जो गुणसमन्वित उच्चतम आदर्श हैं। साधारण प्रसंग में कामी, लोभी

की चर्चा उचित न होती, पर तुलसी भोगवादी सामंती समय के विकल्प रूप में राम और उनकी प्रीति को स्थापित करना चाहते हैं। स्वयं को दीन कहते हुए वे प्रार्थना करते हैं : अस बिचारि रघुबंसमनि, हरहु बिषम भव पीर। यह व्यक्तिगत निवेदन नहीं है, यहाँ महाकवि समय-समाज का प्रतिनिधित्व करते हैं, जिसमें 'भव' सम्मिलित है। इसके पूर्व ही रामकथा को 'कलि मल समनि मनोमल हरनी' कहा गया जो संजीवनी के समान है। कलिकाल में एकमात्र साधन राम हैं, जो 'गुणग्राम' हैं जिनके संपर्क से गणिका, अजामिल, व्याध, गीध, गज, आभीर, यवन, किरात, खस, श्वपच सभी पवित्र हो जाते हैं। राम को कलिकाल-विनाशक रूप में चित्रित करते हुए तुलसी उन्हें कर्मकांड का साधन नहीं बनने देते, उन्हें 'गुणनिधान' के रूप में देखते हैं, जिन्हें पुरुष में सर्वश्रेष्ठ मर्यादा पुरुषोत्तम कहा गया और जो नीति-मर्यादा के प्रतिपालक हैं।

तुलसी की रचनाओं में सांस्कृतिक विकल्प के संकेत स्थान-स्थान पर मिलते हैं, कहीं चर्चा में और कहीं वक्तव्यों में। पर सर्वाधिक चरितार्थ करते हैं, रामकथा के चरित्र, जिन्हें काव्य में पुनःसर्जित करते हुए तुलसी को ध्यान है कि इन्हें अपने समय में संचरित होकर भी, उसे अतिक्रांत करना है। समय बराया नहीं जा सकता, वह कछुआ धर्म होगा अथवा कायर पलायन, पर इससे टकराते हुए, इसका विकल्प भी बनना होगा। तुलसी ने अपने समय से वैचारिक स्तर पर संघर्ष किया, इसमें संदेह नहीं और आज इसकी सीमाओं की ओर संकेत करना सरल है, पर जिस जटिल समय में वे सर्जनरत थे, उसे देखते हुए, उनके महत्त्व को स्वीकारना होगा। ज्ञान-विवेक, संत-भक्त आदि के विवेचन में तुलसी ने वैकल्पिक मूल्य संसार की कल्पना की और आसुरी वृत्तियों के विलोम रूप में उसे प्रस्तुत किया। राक्षस एक वृत्ति है, जिसका उल्लेख बालकांड में रावण के प्रसंग में किया गया है, जिसका विस्तार आगामी कांडों में हुआ है। अहंकार-परिचालित रावण को देवताओं के शत्रु रूप में प्रस्तुत किया गया है : हमरे बैरी बिबिध बरूथा। तुलसी कहते हैं कि बाढ़े खल बहु चोर जुआरा, जे लंपट परधन परदारा और दोहा है : बरनि न जाइ अनीति घोर निसाचर जे करहिं, हिंसा पर अति प्रीति तिन्ह के पापहिं कवनि मिति। मूल्यहीन संस्कृति का नाम राक्षस है और 'कवितावली' में जिस कलिकाल का वर्णन है, उसे मध्यकालीन यथार्थ और आसुरी सभ्यता से जोड़कर देखने पर वृत्त पूरा होता है। वहीं लगभग हर छंद में राम को विकल्प रूप प्रस्तुत किया गया है : कलिकाल कराल में 'राम कृपालु' यहै अवलंब बड़ो मन को (87)। स्वारथ को परमारथ को कलि राम को नाम प्रतापु बली है (85)। 'दोहावली' में कहा गया कि कलियुग के विकारों को राग की अग्नि ही भस्म कर सकती है : कुपथ कुतरक कुचालि कलि कपट दंभ पाखंड, दहन राम गुन ग्राम जिमि इंधन अनल प्रचंड (दोहा 565)।

तुलसी ने मूल्यों के वैकल्पिक संसार की परिकल्पना कई धरातलों पर की और

रचना में बार-बार उनकी आवृत्ति बदल-बदल कर होती है। एक वैचारिक जगत् है, जहाँ कवि दार्शनिक-विचारक की भाँति चिंता व्यक्त करता है और सामाजिक चेतना से संपन्न वक्तव्य देता है। पर वे वक्तयों की सीमा से भी परिचित हैं, इसलिए उन्होंने वैकल्पिक मूल्यसंसार को चरित्रों के माध्यम से आचरण स्तर पर प्रमाणित करने का कार्य किया। सामान्यजन चरित्रों को प्रतीक रूप स्वीकारते हैं और उन्हें मूल्य-प्रतिनिधि के रूप में देखते हैं। ऐसी स्थिति में पात्र व्यक्तिगत संज्ञाएँ नहीं रह जाते, किन्हीं प्रवृत्तियों के संवाहक बनते हैं। तुलसी ने यह कार्य कौशल से किया, जैसे अयोध्याकांड के अंत में कहा गया कि भरत का जन्म न होता तो सुयश के बहाने दुख-सन्ताप-दारिद्रय का हरण कौन करता : दुख दाह दारिद दंभ दूषन सुजस मिस अपहरत को। सीता सील व्रत प्रेम पुनीता हैं, जिनके रूप का वर्णन भी संभव नहीं, उन्हें 'महाछवि' कहा गया, जैसे राधा में 'परम गोपीभाव' की परिकल्पना की गई। तुलसी ने वैकल्पिक, मूल्य संसार को कवि के कल्पित स्वप्न अथवा विज़न के रूप में प्रस्तुत करने का प्रयत्न किया। रामचरितमानस के बालकांड (दोहा 121) में राम-जन्म के हेतु की चर्चा है : असुरि मारि थापहिं सुरन्ह राखहिं निज श्रुतिसेतु, जग बिस्तारहिं बिसद जस राम जन्म कर हेतु। समाज में मूल्य-मर्यादाओं की स्थापना के लिए राम मनुष्य रूप में अवतरित होते हैं। यहाँ यह संकेत करना भी आवश्यक है कि देवता तो छली-कपटी कहे गए हैं जो राम की विजय के अवसरों पर आकाश से केवल प्रसून-वर्षा करना जानते हैं, जैसे कर्महीन जाति हो। 'कामायनी' के इड़ा सर्ग में देवता जाति को 'अपूर्ण अहंता' कहा गया है जो स्वयं को प्रवीण समझती है। तुलसी ने देवताओं को अच्छा प्रमाणपत्र नहीं दिया और सचाई तो यह है कि अपने स्वार्थ के लिए उन्होंने राम को संघर्ष में उतारा, स्वयं तटस्थ होकर आनन्द लेते रहे। इसकी चर्चा की जाएगी, फिलहाल इतना ही कहना पर्याप्त कि राम उन मूल्यों के प्रमुख वाहक हैं जिन्हें तुलसी मध्यकालीन कलिकाल के विकल्प रूप में प्रस्तुत करते हैं। राम के लिए जिन विरुदों का प्रयोग किया गया है, उनकी संख्या विपुल है पर प्रधानता है उनके 'करुणाभाव' की, दीन-दयालु से लेकर गरीबनेवाज तक। शिव, गणेश, दिनेश, धनेश, सुरेश, सुर, गौरि, गिरापति सबको छोड़कर तुलसी केवल राम का आश्रय चाहते हैं, क्योंकि राम पर उन्हें भरोसा है (कविता. उत्तर. 78)। इसी में एक पंक्ति में गरीबनेवाज की पुनरावृत्ति हुई है, जो शब्द मध्यकालीन शासकों के लिए प्रयुक्त होता था। तुलसी के गरीबनेवाज गुणसमन्वित राम हैं, जिनके दरबार में सबका प्रवेश है, यहाँ खास-आम का विभाजन नहीं है : राम गरीबनेवाज, भए हौ गरीबनेवाज गरीबनेवाजी (पद 95)। इसलिए तुलसी ने कहा : एकै दानि सिरोमनि साँचो।

तुलसी की रामराज्य परिकल्पना का उल्लेख प्रायः किया जाता है, जिसकी आदर्शवादी रेखाएँ हो सकती हैं 'यूटोपिया' तक। पर विचारणीय यह कि महाकवि ने वैकल्पिक मूल्य संसार परिकल्पित किया, साहस का परिचय दिया, समय की चुनौती

रचना-स्तर पर स्वीकार की और उसे वाणी दी। बालकांड में ही उस रामराज्य की भूमिका बना दी जाती है, जिसे राम की संघर्षगाथा से गुज़ारकर लंकाकांड में राम-विजय द्वारा स्थापित किया गया और अयोध्या लौटने पर उसका वर्णन विस्तार से किया गया। पर रामराज्य की स्थापना सरलता से नहीं होती, ऐसा होता तो घोषणाएँ, वक्तव्य, दिवास्वप्न ही पर्याप्त होते। पूरे संघर्ष से गुजरकर ही वह रामराज्य लाया जा सकता है, जिसकी परिकल्पना तुलसी ने की और जिसे आधुनिक समय में महात्मा गांधी का अधूरा स्वप्न कहा जा सकता है। जहाँ-जहाँ राम जाते हैं, अपने व्यक्तित्व से परिवेश को बदल देते हैं, यह कोई चमत्कार नहीं है, वह उनके शील-स्वभाव की परिणति भी है। यद्यपि तुलसी की चेतना में उपास्य राम भी विद्यमान हैं जिसका स्वाभाविक प्रभाव रचनाशीलता में देखा जा सकता है जैसे चित्रकूट का दृश्य है : जब तें छाइ रहे रघुनायक, तब तें भयउ बनु मंगलदायुक। प्रकृति और मनुष्य में राम के संसर्ग से यह रूपांतरण कवि की मूल्य-कल्पना का ही एक अंश है। एक विराट रूपक के द्वारा तुलसी ने रामकथा की परिकल्पना की : निर्मल मानसरोवर है जिसके सात कांड, सात सोपान हैं। इसका पूरा रूपक महाकवि ने बाँधा है—लहर, कमल से लेकर काग-बलाक तक। एक प्रकार से पूरी राम-कथा का संकेत यहाँ है और कहा गया कि यह मूल्य-निष्पादित है : काम कोह मद मोह नसावन, बिमल बिबेक बिराग बढ़ावन। भरत के चरित्र को सराहते हुए तुलसी ने सुकीर्ति की सरिता के लिए कहा कि छहों ऋतुओं में उसकी शोभा है। रामराज्य का संकेत करते हुए कहा कि वह सर्वोपरि है : राम राज सुख बिनय बड़ाई, बिसद सुखद सोइ सरद सुहाई। रामराज्य को तुलसी ने शरद ऋतु कहा, जो निरभ्र आकाश की प्रतीक है। किष्किंधाकांड में राम लक्ष्मण से शरद ऋतु का वर्णन करते हुए कहते हैं : सरिता सर निर्मल जस सोहा, संत हृदय जस गत मद मोहा। विकारों पर विजय से उच्चतर मूल्य-संसार स्थापित होता है और रामराज्य इसका प्रतीक है।

राम-कथा में रामराज्य के संकेत कई स्थलों पर हैं, जहाँ विकारों से संघर्ष करते हुए उच्चतर धरातल पर पहुँचने का प्रयत्न है और यह संघर्ष बाहरी भी है, भीतरी भी। दानवों से संघर्ष को दो पृथक् मूल्य-दृष्टियों के रूप में देखना अधिक प्रासंगिक होगा। इस दृष्टि से राम-रावण संघर्ष दो विरोधी मूल्यचिंताओं का संघर्ष है और काव्यसत्य की प्रतिष्ठा के लिए राम की विजय आवश्यक है, जिससे मूल्य-संसार की स्थापना भी होती है। राम-रावण के निणायक युद्ध में विभीषण की चिंता देखकर, राम ने कहा कि जिस रथ से युद्ध जीता जाता है, वह मूल्यनिर्मित होता है जिसका निर्माण शौर्य, धैर्य, सत्य, शील, बल, विवेक, दम आदि से होता है : महाअजय संसार रिपु जीति सकइ सो बीर, जाकें अस रथ होइ दृढ़ सुनहु सखा मति धीर। संभव है इसके कुछ मूल्य व्यावहारिक न प्रतीत हों और बदलते हुए समय के इतिहास-चक्र में इनकी प्रासंगिकता में संदेह किया जाय, पर उच्चतम मूल्यसंसार की स्थापना के

लिए इनकी उपादेयता तो है ही। राम युद्धभूमि में अपने सामाजिक कर्म सौंदर्य में सुशोभित हैं : श्रम बिंदु मुख राजीव लोचन अरुन तन सोभित कनी। वीरता का सौंदर्य-चित्र है, संघर्ष की सार्थकता प्रमाणित करता :

सिर जटा मुकुट प्रसून बिच बिच अति मनोहर राजहीं
जनु नीलगिरि पर तड़ित पटल समेत उडुगन भ्राजहीं
भुजदंड सर कोदंड फेरत रुधिर कन तन अति बने
जनु रायमुनीं तमाल पर बैठीं विपुल सुख आपने।

राम का अयोध्या लौटना एक साथ कई ध्वनियों से संपन्न है। भरत की भायप भक्ति, सीता की पवित्रता, लक्ष्मण की निष्ठा, हनुमान का विवेक, वानरी सेना की सेवा सब प्रमाणित हुए। सबसे ऊपर प्रमाणित हुआ राम का संघर्षशील व्यक्तित्व जो अन्याय-अत्याचार से टकराया और विजयी हुआ, सामाजिक कल्याण के लिए। इसी को राम का रामत्व कहा गया : धर्म के सेतु, जगमंगल के हेतु भूमि भार हरिबे को अबतारु लिए नर को (विनय. उत्तर. पद 122)। मानस के उत्तरकांड में रामराज्य का वर्णन एक प्रकार से राम के व्यक्तित्व का सार-अंश भी है, जैसे गीता में कृष्ण का विश्वरूप, एक में कर्म प्रधान है, दूसरे में विचार। तुलसी का कौशल यह कि वे रामराज्य के माध्यम से राम के व्यक्तित्व को सामाजिक व्याप्ति देते हैं। राम के अयोध्या आगमन को तुलसी ने पूरी सांस्कृतिक उत्सवधर्मिता के साथ प्रस्तुत किया है : दधि दुर्वा रोचन फल फूला, नव तुलसी दल मंगल मूला। यह विशिष्ट मांगलिक क्षण है : राका ससि रघुपति पुर सिंधु देखि हरषान, जैसे पूर्णिमा के चंद्रमा को देखकर समुद्र का उल्लास। संलग्नता से तुलसी ने इसका वर्णन किया है, लोकोत्सव के रूप में : जहँ तहँ नारि निछावरि करहीं, देहिं असीस हरष उर भरहीं। माताओं की स्थिति है : जनु धेनु बालक बच्छ तजि गृह चरन बन परवस गईं। साथियों की विदा के प्रसंग में सबसे अंत में निषाद है, जिससे राम कहते हैं : तुम्ह मम सखा भरत सम भ्राता, सदा रहेहु पुर आवत जाता। राम की इस समदर्शिता के क्रम में रामराज्य का वर्णन आरंभ होता है : राम राज बैठे त्रैलोका, हर्षित भए गए सब सोका।

रामराज्य का यह वर्णन दानव सभ्यता के विकल्प रूप में भी देखा जा सकता है, जैसे राम वैकल्पिक युगनायक। संभव है इसकी कुछ धारणाओं से असहमति हो, जैसे वर्णाश्रम व्यवस्था का पालन, अथवा कुछ प्रसंगों की उपादेयता में संदेह हो, पर तुलसी ने इसे अपनी अवधारणाओं से रचा। उल्लेखनीय है कि कम रचनाएँ होती हैं, जो ऐसा रचना-स्वप्न निर्मित कर सकें, वह भी एक कठिन समय में। तुलसी ने अपने संकल्पी साहस से इसे संभव किया, इसकी सीमाएँ समय की सीमाएँ भी हो सकती हैं, पर इसके सांस्कृतिक आशय को सराहना होगा। रामराज्य के दृश्य में सामाजिक-सांस्कृतिक समता का जो उदात्त मूल्य-संसार है, वह वरेण्य है : दैहिक दैविक भौतिक ताप का विनाश, व्यक्तियों में पारस्परिक प्रेम-भाव : नहिं दरिद्र कोउ

दुखी न दीना, नहिं कोउ अबुध न लच्छनहीना और सब उदार, परोपकारी। यहाँ तक कि प्रकृति में भी नया विन्यास : फूलहि फलहिं सदा तरु कानन, रहहिं एक संग गज पंचानन। खग-मृग सहज बयरु बिसराई, सबन्हि परस्पर प्रीति बढ़ाई। जैसा कि कहा गया यह तो रामराज्य का समापन अंश जैसा है, क्योंकि राम का व्यक्तित्व तो पूरी कथा को संचालित करता है, सब पर उनकी उदार छाया है। रामराज्य के इस क्रम में स्वयं राम की चर्चा है : राम करहिं भ्रातन्ह पर प्रीती, नाना भाँति सिखावहिं नीती। विस्तार से इसका वर्णन है और इस अवसर पर सनकादि जो स्तुति करते हैं, उनमें राम के गुणों का बखान है : ग्यान निधान अमान मानप्रद, पावन सुजस पुरान बेद बद। तग्य कृतग्य अग्यता भंजन, नाम अनेक अनाम निरंजन। रामराज्य वैचारिक क्षमता से निर्मित है, पर कवि का संवेदन संलग्नता से सम्मिलित है, एक वैकल्पिक मूल्य-संसार का संकेत करता।

तुलसी के समाजदर्शन, जीवन-दृष्टि के लिए मानववाद शब्द का प्रयोग किया जा सकता है, पर अपने समय-संदर्भ के साथ। एक धर्म-सापेक्ष आस्तिक स्थिति है, जिसे प्रायः मानवतावादी कहकर संबोधित किया गया, जिसका एक नैतिक संसार है, जिसे आध्यात्मिक माना गया। भक्तिकाव्य इसी धारणा से संबद्ध कर देखा जाता रहा है। पर आधुनिक समय में पंथ-निरपेक्ष मानववाद की परिकल्पना की गई, जिसके केंद्र में ईश्वर के स्थान पर मनुष्य आया। इस मानववाद पर पर्याप्त विचार-विनिमय हुआ है, जिसकी कई शाखाएँ-प्रशाखाएँ विकसित हुईं और भारत में ही एम.एन. राय का रैडिकल ह्यूमनिज़्म अथवा परिवर्तनवादी मानववाद है। मार्क्सवाद को तो मानववाद का एकमात्र दर्शन तक निरूपित किए जाने का प्रयत्न किया गया। बिना सैद्धान्तिक चर्चा के, यदि तुलसी को मध्यकालीन स्थितियों के संदर्भ में देखने का प्रयत्न किया जाय तो महाकवि की मानवीय दृष्टि के कुछ पक्ष समझे जा सकते हैं। माना कि रामकथा के मूल में ईश्वर है—सर्वगुणसंपन्न, पर तुलसी ने राम को मनुष्य रूप में अवतरित किया, उन्हें केंद्र में रखकर पूरा लीला-संसार रचा, कर्म-भरे व्यक्तित्व से चरितार्थता दी और यह सर्जनात्मक क्षमता तथा उदार मानवीय दृष्टि से ही संभव हो सका। तुलसी के लिए राम सर्वोपरि हैं, जिनका प्रस्थान करुणा है, वे दयानिधान हैं और सामाजिक-सांस्कृतिक मूल्यों की स्थापना के लिए संघर्षरत हैं। तुलसी ने गणेश वन्दना की है और शंकर तो राम कथा में सर्वत्र उपस्थित हैं—आदि से अंत तक। इसके मूल में कवि का सांस्कृतिक प्रयोजन है, अपने समय के शैव-वैष्णव संघर्ष का समाधान। तुलसी ने अन्य देवताओं को साधारण माना और उन पर टिप्पणियाँ की हैं, जैसे वह कर्महीन बिरादरी है, आकाश में बैठी षड्यंत्र रचती और राम की विजय में प्रसून-वर्षा करती है, बस। विनयपत्रिका के एक पद (145) में तुलसी कहते हैं कि मैं तुम्हारा नाम लेकर अपने हृदय में एक ग्राम बसाना चाहता हूँ क्योंकि : सुर स्वारथी अनीस अलायक निठुर दया चित नाहीं। देवता स्वार्थरत हैं, इसके कई प्रमाण,

पर सबसे दारुण प्रसंग भरत के चित्रकूट-प्रसंग में आता है। भरत राम से अनुनय-विनय करते हैं, पर देवता स्वार्थ-परिचालित हैं और देवगण के साथ इंद्र भी विपरीत दिशा में सोचते हैं, निष्करुण भाव से : सुर गन सहित समय सुरराजू, सोचहिं चाहत होन अकाजू। बनत उपाय करत कछु नाहीं, राम सरन सब गे मन माही (अयोध्याकांड)। देवताओं को यह भी ज्ञान नहीं कि राम वचन-निर्वाह किए बिना घर नहीं लौटेंगे। राम ने कई प्रसंगों में 'देव कुचाली' आदि कहकर उस देवलोक को खारिज किया है, जो एक प्रकार से परजीवी है। तुलसी को अहसास है कि अगोचर देवत्व के सहारे कर्मकांड-पुरोहितवाद फलते-फूलते हैं, और इससे मुक्ति के लिए राम का मानव रूप में अवतरण समय की अनिवार्यता भी है। इस प्रकार वे आस्तिक मानववाद को स्थापित करते हैं : जग मंगल गुन ग्राम राम के, दानि मुकुति धन धरम धाम के।

तुलसी की मानववादी अवधारणा समय-परिचालित है, पर किसी सीमा तक ही और उन्हें किसी भी आधुनिकतावादी दृष्टि से देखना, उनके साथ न्याय नहीं होगा। श्री विष्णुकांत शास्त्री ने इस प्रश्न पर तुलसीदास-संबंधी अपनी पुस्तक में विचार किया है। जहाँ तक सीमाओं का प्रश्न है तो कहा जा सकता है कि वह किसकी नहीं होतीं, पर उन्हें पार करने में ही रचना-क्षमता की ऊर्जा पहचानी जाती है। तुलसी ने स्वयं कहा कि मनुष्य का जीवन बड़े भाग्य से मिलता है : बड़े भाग मानुष तन पावा और राम के व्यक्तित्व से प्रमाणित किया कि ऐसी होती है, मानव की चरितार्थता। मनुष्यों में सर्वोपरि राम के कुछ अलौकिक प्रसंगों को छोड़ दें, तो शेष को मूल्यों के सहारे, संकल्प-भरे कर्म से पार किया जा सकता है। शर्त यह है कि अपने से बाहर निकलने की सामर्थ्य हो, व्यक्तित्व सही अर्थों में सामाजीकृत हो, मानव-कल्याण से परिचालित। तुलसी ने स्वयं कहा कि क्या अंतर पड़ता है : धूत कहौ अवधूत कहौ, रजपूत कहौ जोलहा कहौ कोऊ और उनका निर्भय स्वर है : माँगि कै खैबो मसीत को सोइबो, लैबे को एकु न दैबे को दोऊ (कवितावली. उत्तर.)। इसी क्रम में वे स्वयं को जातिमुक्त घोषित करते हैं : मेरे जाति-पाँत न चहौं काहू की जाति-पाँति। उन्होंने अपने समय की विभीषिका को समाज, धर्म, वर्ण, अर्थ कई स्तरों पर देखा था : खेती न किसान को भिखारी न भीख बलि, बनिक को बनिज न चाकर को चाकरी (वही)। वे जानते थे कि पेट की ज्वाला बड़वाग्नि से अधिक कष्टकर है : आगि बड़वागि तें, बड़ी है आगि पेट की। कलिकाल महाकवि का देखा-भोगा यथार्थ है और इसके समाधान के लिए वे राम और उनके रामराज्य को उभारते हैं। कवि के मानव-दर्शन, भक्तिचिंतन, समाजदर्शन को इसी परिप्रेक्ष्य में देखकर तुलसी के लोकवादी मानववाद को समझा जा सकता है। मात्र सामंती सीमाओं के संदर्भ में टिप्पणी करना अधूरा साक्षात्कार होगा, क्योंकि तब तो रचनाशीलता का समस्त विश्व ही सीमा-केंद्रित होकर रह जाने के संकट में होगा। रचना के संदर्भ में मूल प्रश्न यह भी कि वह अपने समय से टकराती हुई किस वैचारिक-संवेदन क्षमता से आगे

बढ़ी है और उसने कौन से सार्थक चिह्न छोड़े हैं।

तुलसी की मानववादी दृष्टि को यदि केवल आज की किसी आधुनिक प्रवृत्ति से विवेचित करने की चेष्टा की जाएगी तो कमज़ोर पक्षों के उदाहरण संदर्भ से काटकर दिए जाएँगे और उन्हें किसी भी गलत विशेषण से परिभाषित किया जाएगा। संभवतः इसीलिए आचार्य रामचंद्र शुक्ल ने तुलसी के संदर्भ में लोकधर्म, लोकवाद, लोकपक्ष शब्दों का प्रयोग किया और सर्वप्रथम इसे विवेचित किया : 'जो धर्म उपदेश द्वारा न सुधरने वाले दुष्टों और अत्याचारियों को दुष्टता के लिए छोड़ दे, उनके लिए कोई व्यवस्था न करे, वह लोकधर्म नहीं, व्यक्तिगत साधना है।' तुलसी के संदर्भ में लिखा कि 'रामचरित के सौंदर्य द्वारा तुलसीदास ने जनता को लोकधर्म की ओर जो फिर से आकर्षित किया, वह निष्फल नहीं हुआ' (गो. तुलसीदास, पृ. 33)। उल्लेखनीय है कि मार्क्सवादी विद्वानों ने आचार्य शुक्ल के लोकवाद को अपने ढंग से अपनाया और तुलसी के देश-भाव को लेकर विश्वनाथ त्रिपाठी का कथन विचारणीय है : 'तुलसी को बहुत अधिक पीड़ा होती थी देशवासियों की दरिद्रता देखकर। उन्होंने स्वयं भी दरिद्रता भोगी थी—'बारे तैं ललात बिललात द्वार द्वार दीन'। उनके राम 'गरीबने वाज' और 'दीनबंधु' हैं, इस दरिद्रता को उनके राम दूर करते हैं, रामराज्य की स्थापना से' (लोकवादी तुलसीदास, पृ. 81)। तुलसी में लोक इतना रचा-बसा है कि रामचरितमानस तो जैसे उत्तरी भारत का दस्तावेज़ ही बन जाता है। यहाँ की प्रकृति के साथ पूरा परिवेश जैसे उपस्थित है—लोकव्यवहार से लेकर जीवन-यथार्थ तक। वे सामान्यजन की पीड़ा समझते हैं, इसलिए लिख सकते हैं : जाके पैर न परै बिवाई, सो का जानै पीर पराई। तुलसी का लोकजीवन उनके अनुभव में समाया है, उसका एक अविभाज्य अंग है और जीवन-दृश्य बनाने में तो वे उसका उपयोग करते ही हैं, वैचारिक स्तर पर यह यत्न भी करते हैं कि मध्यकालीन असमानता, दैन्य, शरीरवाद आदि का अंत कैसे हो। उनके लोकवाद का एक पक्ष है, समय का दृश्यालेख, प्रवृत्तियों पर टिप्पणी, पर वे एक सजग कवि हैं और इससे आगे निकलकर मुक्ति का उपाय भी खोजते हैं। जिसे कवि का लोकधर्म, लोकवाद अथवा आधुनिक शब्दावली में मानववाद कहा जाता है, उसकी परिधि व्यापक है और स्वतंत्र विवेचन की माँग करती है।

तुलसी का लोकधर्म एक नैतिक आधार बनाने का प्रयत्न करता है, जिसकी कतिपय मर्यादाएँ और मूल्य निश्चित हैं, जो कुटुम्ब-परिवार, राजा-प्रजा, समाज-व्यक्ति, स्त्री-पुरुष आदि के संबंधों को लेकर हैं। ये मर्यादाएँ जब टूटती हैं तो महाकवि को पीड़ा होती है और वे जिस पुनःस्थापना का आग्रह करते हैं, उसे पुनरुत्थानवाद भी कहा जा सकता है। पर इसे मध्यकाल के परिवेश में समझना होगा, जिसकी अपनी सीमाएँ हैं। तुलसी द्वारा विभिन्न स्थलों पर प्रयुक्त पंक्तियों को लेकर अंतर्विरोधों की तलाश भी की जाती है, पर कई बार एक प्रश्न के रूप में है, दूसरा उत्तर के

रूप में। वर्ण व्यवस्था के टूटने पर कवि की चिंता का कारण यह नहीं कि जन्मना जाति-व्यवस्था बनी रहे, उनका आशय यह भी हो सकता है कि लोग अपने दायित्व के प्रति सचेत हों। तुलसी के लोकधर्म में लोक सर्वोपरि है, जिसके लिए आचार्य हजारीप्रसाद ने कहा कि मनुष्य ही साहित्य का लक्ष्य है। तुलसी का विवेचन करते हुए उन्होंने लोक शब्द का प्रयोग किया है : 'तुलसीदास को जो अभूतपूर्व सफलता मिली, उसका कारण यह था कि वे समन्वय की विशाल बुद्धि लेकर उत्पन्न हुए थे। भारतवर्ष का लोकनायक वही हो सकता है, जो समन्वय करने का अपार धैर्य लेकर आया हो' (हिन्दी साहित्य : उद्‌भव और विकास, पृ. 141)। पर यह समन्वय कोई समझौतावाद नहीं, उदार दृष्टि का बोधक है। इस समन्वय को कल्पकवि की सारग्राहिणी दृष्टि के रूप में देखा गया है, पर सबके बीच से गुजरते हुए, तुलसी ने लोकदृष्टि का निर्माण किया। राम धर्मधुरीण काव्यनायक हैं, पर मानस के उत्तरकांड में वे कहते हैं कि जो उचित समझते हो करो और : जो अनीति कछु भाखौं भाई, तो मोहि बरजहु भय बिसराई। राम के व्यक्तित्व का जनतांत्रीकरण मध्यकालीन निरंकुशता का विकल्प है, जहाँ वे भय का नहीं, श्रद्धा का संचार करते हैं, अपने सुकर्मवान व्यक्तित्व से।

तुलसी सदाशयता के कवि हैं, पर वे ऐसे सुधारवाद तक सीमित नहीं हैं, जहाँ सब कुछ हृदय-परिवर्तन के सहारे छोड़ दिया जाय। राम बार-बार चेतावनी देते हैं, पर वे अंतिम संघर्ष के लिए भी प्रस्तुत हैं। मानववाद, लोकवाद, लोकधर्म कोरे शब्द नहीं हैं, जिन्हें उच्चरित कर दिया जाय, इन्हें आचरण से प्रमाणित करना होता है। इस अर्थ में तुलसी की लोकवादिता का क्षेत्र व्यापक है जो उन्हें कालजयी कवियों में स्थान दिलाता है। जिस देश में तुलसी जन्मे उसके प्रति उनका राग-भाव अब भी अनुकरणीय है, पूरा जीवन जैसे उनकी रचनाओं में समाया हुआ। पाब्लो नेरूदा ने ज़ोर देकर कहा है कि महान् कविता अपने विन्यास में देशज होती है, उसकी अर्थध्वनियाँ व्यापक। तुलसी ने जिस लोकधर्मिता का आग्रह किया, उसमें समता का भाव भी है और इसके लिए वे भक्ति का एक नया विन्यास करते हैं। तुलसी के लिए भक्ति-चिंतन, समाजदर्शन आदि उनके व्यापक लोकधर्म के ही अंग हैं, जिसे आधुनिक भाषा में मानववाद कहा जाता है। पर सब कुछ घटित होता है, राम को केंद्र में रखकर, जो पुरुषोत्तम हैं, कर्म का सौंदर्य रचाते। प्रायः लोकधर्म को जीवन-यथार्थ अथवा कवि की लोकचिंता तक सीमित कर दिया जाता है, पर तुलसी की अपनी सौंदर्य-दृष्टि है। वे सौंदर्य के नए लोक के स्रष्टा हैं, जो देहवाद को अक्रमित करता हुआ, गुण-केंद्रित है। सौंदर्य के लिए छबि-महाछबि, रूप-अपरूप, बिमल-निर्मल, ज्योति-प्रकाश, मृदु-मंजुल, मंगल-कल्याण, शोभा-सुषुमा आदि शब्दों का प्रयोग किया गया है। उनके लिए सौंदर्य वही है, जो मंगलकारी है, शेष व्यर्थ। राम के लिए बार-बार मंगल शब्द का प्रयोग हुआ है : मंगल-भवन अमंगल हारी, उमा सहित जेहि

जपत पुरारी। राम-सीता की युगल मूर्ति है : दूलह राम, सिय दुलही री। इन्हें देखने में ही नेत्रों की सार्थकता है। अप्रतिम सौंदर्य है, विधाता के हाथों सर्जित (गीतावली : बाल. 106) :

दूलह राम, सीय दुलही री
घन-दामिनि बर बरन हरन-मन, सुंदरता नखसिख निबही री
ब्याह-बिभूषन-बसन-बिभूषित, सखि अवली लखि ठगि सी रही री
जीवन-जनम-लाहु, लोचन-फल है इतनोइ, लह्यौ आजु सही री
सुखमा-सुरभि सिंगार-छीर दुहि मयन अमियमय कियो है दही री
मथि माखन सिय राम सँवारे, सकल भुवन छबि मनहुँ मही री
तुलसिदास जोरी देखत सुख-सोभा अतुल न जाति कही री
रूप-रासि बिरची बिरंचि मनो, सिला लवनि रति-काम लही री।

राम ने जनकवाटिका में सीता को देखा तो उनके रूप के लिए 'शोभा' शब्द का प्रयोग किया गया है, हृदय जिसे सराहता है, जैसे ब्रह्मा ने अपनी संपूर्ण निपुणता से सीता को निर्मित किया। 'छबिगृह दीपसिखा जनु बरई', में सौंदर्य आलोक का है और यहाँ सौंदर्य आलंबन है, उद्दीपन नहीं। सौंदर्य की व्यापक सामाजिक स्वीकृति ही तुलसी के लिए वास्तविक सौंदर्य है जिसे उन्होंने छवि, शोभा आदि कहा और यह सुकर्म, शील से ही संभव है। तुलसी महाकवि हैं, इतने रूखे नहीं हो सकते कि सौंदर्य का स्पर्श ही करने में संकोच हो, पर उनकी मर्यादा-दृष्टि इसकी सीमाएँ जानती है। उन्होंने सौंदर्य की नई अवधारणा विकसित की और कहा कि सौंदर्य कर्म-भरे समग्र व्यक्तित्व में होता है, मात्र शारीरिक इकाइयों में नहीं। इसलिए नखशिख वर्णन का प्रयत्न यहाँ नहीं किया गया, सारा ध्यान शुभ, मंगल, कल्याण, पवित्रता आदि गुणों पर केंद्रित है। आखिर ज्ञानी (विवेकवान) भक्त का सौंदर्य क्या है ? उदात्त गुण भाव जिससे वह राम के प्रति निष्काम भाव से समर्पित होता है। तुलसी के लिए मानव-मूल्यों का उच्चतम संसार केवल विचारणा का विषय नहीं, उसके आचरण से व्यक्तित्व को जो दीप्ति और आभा मिलती है, वह अप्रतिम है, दुर्लभ। राम सुन्दर हैं, क्योंकि उनके पास सामाजिक कर्मों की अक्षय निधि है और वे उदात्त महामानव हैं।

तुलसी का समाजदर्शन भक्तिचिंतन में अंतर्भुक्त है और उसका व्यापक लोक-धरातल है। मध्यकाल में स्थित तुलसी अपने समय की चुनौती स्वीकार करते हैं, सजग स्रष्टा के रूप में और वे जानते हैं कि जिस आराध्य राम के प्रति उनकी प्रीति है, उसे सामान्यजन के बीच प्रतिष्ठित करना है। इसी से राम की विश्वसनीयता प्रमाणित हो सकेगी और इसीलिए सर्वाधिक ऊर्जा महाकवि ने दी, अयोध्याकांड को, जहाँ से काव्यनायक का संघर्षशील व्यक्तित्व उभरता है और भरत के भ्रातृत्व की प्रतिष्ठा होती है। जीवन के जितने दृश्य तुलसी उभारते हैं, उतने अन्यत्र मिलना कठिन

है और उनका वैशिष्ट्य यह कि उन्होंने विचार-संवेदन की मैत्री स्थापित करने का प्रयत्न किया, प्रवचनकर्त्ता पीछे छूट गया। वे जानते हैं कि कोरे उपदेश अनसुने कर दिए जाते हैं, इसलिए उन्होंने अपना ध्यान चरित्रांकन में लगाया, उन्हें समाज में संतरित किया। सबसे महत्त्वपूर्ण तथ्य यह कि उन्होंने सब कुछ लोकजीवन से प्राप्त किया—दृश्य से लेकर भाषा तक। सारा मुहावरा उन्होंने लोकजीवन से प्राप्त किया और शब्द-संयोजन तथा ध्वनि-योजना से ऐसे काव्य-संगीत का निर्वाह किया कि वे हिंदी के सर्वाधिक कंठस्थ और उद्धरणीय कवियों में हैं। भाव के अनुसार भाषा की भंगिमा परिवर्तित होती है, वह भी ऐसे सहज ढंग से कि दृश्य-परिवर्तन, भाग्य-संकेतों के बावजूद नितांत आकस्मिक नहीं प्रतीत होता। धनुषयज्ञ का समय है और सहसा लक्ष्मण के क्रोध से दृश्य बदल जाता है। राम-भरत का चित्रकूट में मिलन है, और बीच में तुलसी स्वार्थी देवताओं पर टिप्पणी करते हैं : सुरगन सभय धकधकी धरकी। तुलसी के पास उपमाओं का अक्षय कोश है जो उन्होंने व्यापक निरीक्षण और वृहत्तर जीवनानुभव से प्राप्त किया था। शिल्प-संसार इस विवेचन का विषय नहीं है, पर निर्विवाद है कि तुलसी का काव्यकौशल उनके सामाजिक-सांस्कृतिक अभिप्राय को पूरी क्षमता से व्यक्त करता है और यहीं तुलसी तुलसी हैं। बालकांड के आरंभ में राम-सीता की वंदना करते हुए उन्होंने वाणी और अर्थ की अभिन्नता का स्मरण किया : गिरा अरथ जल बीचि सम कहियत भिन्न न भिन्न और इसके निर्वाह में सफलता प्राप्त की। भाषा के इतने स्तर अन्यत्र मिलना कठिन हैं, जो सभी रसों की निष्पत्ति में सक्षम हों। अवधी के तो वे कविशिरोमणि हैं ही, विनयपत्रिका, कवितावली, गीतावली उनके ब्रजभाषा-अधिकार का साक्ष्य हैं। छंद के कई प्रचलित रूपों का, उन्होंने उपयोग किया और दोहा-चौपाई को ऐसी लयात्मकता दी कि उनकी कविता लोककंठ में समा गई। पार्वती मगंल, जानकी मंगल, नहछू आदि कृतियाँ तो लोक के सामान्यजन के लिए ही रची गई हैं। बदले समय की कई चुनौतियों के बावजूद, तुलसी की सर्जनशीलता की साख कायम है और पाठक महाकवि से संवाद कर स्वयं को संवेदन-संपन्न पाता है। जैसे तुलसी ने अपने समय की चुनौती स्वीकार की, वैसे ही वे हर समय में नयी पहचान के लिए चुनौती देते रहेंगे, सामान्यजन के प्रिय कवियों में वे शीर्ष पर हैं ही।

भक्तिकाव्य का समाजदर्शन

भक्तिकाव्य ने लंबा समय पार किया और उसके मुख्य वृत्त को यदि चौदहवीं शती से आरंभ करें तो सत्रहवीं शती के मध्यभाग तक उसका प्रसार है। पीठिका में सिद्ध-नाथ साहित्य मौजूद है, जिसके गुणात्मक विकास रूप में संत-भक्ति काव्य को प्रस्तुत किया जाता है। व्यापक भक्ति आंदोलन ने जो वैचारिक-दार्शनिक प्रयत्न किए, उसकी छाया भी यहाँ देखी जा सकती है, विशेषतया भक्ति-दर्शन की नियोजना में। भक्तिकाव्य के व्यापक प्रसार से ज्ञात होता है कि मध्यकालीन परिवेश ने पूरे देश को प्रभावित किया और भाषा की कठिनाई से, यद्यपि निकट पारस्परिक संवाद सरल नहीं था, पर क्षेत्रीय वैशिष्ट्य के बावजूद उनमें समान रेखाएँ भी खोजी जा सकती हैं। जिनका संपर्क शास्त्र से है, वे काव्य में उसकी व्याख्याएँ अपने ढंग से कर सकते हैं, पर एक ही स्रोत होने से कुछ समानताएँ भी हैं। यायावरी प्रवृत्ति से जो अनुभव-ज्ञान प्राप्त किया जाता है, वह लोक के प्रति एक ऐसी उदार व्यापक दृष्टि देता है कि कई जड़ताएँ टूटती हैं। मध्यकाल में देवस्थलों के माध्यम से भी एक संपर्क था और इन सबके ऊपर एक समीपी सांस्कृतिक संवाद था जिसने भक्तिकाव्य को नई सर्जनात्मक ऊर्जा से संपन्न किया। एक कठिन समय में सार्थक रचना कैसे संभव हो सकती है, इसे भक्तिकाव्य ने प्रमाणित किया और साहित्य के इतिहास में इतनी लंबी आयु के रचना-आंदोलन सरलता से नहीं मिलते। पार्थक्य के बावजूद भारतीय भक्तिकाव्य का एक समवेत स्वर भी है जिस ओर समाजशास्त्रियों का ध्यान गया। डी.पी. मुकर्जी ने स्वीकार किया है कि 'मध्यकालीन संतों का भारतीय संस्कृति के क्षेत्र में सर्वाधिक अवदान साहित्य के क्षेत्र में है। उन्होंने प्रादेशिक भाषाओं में सामान्यजन को संबोधित करने का महत्त्वपूर्ण कार्य किया' (सोशियालॉजी ऑफ़ इंडियन कल्चर, पृ. 19)। सीमाओं का उल्लेख करते हुए भी के. दामोदरन भक्ति आंदोलन और भक्तिकाव्य की ऐतिहासिक भूमिका स्वीकारते हैं : 'इस प्रकार मध्ययुग के इस महान् आंदोलन ने न केवल विभिन्न भाषाओं और विभिन्न धर्मों वाले जनसमुदायों

की एक सुसंबद्ध भारतीय संस्कृति के विकास में मदद की बल्कि सामंती दमन और उत्पीड़न के विरुद्ध संयुक्त संघर्ष चलाने का मार्ग भी प्रशस्त किया' (भारतीय चिंतन परंपरा, पृ. 327)। भक्ति आंदोलन एक प्रकार से ऐतिहासिक अनिवार्यता की उपज था, जिसकी वैचारिक-संवेदनात्मक अभिव्यक्ति भारतीय भक्तिकाव्य में होती है और जिसका व्यापक स्वर प्रमाणित करता है कि सही रचना अपने समय से टकराने-अग्रसर होने का संकल्प भी है।

भक्तिकाव्य के संदर्भ में जिस समाजशास्त्र और समाजदर्शन का उल्लेख किया जाता है, उसकी प्रक्रिया संश्लिष्ट है, इस अर्थ में कि उसकी पहचान के लिए किसी सरलीकरण का सहारा लेना उचित नहीं होगा। शास्त्र-पांडित्य पहले भी मौजूद थे और भाष्य-व्याख्या का टीका दौर भी चल ही रहा था, पर भक्तकवियों ने इस घेरे को तोड़ा। उन्हें अवसर था कि वे पंडिताई बघार सकते थे, एक बौद्धिक आतंक जैसा, पर उनका संवेदन कहीं अधिक जागरूक था। इस दृष्टि से भक्तिकाव्य सामाजिक-सांस्कृतिक चेतना से परिचालित है और उसे 'संबोधन का काव्य' कहा जा सकता है। शास्त्र-पांडित्य की जकड़बंदी तोड़कर ही, रचना वृहत्तर संवेदन-जगत् में पहुँचती है, इसीलिए बल 'अनुभव-ज्ञान' पर है। जिसे आँखें देखती हैं, उसे झुठलाना सरल नहीं, पर भक्तिकाव्य का आग्रह व्यापक जीवनानुभव पर है, जिससे मध्यकालीन समय-समाज उसमें बिंबित होते हैं। सामंती परिवेश के दबाव झेलती रचनाशीलता, उसे गहरे स्तर पर महसूस करती है और विवरण-वृत्तांत के संकेतों से आगे जाकर नैतिक चिंताओं से उलझती है। रचना की द्वंद्वात्मक प्रक्रिया उसे सार्थकता देती है, इसे समझना होगा। समय-समाज से विचार-संवेदन स्तर पर टकराना रचना का प्रस्थान है, पर सही जीवन-दृष्टि के सहारे एक वैकल्पिक जगत् का संकेत कर सकने की क्षमता उसकी अभीप्सा है। सब कुछ अदम्य ऊर्जा तथा सर्जनात्मक कल्पना के सहारे कलाकृति के रूप में प्रस्तुत कर सकने की अनिवार्यता तो है ही। भक्तिकाव्य के संदर्भ में जब लोकधर्म, लोकवाद, मानववाद आदि शब्दों का प्रयोग किया जाता है, तब विचारणीय प्रश्न यह कि पुरागाथा के रूप में प्रचलित सामग्री को कवियों ने रचना में अंतर्भुक्त कैसे किया। देवत्व अगोचर है और कालांतर में अवधारणाएँ इतनी लड़खड़ा जाती हैं कि निहित स्वार्थों को दुरुपयोग की सुविधा मिल जाती है। इस स्थिति से सजग कवि परिचित थे क्योंकि वे सामाजिक-सांस्कृतिक सदाशयता से परिचालित थे, मात्र कवि नहीं थे। इसी अर्थ में भक्तिकाव्य के सांस्कृतिक पक्ष, समाजशास्त्र-समाजदर्शन का उल्लेख किया जाता है। परिवेश को देखते हुए, क्या यह कम साहस नहीं कि भक्तिकाव्य ने निराकार-निर्गुण का आग्रह किया, जहाँ बल 'ज्ञान' पर है। अगोचर है, तो फिर धर्म-संप्रदाय-जाति की टकराहट कैसी ? सब उसे पूज सकते हैं, शुद्ध आचरण द्वारा। निराकारी परिकल्पना भक्तिकाव्य में केवल वैचारिक प्रयत्न नहीं है, वह उस स्वार्थी व्यूह को छिन्न-भिन्न करने का उपक्रम भी है, जिसमें

पुरोहितवाद-कर्मकांड-परिचालित धर्म-व्यवस्था थी, जहाँ अंधविश्वास फल-फूल रहे थे। निराकार-निर्गुण परिकल्पना से भक्तिकाव्य विवेक, ज्ञान, शुद्ध आचरण, सात्त्विक प्रेम मूल्य-भरे कर्म का आग्रह करता है, जो परंपरा मराठी संत नामदेव, विद्रोही कबीर से होती हुई गुरु नानक तक चली आती है। नानक ने जातिवाद को नकारते हुए सामान्यजन को अपनाया : नीचा अन्दरि नीच जाति नीची हूँ अति नीच, नानकु तिन कै संगि साथि बढिया सिऊ किया रीस। नानक को तो व्यापक अर्थ में समाजवादी तक कहा गया (गुरु नानक, पृ. 135)।

साकार-निराकार, सगुण-निर्गुण के दार्शनिक-वैचारिक विवाद हैं, पर जहाँ तक भक्तिकाव्य में उनके प्रवेश का प्रश्न है, दोनों का ऐसा विभाजन उचित नहीं, जहाँ उनमें संपर्क ही न हो सके। निराकारी कल्पना कर्मकांड का विकल्प ज्ञान के स्तर पर खोजती हुई, कबीर जैसे कवियों की वाणी में अधिक आक्रामक है और व्यंग्य को माध्यम रूप में अपनाती है, पर यह भी सत्य है कि नकार की यह भंगिमा भी प्रेम-भक्ति मार्ग की ओर अग्रसर होती है। कबीर-तुलसी के राम में अंतर है और सूर तथा तुकाराम के बिठोवा कृष्ण भी एक नहीं हैं, पर गंतव्य में यह दूरी पटती दिखाई देती है। मराठी संतकाव्य में सगुण-निर्गुण का वह द्वैत नहीं, जिसके लिए हिन्दी भक्तिकाव्य में कई विवाद उपजे हैं। यहाँ तक टिप्पणी की गई कि निर्गुण अधिक प्रगतिशील है और उसने सामान्य वर्ग को अपनी ओर आकृष्ट किया : कबीर, नामदेव, रैदास, धर्मदास, सेना, दादू आदि। यह भी कहा जाता है कि कृष्णकाव्य अधिक उदारपंथी 'सेक्युलर' है और रामकाव्य उच्च वर्ण का संरक्षक। रहीम-रसखान आदि के उदाहरण भी इस संदर्भ में दिए जाते हैं। मुक्तिबोध ने मध्ययुगीन भक्ति आंदोलन पर संक्षिप्त टिप्पणी करते हुए प्रश्न उठाया कि कबीर और निर्गुण पंथ के अन्य कवि तथा कुछ महाराष्ट्रीय तुलसीदास की अपेक्षा अधिक आधुनिक क्यों लगते हैं (नई कविता का आत्मसंघर्ष, पृ. 86)। इसका एक कारण यह भी कि निर्गुण में यथार्थ अधिक मुखर है और उसकी दो टूक वाणी तीव्रता से उद्वेलित करती है। सगुण काव्य संभवतः परंपरा से पूरी तरह मुक्त न हो सका, इसलिए उसके कुछ वाक्यांशों को लेकर अनुदार टिप्पणियाँ की जाती रही हैं, जैसे वर्ण-व्यवस्था का पालन। पर इन कवियों को यह एहसास भी है कि ज्ञानमार्ग सामान्यजन के लिए नहीं है, वह पंडितवर्ग के लिए है। सूर ने कहा : रूप-रेख-गुन-जाति-जुगति बिनु निरालंब कित धावै, सब बिधि अगम बिचारहिं तातैं सूर सगुन पद गावै। इसलिए राम-कृष्ण का आश्रय लिया गया ताकि चित्त स्थिर-केंद्रित हो सके, एकाग्र हो सके।

भक्तिकाव्य की सामाजिक चेतना और समाजदर्शन की सही समझ के लिए जातिगत विभाजन से थोड़ा हटकर देखना होगा। इतिहास की इस सचाई की ओर ध्यान दें कि निहित स्वार्थों के वर्ग किसी जनांदोलन और वैचारिक क्रांति के आने पर पूरी तरह ध्वस्त नहीं हो जाते। वे कुछ समय के लिए डुबकी मार लेते हैं, चुप्पी

साधते हैं अथवा पार्श्व में जाकर बेहतर अवसर की प्रतीक्षा करते हैं। असंगठित समाजों में प्रायः ऐसा होता है कि क्रांति का ज्वार उतरते ही प्रतिक्रांति होती है और स्वार्थी वर्ग पुनः अपना प्रभुत्व स्थापित कर लेते हैं। विश्व धर्मों के इतिहास में इसके प्रमाण मिलते हैं जब पुरोहितवाद-कर्मकांड का विरोध करते-करते नया कर्मकांड विकसित हो जाता है और नए पंडे उदित होते हैं। से. तोकारेव ने लिखा है कि भारत में अवतार-पूजा ने अनेक संप्रदायों को जन्म दिया (धर्म का इतिहास, पृ. 227)। भक्तिकाव्य के कवि स्थितियों से अवगत हैं और उनकी काव्य-रचना को इसी पीठिका में देखना अधिक उपयोगी होगा। मध्यकाल का कठिन सामंती समय उनके सामने है, जहाँ चिंतन के धरातल पर कुछ बौद्धिक-तार्किक प्रयत्न तो दिखाई देते हैं, पर वह पंडितवर्ग तक सीमित है और समाज का मूल प्रवाह स्थिर-जड़ है। स्थिति का लाभ उठाते हुए धर्म में श्रद्धा के स्थान पर भय का संचार किया जाता है जिससे अंधविश्वास को प्रश्रय मिलता है। मूल्य-मर्यादाओं की टूटन को लेकर सब चिंतित हैं क्योंकि वही समाज का मूलाधार है। ऐश्वर्य है तो सामंत वर्ग के लिए, शेष की स्थिति तो तुलसी ने कवितावली में स्पष्ट की है : जीविकाविहीन लोग सीद्यमान सोचबस, कहैं एक एकन सों 'कहाँ जाई का करी।' भक्तिकाव्य का असंतोष समाजदर्शन की समझ के लिए सबसे विचारणीय पक्ष है और इस दृष्टि से वह अपने समय का वैचारिक प्रतिपक्ष है, रचना-धरातल पर। कथन-भंगिमा का अंतर हो सकता है, पर भक्तिकाव्य का विन्यास असमझौतावादी है, राजाश्रय का निषेध करता, समय से संघर्ष और मूल्य-स्तर पर विकल्प की खोज करता हुआ। तुलसी को कम प्रगतिशील कह दिया जाता है, पर उनका साहस है (कवितावली, उत्तर. 106) :

धूत कहौ, अवधूत कहौ, रजपूत कहौ, जोलहा कहौ कोऊ
काहू की बेटी सों बेटा न ब्याहब, काहू की जाति बिगार न सोऊ
तुलसी सरनाम गुलामु है राम को, जाको रुचै सो कहै कछु ओऊ
माँगि कै खैबो मसीत को सोइबो, लैबे को एकु न दैबे को दोऊ।

समय से असंतोष का यह भाव हर सार्थक रचना का प्रस्थान है, क्योंकि इसी अर्थ में वह प्रतिसंस्कृति रचती है। वक्तव्यों की सीमा जानते हुए, कवियों ने सही आधार की खोज की, और राम-कृष्ण के नए रूपांतरण का प्रयास किया। सामंती समाज का विकल्प भक्तिकाव्य की चिंता हैं और वहाँ गहरे आत्मविश्वास के बिना आगे नहीं बढ़ा जा सकता। जुझारूपन में अंतर हो सकता है, पर भक्तिकाव्य में रचना और मूल्यों के प्रति यह आस्था उन्हें जीवन-प्रवाह में संतरित करती है। जब रचना का आत्मविश्वास दुर्बल होता है, तब वह छद्म तलाशती है, अथवा अलंकरण और कलावाद की ओर जाती है। कबीर विश्वास से कहते हैं कि जिस चादर को सुर-मुनि ने भी ओढ़कर मैला कर दिया, उसे मैंने बड़े यत्न से ओढ़ा और 'जस की तस धर दीन्हीं चदरिया।' संभव है गर्वोक्ति प्रतीत हो पर कबीर का विश्वास है :

हम न मरैं, मरिहै संसारा। जायसी की, अपने प्रेम-पंथ में आस्था है : और वे स्वयं को 'मुहमद कबि जो प्रेम का' कवि कहते हैं : जेइँ मुख देखा तेइँ हँसा, सुना तो आए आँसु। सूर की आस्था गोपियों के माध्यम से भी व्यक्त होती है, जिसे उद्धव तक सराहते हैं : हृदय तें नहिं टरत उनके, स्याम राम समेत। मीरा मध्यकाल में नारी-मुक्ति का काव्य रचती हैं : मेरो तो गिरधर गोपाल, दूसरो न कोई। तुलसी विनयभाव के साथ हिन्दी के सबसे विश्वासी कवियों में हैं, जो परंपरा निराला तक देखी जा सकती है जो स्वयं को 'वसंत का अग्रदूत' कहते हैं : ब्राह्मण समाज में ज्यों अछूत। रचना का आत्मविश्वास अभिव्यक्ति-कौशल से नहीं, मूल्य-जगत् से निर्मित होता है और रचना की अवधारणाएँ व्यापक जीवन की उपज होती हैं। इसलिए भक्त कवियों ने देवत्व के स्थान पर मनुष्य को केंद्रीयता दी। चंडीदास ने घोषणा की : सुनहु मानुष भाइ, शबार उपरे मानुष सत्य, ताहार ऊपर नाइं। मनुष्य सर्वोपरि है, तुलसी के शब्दों में 'बड़े भाग मानुष तन पावा।' आधुनिक समय में कबीर से प्रभावित होकर रवीन्द्र ने सौ कविताओं का अनुवाद किया, 'मानुषेर धर्म' पुस्तक लिखी और 'गीतांजलि' में मानव-धर्म की प्रतिष्ठा की : मंदिर में तू किसकी पूजा-अर्चना कर रहा है ? ईश्वर वहाँ है जहाँ श्रम है—कठोर, ज़मीन में हल चलाता किसान, पत्थर तोड़ते मज़दूर।

भक्तिकाव्य में देवत्व का मानुष रूप में अवतरण प्राचीन परंपरा से प्रेरणा लेता है, पर एक अंतर है। यहाँ देवत्व अपने समय की भूमि पर खोजा-पाया गया है, एक सार्थक विकल्प बनता। यह सप्रयोजन है क्योंकि भक्तिकाव्य जानता है कि देव के पृथ्वी पर अवतरण से वे विश्वसनीय बनते हैं और अगोचर की ओट में प्रचलित कर्मकांडी व्यवसाय टूटता है। कुछ अतिलौकिक प्रसंगों को छोड़ दें, जो लोकविश्वास के अंतर्गत आते हैं, तो शेष क्रियाकलापों में लीला-संसार के बावजूद देवत्व मानुषीकृत है, सामान्यजन से संवाद स्थापित करता हुआ। दशावतारों की परंपरा थी, पर इस संख्या में निरंतर वृद्धि होती गई, इससे भक्तिकाव्य अपनी असहमति व्यक्त करता है। शैव-वैष्णव की टकराहट से भी वह बचना चाहता है, जिसमें तर्क-कुतर्क की भूमिका अधिक है, सदाशयता की कम। इसलिए भक्तिकाव्य की अद्वैतवादी-एकेश्वरवादी दृष्टि देवत्व को मनुष्य रूप में संचरित करती है और इस प्रक्रिया में वह उस सजग सामाजिक चेतना से संपन्न है जिसे लोकधर्म-मानवधर्म कहा गया। देवत्व के स्थान पर मनुष्य की केंद्रीयता भक्तिकाव्य का सबसे महत्त्वपूर्ण विकल्प है, जिसे कवियों ने अपनी दृष्टि से रूपायित किया। कबीर को कथा की सुविधा नहीं थी और न साकारी देवत्व की, पर उन्होंने स्वयं को समर्पण के प्रेम भाव से भी संबद्ध किया, 'राम की बहुरिया' कहा, यहाँ तक कि मुतियाँ कूंतां भी। जायसी ने पारसमणि पद्मावती की परिकल्पना की : भा पावन तिन पायन परसे, जिसके स्पर्श से चेतना का रूपान्तरण होता है। कृष्ण का सोलह कलावतार रूप राग-रंग से ऐसा संपन्न कि उससे मध्यकाल का

समग्र रचना-संसार प्रेरणा पाता है—चित्र, संगीत, मूर्ति, स्थापत्य। रामकाव्य की मर्यादाओं का उल्लेख प्रायः किया जाता है, पर सचाई यह है कि तुलसी ने जो मूल्य-संसार तलाशा, उसकी कतिपय परंपरित आदर्शवादी रेखाओं को छोड़ दें, तो वे आज भी हमारे सबसे जनप्रिय कवियों में हैं। जो अनुदार टिप्पणियाँ की जाती हैं, उसके विषय में डॉ. रामविलास शर्मा को उद्धृत करना प्रासंगिक होगा : 'तुलसी की भक्ति समाज के लिए अफ़ीम नहीं थी। वह जन-जागरण का एक साधन थी। भक्त तुलसीदास मूलतः मानववादी हैं और उनके साहित्य की महत्ता वास्तविक सामाजिक संबंधों का वर्णन करने में है, जनसाधारण की वेदना और उससे मुक्ति की कामना का, जनता के नैतिक गुणों का चित्रण करने में है, न कि सेवक-भाव से कृपा की भिक्षा माँगने में' (परंपरा का मूल्यांकन, पृ. 88)। विनयपत्रिका का दैन्य, कबीर का विद्रोह, सूर के विनय-पद तथा गोपी-भाव, जायसी की प्रेम-कल्पना, मीरा का समर्पण को इसी पृष्ठभूमि में देखा जाना चाहिए—अपने समय का सांस्कृतिक विकल्प खोजने का संकल्प। भक्तिकाव्य में भक्ति एक आचरित मूल्य के रूप में प्रतिष्ठित है : भगतिहि ग्यानहि नहिं कछु भेदा, उभय हरहिं भव संभव खेदा।

भक्तिकाव्य में भक्ति का जो स्वरूप विकसित होता दिखाई देता है, उसे मध्यकाल का लोकधर्म अथवा मानवधर्म कहना उचित होगा। सामंती समाज को देखते हुए इसकी सीमाएँ हैं, कई बार इन्हें अंतर्विरोध के रूप में भी देखा जा सकता है। पर एक सैद्धांतिक प्रश्न कि अंतर्विरोध तो उनमें भी हैं जो अंतर्विरोधों के अध्ययन में अपनी समस्त शक्ति लगाते हैं। कई बार शब्दों का रूढ़ प्रयोग, कुतर्क जैसा प्रतीत होता है और रचना के संदर्भ में ऐसा करते हुए समझदारी से काम लेना चाहिए। देवता और मनुष्य की तरह भक्तिकाव्य के संदर्भ में शास्त्र और लोक का प्रश्न भी उठाया गया है। नामवरसिंह ने आचार्य हजारीप्रसाद द्विवेदी का विवेचन करते हुए लिखा है : 'मध्ययुग के भारतीय इतिहास का मुख्य अंतर्विरोध शास्त्र और लोक के बीच का द्वंद्व है, न कि इस्लाम और हिंदू धर्म का संघर्ष।' इस स्थापना को अग्रसर करते हुए वे लिखते हैं : 'शासकवर्ग की विचारधारा के प्रभाव से बहुत कुछ मुक्त रहने के कारण लोकधर्म शास्त्र से हीन प्रतीत होते हुए भी उसका विकल्प बनकर उपस्थित होता है और यही उसकी शक्ति है। लोकधर्म का प्राण उसका विद्रोह है' (दूसरी परंपरा की खोज, पृ. 80)। भक्तिकाव्य शास्त्र की सीमाओं से परिचित है, इसका संकेत किया जा चुका है, इसलिए वह गहरे संवेदन के स्तर पर लोकजीवन को स्वीकारता है और उसे लोकभाषा में अभिव्यक्ति देता है। पर यहाँ यह तथ्य उल्लेखनीय है कि संत, भक्तकवि इस विषय में सजग हैं कि कोरा भाववाद हमें कहीं नहीं ले जाता, कई बार दिग्भ्रमित भी कर सकता है। जैसे वे इस बात को भी जानते हैं कि कोरा तर्क भाष्य का पंडिताऊ प्रयत्न हो सकता है, पर सामान्यजन का इस बौद्धिक शीर्षासन से अधिक संबंध नहीं होता। भक्तिकाव्य का प्रशस्त

वैचारिक-दार्शनिक आधार है जो समय से जूझने और विकल्प की खोज में उसकी सहायता करता है। पर इसे टुकड़ों में बाँटकर देखना, खंड-खंड विवेचन और बहुत वर्गीकृत करने का प्रयत्न उचित नहीं होगा, यद्यपि कवियों की अपनी जीवन-दृष्टि है। पर वे विचार को संवेदन का अविभाज्य अंग बनाते हैं और बाह्यारोपण की मसीहाई मुद्रा से बचने का प्रयत्न करते हैं। यहाँ लोक तथा शास्त्र का द्वैत मिटता दिखाई देता है और मध्यकालीन परिवेश को ध्यान में रखते हुए यह उपलब्धि साधारण नहीं है। भक्तिकाव्य जानता है कि पोथियों से बाहर निकलकर कविता जब लोकजीवन से गहरे रूप में संपृक्त होती है, तभी वह सार्थकता पाती है, शर्त यह है कि किसी सरलीकरण का सहारा न लिया जाय।

भक्तिकाव्य का वैचारिक आधार, इस दृष्टि से विचारणीय है कि विकल्प की खोज का कार्य उसके अभाव में संभव नहीं है। कोरी भावुकता बिला जाती है, इसलिए उसे गहरे संवेदन से संबद्ध करना पड़ता है, जिसमें रचनाकार की 'जीवन-दृष्टि' की भूमिका होती है। प्रस्थान, गंतव्य और निर्वाह तीनों के संयोजन के आधार पर रचना की सही पहचान होती है। कविता के संदर्भ में 'करुणा' का उल्लेख प्रायः किया जाता है, पर भक्तिकाव्य में वह लोकजीवन से संबद्ध होकर व्यापकत्व प्राप्त करती है। यहाँ तक कि ईश्वर-प्रकृति-मनुष्य तीनों इस प्रक्रिया में सम्मिलित हैं। आचार्य रामचन्द्र शुक्ल ने कहा है कि सामाजिक जीवन की स्थिति और पुष्टि के लिए करुणा का प्रसार आवश्यक है। इसे वे मनुष्य की प्रकृति में शील और सात्त्विकता का आदि संस्थापक मनोविकार मानते हैं (चिंतामणि, पृ. 46)। भक्तिकाव्य के प्रसंग में इस करुणा-भाव की चर्चा इसलिए आवश्यक क्योंकि प्रायः इस ओर ध्यान नहीं दिया जाता, जबकि वह अंतर्धारा की तरह पूरी रचनाशीलता में व्याप्त है, जिससे लोकधर्मी मानववाद का वृत्त पूरा होता है। जिसे भक्तिकाव्य का असंतोष कहा जाता है, उसके मूल में कहीं न कहीं करुणा का भाव विद्यमान है, अन्यथा वक्तव्यों और उपदेशों की पंक्तियाँ तो सरलता से लिखी जा सकती हैं। दृष्टि चारों ओर जाती है और कवि देखता है कि कहीं कुछ गड़बड़ है, इसे बदलना चाहिए। रचना में यह चिंता करुणा की मानवीय संलग्नता से संबद्ध होकर संवेदन-संपन्न बनती है, जिसका प्रसार जितना व्यापक और गहन होगा, कृति उतनी ही मार्मिक होगी, प्रभविष्णु। नागमती का विरह वर्णन वैयक्तिक पीड़ा से बाहर निकलकर प्रकृति से जुड़ जाता है और पूरे प्रसंग को जायसी करुणा से भर देते हैं : गिरि, समुद्र, ससि, मेघ, रबि सहि न सकहिं वह आगि/मुहमद सती सराहिए जरै जो अस पिउ लागि। पद्मावत का अंत भी करुण है : छार उठाइ लीन्ह एक मूठी, दीन्ह उड़ाइ पिरथिमी झूठी। विजयदेवनारायण साही पद्मावत के उपसंहार के माध्यम से प्रेम की पीर, रक्त की लेई और नैन-जल से भीगी हुई गाढ़ी प्रीति का उल्लेख करते हैं। तुलनात्मक दृष्टि डालते हुए उन्हें वे करुणा के कवि रूप में रेखांकित करते हैं और पद्मावत को एक विराट 'ट्रैजिडी' के रूप

में देखते हैं जिसे वे कवि का 'विज़न' कहते हैं। उनके शब्द हैं : 'एक जबर्दस्त करुणा उन्हें आप्लावित करती है। इस करुणा की व्यथा जायसी के लिए इतनी भारी है कि उनके पास चुनौती और प्रतिरोध की फुर्सत नहीं है' (जायसी, पृ. 63)। कविता सही संवेदन धरातल निर्मित करने का मानवीय प्रयत्न है ताकि मनुष्यता बनी रहे।

भक्तिकाव्य अवरोधों को पार करता है और कई बंधन अस्वीकार कर देता है। कहा जा सकता है कि व्यापक अर्थ में भक्ति एक जाति-वर्णहीन व्यवस्था है, अपने समय का विकल्प, जो आगे के लिए भी राह दिखाती है। कहा गया कि जाति-पाँत पूछै नहिं कोई, हरि को भजै सो हरि का होई। प्रमुख जातियों का तनाव कम करने के लिए कबीर-जायसी भिन्न मार्गों से होते हुए, सांस्कृतिक सौमनस्य के एक ही गंतव्य पर पहुँचते हैं। कबीर में आक्रोश है, जो उनके प्रखर ईमान की उपज है और जिसके मूल में गहरी मूल्य-चिंताएँ हैं। उन्होंने मूलभूत प्रश्नों पर विचार किया कि यदि सब एक ही विधाता की निर्मिति हैं, तो फिर संघर्ष कैसा ? दोनों सही मार्ग पर नहीं हैं : अरे इन दोहुन राह न पाई; हिंदू-तुरुक हटा नहिं मानैं, स्वाद सबन्हि को मीठा; जाति न पूछो साध की, पूछि लीजिए ज्ञान। कबीर की गहन अनुभूतियाँ लोकसंपृक्ति के साथ जो काव्यसंसार रचाती हैं, उन तक सामान्यजन की पहुँच है, इसलिए वे उनके प्रिय कवि हैं। एक ओर कबीर का आक्रोश है, दूसरी ओर उनका जाति-वर्णहीन वैकल्पिक संसार, जिन दोनों से मिलकर समग्र रचना-वृत्त पूरा होता है। उन्होंने जिस मूल्य-जगत् को परिकल्पित किया, उसमें निहित करुणाभाव की ओर प्रायः हमारा ध्यान नहीं जाता, पर कवि की आकुलता का यही मूल प्रस्थान, विकसित होकर मूल्य-जगत् में पर्यवसित होता है। जिसे 'बिरह कौ अंग' अथवा आध्यात्मिक वियोग कहा गया, उसे प्रश्न के स्थायी समाधान रूप में भी देखा जाना चाहिए। चकवा-चकवी के माध्यम से इसे व्यक्त किया गया है : 'रजनी आवत देखि कै, चकई दीन्हीं रोइ, चल चकवे वा देस में रैन कदे ना होइ।' ऐसा मूल्य-संसार जहाँ क्षुद्रताएँ नहीं होतीं, परम जागरण लोक होता है। जिन तुलसी को वर्णाश्रम व्यवस्था और उच्च जातियों के समर्थक रूप में देखा जाता है, वे मस्जिद में सोने की बात करते हैं और कहते हैं : जाति-पाँति, धन-धरम बड़ाई, सब तजि तुम्हहिं रहहु लौं लाई। जाति-वर्ण के विकल्प रूप में निष्काम भक्ति की प्रतिष्ठा भक्तिकाव्य की क्रांतिकारी परिकल्पना है। कम रचना-आंदोलन ऐसे होते हैं, जो अपने समय से मुठभेड़ करते हुए, विकल्प की खोज का साहस कर सकें और अपनी सदाशयता से भक्तकवियों ने इसे पूर्ण किया। जायसी ने जिसे प्रेम-भाव के रूप में देखा कबीर का वही ज्ञान मार्ग है, पर दोनों समभावी लक्ष्य की ओर अग्रसर होते हैं। कवियों ने रचना का वैचारिक आधार निर्मित किया, और उसे काव्य के संवेदन-जगत् में अंतर्भुक्त किया। मराठी संतों ने, गुरु नानक ने बार-बार कहा कि भक्ति की जातिहीन व्यवस्था में सबका प्रवेश है। तर्क वही है कि सबका स्रष्टा विधाता है, इसलिए पार्थक्य की रेखाएँ समाप्त होनी

चाहिए। मध्यकालीन कट्टरपंथियों से टकराते हुए भक्तिकाव्य ने सांस्कृतिक सौमनस्य का जो भाव प्रतिपादित किया, उसकी प्रासंगिकता लंबे समय तक बनी रहेगी। जिस एकेश्वरवाद का आग्रह भक्तिकाव्य में किया गया, उसकी व्याप्ति व्यापक है, और वह केवल दार्शनिक विवाद का प्रश्न नहीं है। गोपिकाएँ उद्धव से कहती हैं कि एक ही मन था, वह कृष्ण ले गए, अब किसकी आराधना की जाय ? द्वैत-अद्वैत का सामाजिक-सांस्कृतिक पक्ष भक्तिकाव्य में जातीय सौमनस्य का आग्रह भी करता है, जहाँ सब समान हैं। राम-रहीम एक हैं और भक्ति में जाति-बिरादरी के लिए कोई स्थान नहीं है, सब परमज्योति से प्रकाश पाते हैं। देवता भीतर वास करते हैं, बाहर नहीं, और शुद्ध आचरण से स्वयं को आलोकित किया जा सकता है। कबीर 'प्रेमनगर' की बात करते हैं, ज्ञान-समन्वित प्रेमभाव और उनका आग्रह 'सत्त धर्म' (सत्य) पर है : 'अवधू बेगम देस हमारा, राजा-रंक-फकीर-बादसा, सबसे कहौं पुकारा/जो तुम चाहो परम-पद को, बसिहौ देस हमारा' और यह 'देस' उच्चतर मूल्य-लोक है।

भक्ति की प्राचीन परंपरा में सिद्ध-नाथ संप्रदाय की चर्चा प्रायः की जाती है, पर कुछ बातें विचारणीय हैं। क्रांतिकारी बौद्धदर्शन की निगतिकालीन प्रतिक्रियावादी परिणति में जो तंत्रवाद प्रभावी हुआ, उसने काव्य की सामाजिक चेतना की धारा अवरुद्ध कर दी। आरंभिक विक्षोभ ने सामान्य वर्ग को उद्वेलित किया, पर यह सर्जन यात्रा एक बिंदु पर आकर रुक-ठहर गई, और भक्तिकाव्य ने उसे नए सकारात्मक ढंग से अग्रसर किया। पीठिका में वह उपस्थित है और उसकी ऐतिहासिक भूमिका, स्वीकारी जाती है, संक्षिप्त ही सही, पर भक्तिकाव्य अधिक दायित्वपूर्ण सृजन का दावा कर सकता है। भक्ति ने निवृत्ति, वैराग्य, संन्यास के पलायन पंथ के स्थान पर प्रवृत्ति का कर्म-भरा मार्ग चुना और उसे परिभाषित किया। सर्वत्र विधाता है। तो फिर जाओगे भी कहाँ ? यही तर्क प्रत्यभिज्ञा दर्शन में है। मुक्ति वैयक्तिक नहीं होती, वह सबके साथ है और जीवन से पलायन अपने दायित्व से बचने का प्रपंच है। भक्ति के लिए एकाकी वैराग्य कोई अनिवार्यता नहीं, जीवन-संग्राम के बीच भी, मूल्य-संसार पाया जा सकता है। गृहस्थ भी भक्ति का अधिकारी है और वह अपने दायित्वों का पालन करते हुए, उच्चतर मूल्य-संसार से अपना संबंध स्थापित कर सकता है। इस प्रवृत्तिमार्गी दर्शन से भक्तिकाव्य की सामाजिक विश्वसनीयता में वृद्धि हुई। प्रायः माया का उल्लेख भक्तिकाव्य के संदर्भ में किया जाता है और निर्गुणियाँ कवियों के उद्धरण दिए जाते हैं। पद्मावत के उपसंहार के सहारे नागमती को 'दुनिया-धंधा' मान लिया जाता है और यह तर्क भी दिया जाता है कि रत्नसेन पद्मावती का वरण उच्चतर आलंबन के रूप में करता है। जायसी के प्रसंग में इसकी चर्चा हो चुकी है कि पद्मावत की पूरी संघर्ष-कथा है, जिसमें प्रेम-वीरता एक साथ उपस्थित हैं। माया की सर्वाधिक चर्चा कबीर के प्रसंग में होती है, पर एकांगी ढंग से। दार्शनिक वाद-विवाद को फिलहाल छोड़ दें, जहाँ ब्रह्म-जीव-माया के संबंधों की व्याख्याएँ विस्तार

से हुई हैं। ईश्वर, जिसे निर्गुण-निराकार पंथ में 'निरंजन' कहा गया—कबीर से लेकर गुरु नानक तक, उसकी सत्ता सर्वोपरि है। पर जिसे माया कहा गया, उसकी भी कई अर्थ-ध्वनियाँ हैं और वह अनेकरूपा है। एक बिंदु पर वह विधाता की शक्ति भी है, जिसके माध्यम से वह स्वयं को व्यक्त करता है—नाना रूपों में, पर ईश स्वयं निर्लिप्त है, असंग, इसलिए परम शुद्ध, विशुद्ध, विशिष्ट है। राम-कृष्ण कर्मभरी लीलाओं के बीच अपनी शुद्धता में सुरक्षित हैं, पर काव्य में जब उनका अवतरण होता है, तो यह दार्शनिक मंतव्य टूटता है, क्योंकि रचना संवेदन-प्रयत्न है। काव्य का समापन निर्वेद भाव, शांत रस में हो सकता है, पर जो कर्म-संसार देवत्व को केंद्र में रखकर रचाया गया है, उसमें काव्यनायक की भूमिका तटस्थ कैसे हो सकती है ? इसके लिए प्रतीकात्मक-आध्यात्मिक समाधान कोई अनिवार्यता भी नहीं है, जैसे कृष्ण-चरित के संदर्भ में। कबीर माया का प्रयोग बार-बार करते हैं, पर मेरे विचार से वह वेदांती अर्थ तक सीमित नहीं है। वे एक सजग कवि हैं, सामाजिक चेतना से संपन्न प्रखर प्रतिभा-पुरुष, इसलिए समय-समाज से आंदोलित हैं। बल्कि यह कहें कि यथार्थ उनके सामने पहले आता है, जिससे वे जूझते हैं, फिर दार्शनिक शब्दावली आती है जो उन्होंने प्रचलित परंपरा से प्राप्त की, पोथियों से नहीं। इस अनेकरूपा माया का ऐसा संक्रामक-दुष्प्रभाव कि कोई इससे नहीं बच सका : रमैया की दुलहिन लूटा बजार और तीनों लोक में हाहाकार मच गया। माया का वह रूप कबीर के सामने है, जिसे वे देख रहे थे : भोग-विलास, देहवाद, छद्‌म, आडंबर, मिथ्या कर्मकांड, वैमनस्य आदि। इसलिए उन्होंने आग्रह किया कि 'सत्य' को पहचानने का प्रयत्न करो, जो भीतर वास करता है। इन्द्रियों के अतिक्रमण पर उनका आग्रह है : मैमंता मन मारि रें, नान्हां करि-करि पीस। अहंकार मानव व्यक्तित्व का शत्रु है, उसे मिटाना ही होगा, जिसका आग्रह सूफियों ने भी किया। माया में मध्यकालीन समय-समाज की विकृतियाँ सम्मिलित हैं, जिन्हें पारकर कबीर ने एक वैकल्पिक मूल्य-संसार का संकेत किया : चुवत अमीरस भरत ताल जहँ, शब्द उठै असमानी हो अथवा गगन गरजै तहाँ सदा पावस झरै, होत झनकार नित बजत तूरा। यह है मानव-मूल्यों का उच्चतम धरातल।

भक्तिकाव्य के प्रवृत्ति-दर्शन का संश्लिष्ट रूप है, जिसमें कर्म प्रधान है—मूल्य-समन्वित कर्म : कर्मप्रधान बिस्व रचि राखा। आग्रह मूल्य-भरे सामाजिक कर्म पर है, जिससे जीवन को सार्थकता मिलती है और समाज-संस्कृति का इतिहास भी इसी से अग्रसर होता है पर भक्तिकाव्य ने इसे केवल कहकर नहीं छोड़ दिया, क्योंकि वह उपदेश वृत्ति होती, उन्होंने इसे प्रमाणित किया, चरितार्थता दी। कबीर जुलाहा का काम करते हैं : जोलहा बीनहु हो हरिनामा, जाके सुर-नर-मुनि धरे ध्याना। जायसी ने जिस मुहावरे का उपयोग किया, उससे पता चलता है कि खेती-किसानी में लगे रहे होंगे। सूर भी कीर्तन-भजन-गायन से नया परिवेश बनाने का प्रयत्न करते हैं।

तुलसी ने तो अपने जीवनकाल में ही शब्द को वाचिक परंपरा से जोड़ा, रामलीला आदि की व्यवस्था की। अपने विनय भाव में वे रामभक्ति के अतिरिक्त और कुछ इसलिए नहीं चाहते क्योंकि राम कर्मवान मूल्य-गुण-समुच्चय हैं, उनकी प्रेरणा से सही कर्म-पथ पर अग्रसर हुआ जा सकता है : 'विनयपत्रिका दीन की, बापु आप ही बाँचो, हिए हेरि तुलसी लिखी, सो सुभाय सही करि, बहुरि पूँछिए पाँचो।' मीरा ने राजकुल का परित्याग किया, जो सामंती समय का परजीवी समाज है और उन्हें चिंता नहीं कि टिप्पणी की जाती है : संतन ढिग बैठि-बैठि लोक लाज खोई। जिसे कई बार लोक-लाज कहा जाता है, वह इस दृष्टि से सही मार्ग पर चलने में बाधक भी कि वहाँ प्रतिवाद के लिए अवसर ही नहीं है, जबकि भक्तिकाव्य विवेकी प्रतिपक्ष है—विचार-संवेदन की मैत्री पर आधारित। भक्तिकाव्य का प्रवृत्ति-दर्शन समाजदर्शन का प्रमुख उपादान है, जो कर्मभरे जीवन का आग्रह करता है और जिसे अनेक प्रकार से परिभाषित किया गया है। स्वयं कवियों ने भी इसे जिया है, अपने कर्म निष्पादित करते हुए, उच्चतर मूल्यों की परिकल्पना से। रैदास चर्मकार का कार्य करते हुए भक्ति-भाव का प्रतिपादन कर सकते हैं : तुम चंदन हम इंरड बापुरे संगि तुमारे बासा, नीच रूप ते ऊँच भए हैं, गंध सुगंध निवासा। राजा रत्नसेन के व्यक्तित्व में दीप्ति तब आती है, जब वह प्रेम और युद्ध दोनों में साहस का परिचय देता है; प्रेमपंथ पर चलने का निर्णय लेता है, तो सबके समझाने-बुझाने के बाद भी अडिग है। प्रेम के लिए वह राज-पाट को तिलांजलि दे देता है, तो इसका यह अर्थ नहीं कि वह दायित्व से पलायन कर रहा है, इसकी व्यंजना यह भी कि भोग-विलास जीवन का लक्ष्य नहीं हो सकता। यह रूमानी प्रेम नहीं है, इस निष्ठा की परिणति उदात्त भक्ति-भाव में होती है : मरन जियन उर रहै न हिए (पद्मावती-रत्नसेन भेंट खंड)। इसकी चर्चा विस्तार से हो चुकी है कि राम-कृष्ण और उनसे संबद्ध चरित्रों का सौंदर्य उनके सामाजिक मूल्य कर्म में है। यदि आचार्य शुक्ल गोपियों से पूर्ण संतुष्ट नहीं हैं तो संभवतः इसलिए भी कि उनकी भावनामयता में कर्म-संसार छिप गया है। मुक्तिबोध इसे 'भावावेश व्यक्तिवाद' कहते हैं। पर रागात्मक समर्पण से वे इसकी क्षति-पूर्ति करती हैं, गोपी-भाव बनती हैं, उन्हें सामाजिक स्वीकृति भी मिलती है : गोपी, ग्वाल, गाय, गोसुत सब मलिनबदन कृसगात। स्वयं प्रगतिवादी चिंतन स्वीकारता है कि कृष्णकाव्य अधिक 'सेक्युलर' है, उसे हर वर्ग की मान्यता मिली।

जहाँ धर्म की उपस्थिति होती है, वहाँ आध्यात्मिकता, रहस्यवाद आदि के प्रश्न स्वाभाविक रूप से उठते हैं। कबीर जैसे क्रांतिकारी को भी रहस्यवादी सीमाओं में बांधने का प्रयत्न किया गया और जायसी की लोकसंपृक्ति के साथ भी यही हुआ। धर्म की रसात्मक अनुभूति यदि भक्ति है तो रचना में भक्ति का निरूपण, उसका मानवीय पक्ष है। यह मानवीयता गहरे असंतोष से उपजती है और कर्म-पथ से होती हुई, उच्चतर मूल्यों तक जाती है। जब उदात्त उदार मानवीयता ही उच्चतम धरातल

प्राप्त कर सकती है, तो फिर किसी रहस्यवादी अतिरिक्त आरोपण की बाध्यता ही कहाँ रह जाती है। यह तो उसी कर्मकाण्डी पद्धति की ओर प्रत्यावर्तन है, जिसके विकल्प रूप में भक्तिकाव्य मूल्य-संसार को प्रतिपादित करता है। काव्य के संदर्भ में अध्यात्म और रहस्यवाद शब्दों के प्रयोग में किंचित् सावधानी की अपेक्षा है, अन्यथा संवेदन-जगत् का वास्तविक आशय ही संकट में पड़ जाएगा। भाव-उन्नयन ही ऐसी अर्थदीप्ति देता है कि अन्य संकेत और व्यंजनाएँ भी प्राप्त हों, तो भी उन्हें सही संदर्भ में देखा जाना चाहिए। कबीर-जायसी के रहस्यवाद की चर्चा कभी होती थी, इसलिए उस पर विचार जरूरी है। दोनों को निर्गुणमार्गी कवि कहा गया, जहाँ साकार देवत्व अनुपस्थित, पर यह भी सच है कि वे ज्ञान-प्रेम मार्ग से होकर एक ही लक्ष्य पर पहुँचना चाहते हैं—उच्चतर मूल्य-संसार, जहाँ विकार कम होंगे तथा भाई-चारा, औदार्य, करुणा, सहानुभूति, सौमनस्य अधिक। अलाउद्दीन ने छल-बल से पद्मिनी को पाना चाहा, पर परिणाम क्या हुआ ? जौहर भइं सब इस्तिरी, पुरुष भए संग्राम। जायसी की निष्कर्षात्मक टिप्पणी विचारणीय है कि तृष्णा कष्ट देती है : जौ लहि ऊपर छार न परै, तौ लहि यह तिस्ना नहिं मरै। राघवचेतन, देवपाल की भी यही दुर्गति है जो देहवाद में उलझे हैं। पद्मावत के अंत में जायसी पद्मावती के मार्मिक प्रसंग के माध्यम से प्रेम की प्रतिष्ठा करते हैं : सारस पंखि न जियै निनारे, हौं तुम्ह बिनु का जिऔं पियारे। कबीर-जायसी में हठयोग शब्दावली आ गई है, इससे भी भ्रांति उत्पन्न होती है और इसका बचाव करना भी कोई अनिवार्यता नहीं है। पर वास्तविकता यह है कि ऐसे अगोचर रहस्य-लोक का निर्माण लोकसंपृक्ति के इन संवेदन-संपन्न कवियों की अभीप्सा ही नहीं है, जहाँ मनुष्य पृष्ठभूमि में चला जाय और पुरोहितवाद का कर्मकांडी व्यवसाय सक्रिय हो। कवियों का मूल आशय उच्चतर मूल्य-संसार का निष्पादन है और जिसे जीव-ब्रह्म अथवा आत्मा-परमात्मा-संबंध के रूप में विवेचित किया जाता है। उसकी भी ध्वनि यही है कि जीवन-संघर्ष के बीच से मनुष्य मनुष्यता का उच्चतम धरातल कैसे प्राप्त करे। उदात्त मानवीय प्रेम से ही यह संभव है ! पेम छाँड़ि नहिं लोन किछु (जायसी)।

अध्यात्म शब्द भी कई बार यह सुविधा देता है कि उसे रहस्यवाद से संबद्ध कर देखा जाय। पर जब काव्य के संदर्भ में इसका प्रयोग होता है तो उसकी मानवीय पंथ-निरपेक्ष स्थिति अधिक उपयोगी प्रतीत होती है। भक्तिकाव्य की विश्वसनीयता का प्रमुख कारण उसकी यही मानवीय दृष्टि है, जिसका विवेचन हो चुका है। कृष्ण के कुछ चमत्कार हैं पर उनका रंगारंग लीला-संसार है, पूरी तरह मानवीय, फिर भी उन्हें ऐसी आध्यात्मिकता से मंडित किया जाता है कि वे उस देवत्व की ओर लौट जाय जहाँ से सूरदास आदि उन्हें पृथ्वी पर अवतरित करके लाए थे, मनुष्य की प्रेरणा के लिए। गोपिकाओं का प्रेम भाव अपनी रागात्मकता में ही सराहनीय है, उसे किसी अतिरिक्त आध्यात्मिक आवरण की अपेक्षा नहीं। पर यहाँ यह भी उल्लेखनीय कि

आकर्षण केवल रूप के प्रति नहीं है, उसमें गुण भी सम्मिलित हैं, जिसमें मुरली-वादन, कतिपय चमत्कारी लीलाएँ, विशेष रूप से गोवर्धन-धारण आदि हैं। तुलसी की भक्ति चेतना को भी किसी ऐसे आध्यात्मिक लोक में ले जाने की आवश्यकता नहीं है, जहाँ उसका मानवीय लोकपक्ष ही धूमिल पड़ जाय, जो पूरी कथा के केंद्र में है। आखिर संत, सत्संगति पर महाकवि का इतना आग्रह क्यों, कि वे कई रूपों में उनका स्मरण करते हैं। रामचरितमानस का आरंभ ही उन्हीं से होता है : साधु चरित सुभ चरित कपासू, निरस बिसद गुनमय फल जासू/जो सहि दुख पर छिद्र दुरावा, बंदनीय जेहिं जग जस पावा और उत्तरकाण्ड में भी संत-चर्चा है। तुलसी ने संसार की विविधता को देखा-समझा, पर संत को अपनी मूल्य-अभीप्सा के प्रतिनिधि रूप में चुना। यह अकारण नहीं कि सभी भक्तकवि गुरु, संत, सत्संगति को ज्ञान का प्रवेश-द्वार मानते हैं। यह गुरु परिभाषित है—आलोकदाता, अंधकार से प्रकाश की ओर ले जाने वाला है, विद्याव्यापारी नहीं। कबीर में गुरु सर्वोपरि स्थान पर हैं, गोविंद से भी ऊपर और जायसी की कथा का सूत्रधार हीरामन सुग्गा है। सूर में गुरु नेपथ्य में चले गए हैं और जो ज्ञान-गर्व वाले उद्धव आए, वे अधूरे हैं। वहाँ कृष्ण ही गुरु, सखा हैं, सब कुछ वही हैं : ब्रजजन सकल स्याम ब्रतधारी। तुलसी ने मानस के आरंभ में ही स्वीकार किया कि गुरु के स्मरण मात्र से दिव्यदृष्टि प्राप्त होती है, विवेक-नेत्र निर्मल होते हैं। मीरा ने रैदास को गुरु रूप स्वीकारा, संतों का साथ किया। भक्तिकाव्य जटाजूटधारी गुरुडम से अपनी रक्षा करता है और यह स्थापना भी कि आरंभिक कर्तव्य-पालन के बाद गुरु को दृश्य से हट जाना चाहिए ताकि सब अपने-अपने मार्ग का संधान कर सकें। संस्कृति का इतिहास इसी प्रकार अग्रसर होता है, प्रतिवाद से नया मार्ग बनाते हुए, नयी संस्कृति रचते हुए। जिसे भक्तिकाव्य की आध्यात्मिकता कहा जाता है, वह उच्चतर मानवीय संकल्पना की अवधारणा है, जहाँ मनुष्य उच्चतम धरातल प्राप्त कर सकता है।

भक्तिकाव्य को धार्मिक आंदोलन कहकर संबोधित नहीं किया जा सकता और इस दृष्टि से विश्व के धार्मिक प्रयत्नों से उसकी प्रकृति भिन्न है, गंतव्य भी पृथक् है। धार्मिक सुधार के जो प्रयत्न होते रहे हैं, उनमें पुनरुत्थानवादी भाव यह कि कर्मकांड-पुरोहितवाद के साथ धर्म-संप्रदाय बने रहें, आंशिक परिवर्तन के साथ। पर यह समस्या का समाधान नहीं है, इसलिए इसकी उपादेयता भी संदेहास्पद। भक्तिकाव्य के मध्यकालीन राजनीतिक-सामाजिक परिदृश्य को देखें, तो पंडित वर्ग में बौद्धिक सक्रियता तो थोड़ी-बहुत है, पर समाज में परिवर्तन की कोई संगठित इच्छा-शक्ति दिखाई नहीं देती, छुट-पुट स्वर भर सुनाई देते हैं। ऐसे में भक्तिकाव्य को एक 'सांस्कृतिक हस्तक्षेप' के रूप में अधिक देखा जाना चाहिए जिसका एक प्रतिरोधी स्वर है। सचाई तो यह है कि सार्थक रचनाएँ अपने ढंग से प्रतिपक्ष की भूमिका का निर्वाह करती हैं, कहीं स्वर बहुत मुखर होता है, कहीं संयत-शालीन। भक्तिकाव्य

को नीचे से ऊपर की ओर अग्रसर होने वाले आंदोलन के रूप में देखा जाना चाहिए, जिसमें सामान्य वर्ग और साधारण यहाँ तक कि निम्न कही जाने वाले बिरादरियों की साझेदारी है। इसके पूर्व वैष्णवाचार्यों की जो बौद्धिक सक्रियता थी, उसमें प्रयत्न यह कि दार्शनिक व्याख्या अंतःस्रवित होकर रचना में प्रवेश करे। भक्तिकाव्य ने शास्त्रीयता के इस अवरोध को पार किया और लोकजीवन से संपृक्ति का महत्त्वपूर्ण कार्य किया। इस संदर्भ में अध्यात्म-रहस्यवाद के साथ लौकिक-अलौकिक का प्रश्न भी उठाया जाता है। रचना में अलौकिकता का स्वरूप क्या होगा, भक्तिकाव्य में यह विचारणीय प्रश्न है। परम सत्ता की उपस्थिति है, चाहे निर्गुण हो अथवा सगुण और वह अनुभूति का क्षेत्र है, कई बार वर्णनातीत। यह प्रश्न का दार्शनिक पक्ष है, पर कविता दर्शन अथवा विचार का अविकल अनुवाद नहीं है। ऐसी स्थिति में भक्तिकाव्य के समक्ष यह चुनौती भी कि गाथा-संसार का कविता में उपयोग करते हुए, इस द्वंद्व को पार कैसे किया जाय ? यदि उसका चमत्कारी पक्ष है, तो भी लोकजीवन में प्रवाहित होकर, वह एक बिंदु पर अपनी असाधारणता खो दे, सामान्यीकृत हो जाय—चरित्र के धरातल पर। इसी के साथ यह भी कि वह अपने समग्र व्यक्तित्व में साधारणता के बीच असाधारणता का बोध करा सके। कहीं यह कार्य मानवीय क्रियाकलाप के माध्यम से होता है और कहीं प्रतीकात्मकता से। जायसी के संदर्भ में प्रायः कहा जाता है कि उनमें लौकिकता से अलौकिकता के संकेत हैं। पर कविता में अलौकिकता मानवीय मूल्य संसार के भीतर से निःसृत होकर ही विश्वसनीय बनती है। धार्मिक रचना और भक्तिकाव्य में यही मूल अंतर है क्योंकि दोनों के मार्ग भिन्न हैं। धार्मिकता की दृष्टि असाधारणता पर रहती है, पर कविता सहज-साधारण के माध्यम से विराट का बोध कराती है। पद्मावती को यदि पारसमणि के रूप में न भी देखा जाय, तो भी वह अनिंद्य सौंदर्य की रूपवती नारी है, सहज सुभाव से हंसती है तो : तहँ तहँ छिटकि जोति परगसी। उदात्त चरित्र निर्मित करते हुए, भक्तकवि उन्हें अपने समय के नए प्रतिमान का रूप भी देना चाहते हैं, इसे भी ध्यान में रखना होगा। लौकिक से अलौकिक, साधारण से असाधारण के संकेत में कवि की सर्जनात्मक कल्पना के साथ, उनकी यह अभीप्सा भी कि समय का बेहतर विकल्प खोजा जाय।

भक्तिकाव्य में विरोधाभास तथा अंतर्विरोधों की चर्चा भी की गई है, पर इसे समय की सीमाओं के रूप में देखना होगा। भक्तकवियों ने एक कठिन समय में रचना-धर्म का निर्वाह किया, क्या यह सराहनीय नहीं है ? यह भी उल्लेखनीय कि उन्होंने कई सीमाएँ पार कीं और स्वयं को जनांदोलन से संबद्ध किया तथा रचना-स्तर पर उसे गति देने का प्रयास भी किया। इस दृष्टि से उसकी सामाजिक-सांस्कृतिक भूमिका निश्चित ही उल्लेखनीय है। 'भक्ति आंदोलन और सूरदास का काव्य' में मैनेजर पांडेय इस अवदान को स्वीकारते हैं : 'भक्ति आंदोलन जनसंस्कृति के अपूर्व उत्कर्ष का अखिल भारतीय आंदोलन है। ऐसे आंदोलन में अनेक स्वरों का समावेश

कोई आश्चर्य की बात नहीं है। जो आंदोलन समाज के विभिन्न वर्गों, उपवर्गों और समुदायों के जीवन की वास्तविकताओं तथा आकांक्षाओं से जुड़ा हो उसमें अनेक संवादी और विसंवादी स्वरों का सहअस्तित्व स्वाभाविक ही है। यह स्थिति हिन्दी ही नहीं, दूसरी भारतीय भाषाओं के भक्तिकाव्य में भी दिखाई देती है' (पृ. 45)। आश्चर्यजनक यह कि जिस भक्तिकाव्य को प्रपत्ति-समर्पण की पृष्ठभूमि में देखा जाता है, उसमें ललकार का स्वर भी उनके समाजदर्शन को तेजस्विता देता है। यह चुनौती कई स्तरों पर है और अलग-अलग रीति-नीति से। कबीर बाजार में खड़े हैं, हाथ में लुकाठी लिए और सबको फटकारते चलते हैं। अपने समय से इतने असंतुष्ट कि आक्रोश व्यंग्य का रूप धारण करता है और भाषा ऐसी दोटूक कि सुननेवाला तिलमिला जाय। पर कबीर इसी नकारात्मकता में रुक जाते, तो उनके संवेदन की उदारता का चित्र एक प्रकार से अपूर्ण रह जाता। उनका आक्रोश परिवर्तनकामी है, और विक्षोभ को सकारात्मक दिशा देते हुए, विकल्प का संकेत करता है। मध्यकालीन कृषि शब्दावली का प्रयोग करते हुए, लंबे पद में वे कहते हैं : अब न बसूँ इहिं गांउ गुसाईं। यहाँ शरीर ही गाँव है, जो इन्द्रिय-नियंत्रित है। कठोर कर्मचारी, खोटा मुखिया, भयंकर लगान वसूलने वाला आदि। इसकी एक ध्वनि विकृत व्यवस्था को लेकर है, दूसरी का संबंध मूल्यचिंता से है और दोनों अंतर्भुक्त हैं। खंड-खँड देखने की प्रक्रिया सही नहीं होती, इसका उल्लेख किया जा चुका है। विरोधाभासों पर टिप्पणी कहीं भी की जा सकती है, पर यह सर्वविदित तथ्य है कि समय की सीमाएँ होती है। भक्तिकवियों का आत्मसंघर्ष तो विचारणीय है ही क्योंकि वे राजाश्रय के मुखापेक्षी नहीं थे, किसी अर्थ में धारा से विपरीत दिशा में चलने का साहस कर रहे थे, पर उनके आत्मालोचन की ओर भी ध्यान जाना चाहिए। यह आलोचना-दृष्टि स्वयं से आरंभ होती है, विनय-दैन्य के माध्यम से और स्वयं को दीन-हीन कहने का प्रयोजन आरोपित विवश विनय नहीं है, उसमें सब सम्मिलित तो हैं ही, पर इस विवशता को लाँघकर ही वृहत्तर लोक में पहुँचा जा सकता है। नाम कोई भी दें, अतिक्रांत भाव से लेकर आत्मविस्तार, सामाजीकरण तक, पर भक्तिकाव्य ने अवरोध पार किए, इसे स्वीकारना होगा। देवत्व, शास्त्रीयता, पंडिताई, देवभाषा आभिजात्य आदि के प्रचलित मार्ग के स्थान पर उन्होंने नए पथ का संधान किया। सूर को कृष्ण तक सीमित कर दिया जाता है, पर उनके प्रार्थना पद इस दृष्टि से विचारणीय हैं कि समय से उनकी सहमति नहीं दिखाई देती, जो स्थिति कबीर, तुलसी में बहुत स्पष्ट है। सूर के एक पद में अनेक विकार-बोधक शब्द एक साथ आए हैं, समय की दुर्दशा दर्शाते (186)। उसके पहले एक लंबा पद है, जिसमें ग्राम-जीवन की शब्दावली के माध्यम से मध्यकाल की मूल्यहीनता बिम्बित है (185) :

प्रभु जू यौं कीन्हीं हम खेती
बंजर भूमि, गाउँ हर जोते, अरु जेती की तेती

काम क्रोध दोउ बैल बली मिलि, रज-तामस सब कीन्हौ
अति कुबुंद्धि मन हाँकनहारे, माया जूआ दीन्हौ
इंद्रिय मूल-किसान, महातृन-अग्रज-बीज बई
जन्म-जन्म की विषय-वासना, उपजत लता नई
पंच प्रजा अति प्रबल बली मिलि, मन-बिधान जौ कीनौ
अधिकारी जम लेखा माँगै, तातैं हौ आधीनौ।

... ...

अहंकार पटवारी कपटी, झूठी लिखत बही
लागै धरम बतावै अधरम, बाकी सबै रही

भक्तिकाव्य के संदर्भ में जिस लोकजीवन की अभिव्यक्ति कई प्रकार से की जाती है, कई नाम देकर, उसका कला-शिल्प पक्ष विचारणीय है, पर वह स्वतंत्र विवेचन का विषय है। उल्लेखनीय यह कि भक्तिकाव्य ने शास्त्रीयता-पंडिताई के स्थान पर ज्ञान-संवेदन-पथ का चयन किया, जिसे व्यापक समुदाय की स्वीकृति मिली। पर यह प्रयत्न अपूर्ण ही रह जाता, यदि कवियों ने देवभाषा के स्थान पर 'देसी भाषा' का चयन न किया होता। मराठी में अभंग रचे गए, असम में शंकरदेव ने, बंगाल में चैतन्य-चंडीदास ने अपनी भाषा को अपनाया, जिससे पूर्वांचल प्रभावित हुआ। हिंदी में ब्रज-अवधी में भक्तिकाव्य की प्रमुख सक्रियता है पर मैथिली में विद्यापति, राजस्थानी में मीराबाई भी हैं। भक्तिकाव्य ने अपना मुहावरा लोकजीवन से प्राप्त किया, इसलिए जो आशय समाजदर्शन के रूप में वह लोगों तक पहुँचाना चाहता था, उसमें सफलता मिली। यहाँ न अभिव्यक्ति का संकट है, न प्रेषणीयता का, विशेषतया उस अर्थ में, जिस रूप में आज प्रयुक्त किया जाता है। आभिजात्य को तोड़ती, सहज भाषा को पाने का प्रयत्न तो यहाँ है, पर उसे सरल-सपाट नहीं कहा जा सकता। कविता सपाटे में संभव भी नहीं है, वह रुककर सोचने को बाध्य भी करती है, क्योंकि भावावेश के सहारे नहीं चलती। जीवन-जगत् को जिस रूप में देखा-समझा गया है, उसी रूप में पाठक तक उसे पहुँचा सकने का कार्य स्वयं में चुनौती-भरा है, जोखिम का भी, जिसके लिए मुक्तिबोध ने गढ़-मठ तोड़ने की बात तक की है। इस दिशा में सबसे अधिक खतरा उठाया कबीर ने, जिसके पास अनुभव की पूंजी थी और व्यंग्य के मूल में भी एक सदाशयी मानवीय दृष्टि, जिसके अभाव में रचनाएँ चीत्कार-फूत्कार बनकर रह जाती हैं। आचार्य हजारीप्रसाद द्विवेदी जब कबीर को 'वाणी का डिक्टेटर' कहते हैं तब उनका आशय यही है कि वे अपना मंतव्य समाज तक पहुँचाना चाहते हैं और इसके लिए पूरा मुहावरा भी वहीं से प्राप्त कर लेते हैं, परम देशज तद्भव रूप में। बोलचाल की भंगिमा उनके यहाँ सहजता से प्रवेश कर गई है। जब वे व्यंग्य करते हैं तो भाषा प्रहारात्मक होती है, लोकोक्तियों का सहारा लेती, जैसे एक ही पद में दोनों जातियों के पाखंड पर आक्रमण : बेस्या के पायन-तर सोवै यह देखो

हिंदुआई, मुसलमान के पीर-औलिया मुर्गी-मुर्गा खाई। उच्चतर मूल्य-संसार रचाते हुए वे अधिक संयत हैं, पर भाषा योगपरक शब्दावली को छोड़कर, सामान्यतया सहज है, लोकगीतों का स्मरण कराती : मोरी चुनरी में परि गयो दाग पिया अथवा बहुरि नहिं आवना या देस। ठेठ देशज भाषा, जिसे कभी अनगढ़ तक कहा गया, समाज के पिछड़े वर्गों से सहज तादात्म्य स्थापित करती है। कबीर पंजाब से छत्तीसगढ़ तक फैले हुए हैं और उनकी भाषा के कई तेवर हैं। कबीर की तुलना में जायसी अनाक्रोशी कवि हैं, अपेक्षाकृत शांत-संयत, प्रेमभाव को अभिव्यक्ति देते हुए। वे भी अवधी के ठेठ देशज रूप को अपनाते हैं जो उन्होंने लोकजीवन से प्राप्त की, पर उसमें विविध भावों के प्रकाशन के लिए अवसर कम है। उसे निरायास भाषा भी कहा जा सकता है, इस अर्थ में कि उसमें तत्सम शब्दावली सीमित है पर लोकसंवेदना के जो स्थल उनकी चेतना के समीपी हैं, वहाँ वे मार्मिक हैं, जैसे मानसरोदक, नागमती वियोग आदि खंड में। कबीर-जायसी में योग की शब्दावली काव्य-भाषा में सहज नहीं हो पाई है।

काव्यभाषा, शिल्प की संक्षिप्त चर्चा इसलिए क्योंकि जिस समाजदर्शन को भक्तिकाव्य प्रक्षेपित करना चाहता है और जिस लोकजीवन पर वह आधारित है, उसकी विश्वसनीयता का आधार जीवन-संपृक्ति से प्राप्त भाषा ही है। कबीर में यदि भाषा की अनगढ़ मौलिकता है, इस बिंदु पर कि शब्द कहीं से भी पाए जा सकते हैं, प्रश्न उनके संयोजन और अर्थ-निष्पत्ति का है। जायसी की ठेठ पूरबी अवधी की सरसता मार्मिक प्रसंगों में देखी जा सकती है : कुहुकि कुहुकि जस कोइल रोई। सूर में ब्रजभाषा का सर्वोत्तम सुरक्षित है और गीतात्मकता के लिए जिस माधुर्य गुण तथा लय की अपेक्षा होती है, उसमें वे अप्रतिम हैं। सूरदास की रचनाशीलता का आधार वह पदशैली है, जिसे लोककंठ में स्थान प्राप्त था, लोकगीतों के रूप में। इनके अनाम रचनाकारों ने सूर को इसलिए भी प्रभावित किया क्योंकि वे उनके संवेदन के समीपी थे और सूरसागर के महत्त्वपूर्ण प्रसंग—बाल-वर्णन, माखनलीला, गो-चारण से लेकर भ्रमरगीत तक सूर की चेतना के समीपी हैं। इनकी अभिव्यक्ति में वे जिस संलग्नता तथा रागात्मकता के साथ, स्वयं को नियोजित करते हैं, उसके लिए लोकगीतों की मधुरा भाषा प्रासंगिक है। कीर्तन-गायन से जुड़कर सूर के पद जनता की स्मृति का अंश बनते हैं और जिस भावलोक का निर्माण होता है, उसे गीतकाव्य के संदर्भ में स्पृहणीय कहा जा सकता है। निश्छल, निर्मल संवेदन जिस तन्मयता से व्यक्त हुए हैं, उसे गीतसृष्टि का एक प्रतिमान कहना अधिक उचित होगा। इसमें लोकजीवन से प्राप्त कवि का वह बिम्ब-संसार भी, जिससे दृश्यांकन होता है : देखियत कालिंदी अति कारी; अति मलीन वृषभानुकुमारी; निसिदिन बरसत नैन हमारे आदि। पदों की लयात्मकता उन्हें जो संगीतमयता देती है, उससे वे लोकगीतों की परंपरा का अंग बने और राग-रागिनियों में बँधकर शास्त्रीय गायन से भी संबद्ध हो गए।

तुलसी की भाषा का वैविध्य विशेष रूप से विचारणीय है। ब्रजभाषा में भी उनकी रचनाएँ हैं—विनयपत्रिका, कवितावली, गीतावली, दोहावली आदि पर उनका कीर्ति-काव्य अवधी में रचा गया। तुलसी में तद्भव-तत्सम का संयोजन उनकी भाषा को ऐसी समृद्धि देता है जो भक्तिकाव्य में विरल है। यद्यपि सभी भक्तिकवि लोकभाषा से अपनी अभिव्यक्ति-सामर्थ्य प्राप्त करते हैं, पर तुलसी उसे नया विन्यास भी देते हैं। जीवन की जितनी छवियाँ रामचरितमानस में उभरी हैं, उनके साथ न्याय कर सकने के लिए भाषा की यह विविधता अनिवार्य थी। बिना किसी अविश्वसनीय आकस्मिकता के दृश्यों को बदलने में भाषा तुलसी की सहायता करती है। ज्ञान-भक्ति आदि के विवेचन में भाषा का दार्शनिक आधार दिखाई देता है, पर उसे काव्य-विषय बनाने के लिए वे उपमाओं का उपयोग करते हैं। माँ कैकेयी के प्रति क्षोभ व्यक्त करते हुए, भरत की भाषा में आक्रोश है : वर माँगत मन भइ नहिं पीरा, गरि न जीह, मुँह परेउ न कीरा। पर भरत की भाषा भक्ति का प्रतिमान बनती है और उनके एक ही वक्तव्य में कई भूमियों का संस्पर्श करती है—विनय, करुणा, पश्चात्ताप, अनुनय, समर्पण आदि : मही सकल अनरथ कर मूला, सो सुनि समुझि सहिउँ सब सूला आदि। प्रसंगानुकूल भाषा तुलसी का कौशल है, जिसके माध्यम से वे हर दृश्य को अंकित करने में सक्षम हैं और यहाँ वे अपने समकालीनों में विशिष्ट हैं। जनक-वाटिका प्रसंग में भाषा-लालित्य का विवेचन हो चुका है, पर वन मार्ग का दृश्य भी है जहाँ स्नेह-संकोच का निर्वाह एक साथ हुआ है : खंजन मंजु तिरीछे नयननि, निज पति कहेउ तिन्हहिं सियं सयननि। वीरता के प्रसंग में भाषा के तेवर बिलकुल बदल जाते हैं, यद्यपि वहाँ वर्णनात्मकता अधिक है। जहाँ तुलसी की चेतना रमती है, वहाँ भाषा का प्रवाह अबाध गति से अग्रसर होता है, सहज भाव से। शब्द और अर्थ की अभिन्नता को राम-सीता-युग्म के रूप में 'मानस' में देखा गया है, कविता इसे चरितार्थ करती है। निषाद में रोष जन्म लेता है : आजु रामसेबक जस लेऊँ, भरतहिं समर सिखावन देऊँ। दशरथ-कैकेयी संवाद के प्रसंग में भाषा अयोध्या-नरेश की व्यथा और उनके अंतःसंघर्ष को व्यक्त करने में कई स्तरों पर चलती है—सुमुखि, सुलोचनि, पिकबचनि के शृंगारी संबोधनों से लेकर, अनुनय-विनय से गुजरती यह भाषा यथार्थ के सामने है : फिरि पछितैहसि अंत अभागी, मारसि गाइ नहारू (तांत) लागी। सूर में ब्रज को और जायसी-तुलसी में अवधी को जो लयात्मकता प्राप्त हुई, वह लोकभाषा की देन है और उसने इन कवियों को जनता के कंठ तक पहुँचा दिया। कबीर की ठेठभाषा सामान्यजन की समीपी है। मीरा जिनका संवेदन-संसार सीमित है, वे भी अपनी गीतात्मकता में कीर्तन से जुड़कर, जनमानस की समीपी हुईं। भक्तिकाव्य ने प्रचलित छंदों को लोकगायन की परंपरा में नया विन्यास देकर, कविता को सुग्राह्य बनाया।

भक्तिकाव्य की संपन्नता का आधार, भाव के साथ अभिव्यक्ति में भी लोकजीवन की संपृक्ति है। जीवन में प्रचलित लोककथा, लोकगीत, लोकोक्तियाँ आदि

का सक्षम उपयोग इसे किसी भी प्रकार के अलगाववाद से बचाता है। एक प्रकार से यह संबोधन का काव्य है और कवियों के समक्ष जैसे श्रोता-समाज निरंतर उपस्थित है। रामचरितमानस के वक्ता-श्रोता युग्म की चर्चा हो चुकी है, पर सभी कवि संबोधनवाचक शब्दावली का प्रयोग करते हैं। कबीर में बराबर इसका उपयोग है : सुनो भाई साधो, संतो भाई आई ज्ञान की आँधी, साधो देखो जग बौराना, मेरा-तेरा मनुवाँ कैसे एक होय रे आदि। तुलसी की विनयपत्रिका संबोधन काव्य का अन्यतम उदाहरण है। सूर की गोपिकाओं के उपालंभ के लिए मधुकर-भ्रमर है। विचारणीय यह कि जब भक्तकवि स्वयं को संबोधित करता है, तब भी वह आत्मालाप नहीं है, इस प्रक्रिया में श्रोता उपस्थित हैं। कथावाचन की लंबी मौखिक परंपरा भारत में रही है, पर रचना में भी वक्ता-श्रोता की नियोजना की गई। रामायण के आरंभ में नारद वाल्मीकि को रामकथा सुनाते हैं और समापन अंश में लव-कुश इस काव्य को गायन रूप में प्रस्तुत करते हैं। आदिपर्व के आरंभ में सूतनन्दन उग्रश्रवा नैमिषारण्य क्षेत्र में ऋषियों को महाभारत की कथा सुनाते हैं। गीता कृष्ण-अर्जुन के वार्तालाप रूप में रची गई और भागवत-माहात्म्य में शौनक, सूत, नारद, उद्धव और स्वयं भक्ति उपस्थित हैं। अध्यायों में प्रश्न-उत्तर के रूप में पात्र बदलते रहते हैं और पूरी कथा इसी रूप में निर्मित हुई है, जिसमें वक्ता शुकदेव तथा श्रोता परीक्षित प्रमुख हैं। कथा-वाचन की इस प्रचलित शैली को भक्तिकाव्य ने नया विन्यास दिया क्योंकि कवियों का उद्देश्य मात्र कथा कहना नहीं था। इस माध्यम से वे लोकजीवन का उपयोग करते हुए, किसी काव्य-सत्य को प्रतिष्ठित भी करना चाहते हैं। समाज की पीठिका पर निर्मित, यह भक्ति का काव्य-संस्करण है, जिसे समाजदर्शन कहा जा सकता है। पाप-पुण्य, सत्-असत् के संघर्ष में उच्चतर मूल्यों की विजय घोषित करने की सुविधा कथाश्रित काव्य में है। पर जायसी का पद्मावत ऐसे काव्य-न्याय का पालन नहीं करता, वहाँ तो रत्नसेन युद्ध में मारा जाता है और पद्मावती सती हो जाती है। फिर भी काव्य से मूल्य निष्पादित करने का संकल्प पूरा होता है कि व्यर्थ के संघर्ष का अंत क्या है ? छार उठाइ लीन्ह एक मूठी, दीन्ह उड़ाइ पिरथिमी झूठी। इसी क्रम में कहा गया कि : जौ लहि ऊपर छार न परै, तौ लहि यह तिस्ना नहिं मरै। भक्तिकाव्य प्राचीन शंका-समाधान शैली को नए रूप में प्रस्तुत करते हुए, विचार-संवेदन की मैत्री स्थापित करता है और सबको सीधे ही संबोधित करने का संकल्प लेता है। इससे ईश्वर मनुष्य के बीच किसी मध्यस्थ की आवश्यकता नहीं रह जाती और दोनों में उदात्त रागात्मक मानवीय संबंध स्थापित होते हैं। कर्मकांड-पुरोहितवाद का जाल टूटता है और वृहत्तर जनसमुदाय भक्तिकाव्य में साझेदारी करता है। श्रव्य-दृश्य का द्वैत भी यहाँ टूटता है क्योंकि कवि के सामने श्रोता दर्शक रूप में उपस्थित है।

संकेत किया जा चुका है कि अरसे तक भक्तिकाव्य में प्रतिपादित जीवन-दृष्टि,

समाजदर्शन के प्रति पूर्ण न्याय नहीं हो सका। देवत्व से संबद्ध होने के कारण कुछ मठाधीशों को इसके माध्यम से व्यवसाय की सुविधा थी। क्या यह त्रासद नहीं कि लोकवादी दृष्टि का आग्रही भक्तिकाव्य, जो मध्यकाल की सामंती सीमाओं में वैकल्पिक मूल्य-संसार का स्वप्न देखता है, जिसमें कबीर का विद्रोह, जायसी का प्रेम, सूर की रागमयता, तुलसी का लोकधर्म, मीरा का समर्पण एक साथ उपस्थित हैं, उसे कई प्रकार की प्रतिक्रांतियों का शिकार होना पड़ा। अंधभक्ति जब व्यवसायीकरण की ओर सप्रयोजन ढंग से मुड़ती है, तब इस प्रकार की दुर्घटनाएँ होना स्वाभाविक है। काव्य देव-परिचालित है, इसलिए कुछ समय तक वह तथाकथित आधुनिकतावादियों के अध्ययन का विषय नहीं बन सका, जबकि आचार्य रामचंद्र शुक्ल जैसे विचारवान आलोचक उसे बौद्धिक प्रस्थान दे चुके थे। पर आज स्थिति यह है कि समकालीन भी किसी बिंदु पर उससे साक्षात्कार के लिए विवश हैं। परंपरा एक अनवरत प्रक्रिया है, विशेषतया भारत जैसे प्राचीन देश में और उसका जो सर्वोत्तम जीवंत अंश है, उसे नए संदर्भ में जानने-समझने से नई रचनाशीलता भी प्रकारांतर से संवेदन-समृद्ध होती है। रचना का इतिहास इस अर्थ में प्रत्यावर्तित नहीं होता कि उसे दुहराया जा सके, क्योंकि वह अपने समय-समाज से टकराकर अग्रसर होता है। पर गहरे अर्थ में जीवंत परंपरा को समझे बिना रचना कई बार एक ऐसी अपदस्थ स्थिति में होती है कि 'पानी केरा बुदबुदा अस रचना की जाति'। स्वीकृति-निषेध, संचयन-विद्रोह की द्वंद्वात्मक प्रक्रिया से होकर ही महान् रचनाएँ उच्चतर धरातल पर पहुँचती हैं। भक्तिकाव्य का यह पक्ष विचारणीय कि कैसे वह समय की इतनी लंबी यात्रा पारकर हमारे बीच उपस्थित है और इसका संबंध केवल देवत्व की अभिव्यक्ति से नहीं, वरन् उसकी 'मानुष-दृष्टि' से है, जिसे कई नामों से अभिहित किया जाता है। इसे पूर्णता देने के लिए भक्तिकाव्य ने पूरे विन्यास में विचार-संवेदन से लेकर शिल्प तक—लोक को अपने ध्यान में रखा है। आधुनिक संदर्भ में विचार करें तो वैज्ञानिक प्रगति का व्यवसायीकरण चिंता का विषय भी होना चाहिए, क्योंकि विज्ञान मूलतः सत्यान्वेषण है, यथार्थ की पहचान का प्रयत्न। अमानुषीकरण से कई स्तरों पर जूझता समय आखिर प्रेरणा के लिए कहाँ जाएगा ? विश्व की सर्वोत्तम रचनाशीलता, बदले समय-संदर्भ में किंचित् सहायक हो सकती है। भक्तिकाव्य, जो जनांदोलन की पीठिका पर आया, जिसे मध्यकालीन जागरण कहना अधिक उचित होगा, अपने समय से वैचारिक स्तर पर टकराने का साहस करता है, और एक नए मूल्य-जगत् का संकेत करता है। क्या यह सीख नहीं देता कि रचना संपूर्ण अंध समर्पण से बचकर ही, अपनी रक्षा, तो कर ही सकती है, वह ऐसा मानव-विवेक भी उपजाती है कि मात्र शब्द न रहे, वह संस्कृति की समानधर्मा भी बने। भक्तिकाव्य ने इस दृष्टि से अपनी विश्वसनीयता प्रमाणित की, संवेदन-स्तर पर और कवियों को स्वीकृति मिली। 'कवितावली' में समय का यथार्थ और उच्चतर विकल्प आमने-सामने हैं (उत्तर. 25) :

रीति महाराज की, नेवाजिए जो माँगनों, सो
दोष-दुख-दारिद दरिद्र कै-कै छोड़िए
नामु जाको कामतरु देत फल चारि, ताहि
तुलसी बिहाइ कै बबूर रेंड गोड़िए
जाचै को नरेस, देस-देस को कलेसु करै
देहैं हौ प्रसन्न ह्वै बड़ी बड़ाई बौंड़िए
कृपा-पाथनाथ लोकनाथ-नाथ सीतानाथ
तजि रघुनाथ हाथ और काहि ओड़िए

भक्तिकाव्य के प्रसंग में यह प्रश्न भी उठाया गया है कि सामाजिक-सांस्कृतिक रूपांतरण में उसकी भूमिका क्या थी ? उसकी सीमाओं का उल्लेख भी किया जाता है और टुकड़ों में बाँटकर देखने की चतुराई भी। रचना को खंड-खंड देखने की प्रक्रिया सही नहीं होती, इसकी चर्चा हो चुकी है और यह तो सर्वमान्य तथ्य है कि सच्चे संदेह से तो आलोचना-यात्रा का आरंभ हो सकता है, पर हठभरे पूर्वाग्रह से नहीं। ज़िद कोई भी हो, रचना में उसकी सकारात्मक भूमिका तभी होती है, जब वह सर्जन का संकल्प हो, जिसे प्रसाद ने 'संकल्पात्मक अनुभूति' कहा है। यह तो एक वैचारिक प्रश्न है कि कला, विशेषतया साहित्य की सामाजिक रूपांतरण में क्या भूमिका होती है ? शब्द किस सीमा तक और किस रूप में कारगर हस्तक्षेप करने में सक्षम होते हैं ? क्रांतियों के मूल में शब्द-अवधारणाएँ हैं, पर परिवेश बनाने में ही उनकी प्रमुख भूमिका है, अस्त्र-शस्त्र के रूप में उनका उपयोग हठी बालपन कहा जाएगा। उनकी प्रेरणा तो है, भीतरी-उद्वेलन की क्षमता भी, पर कार्यविधि, रण-नीति, व्यूह रचना आदि के लिए सामाजिक संगठन की जरूरत होती है, राजनीति जिसका एक पक्ष है। साहित्य सामाजिक-सांस्कृतिक परिवर्तन का प्रवक्ता है और यहीं उसकी भूमिका महत्त्वपूर्ण है। इस संदर्भ में दो समाजशास्त्रियों को उद्धृत करना चाहूँगा। श्यामाचरण दुबे साहित्य और समाज के अंतस्संबंधों पर विचार करते हुए कहते हैं : 'लेखक और उसके परिवेश के सावयवी संबंध होते हैं, वह सामाजिक और सांस्कृतिक वातावरण से बहुत कुछ ग्रहण करता है, और साथ ही थोड़े-बहुत अंशों में उन्हें प्रभावित और परिवर्तित भी करता है। यदि लेखक अपने-आपको व्यापक सामाजिक संदर्भ से काट लेता है तो उसकी रचना में कला भले ही रहे, जीवन का स्पंदन नहीं होता। वर्ग या समुदाय का संकुचित घेरा उसे समाज के सार्वभौम सत्यों से साक्षात्कार नहीं करने देता। साहित्य में परंपरा की अभिव्यक्ति और व्याख्या होती है, और इसके माध्यम से इन परंपराओं को स्थायित्व भी मिलता है। साथ ही साहित्य इन परंपराओं का मूल्यांकन करता है और सतत नए अर्थों और प्रयोजनों की खोज भी। ये प्रयत्न स्थितियों की नई व्याख्या को जन्म देते हैं। इन व्याख्याओं में होने वाले परिवर्तन मानव की विचार-प्रक्रियाओं को एक नया आधार देते हैं। इस तरह साहित्य में यदि एक ओर

परंपरागत जीवन-प्रणाली की अनुकृति देखने को मिलती है तो दूसरी ओर उसमें मानव के विचार-जगत् के नए आयामों का परिचय मिलता है और उभरती हुई नई जीवन-दृष्टि भी उसमें चित्रित होती है। मानव की परिकल्पना संबंधी स्थायी और परिवर्तनशील तत्त्व, दोनों साहित्य में अभिव्यक्ति पाते हैं' (परंपरा, इतिहास-बोध और संस्कृति, पृ. 155)। भक्तिकाव्य ने अपने समय में इस लक्ष्य तक पहुँचाने का प्रयत्न किया और समकालीन लेखन भी उसके विवेचन में रुचि लेता है, ऐसी स्थिति में उसे सही परिप्रेक्ष्य में देखना प्रासंगिक होगा। पूरनचंद्र जोशी का विचार है कि 'भारत की महान् सांस्कृतिक विरासत के स्थायी मूल्य भारतीय समाज में परिवर्तन लाने के इच्छुक बुद्धिजीवी वर्ग को प्रेरणा देते रहे हैं। चाहे उपनिषदों के मूल मंत्र 'चरैवेति चरैवेति' को लें, या बुद्ध के 'बहुजन हिताय बहुजन सुखाय' सिद्धांत को लें, या नानक, कबीर आदि संतों की करुणा और एकतामूलक, जनवादी, मानववादी, क्रांतिकारी वाणी को लें, या 'वैष्णवजन तो तैणें कहिए जे पीर परायी जाणे रे' के उद्‌बोधन को लें, या निकट इतिहास से गांधी के इस विचार को लें कि 'प्रत्येक दुखी प्राणी के आँसू पोंछना ही हमारे जीवन की सार्थकता है,' तो इस समस्त सदियों पुरानी परंपरा से जनसाधारण के अधिक से अधिक निकट आने की ही प्रेरणा मिलती है' (परिवर्तन और विकास के सांस्कृतिक आयाम, पृ.71)। शब्द की आंदोलनकारी भूमिका की सीमाएँ हैं, पर भक्तिकाव्य का ऐतिहासिक रोल यह कि एक कठिन समय में उसने अपने सामाजिक-सांस्कृतिक दायित्व का निर्वाह साहस-भरे ईमान से किया, रचना को सर्वोत्तम ऊँचाई पर पहुँचाते हुए, अन्यथा वह चीख-चिल्लाहट बनकर समाप्त हो जाता।

भक्ति आंदोलन और भक्तिकाव्य सामाजिक परिवर्तन में अपनी भूमिका का पूर्ण निर्वाह नहीं कर पाए, इसके कई तर्क दिए जाते हैं, जिसमें प्रायः यह कि समाज की नियंत्रक शक्तियाँ साहित्य से कहीं अधिक प्रभावी साबित हुईं। थोड़ा मार्क्यूज की इस टिप्पणी पर ध्यान दें कि पूँजीवाद के समाजवाद पर हावी होने का खतरा रहता है। पर कारण और हैं, जिनमें असंगठित समाजों की त्रासदी भी निहित है कि सत्ताओं की उलट-पलट होती है, पर व्यवस्था नहीं बदलती। कहा जा चुका है कि परिपार्श्व में विद्यमान निहित स्वार्थों के वर्ग कुछ समय के लिए ही चुप्पी साधते हैं और अवसर पाते ही फिर मंच पर उपस्थित हो जाते हैं। इतिहासकार बताते हैं कि जब मध्यकाल में उदारता का दौर आया और सांस्कृतिक संवाद की प्रक्रिया में गति आई तो कट्टरपंथियों ने इसका विरोध किया। सुलहकुल को पूरा समर्थन नहीं मिला और वह अकालकवलित हो गया। सूफ़ियों को सबसे अधिक आक्रमण अपनी ही जाति-बिरादरी के झेलने पड़े। कबीर-जायसी, सूर-तुलसी-मीरा की स्वीकृति में भी समय लगा और जब वे अपनी ही सर्जनात्मकता के बल-बूते पर लोक में पहचाने गए, तब उनकी ओर थोड़ा ध्यान दिया गया। पर राजकीय-शासकीय स्तर पर भक्तिकाव्य अनपुजा ही रह गया, जो उसके लोकधर्मी समाजदर्शन का असंदिग्ध प्रमाण है। यदि

वह कभी शाही-वृत्तांतों में आता तो एक दुर्घटना ही होती क्योंकि फिर जिस सांस्कृतिक संकल्प को लेकर भक्तिकाव्य सक्रिय हुआ, उसमें बाधा आती। बाधाएँ कई थीं, समय-परिवेश की, कवियों के अपने अंतःसंघर्ष की भी, पर भक्तिकाव्य ने इसे लाँघा और नए सांस्कृतिक परिवेश की परिकल्पना की, अपने समय की सीमाओं में ही सही। कई प्रकार के विरोधी युग्म बनाकर भक्तिकाव्य को देखने का प्रयत्न सही नहीं है क्योंकि कई बार वह हमारे पूर्वाग्रहों की भी उपज है, जैसे कबीर में विद्रोह और तुलसी में परंपरा। भक्तिकाव्य वैविध्य-भरा काव्य है और कवि मध्यकालीन सामंती समय से अपने-अपने ढंग से निपटते हैं। पर भक्तिकाव्य का जो समग्र समवेत स्वर उभरता है, वह अपने ईमान में सच्चा-खरा है और लोक से प्रेरणा लेता हुआ, वह अपनी सर्जनशीलता उसी को सहज प्रतिदान भाव से समर्पित कर देता है। ईश्वर-मनुष्य की मैत्री को वह रेखांकित करता है और स्वयं अपनी सार्थक वाणी से लेखक-पाठक का अंतराल पाटता चलता है। यह कम उपलब्धि नहीं है कि उसने आधुनिक रचनाशीलता को किसी बिंदु पर उद्वेलित किया—निराला, नागार्जुन, त्रिलोचन, नरेश मेहता, भारतभूषण, विजयदेवनारायण साही, धर्मवीर भारती से लेकर कुँवरनारायण और केदारनाथ सिंह तक। कुँवरनारायण की कविता : 'अयोध्या, 1992' में राजनीति पर टिप्पणी है : इससे बड़ा क्या हो सकता है, हमारा दुर्भाग्य/ एक विवादित स्थल में सिमटकर, रह गया तुम्हारा साम्राज्य और अमानुषीकरण की व्यथा भी : हे राम, कहाँ यह समय, कहाँ तुम्हारा त्रेता युग/कहाँ तुम मर्यादा पुरुषोत्तम और कहाँ यह नेता युग।

●●●